古典文獻研究輯刊

十五編

潘美月・杜潔祥 主編

第21冊

《楚地出土戰國簡冊〔十四種〕》校訂

賴怡璇 著

國家圖書館出版品預行編目資料

《楚地出土戰國簡冊〔十四種〕》校訂／賴怡璇　著 — 初版
— 新北市：花木蘭文化出版社，2012〔民 101〕
目 2+310 面；19×26 公分
（古典文獻研究輯刊 十五編；第 21 冊）
ISBN：978-986-322-004-6（精裝）
1. 簡牘學　2. 研究考訂
011.08　　　　　　　　　　　　　　　101015069

ISBN-978-986-322-004-6

9 789863 220046

古典文獻研究輯刊
十五編　第二一冊　　　　　　　ISBN：978-986-322-004-6

《楚地出土戰國簡冊〔十四種〕》校訂

作　　　者　賴怡璇
主　　　編　潘美月　杜潔祥
總　編　輯　杜潔祥
企劃出版　北京大學文化資源研究中心
出　　　版　花木蘭文化出版社
發　行　所　花木蘭文化出版社
發　行　人　高小娟
聯絡地址　新北市永和區中正路五九五號七樓
　　　　　　電話：02-2923-1455／傳真：02-2923-1452
網　　　址　http://www.huamulan.tw 信箱 sut81518@gmail.com
印　　　刷　普羅文化出版廣告事業
初　　　版　2012 年 9 月
定　　　價　十五編 26 冊（精裝）新台幣 42,000 元

《楚地出土戰國簡冊〔十四種〕》校訂

賴怡璇　著

作者簡介

賴怡璇，台中市大里人，從大學至博士班皆就讀中興大學中國文學系，師拜林清源老師門下，研究領域為戰國楚簡，碩士論文以《楚地出土戰國簡冊〔十四種〕》一書為研究對象，目前攻讀中興大學博士班。

提　要

2009 年，陳偉等人出版《楚地出土戰國簡冊〔十四種〕》（以下稱《十四種》），此書為中國教育部哲學社會科學研究重大課題攻關項目「楚簡綜合整理與研究」的最終結果，可謂楚簡研究的集大成之作。內容包含了《包山》2 號墓、《郭店》1 號墓、《望山》1、2 號墓、《九店》56、621 號墓、《曹家崗》5 號墓、《曾侯乙》墓、《長臺關》1 號墓、《葛陵》1 號墓、《五里牌》406 號墓、《仰天湖》25 號墓、《楊家灣》6 號墓以及《夕陽坡》2 號墓，共十四種楚地出土簡冊。

《十四種》考釋精詳，但楚文字研究日新月異，且此書為多位學者共同負責，體例不一，漏字、文字錯簡、考釋不精等問題皆有存在，筆者希望能站在前人的肩膀上，以《十四種》釋文為基礎，參與學者論著，以改正、補充《十四種》誤釋、未釋之處。本論文的章節架構依《十四種》編排方式為準，若簡牘釋文較少則合為一章。本論文第一章為緒論，此章說明筆者研究動機、研究方法以及論文章節架構，並討論《十四種》釋文所出現的體例不一等問題。二至十一章分別考釋十四種楚地出土簡冊的釋文，校訂《十四種》釋文錯誤、未釋之處。第十二章為結論。另有附錄一章，為以上各章節所得的結論總覽。

目

次

凡　例

1、筆者以《楚地出土戰國簡冊〔十四種〕》的「釋文」爲基礎，再參以學者
　　的論述，校正《楚地出土戰國簡冊〔十四種〕》的釋文隸定是否正確。

2、若筆者對《楚地出土戰國簡冊〔十四種〕》的「釋文」未有異議，則筆者
　　不另起篇章討論《楚地出土戰國簡冊〔十四種〕》「注解」所引的學者說法
　　與此字讀法。

3、論文中所舉的釋文辭例，除筆者考釋過的簡文之外，皆以《楚地出土戰國
　　簡冊〔十四種〕》釋文爲例。

4、筆者對於字形的聲韻皆以陳復華、何九盈所著的《古韻通考》爲準。〔註1〕
　　古璽字形採自故宮博物院所編的《古璽匯編》。〔註2〕金文字形採自中國社
　　會科學院考古研究所編制的《殷周金文集成》。〔註3〕

5、筆者所引「復旦網」文章皆來自 http://www.gwz.fudan.edu.cn/Default.asp。
　　武漢大學「簡帛網」文章皆來自 http://www.bsm.org.cn/。「簡帛研究網」文
　　章皆來自 http://www.jianbo.org/。

6、爲求行文方便，筆者親炙的先生尊稱爲師，其餘學者皆不加尊稱。

〔註1〕陳復華、何九盈：《古韻通曉》，北京：中國社會科學出版社，1987年。
〔註2〕故宮博物院編：《古璽匯編》，北京：文物出版社，1994年二刷。
〔註3〕中國社會科學院考古研究所編：《殷周金文集成》，北京：中華書局，1984年。

第一章　緒　論

第一節　研究動機

　　2009 年，陳偉等人出版《楚地出土戰國簡冊〔十四種〕》（以下稱《十四種》），〔註1〕此書為中國教育部哲學社會科學研究重大課題攻關項目「楚簡綜合整理與研究」的最終結果，可謂楚簡研究的集大成之作。此書內容包含了《包山》2 號墓、《郭店》1 號墓、《望山》1、2 號墓、《九店》56、621 號墓、《曹家崗》5 號墓、《曾侯乙》墓、《長臺關》1 號墓、《葛陵》1 號墓、《五里牌》406 號墓、《仰天湖》25 號墓、《楊家灣》6 號墓以及《夕陽坡》2 號墓，共十四種楚地出土簡冊。

　　楚簡研究為近年的學術熱門，其研究範圍包含文字考釋、歷史學、古文獻學、思想等，可補充思想以及佚史之闕，對於思想典籍的補充更是受到各方學界的重視。《十四種》集結了研究楚簡的專家學者，做出了一套釋文，若無法隸定或諸說有異者，皆在後文加註，提高了釋字的可能性以及讀者的查閱空間。對於《十四種》楚簡文字的考釋方法，胡平生指出「盡可能獲取最清晰的簡牘圖像資料，凡能夠重新拍照的、特別是較早發現的楚簡，都利用日本早稻田大學提供的新型紅外成像系統（IRRS-100）重新進行了拍攝，他們先後取得望山簡、九店簡、曹家崗簡、曾侯乙簡、長台關簡、包山簡等，有的還套拍了一些數碼照片。對於已經無法重拍的簡牘，則千方百計搜求早

〔註1〕　陳偉等著：《楚地出土戰國簡冊〔十四種〕》，北京：經濟科學出版社，2009年。

期的照片資料。」〔註2〕可見此書考釋之精詳，對於楚簡文字的研究有很大助益。

　　《十四種》考釋雖精詳，但楚文字研究日新月異，在此書出版後學者仍致力於文字的研究。《十四種》公布後另有新出版《清華大學藏戰國竹簡（壹）》、《上海博物館藏戰國楚竹書（八）》，可作爲考釋楚簡字形的例證，補充《十四種》中未能考釋之字。另，《十四種》爲多位學者共同負責，其體例不一，對於釋文的處理方式各不相同，漏字、文字錯簡、註解不詳、考釋不精的問題皆有存在，筆者希望能站在前人的肩膀上，以《十四種》釋文爲研究對象，參照各家學者意見，以期能改正、補充《十四種》釋文的缺漏、誤釋之處。

第二節　研究方法與章節架構

　　本論文的撰寫，主要以《十四種》釋文爲基礎，參以各家學說，儘可能地將合理、具影響力的學者意見網羅，分析學者意見的優缺點，期能找出最合理、最適合於簡文文意的說法。但若無法判別何者說法爲優，將有讀法并置以及在釋文中放置原圖版的情況，以待未來新出資料來驗證何說爲宜。

一、研究方法及步驟

　　本論文進行的研究步驟，首先先確定偏旁隸定無誤，再進行考釋文字以及通讀的工作，而後再訓解簡文文義。在隸定與考釋方面，筆者研究方法如下：

1、文字考釋的方法

（1）字形考釋

a、歷史比較法

　　漢字沿用已久，楚簡文字更是由甲骨、金文承襲而來，因此要辨別楚簡文字，必須了解其字體風格和方式，故在考釋文字之時，必須廣泛查詢甲骨、金文、石刻文字、已釋出的楚簡文字等等。明白楚簡文字承襲的結構特徵或

〔註2〕　胡平生：〈楚簡研究的新成果——讀《楚地出土戰國簡冊〔十四種〕》〉，武漢大學「簡帛網」2009 年 12 月 12 日
　　　　　（http://www.bsm.org.cn/show_article.php?id=1192）。

是書手訛寫情況，才可具體的考釋楚簡文字。

　　b、偏旁分析法

　　楚簡文字由於書手的關係，其形多變，有時難以確認字形的全貌，利用偏旁分析，可以拆解各個偏旁部件，從偏旁中去確認未釋字，進而達到釋讀的層次。偏旁分析主要以字的形符、義符、聲符爲分析對象，借由最小的成文單位，來分析了解未釋字的各部件，以求出未釋字之字義。參考資料多以楚系文字爲依歸，先以楚系簡牘爲基準，再以不同書寫性質（如璽印）的文字爲旁證。

　　（2）文字通假

　　出土文獻通假字形常見，高亨指出「常常會遇到古字因聲音相近、相同而通假的現象——或者是假借字與本字通用，或是假借字與假借字通用。而對於假借字，欲求其理解的正確、透徹，最重要的，就於必須探索其所借代的本字。」〔註3〕故此，在考釋文字時必須明白上古音之間的通假關係，以及出土文獻、古籍中常見的假借字。筆者此論文欲以《古韻通曉》作爲古音依據，以白於藍《簡牘帛書通假字字典》、王輝《古文字通假字典》以及高亨《古字通假會典》等書爲輔，〔註4〕作爲本論文論證某字通假某字的聲韻依歸。以通假方式所得到的字詞，亦儘量求得傳世文獻或出土簡牘的相關例證，以證明其通假關係。

　　（3）以文意為切入點

　　出土文獻字形變化巨大，字形、字音未能考釋所得之字，可以通過簡文文義以及傳世文獻的輔助，進而以通假和字形訛變的方式讀通字形。如《郭店・五行》簡 28 釋文「智（知）而安之，悳（仁）也。安而敬之，豊（禮）也。聖，智（知）豊（禮）藥（樂）之所𦱤（由）生也」「𦱤」字偏旁部件皆未能解釋字義，但通過簡文文義可知此字讀「由」，進而以通假方式解釋字形。

　　《十四種》包含了《郭店》、《長臺關》等思想相關簡文，尤其〈老子〉甲、乙、丙三篇對於思想學界影響顯著，筆者在考釋文字之時，併以思想義理爲輔，希望能以此方法，使簡文文意彰顯而出，進而確定字形。

〔註3〕　高亨：〈前言〉，《古字通假會典》（濟南：齊魯書社，1997 年），頁 3。

〔註4〕　白於藍：《簡牘帛書通假字字典》，福州：福建人民出版社，2008 年。王輝：《古文字通假字典》，北京：中華書局，2008 年。高亨：《古字通假會典》，濟南：齊魯書社，1997 年。

二、章節架構

　　由於筆者以《十四種》一書爲研究對象，故章節架構依《十四種》編排方式爲準，若簡牘釋文較少則合爲一章。本論文第一章爲緒論，此章說明筆者研究動機、研究方法以及論文章節架構，並討論《十四種》釋文所出現的體例不一等問題。第二章爲《包山》2 號墓釋文考釋。第三章爲《郭店》1 號墓釋文考釋。第四章爲《望山》1 號墓釋文考釋。第五章爲《望山》2 號墓釋文考釋。第六章爲《九店》56 號墓釋文考釋。第七章爲《九店》621 號墓釋文考釋。第八章爲《曾侯乙》釋文考釋。第九章爲《長臺關》1 號墓釋文考釋。第十章爲《葛陵》釋文考釋。第十一章爲《曹家崗》5 號墓、《五里牌》406 號墓、《仰天湖》25 號墓、《楊家灣》6 號墓以及《夕陽波》2 號墓的釋文考釋。〔註5〕第十二章爲結論。另有附錄一章，爲以上各章所得到的結論總覽。

第三節　《楚地出土戰國簡冊〔十四種〕》體例考釋

　　由於《十四種》爲一部巨作，其釋文由不同學者所撰寫，故各章的釋文體例不一，釋文中亦偶有漏字與簡文誤置的情況發生，在此作初步的探討及舉例。

一、釋文處理體例不一

　　《十四種》凡例爲「釋文一般用通行字寫出，不嚴格按簡文字形隸定。」凡例雖以此爲前提，但《十四種》釋文則未統一，其例如下：

1、同一形體但隸定不同

　　（1）「灋」：《十四種》在釋文上對於「灋」字形體有不同的表示方式，如：「𤆍」形隸作「法」（《十四種・郭店》老子甲簡 31），「𤆍」形隸爲「灋」（《十四種・郭店》緇衣簡 9），「𤆍」形釋爲「灋（法）」（《十四種・郭店》六德簡 44），以上諸形皆爲「灋」之異體，但《十四種》的釋文處理方式並不相同，依《十四種》凡例「釋文一般用通行字寫出，不嚴格按簡文字形隸定」，此種字形皆應統一隸作「灋」字，再進行各簡釋文的通讀，以合《十四種》體例。

〔註5〕　經由筆者核對原簡或摹本，對於《楊家灣》6 號墓以及《夕陽波》2 號墓的釋文並無異議，故不討論。

（2）「慐」：《十四種・郭店》老子甲簡4釋文將 釋作「慐（憂）」，與此形相似的字形有：《十四種・郭店》語叢二簡7「 」、《十四種・郭店》語叢二簡30「 」，釋文皆作「憂」。此三形為同一字，釋文可依字形隸為「慐」，再通讀為「憂」。

（3）「閒」：《十四種・葛陵》楚簡對「閒」字形體隸定不同，零401釋文作「☑又（有）閒心（？）」、甲三232、95釋文作「☑牂（將）速又（有）閒，無咎無欳☑」、甲三235-2釋文作「☑占之：義（宜）速又（有）閒，無咎無欳☑」以上三簡釋文中的「閒」、「閒」二字形體分別為：「 」、「 」、「 」，可見三形皆為同一形體，且甲三232、95與甲三235-2釋文相仿，不應分別隸作「閒」和「閒」，〔註6〕此種字形皆應先隸作「閒」再通讀作「閒」為宜。〔註7〕

（4）「悼」：「悼」字於《望山》楚簡中多見，此種字形作「 」（1.10），《十四種》依原考釋者：「簡文悼王作愬王」、「『愬』字從『心』『卲』聲，…古音與「悼」極近，『愬』當即『悼』字異體。」與商承祚・「愬，從心，從卩，召聲，與昭同音。…愬，為姓。…愬固，即《韓非子・內儲說下》所言的邵滑。」之說，〔註8〕認為「愬」即是「悼」字，故對於此字的處理方式皆隸作「悼」。唯有1.29的釋文原形隸定作「☑愬固貞：出內（入）寺（侍）王，自皵（荊）【夷】☑」，依《十四種・望山》的處理方式，應改作「☑悼固貞：出內（入）寺（侍）王，自皵（荊）【夷】☑」為宜。

《包山》亦常出現「悼滑」二字，簡文中的「悼滑」一詞字形或作「卲滑」、「召滑」、「卓滑」等，《十四種・包山》皆隸為「悼滑」，未依字形嚴式隸定，唯簡267釋文作「愬（悼）戕（滑）」，依《十四種・包山》對此字的處理方式，2.267釋文作「悼滑」即可，故《十四種・包山》2.267釋文改作「大司馬悼滑救郙之戢（歲）宜月丁亥之日。」

（5）「豹」：《望山》楚簡有一字形作「 」（1.63），可見此字從鼠從勺，此形見於《望山》1號墓的簡7、13、17、54、63與94，《十四種・望山》對此種字形的處理方式：上述前四支簡隸作「鼩（豹）」，而簡63與94隸作「豹」。

〔註6〕　「閒」字可通「閒」字，但仍釋為同一字為宜。

〔註7〕　《十四種・葛陵》零401釋文作「☑又（有）閒心（？）」「心」字圖版作「 」，難以確定是否為「心」，故應改作「☑又（有）閒（閒）□」為宜。

〔註8〕　袁錫圭、李家浩：《望山楚簡・望山楚簡釋文與考釋》（北京：中華書局，1995年），頁87、90～91。商承祚：《戰國楚竹簡匯編》（濟南：齊魯書社，1995年），頁226。

「鼠」和「豸」旁爲義近通用，此字釋文應統一隸作「豹」即可。〔註9〕

（6）「將」：《包山》楚簡有一常見字形作「遈」（2.23），如簡 23、26、28、31 等，《十四種》多釋作「遈（將）」，唯簡 21 與 25 二處隸作「將」。此種字形原考釋者隸作「遲」，〔註10〕若爲嚴式隸定，則原考釋者的「遲」字較爲正確可從，依文例此字通讀爲「將」應無疑義，但《十四種》釋文以通行字爲主，故《包山》此字釋文皆應改爲「將」。

（7）「懸」：《包山》楚簡有一形體爲「臬」（2.218），《十四種》對於此種形體有二種處理方式：「懸（氣）」（如：簡 207、236、239、242、245、247）與「氣」（如簡 218、220、221、223），原考釋者對此字的考釋爲：「氣字異體，讀作氣。」〔註11〕而《十四種》亦從此說。〔註12〕故《包山》2. 218、220、221、223 四簡釋文皆應改爲「懸（氣）」。

2、隸定字形有誤

（1）《十四種》將某字隸爲通行字，然此種字形是否可對應此通行字仍待商榷，其例如《十四種‧郭店》六德簡 25-26 釋文作「新（親）此多也，蜜（密）此多【也】，顗（美）此多也。」釋文中的「蜜」字原形作「寀」，此形徐在國已指出與《上博二‧容成氏》簡 49「寀」相同，此字從宀、從甘，米聲，釋爲「蜜」，「蜜」以「米」爲聲符。〔註13〕若此，則此種字形是否可隸爲「蜜」仍待商榷，應改隸作「審」爲宜，於〈六德〉中通讀作「密」。《十四種‧郭店》六德簡 25-26 釋文改作「新（親）此多也，審（密）此多【也】，顗（美）此多也。」

（2）《十四種‧望山》皆將「祝」（1-49）字形隸爲「祝」，此形原考釋者隸爲「祝」，〔註14〕查核原圖版此種形體從「示」旁，故應從原考釋者之說。

〔註9〕 「豸」與「鼠」旁爲義近互換現象。參林清源師：《楚國文字構形演變研究》（台中：東海大學中文研究所博士論文，1997 年），頁 122。此形體《包山》亦有出現，亦皆需修改。

〔註10〕 劉彬徽、彭浩、胡雅麗、劉祖信：《包山楚墓‧包山二號楚墓簡牘釋文與考釋》（北京：文物出版社，1991 年），頁 350。

〔註11〕 劉彬徽、彭浩、胡雅麗、劉祖信：《包山楚墓‧包山二號楚墓簡牘釋文與考釋》（北京：文物出版社，1991 年），頁 387，注 393。

〔註12〕 陳偉等著：《楚地出土戰國簡冊〔十四種〕》（北京：經濟科學出版社，2009年），頁 105，注 44。

〔註13〕 徐在國：〈上博竹書（二）文字雜考〉，《學術界》，2003 年第 1 期，頁 100～101。

〔註14〕 裘錫圭、李家浩：《望山楚簡‧望山楚簡釋文與考釋》（北京：中華書局，1995

此形又見於 1 號墓的簡 24、49、50、54、61、81、88 等處，釋文皆應修改。

3、簡體字釋文

《十四種》釋文皆以「繁體」中文呈現，但於釋文中可見「簡體字」的情況。如：

（1）《十四種‧郭店》緇衣簡 39-40 釋文作「《君迪（陳）》員（云）：「出內（入）自尔帀（師），於庶言同。」釋文的「於」字原形作「𠂤」，應釋作「于」，「于」為「於」的簡體字，可能為撰寫者誤書。《十四種‧郭店》緇衣簡 39-40 釋文改作「《君迪（陳）》員（云）：「出內（入）自尔帀（師），于庶言同。」《十四種‧仰天湖》25 號墓簡 35 亦有此問題，需一併修改。〔註 15〕

（2）《十四種‧郭店》六德簡 13-14 釋文作「大材埶（設）者（諸）大官，少（小）材埶（設）者（諸）少（小）官。」此釋文在通讀方面，出現了二個簡體字「诸」，此處釋文應修改作「大材埶（設）者（諸）大官，少（小）材埶（設）者（諸）少（小）官。」。

4、標點符號與凡例不合

《十四種》對於釋文中所出現的符號說明為「異體字、假借字隨文注出通行字，在（ ）內。確認的錯字隨文注出正確字，寫在〈 〉內。根據殘畫和文意可以確認的字寫在【 】內。根據文意或他本可以確切補出的缺文，也寫在【 】內。筆畫不清或已殘去的字，用□表示，一個字對應一個□；字數無法確認的，用……表示。竹簡殘斷，用☑表示。」但於《郭店》釋文卻有不同的表示方法。如：

（1）《十四種‧郭店》五行簡 17-18 釋文作「君子訫（慎）其 蜀（獨）也。」核對原簡圖版未見「蜀（獨）也」，故此二字應為補字，依《十四種》凡例：補字符號為「【 】」，故《十四種‧郭店》五行簡 17-18 釋文應改作「君子訫（慎）其【蜀（獨）也。」

（2）《十四種‧郭店》五行簡 39 釋文作「又（有）大皋（罪）而弗大戬（誅）也，不 行也。又（有）少（小）皋（罪）而弗亦（赦）也，不帶於道

年），頁 72。

〔註 15〕《十四種‧仰天湖》25 號墓簡 35 釋文作「又（有）叟（文）竺（竹）扮（柄），骨交□於中。」釋文中的「於」字原圖版作「𠂤」，故應改作「又（有）叟（文）竺（竹）扮（柄），骨交□于中。」

也。」釋文中的「行」字爲原考釋者據帛書本所補。〔註 16〕依《十四種》凡例「行」字應標「【 】」，《十四種・郭店》五行簡 39 釋文改作「又（有）大辠（罪）而弗大戜（誅）也，不【行】也。又（有）少（小）辠（罪）而弗亦（赦）也，不帶於道也。」

　　（3）《十四種・曾侯乙》簡 25 釋文作「脤韔，屯狐聶。二襠紫〔之〕☒」原簡簡末未有「之」字，「之」字爲「補字」，「補字」符號爲「【 】」，《十四種・曾侯》此簡誤用爲「〔　〕」。《十四種・曾侯乙》簡 25 釋文改作「脤韔，屯狐聶。二襠紫【之】☒」

二、釋文與原簡圖版不合

1、釋文字形未見於圖版〔註 17〕

　　（1）《十四種・郭店》緇衣簡 42-43 釋文作「古（故）君子之也又（有）向（鄉），其亞（惡）也又（有）方。」釋文中的「其亞（惡）也又（有）方」，觀看原圖版無「也」字，原考釋者釋文中亦無「也」字，〔註 18〕故《十四種・郭店》緇衣簡 42-43 釋文改作「古（故）君子之也又（有）向（鄉），其亞（惡）又（有）方。」

　　（2）《十四種・葛陵》零 73 釋文作「☒爲君貞☒」，原考釋者以及宋華強釋文亦爲「☒爲君貞☒」。〔註 19〕然而此簡圖版作「　」，可見原圖版無「貞」字，筆者認爲「貞」應是依辭例所補，故《十四種・葛陵》零 73 釋文改作「☒爲君【貞】☒」。

2、文字錯簡

　　《十四種》於編聯釋文時，其簡號可能誤置，導至前一簡的文字被移至

〔註 16〕荊門市博物館編：《郭店楚墓竹簡》（北京：文物出版社，1998 年），頁 150。
〔註 17〕在此討論《十四種》釋文「多字」（可能是補字）的情況，《十四種》釋文亦有「少字」情形，筆者於各章節中説明。
〔註 18〕荊門市博物館編：《郭店楚墓竹簡》（北京：文物出版社，1998 年），頁 131。
〔註 19〕賈連敏：《新蔡葛陵楚墓・新蔡葛陵楚墓出土竹簡釋文》（鄭州：大象出版社，2003 年），頁 211。宋華強：《新蔡葛陵楚簡初探》（武漢：武漢大學出版社，2010 年），頁 410。

後一簡中，其例如：

（1）《十四種‧郭店》老子甲簡 13 釋文作「愄（化）而雒（欲）复（作），牁（將）貞（鎮）之以無名之斀（樸）。」核對原圖版，簡 13 釋文「斀（樸）」字之後有一字形作「夫」，《十四種》誤置於簡 14 中。此簡釋文應依原考釋者，〔註20〕故《十四種‧郭店》老子甲簡 13 改作「愄（化）而雒（欲）复（作），牁（將）貞（鎮）之以無名之斀（樸）。夫」、簡 14 釋文改作「亦牁（將）智（知）足，智（知）以束（靜），萬勿（物）牁（將）自定。」

（2）《十四種‧郭店》語叢三簡 13 釋文作「習也，員（損）」，核查原圖版「員」字後文有「屮」、「乏」、「兀」、「䏜」、「𥄎」與「㞑」六形，《十四種‧郭店》語叢三將此六字誤置於簡 14。此 6 字隸定應依原考釋者釋文，〔註21〕《十四種‧郭店》語叢三簡 13 釋文改作「習也，員（損）。自視（示）其所能，員（損）。」、簡 14 改作「自視（示）其所不族（足），嗌（益）。遊」。

（3）《十四種‧郭店》語叢二簡 42 釋文作「或邎（由）其䦼，或邎（由）其」，核對圖版，「其」字後文仍有「禾」字，《十四種》誤置於簡 43，此字隸定應依原考釋者之說，〔註22〕《十四種‧郭店》語叢三簡 42 釋文改作「或邎（由）其䦼，或邎（由）其不」、簡 43 釋文亦改作「尹，或邎（出）其叫。」

（4）《十四種‧包山》2 號墓簡 266 釋文作「一盤。一鉈（匜）。一鉛鑯（甂）。」核對圖版，「一盤」二字應為簡 265 之釋文，故《十四種‧包山》2 號墓簡 265 釋文應改為「二𣏟錢（盞）。一盤。」、簡 266 改作「一鉈（匜）。一鉛鑯（甂）。」

（5）《十四種‧九店》56 號墓簡 116 釋文作「☑□□□□□□為日。」經筆者核對原簡，此處簡號應改為簡 117。

（6）《十四種‧九店》56 號墓簡 121 釋文作「☑□言□☑」，經筆者核對原簡，此處簡號應改為簡 122。

（7）《十四種‧九店》56 號墓簡 122 釋文作「☑□□於□☑」，經筆者核對原簡，此處簡號應改為簡 123。

（8）《十四種‧九店》56 號墓簡 137 釋文作「☑薑□☑」，經筆者核對原簡，此處簡號應改為簡 138。

〔註20〕荊門市博物館編：《郭店楚墓竹簡》（北京：文物出版社，1998 年），頁 112。
〔註21〕荊門市博物館編：《郭店楚墓竹簡》（北京：文物出版社，1998 年），頁 209。
〔註22〕荊門市博物館編：《郭店楚墓竹簡》（北京：文物出版社，1998 年），頁 211。

3、釋文隸定與注釋字形不同

《十四種》注釋格式爲：「某字，學者說法。」其中的「某字」即爲釋文中的隸定字形，但於《十四種‧望山》2 號墓簡 45 出現「某字」與釋文隸定字形不同的情況。

《十四種‧望山》2 號墓簡 45 釋文作「一牛櫋，一豕櫋，一羊櫋，一酓（尊）櫋，一大房，四皇俎，四皇豆，二旗，二刲，一敞（雕）桱（桯），一房機（幾），二居杲，一有，號二十。」釋文中的「旗」字於注 99 中作「旂」，此字原形爲「」。原考釋者隸作「旂」，應指飲食器，即《說文》「近」之古文「」，疑讀爲「卺」。〔註23〕就字形而言，此字與楚簡常見的「旗」字不類，不可隸作「旗」。〔註 24〕所論字下半部件應爲「斤」，楚簡「旂」字作「」（《葛陵》零 284）、「」（《長臺關》2-011），形體與所論字相仿，故此字釋文應依改作「旂」。就文意而言，此簡所記載之物爲「容器」類，如：「一酓（尊）櫋」、「四皇俎」、「四皇豆」等字，由以上三物亦可見文義皆與「旗」字不相關。「旂」應依原考釋者讀作「卺」，表示飲用的酒器，如《禮記‧昏禮》：「合卺而酳。」孔穎達疏：「卺謂半瓢，以一瓠分爲兩瓢，謂之卺。」

《十四種‧望山》2 號墓簡 45 釋文改作「一牛櫋，一豕櫋，一羊櫋，一酓（尊）櫋，一大房，四皇俎，四皇豆，二旂（卺），二刲，一敞（雕）桱（桯），一房机（几），〔註25〕二居杲，一有，號二十。」

〔註23〕裘錫圭、李家浩：《望山楚簡‧二號墓竹簡釋文與考釋》（北京：中華書局，1995 年），頁 123。

〔註24〕「旗」字形體參滕壬生：《楚系簡帛文字編【增訂本】》（武漢：湖北教育出版社，2008 年），頁 650～651。李守奎：《楚文字編》（上海：華東師範大學出版社，2003 年），頁 424。

〔註25〕「机」字《十四種‧望山》2 號墓簡 45 釋作「機（幾）」，其原形作「」，可見右半部非「幾」形，故應改作「机」，釋爲「几」，此處可能爲《十四種》簡繁體轉換所導致的訛誤。李家浩認爲「机」即是「几」字的異體，《包山》出「立板足几」一件，應爲簡文的「几」字爲同一物。參李家浩：〈包山266 號簡所記木器研究〉，《著名中年語言學家自選集—李家浩卷》（合肥：安徽教育出版社，2002 年），頁 238～239。此字亦出現於《望山》2 號墓簡 47，需修改作「☑四金七。二金勺。一□。敞（雕）杯二十會（合）。一大羽罍。一大竹罍。一少（小）籃。一少（小）敞（雕）羽罍。四腐，皆虘（文）宫。一机（几）。一丹緅之因（茵），綠裏。一需光之尻。二瑟（瑟），皆秋（緅）衣。」

4、圖版與摹本並用〔註26〕

　　《十四種》一書對於不識字，多半將原圖版置於釋文中，但偶爾可見摹本置於釋文中的狀況，筆者以為摹本常有失真情況，釋文應統一放置原圖版為宜。其例如：

　　（1）

　　《十四種》皆將《曾侯乙》的「」（簡1）此種字形摹為「」，此形於《曾侯乙》中常見作：「」（簡3）、「」（簡7）、「」（簡13）、「」（簡16）、「」（簡18）、「」（簡22）、「」（簡25）、「」（簡26）、「」（簡30）、「」（簡32）、「」（簡36）、「」（簡38）、「」（簡39）、「」（簡43）、「」（簡84）、「」（簡101）、「」（簡105）。

　　何琳儀隸為「屁」、認為「尾」形的省變過程為：。〔註27〕宋華強認為何琳儀對「尾」形的省變過程可信，但所論字與「尾」形相較，仍有多出來的斜筆，疑為「屍」字摹寫。〔註28〕何琳儀所舉之例皆為璽印文字，璽印與楚簡文字於書寫工具上有一定的差距性，且璽印較難以從辭例辨別是否所舉之例真為「尾」字。宋說亦是如此，楚簡文字皆未見「尾」形的省變情況。因此所論字左半是否為「尾」形仍難以確定，摹本常有失真情況，故此種字形皆應置原圖版為宜。

　　（2）

　　《十四種》皆將《曾侯乙》的「」（簡45）此種字形摹作「」，相似字形作：「」（从丙，簡4）、「」（簡26）、「」（簡28）、「」（簡45）、「」（簡47）、「」（簡53）、「」（簡48）、「」（簡54）、「」（簡57）、「」（簡63）、「」（簡65）、「」（簡67）、「」（簡70）、「」（簡71）、「」（簡73）、「」（簡75）。原考釋者認為此形或从「簞」之初文，

〔註26〕此類字例眾多，筆者對釋文的改動甚少，故未將改動的釋文置於附錄中。
〔註27〕何琳儀：《戰國古文字典—戰國文字聲系》（北京：中華書局，2007年），頁930。
〔註28〕宋華強：〈曾侯乙墓竹簡考釋一則〉，武漢大學「簡帛網」2011年3月21日（http://www.bsm.org.cn/show_article.php?id=1419）。

大概是指「席」一類的東西。〔註29〕蕭聖中疑此形从「兼」。〔註30〕劉信芳指出，若原考釋者將所論字與「兼」聲相連繫是正確的，則該字應讀為「簾」，可能為車輿兩旁的遮蔽物。〔註31〕何琳儀、禤健聰認為此種字形為「弗」。〔註32〕李天虹疑為「摺」字的初文。〔註33〕筆者以為此字形與《郭店‧語叢三》簡33「　」與60「　」相仿，或可釋為「兼」。〔註34〕然而此種字形不論釋為「弗」、「摺」之初文或「兼」，於字形上皆有一定的差異性，故此種字形將摹本改置原圖版為宜。

除了以上二例外，又如《曾侯乙》的「　」（簡143）、「　」（簡146）、「　」（簡146）、「　」（簡151）和「　」（簡175）字形，《十四種》皆摹為「　」，疑為「速」字右旁所从相似，似可釋為「束」。〔註35〕楚簡「速」字作「　」（《包山》2.200），皆从「辵」形，唯有近期公布的《清華一‧尹至》簡2「速」字作「　」，是楚簡中唯一未从「辵」形的「速」字（但亦可能為「束」通假為「速」）。楚簡常見的「速」字下方所从的部件為「　」形，而所論字所从部件皆類似「艸」形，「　」形與「艸」形是否會訛混仍有疑問，故《十四種》此說仍待商榷，此形仍應置原圖版為宜。《曾侯乙》的「　」（簡166）與「　」（簡171）、「　」（簡171）等形，《十四種》皆摹為「　」。《曾侯乙》的「　」（簡170）與「　」（簡171），《十四種》皆摹作「　」。筆者認為以上三種字形，放置摹本皆未能釋讀文意，且摹本易失真，故以上

〔註29〕 裘錫圭、李家浩：〈曾侯乙墓竹簡釋文與考釋〉，《曾侯乙墓》（北京：文物出版社，1989年），頁508，注46。

〔註30〕 蕭聖中：《曾侯乙墓竹簡釋文補正暨車馬制度研究》（武漢：武漢大學博士論文，2005年），頁92。

〔註31〕 劉信芳：〈曾侯乙墓文字補釋六則〉，《簡帛》第一輯（上海：上海古籍出版社，2006年），頁9。

〔註32〕 何琳儀：《戰國古文字典—戰國文字聲系》（北京：中華書局，2007年），頁1557。禤健聰：〈楚簡文字補釋五則〉，《古文字研究》第26輯（北京：中華書局，2006年），頁365～366。

〔註33〕 李天虹：〈釋曾侯乙墓竹簡中的「　」〉，《古文字研究》第26輯（北京：中華書局，2006年），頁303～307。

〔註34〕 《十四種‧郭店》簡33釋文作「兼（？）行則　者中。」簡60作「內（納）　（貨）也，豊（禮）北（必）兼（？）。」

〔註35〕 陳偉等著：《楚地出土戰國簡冊〔十四種〕》（北京：經濟科學出版社，2009年），頁366。

三種字形皆置原圖版爲宜。

三、學者說法舉例過少

　　由於《十四種》爲一巨作，故撰寫者在撰寫「註釋」時偶爾對學者說法有遺漏，筆者在此列舉三例：

1、戩（《十四種・郭店》窮達以時簡 1）

　　《十四種・郭店》窮達以時簡 1 釋文作「又（有）天又（有）人，天人又（有）分。戩（察）天人之分，而智（知）所行矣。」《十四種》未將「戩」作字形隸定，《郭店》與「戩」（△1）相似字形如下表：

字　形						
出　處	五行・簡 8	五行・簡 13	五行・簡 31	五行・簡 39	五行・簡 46	五行・簡 46
《十四種》讀法	察（△2）	察（△3）	無讀（△4）	無讀（△5）	淺（△6）	淺（△7）

字　形							
出　處	尊德義・簡 8	尊德義・簡 17	性自命出・簡 38	語叢一・簡 68	語叢四・簡 8	語叢四・簡 8	成之聞之・簡 19
《十四種》讀法	察（△8）	無讀（△9）	察（△10）	察（△11）	竊（△12）	竊（△13）	竊（△14）

　　此種字形裘錫圭按語讀「察」，指出此字形於《包山》中屢見，即讀爲「察」，△6 似當讀爲「淺」，它們的右旁據帛書本當讀爲「察」，「察」、「竊」古通，「竊」、「淺」音近義通。〔註36〕△1 字形，張光裕認爲從言從某，今統一隸爲「詧」，《說文》：「詧，言微親詧也。從言，察省聲」。〔註37〕劉信芳認爲△2 字應從

〔註36〕荊門市博物館編：《郭店楚墓竹簡》（北京：文物出版社，1998 年），頁 145、
　　　151、154、218。《包山》字形可參見黃錫全：〈楚簡「讅」字簡釋〉，《簡帛研
　　　究二○○一》（桂林：廣西師範大學出版社，2001 年），頁 6。
〔註37〕張光裕主編，袁國華合編：〈緒言〉，《郭店楚簡研究・第一卷文字編》（臺北：
　　　藝文印書館，1999 年），頁 3。裘錫圭認爲隸爲《說文》中審察之「察」的本
　　　字是「詧」，學者把這個字釋爲「詧」，比較準確。參看裘錫圭：〈釋《子羔》

言举聲，讀爲「督」，《說文》：「督，察也」而〈性自命出〉簡 35：「憂斯㦬，㦬斯慼。」類似《禮記・檀弓》作「慍斯戚，戚斯歎」，「㦬」乃「戁」之省形，字从「举」聲，△6、△12 以「辛」爲基本聲符，故得讀爲「淺」、「竊」。〔註38〕△4、△5 二字的釋讀，原考釋者認爲此形與帛書本相當的字爲「辯」。〔註39〕魏啓鵬釋作「奕」之省形，與「辯」字音近可通。〔註40〕董蓮池認爲「𢆶」形即是「辛」，釋爲「辯」，讀爲「辨」。〔註41〕陳偉認爲是「辯」或「辨」字的異構，讀爲「遍」，懷疑「辨」在這裡應讀爲「遍」，是周遍、周全的意思。〔註42〕黃錫全認爲△6、△7 右旁从「帶」，即「滯」。〔註43〕△10 字周鳳五認爲此字从「戈」，「帶」聲，讀爲察，「帶」，端母月部；「察」，初母月部，二字可通，而△12、△13「竊」古音清母質部，與「帶」旁轉。〔註44〕劉釗認爲郭店簡中用作「察」、「淺」、「竊」聲旁的字，可能是「辛」字變體，其音與「察」、「淺」、「竊」三字均通。〔註45〕劉洪濤舉出金文例證，認爲《郭店》諸形所从的偏旁皆爲「𢆶」之省形。〔註46〕李零認爲以上諸形來源皆爲「离」，形體貌似业狀的字頭來源爲离字的「三撮毛」。〔註47〕

篇「鉙」字並論商得金德之說〉，《簡帛》第二輯（上海：上海古籍出版社，2007 年），頁 67。

〔註38〕劉信芳：《簡帛五行解詁》（臺北：藝文印書館，2000 年），頁 27、393～394。

〔註39〕荊門市博物館編：《郭店楚墓竹簡》（北京：文物出版社，1998 年），頁 154。

〔註40〕魏啓鵬：《簡帛五行箋釋》（臺北：萬卷樓圖書有限公司，2000 年），頁 44。

〔註41〕董蓮池：〈釋楚簡中的「辯」字〉，《古文字研究》第 22 輯（北京：中華書局，2000 年），頁 200～204。

〔註42〕陳偉：《郭店竹書別釋》（武漢：湖北教育出版社，2002 年），頁 58～59

〔註43〕黃錫全：〈楚簡「𧪞」字簡釋〉，《簡帛研究二○○一》（桂林：廣西師範大學出版社，2001 年），頁 6～13。吳筱文從之。參看吳筱文：〈《郭店・五行》簡 46「泉」字考釋〉，「復旦網」2010 年 7 月 23 日（http://www.gwz.fudan.edu.cn/SrcShow.asp?Src_ID=1225）。

〔註44〕周鳳五：〈讀郭店竹簡《成之聞之》札記〉，《古文字與古文獻》試刊號（臺北：楚文化研究會，1999 年），頁 48～49。裘錫圭從之。詳見裘錫圭：〈釋《子羔》篇「鉙」字並論商得金德之說〉，《簡帛》第二輯（上海：上海古籍出版社，2007 年），頁 67。

〔註45〕劉釗：〈利用郭店楚簡字形考釋金文一例〉，《古文字考釋叢稿》（長沙：岳麓書社，2004 年），頁 140～148。

〔註46〕劉洪濤：〈叔弓鐘及鎛銘文「劃」字考釋〉，「復旦網」2010 年 5 月 29 日（http://www.gwz.fudan.edu.cn/SrcShow.asp?Src_ID=1164）。此文爲蘇建洲師所提供（2011 年 4 月 11 日）。

〔註47〕李零：〈古文字筆記：离與竊〉，《《清華大學藏戰國竹簡（壹）》國際學術研討會會議論文集》（北京：清華大學出土文獻研究與保護中心，2011 年 6 月），

　　對於此種形體所从的偏旁說法，可歸納爲六種：「業」、「举」、「丵」、「辛」、「帶」和「卤」。前四說可視爲同一種說法，劉釗指出「丵」本爲「辛」的分化字。〔註48〕許學仁亦指出古文字中的「僕」字，復保留契文之「∴」，移而加之「辛」上，遂形訛爲「業」。〔註49〕陳昭容指出郭沫若與詹鄞鑫所認爲的「辛」、「辛」同爲一字之說，是正確的，並論證「辛」與「举」當作偏旁時有互換的情況，如「對」字，而「举」字不曾獨用，除了作爲「鑿」、「對」、「業」、「叢」諸字的組成部件外，「举」字最常見的是與「収」組成的「業」字，「収」字在楷書以後常訛爲「大」，从収持举遂寫成「業」，「業」字爲其主要意義之所在，亦爲聲符，「璞」、「樸」、「鏷」⋯讀音與「举」音同或音近。〔註50〕因此前四說所从聲旁皆相同。〔註51〕

　　就字音而言，「举」聲與上表 13 種字形皆可通假，〔註52〕多位學者已論證，筆者不贅引。〔註53〕若从「帶」聲，△4、△5 形相當帛書本的「辯」，△6、△7 讀「淺」，「辯」爲幫紐元部，「淺」爲精紐元部，皆可與「帶」字相通。故就聲韻而言，从帶或从举皆有可能。

　　就字形而言，从「卤」字之說，李零認爲以上諸形皆與「❖」（《上博二・子羔》簡 10）、「❖」（《上博二・子羔》簡 12）上部所从部件相同。然而，〈子羔〉二形上所从的三筆豎筆，皆有一圓點，蘇建洲師疑此字字形演變作

　　　　　頁 175～177。此文爲徐在國提供（2011 年 8 月 6 日）。

〔註48〕劉釗：〈利用郭店楚簡字形考釋金文一例〉，《古文字考釋叢稿》（長沙：岳麓書社，2004 年），頁 142。

〔註49〕許學仁：〈戰國楚簡文字研究的幾個問題——試讀戰國楚簡〈語叢四〉所錄〈莊子〉語暨漢墓出土〈莊子〉殘簡瑣記〉，《古文字研究》第 23 輯（北京：中華書局，2002 年），頁 123。

〔註50〕陳昭容：〈釋古文字中的「举」及从「举」諸字〉，《中國文字》新廿二期（臺北：藝文印書館，1997 年），頁 121～149。

〔註51〕林澐認爲劉釗將此種形體的字形皆以举爲聲符是欠妥的，應考慮讀爲「業」的可能。筆者認爲此二字皆从同一聲符，故此說不可從。參看林澐：〈究竟是「蔑伐」還是「撲伐」〉，《古文字研究》第 25 輯（北京：中華書局，2004 年），頁 115～118。

〔註52〕1「業」2「举」3「丵」4「辛」四形，筆者以「举」字代之。

〔註53〕許學仁：〈戰國楚簡文字研究的幾個問題——試讀戰國楚簡〈語叢四〉所錄〈莊子〉語暨漢墓出土〈莊子〉殘簡瑣記〉，《古文字研究》第 23 輯（北京：中華書局，2002 年），頁 122～125。劉釗：〈利用郭店楚簡字形考釋金文一例〉，《古文字考釋叢稿》（長沙：岳麓書社，2004 年），頁 142。

此構形豎筆中的圓點應此形的構形特徵，而「𡚽」與上舉諸形皆有一定程度的差異性，若皆言訛變、異體或減省，恐難服人。「举」字說法難以解釋△1，董蓮池指出△1 爲「人」形偏旁，楚簡中「人」旁居其他偏旁之下時即或作「入」形，如包山簡「先」字作「先」、五里牌簡「長」字作「長」即其證。〔註55〕筆者認爲此文所舉例證並不平行，「先」、「長」二字於「入」形之上皆有一橫筆作「入」形與上半部件的區隔，但「𡗙」形未有，下半部明顯爲「X」形，而非「入」形。

「帶」字甲金文作「𢃚」、「𢃜」、「𢃛」，璽彙作「𢃝」、「𢃞」，〔註56〕楚簡字形爲「𦅫」（「𦅫」字所从，《包山》2.270）、「𦅷」（𦅷字所从，《上博二·容成氏》簡 51）、「𦅹」（「𦅫」字所从，《仰天湖》簡 23）、「𢃟」（《望山》2.49），可見「帶」字寫法與甲骨、金文上半部相近，故蘇建洲師認爲其上部寫作「𡵆」或「𡵇」，是繼承甲、金文的「帶」字而來，似不必要與「辛」扯上關係。〔註57〕黃錫全認爲楚簡所从的「𡗙」形便是「𢃛」形的減省，此說可從。李零認爲「𢃠」的右旁爲「帶」字省體，△12、△13 形則只是繁簡不同。〔註58〕△2-△11 字形演變，可以依劉釗之說「這個字的下部有許多變體，或从「人」形，或从類似「大」或「矢」之形（人、大二字在古文字中常常互訛），或从「又」和「廾」，或从「口」（古文字中的「又」、「廾」、「口」三個偏旁有時是作爲可以累增的「羨符」出現）。」「大」、「矢」二字於楚簡中可見訛混現象，如《包山》「異」字可作「異」（2.33）和「異」（2.116）。

故就字形而言，筆者較爲贊同从「帶」字之說，然而从「举」形與象一

〔註54〕 蘇建洲師：〈《子羔》「契」字考釋〉，《《上博楚竹書》文字及相關問題研究》（臺北：萬卷樓圖書股份有限公司，2008 年），頁 23～28

〔註55〕 董蓮池：〈釋楚簡中的「辯」字〉，《古文字研究》第 22 輯（北京：中華書局，2000 年），頁 201。

〔註56〕 字形取自季旭昇師：《說文新證》，上冊（臺北：藝文印書館，2002 年），頁 621。

〔註57〕 蘇建洲師：《《上博楚竹書》文字及相關問題研究》（臺北：萬卷樓圖書股份有限公司，2008 年），頁 86。

〔註58〕 李零：《上海博物館藏戰國楚竹書（二）·容成氏釋文》（上海：上海古籍出版社，2002 年），頁 274。

種工具之形的說法亦無法排除可能性，故此字依《十四種》置原圖版爲宜，筆者在此暫作補充此種字形的各家說法。

2、█（《郭店・語叢三》簡 11）

《十四種・郭店》語叢三簡 11 釋文作「牙（與）█者尻（處），員（損）。牙（與）不好。《十四種・郭店》語叢三簡 11 釋文中的「█」爲疑難字，《十四種》於註釋中僅舉李零一說，對於此字進行探討的學者還有徐在國、劉釗和張金良等人。李零將此形爲讀「藝」，指所論字原從歺、從韭、從又，可能同「蛩」字（「藝」是心母月部，「蛩」是匣母月部字，讀音相近），「藝者」是輕慢無禮的小人。〔註59〕徐在國認爲此字上部所從的「宀」與郭店簡「濬」字右上部同，所從的「〻丿」，應是「彡」，只是筆畫方向略有不同，所從的「０」，可視爲「目」之省，「目」下加以橫，與「冒」作「█」或作「█」相同。〔註60〕劉釗讀「慢」。〔註61〕張金良則認爲此字應隸作「𢺦」。〔註62〕

對於「█」字形的考釋，張金良以所論字形體與《郭店》「韭」字不似，反駁釋爲「蛩」字之說，可從。但張金良釋爲從「康」亦可疑，張文已引出楚簡中「康」字通常作「█」（《郭店・緇衣》簡 28）、「█」（《郭店・成之聞之》簡 38）、「█」（《上博四・曹沫之陣》簡 37）等形，然「康」字中間部件未見減省爲「０」形，且所論字於「０」形下方有一橫筆，實與「康」字形體不同，此說形體演變甚巨，應非「康」字。而徐文釋爲「濬」，舉出「目」字省變的例證，認爲「目」形可省作「０」形，筆者認爲此例有待商榷，「馬」字的「目」形橫筆和與代表鬃毛的二橫筆可相連，如「█」（《集成》2831）和「█」（《集成》4186）二形，而徐文所言的減省情況，應爲書手書寫時未將橫筆寫入「目」形的情形，故「目」形應無減省二筆的字形。蘇建洲師認爲所論字形體上半部應與「睿」字相同，皆從「卢」形。〔註63〕所論字與「睿」字形體確實相近，然而未見「目」形省作「工」形之例。筆者以爲此形似甲

〔註59〕李零：《郭店楚簡校讀記〔增訂本〕》（北京：中國人民大學出版社，2007 年），頁 195。

〔註60〕徐在國：〈郭店簡考釋二則〉，《新出楚簡文字考》（合肥：安徽大學出版社，2007 年），頁 73～75。

〔註61〕劉釗：《郭店楚簡校釋》（福州：福建人民出版社，2003 年），頁 212。

〔註62〕張金良：〈郭店楚簡文字考釋（二則）〉，《青年文學家》2009 年第 6 期，頁 88。

〔註63〕蘇建洲師對「璿」字形體的解釋，可參蘇建洲師：《郭店》、《上博（二）》考釋五則〉，《中國文字》新廿九期（臺北：藝文印書館，2003 年），頁 221～225。

骨文的「土」字，如「Ω」（《合集》559 正），但若从「土」則難以成字，故此字仍置原圖版爲宜。

2、 （《望山》2 號墓簡 6）

《十四種‧望山》2 號墓簡 6 釋文作「奠（衡）戹（軶），骨玟，紾（漆）賦（雕）革（勒），緄紳（靷），㪬絲繐，㺐（狸）莫之冢，紫韋之 ，皆紃。紫黃之組。」《十四種‧望山》2 號墓簡 6 釋文中的「」爲疑難字，然而《十四種》注釋卻未引任何學者說法。

原考釋者右半邊不識，僅隸作「阝□」。〔註64〕劉國勝認爲此字似爲「陕」，疑讀爲「鞅」，指鞅帶。〔註65〕就字形而言，所論字左邊爲「邑」旁應無疑，但右半與「央」字並不相同，楚簡「央」字作「」（《上博六‧用曰》簡 2），故此字非「陕」。但圖版字形難以辨識，依《十四種》體例可隸爲「阝□」。故《十四種‧望山》2 號墓簡 6 釋文改作「奠（衡）戹（軶），骨玟，紾（漆）賦（雕）革（勒），緄紳（靷），㪬絲繐，㺐（狸）莫之冢，紫韋之阝□，皆紃。紫黃之組。丹砫（重）紑之𦆅冐，黃裏。丹砫（重）紑之兩童，黃攴。」

筆者所舉三例，對於《十四種》的釋文改釋情況變動不大，但可見《十四種》於註釋中所引的學者意見偶有缺漏，使讀者難免有搜索困難，故筆者在此補充三例，以求更爲詳盡。

〔註64〕 裘錫圭、李家浩：《望山楚簡‧二號墓竹簡釋文與考釋》（北京：中華書局，1995 年），頁 107。

〔註65〕 劉國勝：《楚喪葬簡牘集釋》（武漢：武漢大學博士學位論文，2005 年修改），頁 112。

第二章 《楚地出土戰國簡冊〔十四種〕· 包山 2 號墓簡冊》考釋

第一節 文 書

一、（簡 20）、（簡 47）

　　《十四種・包山》2 號墓簡 20 釋文作「夏栾之月乙丑之日，鄩司敗李受皀（幾）。」釋文中的「」字，原考釋者依形隸作「耴」。〔註1〕黃錫全將簡 47 的「」與所論字皆釋爲「聽」，認爲橫筆爲「」形寫糊了。〔註2〕蘇建洲師認爲此二字从夌，釋爲「聆」，「令」、「夌」音近可通，李聆爲人名。〔註3〕

　　筆者以爲，「」字右旁若爲「」寫糊之字，其形必須爲二至三個「」形部件，依所論字右旁三橫筆的間隔距離，應非「」形，且「」、「」二字右旁所从同時皆爲「」形寫糊的機率較低，故不從此說。蘇師之說可信，楚簡常見的「夌」旁作：「」（「陵」字所从，《上博二・容成氏》

〔註1〕 劉彬徽、彭浩、胡雅麗、劉祖信：《包山楚墓・包山二號楚墓簡牘釋文與考釋》（北京：文物出版社，1991 年），頁 350。

〔註2〕 黃錫全：〈《包山楚簡》部分釋文校訂〉，《古文字與古貨幣文集》（北京：文物出版社，2009 年），頁 402。

〔註3〕 蘇建洲師：〈《清華簡》考釋四則〉，「復旦網」2011 年 1 月 9 日（http://www.gwz.fudan.edu.cn/SrcShow.asp?Src_ID=1368）。

簡 18）、「![陵]」（「陵」字所从，《包山》2.54），然而「夌」旁亦可作「![夌]」（「薐」字所从，《包山》2.154）、「![陵]」（「陵」字所从，《郭店‧尊德義》簡 14）二形，〔註4〕以及近期公佈的《清華簡（一）‧金縢》簡 6「![]」、簡 10「![]」二字，蘇建洲師亦將此二字釋爲「綾」。〔註5〕此種字形所从的「仌」形，學者多認爲是以「冰」聲代「夌」聲，〔註6〕孟蓬生疑此種形體爲金文象金餅之形的「金」字，〔註7〕此二種看法皆不影響「仌」形釋爲「夌」的說法，而所論字右半與上舉从「仌」聲的「夌」字相仿，可見所論字即从「夌」旁，可讀爲「聆」，「李聆」爲人名。《十四種‧包山》2 號墓簡 20 釋文改作「夏柰之月乙丑之日，鄢司敗李聆受畀（幾）。」簡 47 釋文亦需修改。

二、（簡 121-122）

《十四種‧包山》2 號墓簡 121-122 釋文作「享月丁巳之日，下蔡山昜（陽）裏人邞倗言於昜（陽）成公![]睪、大敓尹屈![]、郫昜（陽）莫囂臧獻（？）、舍（餘）![]。倗言胃（謂）：小人不信![]（竊）馬。小人信![]下蔡關裏人雇女返、東邡裏人揚賈、黃裏人競不割（害）![]殺舍（餘）睪於競不割之官，而相![]棄之於大路。競不割（害）不至（致）兵焉。子敓（執）場賈，里公邞![]、士尹紬繢返子，言胃（謂）：場賈既走於前，子弗及。子敓（執）雇女返。」

1、

釋文中的「![]」字，原考釋者隸作「遹」。〔註8〕劉信芳隸爲「遑」。〔註9〕

〔註 4〕 字形論證可參黃德寬、徐在國：〈郭店楚簡文字考釋〉，《新出楚簡文字考》（合肥：安徽大學出版社，2007 年），頁 9。

〔註 5〕 蘇建洲師：〈《清華簡》考釋四則〉，「復旦網」2011 年 1 月 9 日（http://www.gwz.fudan.edu.cn/SrcShow.asp?Src_ID=1368）。此種字形宋華強認爲是「繃」字異體，筆者在此從蘇師之說。參宋華強：〈清華簡《金縢》校讀〉，武漢大學「簡帛網」2011 年 1 月 8 日（http://www.bsm.org.cn/show_article.php?id=1370#_ednref29）。

〔註 6〕 如劉釗：〈包山楚簡文字考釋〉，《出土簡帛文字叢考》（臺北：台灣古籍出版社，2004 年），頁 32。

〔註 7〕 參蘇建洲師：〈《清華簡》考釋四則〉，「復旦網」2011 年 1 月 9 日（http://www.gwz.fudan.edu.cn/SrcShow.asp?Src_ID=1368），下文學者討論。

〔註 8〕 劉彬徽、彭浩、胡雅麗、劉祖信：《包山楚墓‧包山二號楚墓簡牘釋文與考釋》（北京：文物出版社，1991 年），頁 357。

〔註 9〕 劉信芳：《包山楚簡解詁》（臺北：藝文印書館，2003 年），頁 108。

劉釗隸作「遙」。〔註10〕李零與趙平安皆認爲此字即爲「達」字。〔註11〕

就字形演變例證而言，「逾」、「達」與「遙」三字，與所論字形體相差甚遠。趙平安指出楚簡的「達」字多作「達」（《郭店・老子甲》簡8），而後加入「月」聲可能是爲了表音的需要，其形體如《郭店・性自命出》簡54「達」。「月」爲疑紐月部字，「達」爲定紐月部字，二字韻部相同，疑紐和定紐可相通，如馬王堆帛書《老子》乙本《德經》：「既得其母，以知其子，既知其子，復守其母，沒身不佁。」其中的「佁」字爲疑紐之部，《老子》甲本與王弼本皆將「佁」寫作「殆」（定紐之部）。〔註12〕「達」字加入「月」聲的形體亦見於《上博二・民之父母》簡2「達」與《上博一・性情論》簡24「達」二處。〔註13〕趙平安對「達」字形體來源演變之說可從，且所論字與加入「月」聲之「達」字形體相仿，故所論字即爲「達」。

2、

簡121-122釋文有二個「雁」字，其原形分別作「雁」（△字）、「應」（△1字），《包山》與所論字相似字形，羅列如下：

原　形	![簡91]	![簡91]	![簡123]	![簡165]
	（簡91）	（簡91）	（簡123）	（簡165）
《十四種》隸定	雁	雁	雇（△2）	雁
原　形	![簡174]	![簡176]	![簡184]	![簡191]
	（簡174）	（簡176）	（簡184）	（簡191）
《十四種》隸定	應	酈（應）	雁	應

〔註10〕劉釗：〈包山楚簡文字考釋〉，《出土簡帛文字叢考》（臺北：台灣古籍出版社，2004年），頁19。

〔註11〕李零：〈讀《楚系簡帛文字編》〉，《出土文獻研究》第五集（北京：科學出版社，1999年），頁142。趙平安：〈「達」字兩系說—兼釋甲骨文所謂「途」和齊金文中所謂「造」字〉，《新出簡帛與古文字古文獻研究》（北京：商務印書館，2009年），頁77～96。

〔註12〕王輝：《古文字通假字典》（北京：中華書局，2008年），頁18。

〔註13〕可參蘇建洲師：〈《上博（五）・姑成家父》簡3「禮」字考釋〉，武漢大學「簡帛網」2006年3月30日（http://www.bsm.org.cn/show_article.php?id=305）。

原　形				
	（簡 201）	（簡 204）	（簡 210）	
《十四種》隸定	郿（應）	郿（應）	郿（應）	

　　學者對於△、△1 和△2 三字釋讀，看法不一，分別釋爲「雇」、〔註14〕「雁」、〔註15〕「雁」三說。〔註16〕對於「雇」、「雁」二說，李守奎對前者的反駁爲楚簡从「戶」之形與所論字不同，對後者的反駁爲所論字與「雁」字的音、義不合，故所論字非「雇」或「雁」。而「雁」字形體來源，劉釗與何琳儀說明甚詳，筆者轉引如下：

> 甲骨文雁字作「⚷」「⚵」，…即「膺」字初文。字是在鳥形胸部用一指事符號表示「胸」這一概念。…「⚸」即由甲骨文「⚵」形演變而成，不過由一個圓變成了一點。〔註17〕

> 甲骨文於鳥之脯部加指事符號，以表示膺義所在。…爲膺之初文。《說文》「膺，胷也。从肉，雁聲。」…春秋、戰國文字承襲西周金文，戰國文字或移指事符號於人臂作「⟆」形，或變形作「⟅」，或省作「⟆」、「⟆」。〔註18〕

二位學者說法應是正確的。且此種形體於《葛陵》簡中亦有出現，其例如「既怀（背）、⟆疾」（乙三 22），由《葛陵》簡辭例可知，「⟆」字應指身體某一部位，依劉、何二人之考釋爲「膺」字，表示「胸」字的概念，「膺疾」即是「胸疾」，因此《十四種・包山》釋文爲「雇」與「雁」字的釋文皆需修改。

　　簡 165 與簡 184 的「雁」字形體較爲特殊，此種形體有二種訛變的可能，其一爲將原爲指事符號的「⚸」移至「厂」形之外，並訛爲「人」形。其二爲在「厂」旁之外加了「人」旁，〔註19〕故此二字仍爲「雁」字。所論字可

〔註14〕如原考釋者。參劉彬徽、彭浩、胡雅麗、劉祖信：《包山楚墓・包山二號楚墓簡牘釋文與考釋》（北京：文物出版社，1991 年），頁 357。

〔註15〕如白於藍：〈《包山楚簡文字編》校訂〉，《中國文字》新廿五期（臺北：藝文印書館，1999 年），頁 181。

〔註16〕如李守奎：〈包山楚簡 120-123 號簡補釋〉，《出土文獻與傳世典籍的詮釋—紀念譚樸森先生逝世兩週年國際學術研討會論文集》（上海：上海古籍出版社，2010 年），頁 210～212。

〔註17〕劉釗：《古文字構形學》（福州：福建人民出版社，2006 年），頁 82。

〔註18〕何琳儀：《戰國古文字典》（北京：中華書局，1998 年），頁 133。

〔註19〕第二種說法爲蘇建洲師所提供（2011 年 6 月 23 日）。

讀爲「應」，李守奎指出「應氏」是楚簡常見的貞人姓氏。〔註20〕

3、

釋文中的「」字，原考釋者釋爲「智（並）」。〔註21〕劉信芳釋爲「智（僉）」。〔註22〕劉釗釋爲「僉」之省，「僉殺」指「皆殺」。〔註23〕陳偉補充說明「僉殺」即「共同殺害」，「僉殺」比單個殺人罪責更重，所以要特別指出。〔註24〕《十四種》於汗解中認爲此字爲「競」，「競殺」即「共同殺害」。〔註25〕

就字形而言，《十四種》疑爲「競」字，楚簡「競」字作「競」（《包山》2.121），未見省減上方部件之例，而所論字下方有「日」形，雖「日」形可爲贅旁，〔註26〕但「競」字未見此例，若釋爲「競」字則需經過二層字形演變（省減上方部件、加入「日」形），且典籍中不見「競」字有「共同」之義，〔註27〕故不從此說。楚簡「僉」字作：「僉」（《郭店‧性自命出》簡26）、「僉」（《上博一‧緇衣》簡14），似未見省去「亼」形之例，然而所論字與「僉」字相仿，且「僉殺」訓爲「共同殺害」亦合理，故筆者認爲所論字釋爲「僉」爲宜。

4、僕

釋文中的「僕」字，原考釋者置摹本。〔註28〕李守奎認爲所論字與《上

〔註20〕於《葛陵》簡中亦常見應氏的貞人名，如甲一 3 的「應愴」，甲二 22、23、24 的「應寅」。

〔註21〕劉彬徽、彭浩、胡雅麗、劉祖信：《包山楚墓‧包山二號楚墓簡牘釋文與考釋》（北京：文物出版社，1991 年），頁 357。

〔註22〕劉信芳：《包山楚簡解詁》（臺北：藝文印書館，2003 年），頁 108。

〔註23〕劉釗：〈包山楚簡文字考釋〉，《出土簡帛文字叢考》（臺北：台灣古籍出版社，2004 年），頁 20。

〔註24〕陳偉：〈包山楚司法簡 131－139 號考析〉，《江漢考古》，1994 年第 4 期，頁 68。

〔註25〕陳偉等著：《楚地出土戰國簡冊〔十四種〕》（北京：經濟科學出版社，2009 年），頁 60，注 10。

〔註26〕可參何琳儀《戰國文字通論（訂補）》（南京：江蘇教育出版社，2003 年），頁 218。

〔註27〕漢語大字典編輯委員會編纂：《漢語大字典》（湖北：辭書出版社，1986 年），頁 2717。

〔註28〕劉彬徽、彭浩、胡雅麗、劉祖信：《包山楚墓‧包山二號楚墓簡牘釋文與考釋》（北京：文物出版社，1991 年），頁 357。

博一・性情論》的「眚」字相仿，讀爲「性」。〔註29〕〈性情論〉之「眚」字作「」（簡2）、「」（簡3），形體確切與所論字相仿，故李說可信。

　　《十四種・包山》2號墓簡121-122釋文改作「享月丁巳之日，下蔡山昜（陽）裏人邾倀言於昜（陽）成公睪、大夥尹屈達、郢昜（陽）莫囂臧獻（？）、舍（餘）羊。倀言冐（謂）：小人不信（竊）馬。小人信下蔡關裏人雍（應）女返、東邡裏人揚賈、茣裏人競不割（害）僉殺舍（餘）睪於競不割之官，而相棄之於大路。競不割（害）不至（致）兵焉。孞敓（執）場賈，里公邾眚（性）、士尹紬繥返孞，言冐（謂）：場賈既走於前，孞弗及。孞敓（執）雍（應）女返。」以及簡91、123、165、184、191釋文皆需修改。

三、（簡129）

　　《十四種・包山》2號墓簡129釋文作「甘叵之戝（歲），左司馬迪以王命命亙（亟）思舍枼（葉）王之窢（爨）一青義（犧）之賣足金六勻（鈉）。」

　　釋文中的「」字，原考釋者釋爲「夷（貞）」。〔註30〕張光裕、袁國華疑爲「貞」字，讀作「愼」。〔註31〕劉釗舉《古璽匯編》「」（1245）、「」（3545）爲例，認爲所論字爲「黃」字。〔註32〕劉信芳將「夷」字讀爲「廣」，意指擴大楚王爨祭的規模。〔註33〕白於藍舉簡147「」爲例，將所論字釋爲「煮」。〔註34〕

　　所論字與「煮」、「貞」二字，在字形上皆有一定的差異性。白於藍認爲

〔註29〕 李守奎：〈包山楚簡120-123號簡補釋〉，「復旦網」2009年8月1日（http://www.gwz.fudan.edu.cn/SrcShow.asp?Src_ID=861）。李守奎：〈包山楚簡120-123號簡補釋〉，《出土文獻與傳世典籍的詮釋－紀念譚樸森先生逝世兩週年國際學術研討會論文集》（上海：上海古籍出版社，2010年），頁203。

〔註30〕 劉彬徽、彭浩、胡雅麗、劉祖信：《包山楚墓・包山二號楚墓簡牘釋文與考釋》（北京：文物出版社，1991年），頁358。

〔註31〕 張光裕、袁國華：〈讀包山楚簡箚迻〉，《中國文字》新十七期（臺北：藝文印書館，1993年），頁304。

〔註32〕 劉釗：〈包山楚簡文字考釋〉，《出土簡帛文字叢考》（臺北：台灣古籍出版社，2004年），頁21。

〔註33〕 劉信芳：《包山楚簡解詁》（臺北：藝文印書館，2003年），頁123。

〔註34〕 白於藍：〈包山楚簡零拾〉，《簡帛研究》第二輯（北京：法律出版社，1996年），頁43～44。

所論字爲「」字較爲簡單的寫法，然而二字形體差異性過大，難以證明此說。劉釗釋爲「黃」，但所舉的《匯編》二例，形體模糊，較難以作爲例證。「黃」字的構形爲人仰面向天，腹部膨大，金文則从「口」，似有仰天呼嘆之意。〔註35〕楚簡「黃」字作「」（《包山》2.21）或「」（《上博三・周易》簡 37），上半部可从「口」形或是橫筆加長訛爲「」形，另有「黃」字上半部橫筆略爲下移，導至接近下方偏旁的情況，如「」（《上博一・孔子詩論》，簡 9）、「」（《上博七・武王踐阼》，簡 1），此二形與所論字相似，故所論字爲「黃」字無疑。

　　《十四種・包山》2 號墓簡 129 釋文改作「甘臣之戠（歲），左司馬迪以王命命亙（亟）思舍枼（葉）黃王之夒（爨）一青義（犧）之賽足金六勻（鈉）。」

四、（簡 152）

　　《十四種・包山》2 號墓簡 152 釋文作「右司馬適命左令默定（正）之，言胃（謂）戌有後。」釋文中的「右」字原形爲「」，原考釋者隸爲「左」。〔註36〕「左」、「右」二字的應以「手」形的方向作爲區別，「手」旁在左邊爲「左」字，如「」（《包山》2.129），在右邊爲「右」字，如「」（《包山》2.158），所論字「手」形於左邊，故此字應隸爲「左」。《十四種・包山》2 號墓簡 152 釋文改作「左司馬適命左令默定（正）之，言胃（謂）戌有後。」

五、（簡 155）

　　《十四種・包山》2 號墓簡 155 釋文作「□南陵公部：敬陵之行僕宣於鄩。」釋文中的「」形雖略爲模糊，但仍可見其形體與「」（簡 221）、「」（簡 222）、「」（簡 222）與「」（簡 223）形體相仿，原考釋者對於以上諸形皆隸爲「童」。〔註37〕劉信芳隸作「朕」。〔註38〕李天虹將所論字釋爲「敬」。

〔註35〕季旭昇師：《說文新證》，下冊（臺北：藝文印書館，2008 年），頁 240。

〔註36〕劉彬徽、彭浩、胡雅麗、劉祖信：《包山楚墓・包山二號楚墓簡牘釋文與考釋》（北京：文物出版社，1991 年），頁 360。

〔註37〕劉彬徽、彭浩、胡雅麗、劉祖信：《包山楚墓・包山二號楚墓簡牘釋文與考釋》（北京：文物出版社，1991 年），頁 360、366。

〔註39〕《十四種》對於以上諸形，除所論字之外，皆隸爲「朕」。〔註40〕蘇建洲師指出所論字的「壬」形與「羊」形未相連，可能與三晉璽印「▨」有關。〔註41〕

李天虹認爲「壬」形爲所論字的聲符，以《說文》所言的「𡉬」爲「壬」省聲，作爲見紐與透紐相通的字例。然而古文字的「𡉬」字从工，如「▨」（《集成》2837，大盂鼎），楚文字於工形之上加了一撇筆，訛爲「壬」形，故《說文》對「𡉬」字的解釋，並不正確。〔註42〕因此「敬」與「壬」聲是否可相通，仍有疑問。且楚簡中的「敬」字形體固定，未見省略「攵」旁者，〔註43〕故不從此說。

就字形而言，蘇師將所論字與三晉璽印作連結，「羞」字於璽印中作「▨」與「▨」等形，〔註44〕可見「羞」形所从的「壬」旁或「土」旁皆與「羊」形相連接，因此「▨」、「▨」二形與「▨」應非同一字形。但由上舉的「羞」字諸形可見，此種形體所从的「壬」旁有二種寫法，一爲「▨」（撇筆較長），二爲「▨」（撇筆的起筆處與豎筆相連），而所論字形體模糊，所从的「壬」旁仍有第一種寫法的可能性，故難以斷定「壬」旁與「羊」旁未相連，因此筆者仍將所論字與「羞」視爲同一字形。「羞」與「朕」二字應爲異體字，依《十四種》對其餘四字的隸定，將所論字隸爲「朕」。《十四種‧包山》2 號墓簡 155 釋文改作「□南陵公邵朕：敬陵之行僕宮於鄩。」

〔註38〕 劉信芳：《包山楚簡解詁》（臺北：藝文印書館，2003 年），頁 160、232。

〔註39〕 此說由蘇建洲師所提供（2011 年 6 月 23 日）。李天虹：《郭店竹簡《性自命出》研究》（武漢：湖北教育出版社，2002 年），頁 257～258。

〔註40〕 參《十四種》以上諸簡釋文。

〔註41〕 此說爲蘇師與筆者的審查意見（2011 年 6 月 23 日），依字形演變，土旁與壬旁形近互作。璽印字形來自施謝捷：《古璽彙考》（合肥：安徽大學，2006 年），頁 208。

〔註42〕 李旭昇師：《說文新證》，下冊（臺北：藝文印書館，2008 年），頁 146。

〔註43〕《上博一‧孔子詩論》有一不从「攵」形的的「敬」字，作「▨」（簡 15），所从的「又」形應爲「攵」形的訛變。楚簡「又」與「攵」有訛混的情況，如《郭店‧五行》的「時」字可从「攵」─「▨」（簡 6）、「▨」（簡 27），《郭店‧六德》的「詩」字亦从「攵」─「▨」（簡 24）。

〔註44〕 此字形爲李天虹所舉，參李天虹：《郭店竹簡《性自命出》研究》（武漢：湖北教育出版社，2002 年），頁 258。字形來源爲故宮博物院編：《古璽彙編》（北京：文物出版社，1994 年二刷），頁 222。

六、![字]（簡170）

　　《十四種・包山》2號墓簡170釋文作「臭（爨）月己亥，鄢人黃戌，葉人䢼（宛）趯。」釋文中的「趯」字原形作「![字]」（以下稱△字），簡99亦有相似形體「![字]」（以下稱△1字）。原考釋者將二字皆隸爲「遅」。〔註45〕高智將此二字釋爲「遮」。〔註46〕《十四種》將△字則隸爲「趯」，而△1字矕原圖版，並認爲△字與《郭店・緇衣》簡36「塵」（![字]）字相似。〔註47〕

　　就字形而言，△字與△1構形部件相仿，應爲同一字形。《十四種》認爲△字與「塵」字相似，常見的「塵」字蘇建洲師已做出整理，〔註48〕但「塵」字中間从「目」形，「目」形未見省略中間二筆者，〔註49〕故筆者不從此說。劉信芳指出《郭店》屢見「厚」字，皆與所論字形體不同。楚簡「厚」字的形體多變，形體如下：

![厚字]	![厚字]	![厚字]
〈老子甲〉簡4	〈老子丙〉簡36	《上博一・緇衣》簡2

△字與△1字上半部雖爲「石」省形，但下半部與楚簡的「厚」字差異甚大，然而古文字體的「厚」字，有一系列字形與所論字右旁部件相仿，如：「![字]」、

〔註45〕劉彬徽、彭浩、胡雅麗、劉祖信：《包山楚墓・包山二號楚墓簡牘釋文與考釋》（北京：文物出版社，1991年），頁356、362。

〔註46〕高智：〈《包山楚簡》考釋十四則〉，《于省吾教授誕辰百年紀念文集》（長春：吉林大學出版社，1996年），頁184。劉信芳從之，參劉信芳：《包山楚簡解詁》（臺北：藝文印書館，2003年），頁93。

〔註47〕陳偉等著：《楚地出土戰國簡冊〔十四種〕》（北京：經濟科學出版社，2009年），頁89，注126。

〔註48〕參蘇建洲師：〈《上博（四）・曹沫之陣》簡18「纏」字小考〉，《《上博楚竹書》文字及相關問題研究》（臺北：萬卷樓圖書股份有限公司，2008年），頁56。參筆者論文《郭店・唐虞之道》一節。

〔註49〕徐在國曾指出《包山》「馬」字可作「![字]」和「![字]」二形，故中間「目」形二橫筆可以簡省。筆者認爲，「馬」字的「目」形橫筆和與代表鬃毛的二橫筆可相連，如「![字]」（《集成》2831）和「![字]」（《集成》4186）二形，而徐文所言的減省情況，應爲書手書寫時未將橫筆寫入「目」形的情形，故「目」形應無減省二筆的字形。參徐在國：〈郭店簡考釋二則〉，《新出楚簡文字考》（合肥：安徽大學出版社，2007年），頁73～75。

「[字]」、「[字]」，〔註50〕因此無法完全排除釋爲「厚」的可能性。高智與劉信芳分別舉子仲匜與沇兒鐘的「庶」（引者按：子仲匜爲《集成》10277「[字]」，沇兒鐘爲《集成》203「[字]」）字爲例，△字與「[字]」字相似性極高，故此二字亦有可能从「庶」旁。所論字無法由辭例判斷應釋爲何字，故此簡應改置原圖版爲宜。

《十四種・包山》2 號墓簡 170 釋文亦改爲「夐（爨）月己亥，鄑人黃戌，葉人郚（宛）[字]。」

七、[字]（簡 164）

《十四種・包山》2 號墓簡 164 釋文爲「莕君之加公宋[字]，婁適。」原考釋者釋文置摹本。〔註51〕黃錫全釋爲「末」。〔註52〕袁國華釋爲「年」。〔註53〕

袁國華舉《包山》2.127「年」（[字]）字爲例，認爲所論字即是「年」字的下方橫筆改置於上部。袁文對於「[字]」的摹本爲「[字]」，觀看原簡「[字]」下方仍是完整的「千」字，此「年」字並未借用「禾」字下方的筆畫，可見袁文的摹文有誤。但楚簡「年」字的確有「千」形與「禾」形共用筆畫的情況，如「[字]」（《郭店・緇衣》簡 12）、「[字]」（《郭店・唐虞之道》簡 18），然而「千」旁所从的橫筆是否會移置字形的上半部，仍待商榷。筆者認爲黃錫全之說較爲可信，「末」字爲「木」字上方加一橫筆指示其部位，所論文从「禾」，依古文字演變而言，「木」旁與「禾」旁形近通用。〔註54〕故此字爲「末」，簡文中的「宋末」爲人名。《十四種・包山》2 號墓簡 164 釋文改爲「莕君之加公宋末，婁適。」

〔註50〕 字形取自徐在國：《傳抄古文字編》（北京：線裝書局，2006 年），頁 534～535。此字例爲蘇建洲師所提供（2011 年 4 月 11 日）。

〔註51〕 劉彬徽、彭浩、胡雅麗、劉祖信：《包山楚墓・包山二號楚墓簡牘釋文與考釋》（北京：文物出版社，1991 年），頁 361。

〔註52〕 黃錫全：〈《包山楚簡》部分釋文校訂〉，《古文字與古貨幣文集》（北京：文物出版社，2009 年），頁 399。

〔註53〕 袁國華：〈「包山楚簡」文字考釋〉，《第二屆國際中國古文字學研討會論文集》（香港：香港中文大學中國語言及文學系，1993 年），頁 422。

〔註54〕 可參何琳儀：《戰國文字通論（訂補）》（南京：江蘇教育出版社，2003 年），頁 232～233。

八、（簡183）

　　《十四種・包山》2號墓簡183釋文爲「乙巳，鄭昜（陽）陳楚，新埜（野）人少妾，邵寅。」釋文中的「」字，原考釋者隸爲「旬」。〔註55〕李零認爲所論字疑非「旬」字。〔註56〕

　　楚簡「旬」字多作「」（《上博二・容成氏》簡14），可見上部所从的偏旁類似「手」形，而所論字上部所从爲「勹」形，但文字演變「」與「勹」二形易訛混，〔註57〕如：

軍：（《集成》9733，庚壺）

　　（《集成》11513，鄖侯奪矛）

旬：（王孫遺獵鐘）

　　（王孫遺獵鐘）〔註58〕

　　（《九店》五六號墓簡83）〔註59〕

　　（《九店》五六號墓簡85）

〔註55〕　劉彬徽、彭浩、胡雅麗、劉祖信：《包山楚墓・包山二號楚墓簡牘釋文與考釋》（北京：文物出版社，1991年），頁363。

〔註56〕　李零：〈讀《楚系簡帛文字編》〉，《出土文獻研究》第五集（北京：科學出版社，1999年），頁161。

〔註57〕　參劉釗：《古文字構形學》（福州：福建人民出版社，2006年），頁339。張桂光：《古文字論集》（北京：中華書局，2004年），頁13～14。高佑仁認爲楚文字從「匀」的字未見可以直接省作「勹」形，但此種演變於金文中即可見，戰國秦系文字亦會如此省寫，故雖楚文字未見如此的省簡方式，仍無法排除此可能性。參廖名春：〈郭店簡「訇」、上博簡「訇」字新釋〉，「復旦網」2009年8月7日（http://www.gwz.fudan.edu.cn/srcshow.asp?src_id=865），下方學者討論區。

〔註58〕　此字例由蘇建洲師（海天）所舉出，參廖名春：〈郭店簡「訇」、上博簡「訇」字新釋〉，「復旦網」2009年8月7日（http://www.gwz.fudan.edu.cn/srcshow.asp?src_id=865），下方學者討論區。

〔註59〕　《九店》五六號墓簡83此字，《十四種・九店》疑此字爲「九日」的合文之誤。參陳偉等著：《楚地出土戰國簡冊〔十四種〕》（北京：經濟科學出版社，2009年），頁329，注5。

故所論字是从门形的「旬」字。「旬」爲少妾之名，陳偉指出「少妾」爲未婚少女。〔註60〕《十四種·包山》2 號墓簡 183 釋文改爲「乙巳，鄝昜（陽）陳楚，新埜（野）人少妾旬，邵寅。」

九、（簡 170）

《十四種·包山》2 號墓簡 170 釋文爲「己丑，喜陀人宋丹，橌郢絑牆襄。」核對原圖版，「絑」字前面有一字形作「」，原考釋者釋爲「人」。〔註61〕《十四種·包山》2 號墓簡 170 釋文改爲「己丑，喜陀人宋丹，橌郢人絑牆襄。」

第二節　卜筮祭祠記錄

（簡 231）

《十四種·包山》2 號墓簡 231 釋文爲「思攻祝歸繡（佩）冠帶於南方。」釋文中的「」字，原考釋者釋「取」。〔註62〕黃錫全釋作「取」。〔註63〕何琳儀指「取」或从「寸」，「取」讀「緅」，《說文新附》：「緅，帛青赤色也。」用來表示「冠帶」的顏色。〔註64〕李守奎釋爲「珥」，表示玉名。〔註65〕劉信芳認爲所論字从耳从寸，此字表佩飾，疑與「瑱」相類。〔註66〕

就字形而言，所論字左半部爲「耳」旁，右半部應爲「寸」旁，學者多隸爲「取」，「取」字从「又」，古文字「又」與「寸」義近通用，故此字可隸作「取」。就訓讀而言，劉信芳疑此字與「瑱」字相當，《說文》：「瑱，以玉充耳也。」然而「取」字的主詞爲「攻祝」，「攻祝」即爲祭祀場合中的「祝

〔註60〕陳偉：《包山楚簡初探》（武漢：武漢大學出版社，1996 年），頁 114。
〔註61〕劉彬徽、彭浩、胡雅麗、劉祖信：《包山楚墓·包山二號楚墓簡牘釋文與考釋》（北京：文物出版社，1991 年），頁 362。
〔註62〕劉彬徽、彭浩、胡雅麗、劉祖信：《包山楚墓·包山二號楚墓簡牘釋文與考釋》（北京：文物出版社，1991 年），頁 367。
〔註63〕黃錫全：〈《包山楚簡》部分釋文校訂〉，《古文字與古貨幣文集》（北京：文物出版社，2009 年），頁 400。
〔註64〕何琳儀：〈包山竹簡選釋〉，《江漢考古》，1993 年第 4 期，頁 62。
〔註65〕李守奎：〈簡帛祭禱簡研究〉，《簡帛研究二○○一》（桂林：廣西師範大學出版社，2001 年），頁 32～33、36，注 45。
〔註66〕劉信芳：《包山楚簡解詁》（臺北：藝文印書館，2003 年），頁 239、243。

官」，〔註67〕楚簡中未見祝者在祭祀場合中需要以玉充耳，故不從此說。何琳儀將「取」字釋爲「冠帶」的顏色字，就辭例而言，《十四種》將「取」的前一字「繡」讀爲「佩」，《包山》楚簡中的「佩」字之後皆有受詞，以表示某人佩帶的物品，如「備（佩）玉一環」（簡 213），若將「繡」讀「佩」，而「取」字表示「冠帶」的顏色，則「佩」字便無受詞，故不從此說。〔註68〕李守奎將「取」字釋「珥」，表示某種玉的名稱，可用作「繡（佩）」的受詞，此說較爲合宜。簡文「繡（佩）取（珥）」與「冠帶」爲相同性質的名詞，中間應以頓號作爲區隔。

　　《十四種‧包山》2 號墓簡 231 釋文改爲「思攻祝歸**繡**（佩）取（珥）、冠帶於南方。」其意爲「希望工祝進獻佩珥、冠帶於南方之神。」〔註69〕

〔註67〕李守奎認爲「攻祝」即爲「工祝」，指「祝官」。參李守奎：〈簡帛祭禱簡研究〉，《簡帛研究二〇〇一》（桂林：廣西師範大學出版社，2001 年），頁 32～33。

〔註68〕從「耤」聲亦可讀「珥」，如《包山》2.219，若讀爲「珥」則表示「玉」，但讀「珥」之「耤」字從「玉」形作，而此簡「耤」字從「糸」作，「玉」與「糸」皆爲義符，故此處仍讀爲「佩」爲宜。

〔註69〕此翻譯參李守奎：〈簡帛祭禱簡研究〉，《簡帛研究二〇〇一》（桂林：廣西師範大學出版社，2001 年），頁 33。

第三章　《楚地出土戰國簡冊〔十四種〕·
郭店 1 號墓簡冊》考釋

第一節　老　子

老子甲

一、、（簡1）

　　《十四種·郭店》老子甲簡 1 釋文作「﨟（絕）智弃攴（辨），民利百伓（倍）。﨟（絕）攷（巧）弃利，規（盜）惻（賊）亡又（有）。﨟（絕）慮（僞）弃慮，民復（復）季子」，此釋文隸定已得到學界的認同，但「慮」、「慮」二字的釋讀仍有多種說法。

　　1、

　　「」可隸爲「慮」，學者認爲可讀爲「僞」或「化」。〔註 1〕裘錫圭原認爲讀作「僞」後改讀作「爲」。〔註 2〕季旭昇師認爲此字爲「爲」的分化字，

〔註 1〕讀爲「僞」如原考釋者，參荊門市博物館編：《郭店楚墓竹簡》（北京：文物出版社，1998 年），頁 111。讀爲「化」如劉信芳、彭浩。劉信芳：《荊門郭店竹簡老子解詁》（臺北：藝文印書館，1999 年），頁 2。彭浩：《郭店楚簡《老子》校讀》（武漢：湖北人民出版社，2001 年），頁 3。
〔註 2〕讀「僞」，裘錫圭：〈糾正我在郭店〈老子〉簡釋讀中的一個錯誤—關於「絕

—33—

表示「心之作爲」，「絕爲」也就是「無爲」的意思，「利」、「憍」、「慮」應該是一般認爲重要的價值，若釋爲「僞」、「詐」似與全章體例不合。〔註3〕

劉信芳以〈老子甲〉簡 13 爲例，認爲此字讀「化」。〈老子甲〉簡 13 釋文作「侯王能守之，而萬勿（物）牆（將）自憑（化）」，高明指出帛書《老子》甲本此處的「化」字也寫作「憍」，表示「憍」字不僅可假借爲「僞」，還可讀作「譌」和「化」。〔註4〕依〈老子甲〉簡 13 的文例，「憑」字讀爲「化」應是正確的，然而竹簡中一字表多詞的情況常見，如「𧧜」字，可讀爲「弌」，如「𧧜（弌）禱」（《包山》2.206）；也可讀爲「能」，如「𧧜（能）纕（讓）」（《郭店・成之聞之》簡 18），故不可以〈老子甲〉簡 13 的字例作爲「憑」字必定讀「化」的證明，應以辭例求之。〔註5〕此處辭例爲「𢇍（絕）憑」，若將「憑」讀爲「化」，則與老子思想體系不合，由今本《老子》可知老子未反對「化」，如「侯王若能守之，萬物將自化。化而欲作，吾將鎮之以無名之樸」、「故聖人云：我無爲，而民自化」「自化」指「自然化育」、「順本性發展」，皆可見人民需要能「化」，顯示老子對於「化」是正面的態度，故此處不應讀爲「化」。

原考釋者讀「僞」，「僞」字於今本《老子》中常見，如：「大道廢，有仁義；智慧出，有大僞」，《說文》：「僞，詐也。」可見簡文的「僞」字表示負面的「欺詐」義。後代學者亦指出《老子》強調欺詐之術，如「將欲歙之，必固張之，將欲弱之，必固強之，將欲廢之，必固興之，將欲奪之，必固與之。」由此可見老子並未反對「欺詐」之術。〔註6〕若此，則簡文的「𢇍（絕）

僞棄詐」〉，《郭店楚簡國際學術研討會》（武漢：湖北人民出版社，2000 年），頁 25～30。讀「爲」，裘錫圭：〈關於《老子》的「絕仁棄義」和「絕聖」〉，《出土文獻與古文字研究》第一輯（上海：復旦大學出版社，2006 年），頁 1～15。

〔註3〕 季旭昇師：〈讀郭店楚簡札記：「卞」、「絕爲棄作」、「民復季子」〉，《中國文字》新廿四期（臺北：藝文印書館，1998 年），頁 131～132。

〔註4〕 高明：〈讀《郭店》老子〉，《中國文物報》，1998 年 10 月 28 日三版。

〔註5〕 一字表多詞可參見陳斯鵬：〈楚簡中的一字形表多詞現象〉，《出土文獻與古文字研究》第二輯（上海：復旦大學出版社，2008 年），頁 195～239。

〔註6〕 此說由朱子、程子一派提出。程伊川評老子：「老氏之學，更挾權詐。若言與之乃意在取之，張之乃意翕之，又大意在愚其民而自智，然則秦之愚黔首，其術蓋出於此。」參《二程集・上冊》（台灣：里仁書局，1982 年），頁 152。朱子亦言：「如『將欲取之，必固與之』之類，是它亦窺得些道理，將來竊弄。如所謂『代大匠斲則傷手』者，謂如人之惡者，不必自去治它，自有別人與他理會。只是佔便宜，不肯自犯手做。」、「老子之術，須自家占得十分穩便

慐」之「慐」字，便不應該讀爲有「詐」義的「僞」字。

　　裘錫圭認爲「『絕爲』的『爲』跟屢見於《老子》的『無爲』的『爲』同義，而『無爲』沒有人寫作『無僞』的」。〔註7〕季師亦指出此處的「憍」爲「爲」的分化字，即表示「無爲」，由今本《老子》可見老子思想體系是非常贊同無爲而治的，如：「是以聖人處無爲之事，行不言之教」、「爲無爲，則無不治」、「道常無爲而無不爲」、「上德無爲而無以爲；下德爲之而有以爲」、「無有入無間，吾是以知無爲之有益。不言之教，無爲之益，天下希及之。」、「爲學日益，爲道日損。損之又損，以至於無爲。無爲而無不爲。」、「故聖人云：我無爲，而民自化」、「是以聖人無爲故無敗」。由筆者所引文字可見，「無爲」確實未寫作「無僞」，且由文本可見《老子》將「無爲」與「聖人」、「上德」和「道」相應，是道家的最高標準，簡文辭例「垈（絕）慐」的「慐」字讀爲「爲」，則表示棄絕了「爲」（如同無爲），則可爲「聖人」，故此處應讀「垈（絕）慐（爲）」。

　　2、

　　釋文中的「慮」字原形作「　」，原考釋者隸「慮」讀「詐」。〔註8〕裘錫圭指出「從字形上看，『慮』很可能是从『虍』聲之字。」故讀爲「詐」，後經由文義探求，認爲應從多數學者讀爲「慮」。〔註9〕季旭昇師認爲「利」、「憍」、「慮」應該是一般認爲重要的價值，若將「憍」釋爲「僞」、「慮」釋爲「詐」似與全章體例不合，「慮」當从心，虍聲，讀爲「作」。〔註10〕龐樸認爲以思

　　　方肯做，才有一毫於己不便，便不肯做。」「老子之學只要退步柔伏，不與你爭。才有一豪主張計較思慮之心，這氣便粗了。…又曰『知其雄，守其雌，爲天下谿。知其白，守其黑，爲天下谷。』所謂谿，所謂谷，只是低下處。讓你在高處，他只要在卑下處，全不與你爭。…笑嘻嘻地，便是個退步占便宜底人。」參〔宋〕朱熹著，朱傑人、嚴佐之、劉永翔主編：《朱子全書‧朱子語類》（上海：上海古籍出版社；合肥：安徽教育出版社，2002年），頁3898～3914。。

〔註7〕　裘錫圭：〈關於《老子》的「絕仁棄義」和「絕聖」〉，《出土文獻與古文字研究》第一輯（上海：復旦大學出版社，2006年），頁6。

〔註8〕　荊門市博物館編：《郭店楚墓竹簡》（北京：文物出版社，1998年），頁111、113。

〔註9〕　裘錫圭：〈關於《老子》的「絕仁棄義」和「絕聖」〉，《出土文獻與古文字研究》第一輯（上海：復旦大學出版社，2006年），頁5。

〔註10〕季旭昇師：〈讀郭店楚簡札記：「卞」、「絕爲棄作」、「民復季子」〉，《中國文字》

想家的言論而言，不該棄「僞詐」，應是「絕僞棄作」，「爲」與「作」皆爲人有意作爲，是道家反對的。〔註11〕禤健聰讀「詐」，認爲「僞」、「詐」、「巧」、「辯」都與回復本眞狀態的道家思想相左的行爲。〔註12〕李零認爲裘錫圭於《郭店楚墓竹簡》中讀爲「詐」正確，後來的改讀反而錯誤。〔註13〕裘錫圭對於李零的說法多有反駁，〔註14〕筆者從之。

就字形而言，裘錫圭指出楚簡「膚（虘）」旁和「虘」旁已有相混現象，故難以從字形中確定此字釋讀。〔註15〕然而陳偉指出此種字形讀爲「慮」或「且」（从「且」爲聲符之字）是可分辨的，若讀爲「且」的字，大都从虍、从又，若讀爲「詐」則从心。〔註16〕此說應可從，故此字依字形而言不應讀爲「詐」或「作」。且就字義而言，讀爲「詐」、「作」亦有疑問，裘錫圭、季師等人皆已將讀爲「詐」字的問題指出。〔註17〕若讀爲「作」，季師指出簡文中的「爲」與「作」二字，皆指人的作爲，可互爲對照。筆者認爲，由簡文「𢻻（絕）智弃攴（辨）」與「𢻻（絕）攷（巧）弃利」二句可見「智」與「辨」、「巧」與「利」在字義並非絕對的相應，故「爲」與「慮」也不需與「人的作爲」對應。且「爲」與「作」二字字義相似，「𢻻（絕）愻（爲）弃慮」應是「𢻻（絕）愻（爲）」與「弃慮」的二組語句，若「慮」讀爲「作」則語義重複，依《老子》語言風格則未見如此者。應從裘錫圭讀爲「慮」，則可表示「爲」爲「外在」行爲，「慮」爲「內在」的思慮。

就思想體系而言，許抗生指出「老子主張無爲、無知，所以提出『絕僞

新廿四期（臺北：藝文印書館，1998 年），頁 132～133。

〔註11〕 龐樸：〈古墓新知——漫談郭店楚簡〉，《中國哲學》第二十輯（瀋陽：遼寧教育出版社，1999 年，）頁 11。

〔註12〕 禤健聰：《戰國楚簡字詞研究》（廣州：中山大學博士論文，2006 年），頁 81。

〔註13〕 李零：《上海博物館藏戰國楚竹書（五）·三德釋文》（上海：上海古籍出版社，2005 年），頁 289。

〔註14〕 裘錫圭：〈關於《老子》的「絕仁棄義」和「絕聖」〉，《出土文獻與古文字研究》第一輯（上海：復旦大學出版社，2006 年），頁 5～6。

〔註15〕 二種形體演變亦可參見方稚松：〈甲骨文字考釋四則〉，「復旦網」2009 年 5 月 1 日（http://www.gwz.fudan.edu.cn/srcshow.asp?src_id=778）。

〔註16〕 陳偉：〈上博五《三德》初讀〉，武漢大學「簡帛網」2006 年 2 月 19 日（http://www.bsm.org.cn/show_article.php?id=201）。此文由高榮鴻所提供。

〔註17〕 參裘錫圭：〈關於《老子》的「絕仁棄義」和「絕聖」〉，《出土文獻與古文字研究》第一輯（上海：復旦大學出版社，2006 年），頁 5～6。季旭昇師〈讀郭店楚簡札記：「卞」、「絕僞棄作」、「民復季子」〉，《中國文字》新廿四期（臺北：藝文印書館，1998 年），頁 132～133。

棄慮』的思想」。〔註18〕今本《老子》政治思想常言無爲、無知:「常使民無知無欲。夫知者不敢爲也。爲無爲,則無不治。」、「是以聖人不行而知,不見而名,無爲而成」、「吾是以知無爲之有益。不言之教,無爲之益,天下希及之」、「非以明民,將以愚之」可見《老子》認爲上位者不應以「智」統治人民「故以智治國,國之賊」,老子以愚人自居,與百姓共愚其心,而以昏昏悶悶之「遇」,作爲君民共同遵循追求的政治目標。〔註19〕可見老子認爲「棄慮」而後能治國,故此處讀爲「慮」比「詐」、「作」恰當。

《十四種·郭店》老子甲簡1釋文改作「𢿊(絕)智弃攴(辨),〔註20〕民利百伓(倍)。𢿊(絕)攷(巧)弃利,規(盜)惻(賊)亡又(有)。𢿊(絕)僞(爲)弃慮(慮),民复(復)季子」其意爲「(上位者)若棄絕智慧與思辨,人民則可得到百倍利益。棄絕機巧和貨利之心,便無盜賊。棄絕作爲和思慮,人民則可回歸赤子般純潔。」〔註21〕

二、(簡10)

《十四種·郭店》老子甲簡10釋文作「竺(孰)能庀以迬(動)者,牺(將)舍(徐)生。保此衍(道)者不谷(欲)端(尚)呈(盈)。」

「庀」字形爲「」,此字帛書甲、乙本作「女」,通行本均作「安」。〔註22〕原考釋者疑爲「安」字誤寫。〔註23〕此字从「匕」,字形與「女」形

〔註18〕許抗生:〈初讀郭店竹簡《老子》〉,《中國哲學》第二十輯(瀋陽:遼寧教育出版社,1999年),頁102。

〔註19〕胡楚生師:〈老子釋疑二題〉,《老莊研究》(臺北:學生書局,2001年),頁67。

〔註20〕學者對「攴」字讀法有「辨」、「辯」二說,各說可參看裘錫圭:〈關於《老子》的「絕仁棄義」和「絕聖」〉,《出土文獻與古文字研究》第一輯(上海:復旦大學出版社,2006年),頁3~4。今本《老子》「善者不辯,辯者不善」,可見「辯」字爲「外在行爲」,而「辨」應爲「內在思慮」,故筆者認爲「辨」字較優。

〔註21〕「季子」原考釋者認爲是「孝慈」之誤。季師等人讀爲「赤子」,參看季旭昇師:〈讀郭店楚簡札記:「卞」、「絕爲棄作」、「民復季子」〉,《中國文字》新廿四期(臺北:藝文印書館,1998年),頁133~134。劉信芳:《荊門郭店竹簡老子解詁》(臺北:藝文印書館,1999年),頁2。季師認爲「孝慈」於《老子》體系中是次等的善德,故讀「赤子」即可。

〔註22〕彭浩:《郭店楚簡《老子》校讀》(武漢:湖北人民出版社,2001年),頁137。

〔註23〕荊門市博物館編:《郭店楚墓竹簡》(北京:文物出版社,1998年),頁144。

有一定的距離，若言「誤寫」較難以證明。

對於此字，多數學者釋爲「庀」，崔仁義認爲簡文寫作「尼」，「厂」旁下方似可釋作「人」字，從厂與從宀義近，從人與從女義同，故亦可作爲「安」的同義詞對待。〔註24〕劉信芳釋「庀」，字從戊省，匕聲，「戊」之字形可以參老子甲簡34「牝戊」之「戊」，該簡借「戊」爲「牡」，則「庀」應是「牝」之異構。〔註25〕顏世鉉認爲「庀」當讀爲「宓」，「庀」在滂紐脂部，「宓」爲明紐質部，旁紐陰入對轉，《說文》：「宓，安也。」〔註26〕袁國華依據字形認爲此字似當即「匹」，可讀爲「宓」，作「安靜」義，「匹」古音屬滂母質部；「宓」古音屬明母質部，二者音近通假。〔註27〕

就字義而言，此處與傳世本相對照，應爲「安」義。就字形而言，從「厂」（广）旁之字，皆未有左上塡實的字形，如「厌」（《包山》2.45）、「宰」（《包山》2.61）、「厂」（《郭店・老子乙》簡8），故此字非從「广」，因此不從釋爲「庀」字的說法。袁國華指出《曾侯》楚簡從「匹」字形作：

後加入「匕」聲，使之音化，如「大鼎」等銅器銘文皆作此形。楚簡文字塡實與勾勒無別，如「丁」字可作「●」（《包山》2.196）也可作「●」（《包山》2.81），故此字應從匹、匕聲，隸爲「吡」。袁國華讀「宓」，《說文》：「宓，安也」，《淮南子・覽冥》：「宓穆休于太祖之下。」高誘註：「宓，寧」。〔註28〕故此字應隸爲「吡」，讀爲「宓」，訓爲「安」。

〔註24〕 崔仁義：《荊門郭店楚簡《老子》研究》（北京：科學出版社，1998 年），頁 65。

〔註25〕 劉信芳：《荊門郭店竹簡老子解詁》（臺北：藝文印書館，1999 年），頁 13。廖名春從之，參看廖名春：〈楚簡老子校釋（九）〉，《簡帛研究二○○一》（桂林：廣西師範大學出版社，2001 年），頁 86～87。

〔註26〕 顏世鉉：〈郭店楚簡散論（一）〉，《郭店楚簡國際學術研討會論文集》（武漢：湖北人民出版社，2000 年），頁 101。

〔註27〕 袁國華〈郭店楚墓竹簡從「匕」諸字及相關詞語考釋〉，《中央研究院歷史語言研究所集刊》第七十四本，第一分（2003 年），頁 17～33。禤健聰對於袁國華的意見作了字形補充，可參看。禤健聰：《戰國楚簡字詞研究》（廣州：中山大學博士論文，2006 年），頁 49～50。

〔註28〕 漢語大字典編輯委員會編纂：《漢語大字典》（湖北：辭書出版社，1986 年），頁 923。

　　《十四種‧郭店》老子甲簡 10 釋文當作「竺（孰）能此（宓）以迬（動）者，牺（將）舍（徐）生。保此衔（道）者不谷（欲）耑（尚）呈（盈）。」其意爲「誰能在安定虛靜中生動起來，慢慢的活潑。把握此道理者則不會自滿。」

三、𠇷、杲（簡 34）

　　《十四種‧郭店》老子甲簡 34 釋文「未智（知）𤰞（牝）戊（牡）之合𠇷（脮）惹（怒），精之至也。終日啻（呼）而不慐（憂），和之至也。和曰杲，智（知）和曰明。」

1、𠇷

　　「𠇷」字，裘錫圭按語：「此字之義當與帛書本等之『脮』字相當，似非『然』字。」〔註 29〕劉釗認爲「𠇷」字不識，但應讀爲「脮」無疑。〔註 30〕史傑鵬則分析此字爲上𠇷、勿聲，讀爲「勃」，傳世文獻中的「脮」和「㕙」兩種寫法都是「𠇷」的異體，本義是「勃起」，而不是「赤子陰」。〔註 31〕黃德寬、徐在國認爲此字可分析爲从士、勿聲，古音「勿」屬明紐物部，「妥」屬清紐文部，物文對轉，二字音近，疑爲「脮」字或體。〔註 32〕李零認爲此字與秦漢時期的「豕」字有關，有一種字形在「八」、「豕」之間加上一豎一橫，比如漢印中的「遂」字，此字可能表示公豬生殖器的字。〔註 33〕范常喜認爲此字从士、尋省聲，「尋」古音屬邪紐侵部，「妥」屬精紐文部，二字可通。〔註 34〕郭永秉認爲此字爲「麃」字之變體，其頭部與〈凡物流形〉甲本簡 26 和乙本簡 19 的「麃」字只差一筆，〈老子〉之字大概也應該就是「麃」

〔註 29〕荊門市博物館編：《郭店楚墓竹簡》（北京：文物出版社，1998 年），頁 116。

〔註 30〕劉釗：《郭店楚簡校釋》（福州：福建人民出版社，2003 年），頁 24。

〔註 31〕史傑鵬：〈釋郭店老子簡的「勃」字〉，武漢大學「簡帛網」2009 年 5 月 14 日（http://www.bsm.org.cn/show_article.php?id=1052）。

〔註 32〕黃德寬、徐在國：〈郭店楚簡文字考釋〉，《吉林大學古籍整理研究所建所十五周年紀念文集》（長春：吉林大學出版社，1998 年），頁 100。

〔註 33〕李零：《郭店楚簡校讀記〔增訂本〕》（北京：中國人民出版社，2007 年），頁 18。

〔註 34〕范常喜：〈《郭店楚墓竹簡》中兩個省聲字小考〉，武漢大學「簡帛網」2006 年 8 月 1 日（http://www.bsm.org.cn/show_article.php?id=390）。

字之變體。〔註35〕

　　黃德寬、徐在國將此字釋爲「勿」聲，但明紐與清紐二聲有距離，難以相通。史傑鵬認爲此字上「▮」下「勿」，「▮」雖與所論字上半部相近，但史文所舉的通聲通假例證，仍待商榷。史文之例爲「《左傳‧襄公二十八年》：『何獨弗欲？』《晏子春秋》『弗』作『勿』。《禮記‧緇衣》：『口費而煩。』鄭注：『費或作悖。』然而「弗」作「勿」應爲「義近替換」而非聲音通假，故無法作「勿」、「孛」兩聲相通之例。若以字義爲據，史文所舉的「勃」字字義，皆未能證明古漢語中的「勃」字用爲「勃起」義。李零認爲此字「可能表示公豬生殖器的字」，《老子》此處文義爲「德之厚」莫過於「赤子」，並以「牝牡之合」表示人類的交合，《老子》常以牡、牝表示人類的男、女，如「牝常以靜勝牡」，此處簡文已表達男、女交合之義，不需再另造「公豬生殖器」之字。故此三說筆者皆不從。

　　范常喜認爲此字从士、尋省聲，此字上半部雖然「士」同形，然而下半部非「尋」之省，范文指出「楚簡文形聲字的聲符，如果這個聲符是同符合體或者其中有重複偏旁，那麼常常有簡省的現象。」然而文中所舉的「速」、「琴」和「喪」三字皆非省簡聲符之例。「速」字金文作「▮」（叔家父匿），本从辵、从東，戰國文字从辵、从二束（二束爲複形，與一束同）。〔註36〕从一「束」者如「▮」（《葛陵》甲三16），从二「束」者如「▮」（《包山》2.135反），故「速」的字形演變，應爲增添同形而非簡省同形。范文的「琴」字省減聲符字例爲「▮」（《郭店‧性自命出》簡24），「琴」字从瑟金聲，〔註37〕「金」爲聲符，此字省減同形爲「丌」（形符），與范文所言不合，不該將此字置於字例中。范文中的「喪」字字例皆簡省「口」形部件，甲骨文「喪」字作「▮」（《合集》1083），季旭昇師認爲「口」形爲分化符號。〔註38〕「口」

<hr>

〔註35〕郭永秉：〈由《凡物流形》「鷹」字寫法推測與郭店《老子》甲組與「脬」相當之字應爲「鷹」字變體〉，「復旦網」2008年12月31日（http://www.gwz.fudan.edu.cn/SrcShow.asp?Src_ID=583）。

〔註36〕季旭昇師：《說文新證》，上冊（臺北：藝文印書館，2002年），頁111。經蘇建洲師修改，从「束」形（2011年4月14日）。

〔註37〕劉國勝：〈曾侯乙墓E61號漆箱書文字研究─附「瑟」考〉，《第三屆國際古文字學研討會論文集》（香港：香港中文大學，1997年），頁699～705。

〔註38〕季旭昇師：《說文新證》，上冊（臺北：藝文印書館，2002年），頁94～95。此說林清源師存疑。

形部件並非聲符，並非省簡聲符的情況。故此三字皆不應作爲簡省聲符同形字例，此字下半部是否爲「尋」字的簡省，仍有疑問。

　　郭永秉舉「」（甲本簡 26）、「」（乙本簡 19）二字爲例，形體與「」相像，「廌」於甲骨文作「」（《合集》5658 反），造字本義爲頭上有二角的獸類，楚簡繼承甲骨文字形，但「廌」字「眼形」類化成二筆彎曲的線條，曲筆變爲斜筆的字形演變爲在楚簡中常見。「廌」字上方的「角」形數目不一，其例如：

角形數目	三	二
字　形		
出　處	《上博六・天子建州甲》簡 8	《上博七・凡物流形乙》簡 19

可見表示「廌」字所表示的「角」形可作三筆或二筆，「廌」字的「角」形數目若再由二筆再省爲一筆，應是合理的。而「廌」字下方表示的「腳」的形體亦多變，可訛爲類似「勿」形，如上舉《上博七・凡物流形乙》以及「」（《葛陵》甲三 401），故此字應可隸爲「廌」，與「朕」皆爲精紐文部字，二字可通假。

2、

　　《十四種・郭店》隸爲「景」字無讀。通行本與帛書皆作「常」。〔註 39〕原考釋者、彭浩皆釋作「常」的訛字。〔註 40〕劉釗認爲「景」爲「同」字繁寫。〔註 41〕崔仁義認爲「景，同常，帛書《老子》曰：「和日常。」〔註 42〕顏世鉉指出「同」與「尚」字有混同的情況，故此字可直接釋爲「常」，讀爲「常」。〔註 43〕

〔註 39〕彭浩：《郭店楚簡《老子》校讀》（武漢：湖北人民出版社，2001 年），頁 157。
〔註 40〕荊門市博物館編：《郭店楚墓竹簡》（北京：文物出版社，1998 年），頁 113。
　　　　彭浩：《郭店楚簡《老子》校讀》（武漢：湖北人民出版社，2001 年），頁 66〜67。
〔註 41〕劉釗：《郭店楚簡校釋》（福州：福建人民出版社，2003 年），頁 24。
〔註 42〕崔仁義：《荊門郭店楚簡《老子》研究》（北京：科學出版社，1998 年），頁 66。
〔註 43〕顏世鉉：〈郭店楚簡散論（一）〉，《郭店楚簡國際學術研討會》（武漢：湖北人

顏世鉉舉「尚」字作「」（《望山》1.88）、「」（《包山》2.220），認爲此二字爲「同」、「尚」混同的例證。然而顏文所舉的二字皆非「尚」字，前者商承祚改釋爲「同」，[註44] 後者陳偉和沈培等人皆讀「同」，其意爲「同於前一位貞人的啟」。[註45] 因此「」、「」二字應爲「同」字，不可作「尚」、「同」二字相混之例證。所論字上半部爲「同」無疑，「常」字上從「尚」，下半部從巾（市）或從衣，[註46] 字形皆與此字不類。然而通行本與帛書此處皆作「常」字無一例外，「常」爲「常道」，指由「有復於無」的行動法則。《老子》言「常」：「復命曰常，知常曰明，不知常，妄作凶。」此處應爲「常」的誤字，簡文應改作「景〈常（常）〉」。

《十四種・郭店》老子甲簡34釋文「未智（知）北（牝）戊（牡）之合膴（朘）惹（怒），精之至也。終日睪（號）[註47] 而不惡（憂），[註48] 和之至也。和曰景〈常（常）〉，智（知）和曰明。」其意爲「雖不知道男女交合之事，但已能勃起，這是精氣充足之固。終日呼號而不憂慮，是因爲和氣純

民出版社，2000年），頁102。

〔註44〕商承祚：《戰國楚竹簡匯編》（濟南：齊魯書社，1995年），頁246。

〔註45〕陳偉：《包山楚簡初探》（武漢：武漢大學出版社，1996年），頁155～156。沈培：〈從戰國簡看古人占卜的「蔽志」——兼論「移祟」說〉，《古代字與古代史》第一輯（臺北：中央研究院歷史語言研究所，2007年），頁391～434。

〔註46〕參看滕壬生：《楚系簡帛文字編【增訂本】》（武漢：湖北教育出版社，2008年），頁721～722。

〔註47〕《十四種》本讀爲「呼」。李零認爲此處指小孩啼哭，故讀「號」更適合。參李零：《郭店楚簡校讀記〔增訂本〕》（北京：中國人民大學出版社，2007年），頁9。蘇建洲師亦同此說。此說爲蘇師給與筆者的審查意見。（2011年4月23日）「睪」字讀爲「呼」與「號」皆可通，就文義而言，此處指小孩的哭喊，「號」字有「大聲哭」之義，如：《左傳・宣公十二年》：「申叔視其井，則茅絰存焉，號而出之。」杜預注：「號，哭也。」，參漢語大字典編輯委員會編纂：《漢語大字典》（湖北：辭書出版社，1986年），頁2824。故筆者將此處釋文改讀爲「號」。

〔註48〕對於此字讀法，李零認爲「夏」、「憂」二字馬王堆帛書每混用，古本此字多從憂，恐必是形近混用，《莊子・庚桑楚》「見子終日號而不嗄」，河上公本作「終日號而不啞」，意思是說整天哭嗓子都不啞，文通字順，如按「嗄」字解釋（《說文》：「語未定貌」）則義不可通。參看李零：《郭店楚簡校讀記〔增訂本〕》（北京：中國人民大學出版社，2007年），頁9。蘇建洲師反駁李零之說，蘇師指出《老子》古本作「憂」，而李零以後出文字言帛書爲訛寫，應有疑問。（此說爲蘇師給與筆者的審查意見。（2011年4月23日）且原考釋者即讀「憂」。參荊門市博物館編：《郭店楚墓竹簡》（北京：文物出版社，1998年），頁113。

厚之故。『和』爲常道，知『和』則明。」

老子乙

一、（簡 5）、（簡 6）、（簡 6）、（簡 6）

　　《十四種‧郭店》老子乙簡 5-6 釋文作「人之所禔（畏），亦不可以不禔（畏）。人㥥（寵）辱若纓（驚），貴大患若身。可（何）爲㥥（寵）辱？」，釋文中的「纓」字原形作「」，此種字形還見於《郭店‧老子乙》中「」（簡 6）、「」（簡 6）、「」（簡 6），《十四種》皆釋作「纓（驚）」。

　　此字原考釋者解釋作「『纓』從『糸』從『賏』，『纓』讀作『驚』。裘錫圭按語「簡文此字似從『賏』從『縈』，『賏』『縈』皆影母耕部字。如『縈』旁兼充全字形旁，此字仍可釋爲『纓』。」〔註49〕許文獻據金文的「衡」字作「」（毛公鼎）、「」（番生簋）及隨縣簡「衡」字，將此字改隸作「鑅」，而「奐」是「衡」的部件，「」則是「角」之形混。〔註50〕蘇建洲師認爲此字上從「䀘」，隸作「鑅」，讀爲「驚」，「䀘」應爲「驚」的聲符。〔註51〕白於藍認爲此字上半部是「䀘」而非「貝」，此字應從「䀘」、「縈」聲。白文對此字結構提出二種可能，1、「鑅」即「瞥」字異構。2、「䀘」字本有「驚顧、驚視」之義，舉「瞿」、「䀠」、「矍」等字爲例，表示其造字本義皆爲「驚視」，而「鑅」可能是「驚」字的異構。〔註52〕馮勝君從白於藍之說，故認爲目前無確切證據證明戰國文中的「嬰」字從「賏」聲。〔註53〕

〔註49〕　荊門市博物館編：《郭店楚墓竹簡》（北京：文物出版社，1998 年），頁 119。

〔註50〕　許文獻：〈郭店楚簡「」字形構新釋〉，《中國文字》新廿七輯（臺北：藝文印書館，2001 年），頁 171～175。

〔註51〕　蘇建洲師：〈《郭店‧老子乙》「驚」字考釋〉，武漢大學「簡帛網」2007 年 1 月 6 日（http://www.bsm.org.cn/show_article.php?id=499）。

〔註52〕　白於藍：〈讀郭店簡瑣記（三篇）〉，《古文字研究》第 26 輯（北京：中華書局，2006 年），頁 308～309。

〔註53〕　馮勝君：〈試說東周文字中部分「嬰」及從「嬰」之字的聲符—兼釋甲骨文中的「瘿」和「頸」〉，《出土文獻與傳世典籍的詮釋—紀念譚樸森先生逝世兩週年國際學術研討會論文集》（上海：上海古籍出版社，2010 年），頁 68，注 6。此文由蘇建洲師所提供（2011 年 6 月 23 日）。

筆者認為此字結構應從白文第二種說法。〔註54〕「懼」字古文作「愳」，字形即是从𥄉、从心，《集韻·遇韻》：「懼，古作愳」，《說文》：「懼，恐也。」，《馬王堆漢墓帛書·老子甲本·德經》：「奈格以殺愳之也？」〔註55〕可見字形从𥄉，即有驚懼意，「心」為義符，表示內心的害怕，此種造字方法如「勞」字，甲骨文作「」（《合集》24276），本義會火下縫衣的辛勞，「火」形與「衣」形即可表示「勞」義，但後代文字可加上「卝」表示雙手操勞；戰國古文或从「心」，謂心之操勞；秦系文字「衣」省為「冖」，另加義符「力」，表示體力操勞之義。〔註56〕「𥄉」即是表義偏旁，可加入義符或聲符，〈老子乙〉此字則加入「縈」為聲符，可讀為「驚」（白文即指出「驚」、「縈」皆為影母耕部字）。

《十四種·郭店》老子乙簡5釋文應改「人之所禖（畏），亦不可以不禖（畏）。人愳（寵）辱若縈（驚），貴大患若身。可（何）為愳（寵）辱？」。簡6釋文也需修改。簡5文意為：「人們所害怕的事物，也可以不感到懼怕。人若受到寵愛和欺悔皆驚怕，害怕大的禍患加於自身。什麼是得寵、侮辱呢？」

二、（簡8）

《十四種·郭店》老子乙簡8釋文作「為天下，若可以厇（托）天下矣。悉（愛）以身為天下，若可（何）以法（去）天下矣。」「法」字，帛書本與龍興觀本作「寄」，王弼本與河上本作「託」。〔註57〕《說文》：「寄，託也。」《論語·泰伯》：「可以託六尺之孤，可以寄百里之命」，故帛書本與王弼本的「寄」、「託」二字為同義換讀。

「法」字原形作「」，此字的隸定並無問題，讀法則各有不同。趙建偉

〔註54〕 其餘諸說，蘇師已提出反駁：所論字的上部與「貝」形並不相同，學者已注意到「貝」、「目」構形的差異，以隸作從二「貝」是不可以的。其次，許文獻所舉金文字形與所論字似乎不相似，而且《隨縣》的「衡」字字形大致有四，分別作「」（簡6）、「」（簡10）、「」（簡43）、「」（簡64），仔細比對，所從部件似乎皆與「」不類。參看蘇建洲師：〈《郭店·老子乙》「驚」字考釋〉，武漢大學「簡帛網」2007年1月6日（http://www.bsm.org.cn/show_article.php?id=499）。

〔註55〕 漢語大字典編輯委員會編纂：《漢語大字典》（湖北：辭書出版社，1986年），頁2333。

〔註56〕 李旭昇師：《說文新證》，下冊（臺北：藝文印書館，2008年），頁243。

〔註57〕 彭浩：《郭店楚簡《老子》校讀》（武漢：湖北人民出版社，2001年），頁165。

讀「弄」，表示藏身於天下。〔註58〕筆者認爲，「弄」字於文獻上的使用多指「物品」的隱藏，如《敦煌變文集‧搜神記》：「遂藏弄訖，崑崙遂即西行」、《金史‧食貨志三》：「其弄藏應禁器物」，〔註59〕是否能表示「人」藏身於天下，仍有疑問。彭浩讀爲「處」，舉《禮記》、《國語》爲例，認爲是「安」、「定」等義。〔註60〕此說文義雖可通，但就《老子》此處簡文而言，此處應爲對句，《郭店‧老子乙》簡7殘缺，無法得知簡8何以「爲天下」，對照今本文字作「故貴以身爲天下，若可寄天下；愛以身爲天下，若可託天下。」「貴」和「愛」意同，「寄」、「託」二字同義，表示捨身爲天下，故「寄」、「託」二字皆爲「託付」義。因此彭浩讀「處」與《十四種》讀作「去」，二字字義置於簡文中並不合適。

　　劉釗與李零將所論字隸作「迲」通讀作「寄」。〔註61〕對於此說，白於藍認爲「去」聲爲溪紐魚部，「寄」字爲見母歌部，二字韻部相隔較遠，所論字可讀「寓」，訓爲「寄」。〔註62〕魚部與歌部爲通轉，有通假例證，如：《詩‧鄘風‧柏鼠》：「不死何爲？」《列女傳》七引、《太平御覽》四五七引、《白虎通》引「何」作「胡」。〔註63〕「何」爲歌部，「胡」爲魚部，故「去」仍可讀爲「寄」。然，「寓」字聲韻亦與「夫」字相近，且「寓」亦有「寄」義，故筆者在此二種讀法並存。

　　《十四種‧郭店》老子乙簡8釋文改作「爲天下，若可以庀（托）天下矣。惡（愛）以身爲天下，若可以迲（寄／寓）天下矣。」〔註64〕簡文意爲

〔註58〕趙建偉：〈郭店竹簡《老子》校釋〉，《道家文化研究》第十七輯（1999年），頁472。

〔註59〕漢語大字典編輯委員會編纂：《漢語大字典》（湖北：辭書出版社，1986年），頁516。

〔註60〕彭浩：《郭店楚簡《老子》校讀》（武漢：湖北人民出版社，2001年），頁88。

〔註61〕劉釗指出「古音『去』在溪紐魚部，『寄』在見紐歌部，聲爲一系，韻部主要元音相同，可以通轉。」參劉釗：《郭店楚簡校釋》（福州：福建人民出版社，2003年），頁32。李零：《郭店楚簡校讀記〔增訂本〕》（北京：中國人民大學出版社，2007年），頁28。

〔註62〕白於藍：〈《簡牘帛書通假字字典》部分按語的補充說明〉，《新果集：慶祝林澐先生七十華誕論文集》（北京：科學出版社，2008年），頁634～635。此文由蘇建洲師所提供（2011年4月11日）。

〔註63〕高亨：《古字通假會典》（濟南：齊魯書社，1997年），頁666。

〔註64〕此處釋文本作「若可（何）以迲（去）天下矣。」其中的「可」字依今本《老子》讀「可」即可，不依《十四種》改讀爲「何」。

「…爲天下，則可以把天下交給他。若喜歡犧牲自己爲天下人服務，可以把天下托付給他。」

三、（簡 12）

《十四種・郭店》老子乙簡 12 釋文作「大方亡禺（隅），大器曼（慢）城（成），大音只聖（聲），天象亡坓（形），道☐。」

釋文中的「只」字原形作「景」。此字帛書本和通行本皆作「希」。〔註65〕裴錫圭按語疑所論字作兩「屮」相抵形的「衹」字，是古文「衹」字的訛形，今本此字作「希」，「衹」、「希」音近。〔註66〕劉釗認爲「衹」從「氏」聲，讀爲「希」，古音「希」通「黹」。〔註67〕蘇建洲師、嚴明認爲《清華一・保訓》簡 9、10 的「黹」與此字同。〔註68〕

《清華一・保訓》的「黹」字作「黹」（簡 9）、「黹」（簡 10）二形，與三體石經的古文同。〔註69〕「衹」字於古、金文形體如下：

三體石經・君奭	召伯簋	中山王嚳鼎	蔡侯鐘

裴錫圭認爲「衹」字本爲兩「屮」相抵之形，至中山王鼎和蔡侯鐘下半部則訛爲「而」形，與《郭店・老子》和《保訓》字形相當。陳劍指出中山王嚳鼎的字形正是西周金文形體與「景」形的演變環節。〔註70〕「黹」與「景」二形上半部有異，「屮」形與「◯」形可表相同字形或，如：

〔註65〕 彭浩：《郭店楚簡《老子》校讀》（武漢：湖北人民出版社，2001 年），頁 167。

〔註66〕 荊門市博物館編：《郭店楚墓竹簡》（北京：文物出版社，1998 年），頁 119。

〔註67〕 劉釗：《郭店楚簡校釋》（福州：福建人民出版社，2003 年），頁 33。

〔註68〕 蘇建洲師的意見來自於「楚系簡帛文字字典編纂計畫」討論會（2010 年 10 月 16 日）。嚴明：〈說清華簡《保訓》所見「抵」字—兼校《尚書》及西周金文摹本中幾個可能的訛字〉，武漢大學「簡帛網」2011 年 1 月 24 日（http://www.bsm.org.cn/show_article.php?id=1394）。

〔註69〕 清華大學出土文獻研究與保護中心：〈清華大學藏戰國竹簡《保訓》釋文〉，《文物》第 6 期（2009 年），頁 73～75。

〔註70〕 陳劍：〈上博竹書《周易》異文選釋（六則）〉，《文史》，2006 年第 4 輯，頁 6。

卣：（殂，《包山》2.217，從「卜」形）

（列，《上博五‧鮑叔牙與隰朋之諫》簡 4，從「◻」形）

〔註 71〕

〈史，《郭店‧老子甲》簡 35，從「十」形〉

〈史，《合集》21905〉

〈事，《包山》2.161，從「◻」形〉

〔註 72〕

故所論字可隸爲「黹」，爲「祗」的古字。「黹」（祗）對照今本讀「希」，裘錫圭指出「祗」、「希」音近可通讀，「希」可訓爲「少」，《爾雅‧釋詁下》：「希，罕也。」《論語‧公冶長》：「不念舊惡，怨是用希。」皇侃義疏：「希，少也。」〔註 73〕

　　《十四種‧郭店》老子乙簡 12 釋文改作「大方亡禺（隅），大器曼（慢）城（成），大音黹（希）聖（聲），天象亡芏（形），道◻。」簡文意爲「最大的方形無角，大器晚成，最大的聲音很少聽到，最大的形象無形，道……。」

四、迣、朌、塦（簡 13）

　　《十四種‧郭店》老子乙簡 13 釋文作「閟（閉）其門，賽（塞）其□□（兌），終身不矛。啓其逆（兌），賽（塞）其事，終身不逑。」

〔註 71〕蘇建洲師：〈《上博楚簡（五）》考釋五則〉，《中國文字》新卅二期（臺北：藝文印書館，2006 年），頁 73～79。蘇建洲師：〈《上博楚簡（五）》字詞叢考〉，《《上博楚竹書》文字及相關問題研究》（台北：萬卷樓圖書股份有限公司，2008 年），頁 64～69。

〔註 72〕「史」形可分化爲「史」、「事」二字，楚簡中的「史」、「事」分別從「十」和「◻」形，可見二形的來源一致。金文中亦有以「事」形（◻，齊大史申鼎）表示「史」義的情況。

〔註 73〕漢語大字典編輯委員會編纂：《漢語大字典》（湖北：辭書出版社，1986 年），頁 731。

1、

釋文中「□□」相對應的字形作「」，原考釋者隸作「逸」，讀爲「兌」。〔註74〕筆者從之。

2、

《十四種・郭店》老子乙簡 13 釋文中的「孞」字原形作「」，帛書本作「董」，今本作「勤」。〔註75〕

學者對此字的隸定無疑問，但讀法相異。李零依《郭店・老子丙》簡 1 的「」字讀爲「侮」，因此認爲此處也應讀「侮」。〔註76〕劉釗認爲「孞」即「愆」字省文，讀爲「瞀」，意爲昏亂。〔註77〕彭浩讀爲「謀」。〔註78〕廖名春認爲是「痳」之借字。與帛書本及王弼本之「瘴」字同義，皆訓爲「病」。〔註79〕白於藍認爲「孞」字未見於字書，循音義以推求，此字應即《說文》的「岑」字。〔註80〕此字形與《上博五・鬼神之明、融師有成氏》簡 3「」相同，李家浩與楊澤生將「」字隸作「孞」，釋爲「繆」認爲，認爲從「矛」聲之字與從「卯」聲之字相通，而從「卯」聲又與從「翏」聲之字相通，那麼從「矛」聲的「孞」與從「翏」的「繆」亦可以相通。〔註81〕

劉釗將此字讀爲「瞀」訓爲「昏亂」，簡文義爲「終身不會昏亂」。然而「瞀」字於文獻中較少用於人本身的混亂，《字彙・目部》：「瞀，思念亂也。」《後漢書・方術傳・郭憲》：「憲以爲天下疲敝，不宜動眾。諫爭不合，乃伏地稱眩瞀」。或表「眼睛昏花」，如《莊子・徐無鬼》：「予少而遊於六合之內，予適有瞀病」，〔註82〕可見「瞀」字專指眼睛疾病亦或是身體不適，是否可用

〔註74〕荊門市博物館編：《郭店楚墓竹簡》（北京：文物出版社，1998 年），頁 118。

〔註75〕彭浩：《郭店楚簡《老子》校讀》（武漢：湖北人民出版社，2001 年），頁 168。

〔註76〕李零：《郭店楚簡校讀記〔增訂本〕》（北京：中國人民出版社，2007 年），頁 29。

〔註77〕劉釗：《郭店楚簡校釋》（福州：福建人民出版社，2003 年），頁 34。

〔註78〕彭浩：《郭店楚簡《老子》校讀》（武漢：湖北人民出版社，2001 年），頁 95。

〔註79〕廖名春：《郭店楚簡老子校釋》（北京：清華大學出版社，2003 年），頁 458。

〔註80〕白於藍：〈郭店楚簡《老子》「孞」、「賽」、「坴」校釋〉，《古籍整理研究學刊》，2000 年第 2 期，頁 58～61。

〔註81〕李家浩、楊澤生：〈談上博竹書《鬼神之明》中的「送孞公」〉，《簡帛》第四輯（上海：上海古籍出版社，2009 年），頁 177～185。

〔註82〕漢語大字典編輯委員會編纂：《漢語大字典》（湖北：辭書出版社，1986 年），

於終身（人的一生）的昏亂，仍待商榷。

白於藍以今本的「董」字推究「矛」字讀爲「岑」，並舉《說文》：「岑，山小而高，从山今聲。」爲例，認爲「矛」字字義是「从山上从矛，矛爲鋒利、尖銳之兵器。上从矛正取其銳利之義，用以表示山勢之高聳險峻之貌。其字形與岑字之字義正相吻合，應即岑字之原始會意初文。」此種會意方法與「古」和「強」相同。筆者認爲，《說文》雖指出「岑」爲「山小而高」，但若以「矛」作爲表示「山勢高聳險峻」義並不合宜。首先，「小而高」是否有「險峻」義仍待商榷。其次，「矛」的「銳利」不等於「險峻」，與「古」以「毌」表堅固、「強」以「弓」表強力的用法有別，因此是否可以用「矛」形表達山勢的「高聳」，仍有疑問。故筆者不認爲「矛」爲「岑」字。

「矛」字應以「矛」爲聲符，李零讀「侮」（明紐侯部），李家浩與楊澤生讀爲「繆」，此二說於聲音、文義皆可讀通簡文。但李零以《郭店・老子丙》簡 1 的「」讀爲「侮」爲據，反推所論字該讀「侮」，《郭店》簡中與所論字的相似字亦有「」（《郭店・成之聞之》簡 25），讀爲「務」，楚簡中同字異讀常見，不可以此爲據，但从「矛」之字可讀爲「侮」，「終身不侮」指終身不會遭受羞侮。李家浩與楊澤生讀「繆」，「矛」與「繆」皆爲明紐幽部字，同音本可相通。「繆」可訓爲「錯誤」義，如《管子》：「繆受其刑」、《禮記・仲尼燕居》：「於禮繆」、《漢書・于定國傳》：「何以錯繆至是。」〔註 83〕簡文「終身不矛（繆）」，指終身不誤。「終身不侮」與「終身不繆」皆可通，筆者二說並存。

3、

《十四種・郭店》老子乙簡 13 釋文中的「逑」字原形作「」，依形隸定應改隸作「坴」。今本《老子》所對應的文字爲「救」。劉釗指楚簡文字中「來」、「求」二旁相混，「坴」疑即「逑」字，讀爲「救」。〔註 84〕白於藍認爲「來」爲來母之部字，「救」从求聲，上古音「求」爲群母幽部字，兩字韻部相近可以旁轉，上古音來母和群母很密切，如「蟉」、「璆」同从「翏」聲，而「蟉」

頁 2504。

〔註 83〕漢語大字典編輯委員會編纂：《漢語大字典》（湖北：辭書出版社，1986 年），頁 3449。

〔註 84〕劉釗：《郭店楚簡校釋》（福州：福建人民出版社，2003 年），頁 34。

字爲來母幽部，「璆」爲群母幽部，故來母和群母可通假。〔註85〕白於藍說法可從。

綜上所論，《十四種・郭店》老子乙簡 13 釋文應改作「閟（閉）其門，賽（塞）其逸（兌），終身不矛（繆／侮）。啓其逸（兌），賽（塞）其事，終身不埜（救）。」其意爲「阻絕情欲的道路，閉塞情欲的門徑，使情欲無由產生，則終身不會有失誤（受到羞侮）。開啓情欲的道路，用其填滿自己的事情，那終身則不可救治。」

老子丙

一、 （簡 1）

　　《十四種・郭店》老子丙簡 1 釋文作「大（太）上下智（知）又（有）之，其即（次）新（親）譽之，其既〈即（次）〉愄（畏）之，其即（次）矛（侮）之。」。「矛」字原形作「 」，帛書作「母」，今本皆爲「侮」。〔註86〕學者皆將此字釋爲「侮」。〔註87〕李天虹對於字形解釋作「下半釋作『勹』（伏之初文），認爲矛、勹皆聲符。」〔註88〕周波隸爲「𠆢」，讀爲「侮」。〔註89〕

　　李天虹認爲下从「勹」，「勹」字於甲骨文中象人側俯伏之形（如《合集》14294：「 」）與「人」形相似（如《合集》6175：「 」），周波指出「𠆢」字金文作「 」（《集成》5.2841），此字下从人形，應是楚簡字形（如：《上博五・鬼神之明、融師有成氏》簡 5「 」、《上博五・季康子問於孔子》簡 4「 」）的源頭，並舉晉系字形（如「 」）爲例，可見下半部爲「人」形無疑，周波

〔註85〕 白於藍：〈郭店楚簡《老子》「矛」、「賽」、「埜」校釋〉，《古籍整理研究學刊》2000 年第 2 期，頁 58～61。

〔註86〕 彭浩：《郭店楚簡《老子》校讀》（武漢：湖北人民出版社，2001 年），頁 171。

〔註87〕 丁原植：《郭店竹簡老子釋析與研究》（臺北：萬卷樓圖書有限公司，1998 年），頁 333～334。聶中慶：《郭店楚簡《老子》研究》（北京：中華書局，2004 年），頁 292。白於藍：〈《郭店楚墓竹簡》釋文正誤一例〉，《吉林大學社會科學學報》，1999 年第 2 期，頁 90。

〔註88〕 李天虹：〈郭店楚簡文字雜識〉，《郭店楚簡國際學術研討會論文集》（武漢：湖北人民出版社，2000 年），頁 98～99。

〔註89〕 周波：〈「侮」字歸部及其相關問題考論〉，「復旦網」2008 年 12 月 23 日（http://www.gwz.fudan.edu.cn/SrcShow.asp?Src_ID=572）。

所引來源有據，筆者從之。因此此字應改隸作「㤇」而非「秀」。

《十四種‧郭店》老子丙簡 1 釋文改作「大（太）上下智（知）又（有）之，其即（次）新（親）譽之，其既〈即（次）〉愄（畏）之，其即（次）㤇（侮）之。」簡文意為「最上等的國君，採無為之治，使百姓只知道有國君的存在。下一等的君王，以德教化民，因此人民皆親近、讚譽他。再下一等的君王以刑法威嚇人民，使人民懼怕他。最下等的君王以暴政治國，使人民都羞侮他。」

二、 ![字形]（簡 6）

《十四種‧郭店》老子丙簡 6 釋文作「君子居則貴左，甬（用）兵則貴右。古（故）曰兵□□□□□」，「兵」字之後有一字形作「![字形]」，原考釋者隸為「者」。〔註 90〕可從。《十四種‧郭店》老子丙簡 6 釋文應改作「君子居則貴左，甬（用）兵則貴右。古（故）曰兵者□□□□□」。

第二節　緇　衣

一、 ![字形]、![字形]（簡 1）

《十四種‧郭店》緇衣簡 1 釋文作「夫子曰：好媺（美）女（如）好茲（緇）衣，亞（惡）亞（惡）女（如）亞（惡）遞（巷）白（伯）。則民臧〈咸〉㤇（力）而莖（刑）不屯（頓）。」

1、 ![字形]

《十四種‧郭店》緇衣簡 1 所隸的「㤇」字原形作「![字形]」，今本〈緇衣〉對應為「服」字。〔註 91〕《郭店》原考釋者隸為「㥁」，疑為「它」之異體，並指出此字亦見於《包山》，裘錫圭按語隸為「㤇」。〔註 92〕裘錫圭的隸定得到多數學者的認同，然而此字釋讀仍有爭議。李零認為此字以「力」為聲符，讀為「力」，用法如「力田」、「力戰」的「力」，指「盡力」。〔註 93〕劉釗隸「服」，

〔註 90〕 荊門市博物館編：《郭店楚墓竹簡》（北京：文物出版社，1998 年），頁 121。
〔註 91〕 《上博一‧緇衣》作「![字形]」，在此暫不討論。
〔註 92〕 荊門市博物館編：《郭店楚墓竹簡》（北京：文物出版社，1998 年），頁 131。
〔註 93〕 李零：《郭店楚簡校讀記〔增訂本〕》（北京：中國人民出版社，2007 年），頁

從「𠬝」聲，讀爲「服」。〔註94〕白於藍認爲此字當分析爲从攴、力聲，上古音「力」爲來母職部，「服」爲並母職部，兩字疊韻，「𢼳」可讀作「服」。〔註95〕孔仲溫將「咸𢼳」二字讀爲「善服」，表示謹善而順服。〔註96〕周鳳五將此字視爲「以力服人」的專字。〔註97〕馮勝君讀爲「飭」，訓作「整治」。〔註98〕

原考釋者隸爲「𢼳」，且認爲此種字形亦見《包山》簡，《包山》簡字形如下：

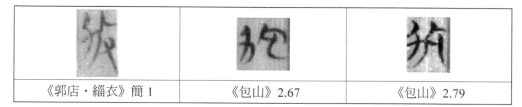

| 《郭店‧緇衣》簡 1 | 《包山》2.67 | 《包山》2.79 |

由上表可見，《包山》二字右半部件从「它」形，而《緇衣》此字右邊从「攴」形，《郭店‧尊德義》簡 37 即有从它、从攴之字：「 」，由「 」字可見二種偏旁的差別，故知所論字不當隸作「𢼳」。劉釗隸爲「𠬝」之說，應是由今本「服」字反推字形的隸定，然而「𠬝」字甲骨文作「 」（《合集》702 正），金文作「 」（《集成》260），「𠬝」字構形爲人形與手形的會意結構，但此字右半明顯爲「攴」，手形與攴形雖有訛混的可能，但並無人形偏旁，故不從此說。此字依裘錫圭隸定作「𢼳」。

就讀法而言，周鳳五將此字作會意字論，表示以力服人。「𠬝」字字義本即「以力服人」，《甲骨文字典》：「𠬝，从又从 ，象以手按壓跪伏之人，會降伏、制服之意，當爲制服之服初文。」〔註99〕「服」字於甲骨文中作「 」（《合集》36924），此字必需从「人」形才可作「制服」義，是否可以將「人」省略，仍待商榷。

84。

〔註94〕 劉釗：《郭店楚簡校釋》（福州：福建人民出版社，2003 年），頁 51。

〔註95〕 白於藍：〈郭店楚簡拾遺〉，《華南師範大學學報》（社會科學版），2000 年第 3 期，頁 88～91。

〔註96〕 孔仲溫：〈郭店楚簡緇衣字詞補釋〉，《古文字研究》第 22 輯（北京：中華書局，2000 年），頁 243～244。

〔註97〕 周鳳五：〈郭店楚簡識字札記〉，《張以仁先生七秩壽慶論文集》（臺北：學生書局，1999 年），頁 351。

〔註98〕 馮勝君：《郭店簡與上博簡對比研究》（北京：線裝書局，2008 年），頁 75。

〔註99〕 徐中舒編：《甲骨文字典》（成都：四川辭書出版社，1998 年），頁 291。

李零讀爲「力」，白於藍則以「力」聲通讀爲「服」聲，白文認爲「匐與從棘聲之樊音近可通。…从力聲之朸與棘字亦多可相通。」然而「樊」雖爲並紐職部字，但「棘」爲見紐職部字，「朸」爲來紐職部字，對於來紐與並紐的通假，並無直接的證據。〔註100〕馮勝君對通假說的反駁爲「『攴』還是『來』，都與『服』的讀音有較大差距，構不成通假關係。」〔註101〕可從。馮勝君讀爲「飭」，義爲「整治」。筆者認爲，讀爲「飭」於聲音通假方面較適宜，故筆者暫從此說。

2、

《十四種‧郭店》緇衣簡 1 將此字隸爲「屯」讀爲「頓」，原考釋者認爲似讀爲「蠢」，《爾雅‧釋詁》：「動也」，「作也」。〔註102〕李零作「頓」。〔註103〕劉信芳等學者讀爲「陳」。〔註104〕周鳳五等人則認爲是「弋」字訛寫。〔註105〕陳秉新將「屯（刜）」讀爲「推」，意爲「推行」。〔註106〕顧史考讀爲「懲」。

〔註100〕 陳劍亦指出「樊」不太可能以「棘」作聲符，它的字形構造還有待進一步的研究。參看陳劍，〈西周金文「牙樊」小考〉《甲骨金文考釋論集》（北京：線裝書局，2007 年），頁 56～57。

〔註101〕 馮勝君：《郭店簡與上博簡對比研究》（北京：線裝書局，2008 年），頁 74。

〔註102〕 荊門市博物館編：《郭店楚墓竹簡》（北京：文物出版社，1998 年），頁 131。劉釗從之，參劉釗：《郭店楚簡校釋》（福州：福建人民出版社，2005 年），頁 51～52。

〔註103〕 李零：《郭店楚簡校讀記〔增訂本〕》（北京：中國人民大學出版社，2007 年），頁 83。李零：《上博楚簡三篇校讀記》（北京：中國人民大學出版社，2007 年），頁 39。馮勝君從之，參馮勝君：《郭店簡與上博簡對比研究》（北京：線裝書局，2008 年），頁 76。

〔註104〕 「刑不屯」即「刑書不陳」之意，其意爲「則民知其節度而払擇之，無須陳刑書於民。」參看涂宗流、劉祖信：《郭店楚簡先秦儒家佚書校釋》（臺北：萬卷樓圖書有限公司，2001 年），頁 337。劉信芳：〈郭店簡〈緇衣〉解詁〉，《郭店楚簡國際學術研討會論文集》（武漢：湖北人民出版社，2000 年），頁 166。鄔濬智：《《上海博物館藏戰國楚竹書（一）‧緇衣》研究》（臺北：台灣師範大學碩士論文，2004 年），頁 28。

〔註105〕 周鳳五：〈郭店楚簡識字札記〉，《張以仁先生七秩壽慶論文集》（臺北：學生書局，1999 年），頁 351。白於藍：〈郭店楚簡拾遺〉，《華南師範大學學報》（社會科學版），2000 年第 3 期，頁 89。孟蓬生：〈上博簡〈緇衣〉三解〉，《上博館藏戰國楚竹書研究》（上海：上海古籍出版社，2002 年），頁 443。

〔註106〕 陳秉新：〈上海博物館藏戰國楚竹書（一）補釋〉，《東南文化》，2003 年第 9 期，頁 80。

〔註107〕

　　此字今本〈緇衣〉作「試」字，故周鳳五等人認爲是「弋」的訛寫，然而此字於《上博一・緇衣》亦作「」形，可見右從「屯」形。「屯」形與「弋」形雖相似，但仍有區別，白文所舉的例證爲：「『屯』字作『』（〈緇衣〉簡1）、『』（〈老子〉甲簡9），『弋』字作『』（〈緇衣〉簡5）。」由此可知「屯」字的橫筆皆爲曲筆，而「弋」字的橫筆皆爲直筆，此種分別應是刻意爲之，且《上博》與《郭店》二抄本同時訛誤的機率較低，故筆者不從此說。

　　馮勝君認爲陳秉新與顧史考之說，按之文義，均有未安。〔註108〕筆者認爲釋爲「動」、「頓」亦有此弊。李零讀爲「頓」，馮勝君爲此說解釋：

> 兵和刑有時在意義上是相通的，如《國語・魯語上》「溫之會」條記載了臧文仲對魯僖公說的一段話：刑五而已，無有隱者，隱乃諱也。大刑用甲兵，其次用斧鉞，中刑用刀鋸，其次用鑽笮，薄刑用鞭撲，以威民也。故大者陳之原野，小者致之市朝，五刑三次，是無隱也。韋昭注：「賈侍中云：『謂諸夏不式王命，以六師移之。』昭謂：甲兵，謂臣有大逆，則被甲聚兵而誅之，若今陳軍也。」另外《說苑・君道》「兵加於有罪而不頓」中的「兵」與「刑」的意思也是相近的。所以古書中既然經常說「兵不頓」，那麼簡文說「刑不頓」也是可以理解的。

馮勝君所引的《國語》文本未能證明「兵」、「刑」二字可替換。《國語》文義應爲「刑罰有五種…最大的刑罰被甲聚兵而誅之…」，故「刑」與「兵」不同。《說苑》：「兵加於有罪而不頓」，「兵」字義應爲「用兵器殺」，如《左傳・定公十年》：「孔丘以公退，曰：『士，兵之』！」杜預注：「以兵擊萊人。」《史記・伯夷列傳》：「左右欲兵之。」皆是此義，〔註109〕故馮勝君所舉之例，皆未能證明「兵」、「刑」二字通用，「刑不頓」一詞是否能成立，仍有疑問。

　　「屯」可通讀作「陳」，「屯」爲定紐文部，「陳」爲定紐眞部，二字同聲

〔註107〕顧史考：〈古今文獻與史家之喜新守舊〉，（「經典與文化形成」第五次讀書會，中央研究院中國文哲研究所，2004年），頁15。筆者轉引自鄒濬智：《《上海博物館藏戰國楚竹書（一）・緇衣》研究》（臺北：台灣師範大學碩士論文，2004年），頁27。

〔註108〕馮勝君：《郭店簡與上博簡對比研究》（北京：線裝書局，2008年），頁76。筆者從之。

〔註109〕徐中舒編：《甲骨文字典》（成都：四川辭書出版社，1998年），頁244。

紐，韻部爲旁轉，例可相通。今本《緇衣》作「試」，其義爲「用」，《郭店‧
緇衣》作「屯」讀爲「陳」，筆者認爲「陳」字字義爲「施于」，如《漢書‧
楚元王傳附劉向》：「以北山石爲槨，用紵絮斮…陳漆其間。」顏師古注引應
劭曰：「陳，施也」。〔註110〕可見「陳」與「試」義可相通，皆指刑施於人民。

　　《十四種‧郭店》緇衣簡1釋文改作「夫子曰：好媺（美）女（如）好
茲（緇）衣，亞（惡）亞（惡）女（如）亞（惡）遝（巷）白（伯）。則民臧
〈咸〉攽（飭）而苤（刑）不屯（陳）。」簡文意爲「孔子說：如果能夠像《緇
衣》那首詩所說的那樣尊敬賢人，像《巷伯》詩所說那樣痛恨壞人，〔註111〕
人民皆能整治完畢，則刑法不施於人身上。」

二、（簡6）

　　《十四種‧郭店》緇衣簡6釋文作「智（知）則君倀（長）燊（勞），古
（故）君民者章好以視（示）嚴忿（欲），慬（謹）亞（惡）以民淫〈淫〉，
則民不賊（惑）。」

　　《十四種‧郭店》緇衣簡6釋文中的「」字（以下稱△字），對應今本
〈緇衣〉爲「御」字，《上博一‧緇衣》作「」。〔註112〕《郭店》原考釋者
隸爲「洙」。〔註113〕裘錫圭按語認爲上部與〈窮達以時〉簡2的「㷉」字右旁
相同，似當釋爲「渫」，《說文》：「渫，除去也。」〔註114〕李零認爲這個字從
「亡」得聲，疑以音近借爲「御」，此字從「亡」，「亡」爲陽部字，疑以音近
借爲今本的「御」字。〔註115〕陳偉根據「困」字《說文》古文寫作「」，
進一步將其釋爲「涃」，讀爲「困」，與今本「御」字的含義相近。〔註116〕劉
信芳隸爲「泎」，字從水，作聲，並引《柞氏》：「冬日至，令剝陰木而水之。」

〔註110〕徐中舒編：《甲骨文字典》（成都：四川辭書出版社，1998年），頁4136。
〔註111〕此翻譯參呂友仁、呂咏梅：《禮記全譯、孝經全譯》（貴陽：貴州人民出版社，
　　　　1998年），頁996。
〔註112〕《上博》此字字形複雜，筆者在此暫不展開討論。
〔註113〕荊門市博物館編：《郭店楚墓竹簡》（北京：文物出版社，1998年），頁129。
〔註114〕荊門市博物館編：《郭店楚墓竹簡》（北京：文物出版社，1998年），頁132。
〔註115〕李零：《郭店楚簡校讀記〔增訂本〕》（北京：中國人民大學出版社，2007年），
　　　　頁81。鄒濬智從之。鄒濬智：《《上海博物館藏戰國楚竹書（一）‧緇衣》研
　　　　究》（臺北：台灣師範大學碩士論文，2004年），頁53。
〔註116〕陳偉：《郭店竹書別釋》（武漢：湖北教育出版社，2002年），頁36。

之說，指出「古人治木以水浸泡」，故「柞」或从「水」作，引申爲「治」，讀爲「作」，亦通。〔註117〕虞萬里認爲「枭」在明紐，「魚」、「御」皆在疑紐，雖一在脣音，一在喉音，而仍時相通假。〔註118〕馮勝君傾向釋爲「渫」，《說文》：「除去也」。〔註119〕《上博一・緇衣》公布後，裘錫圭認爲所論字爲「郭店簡本此字上端之『亡』與『木』字的上半爲『虍』之誤摹，『木』的下半和下部橫置的『水』爲『魚』之誤摹。」〔註120〕

就字形而言，△字是否爲「」字誤摹，難以確定。張新俊對「誤摹」之說提出看法：「『亡』與『木』字的上半和『虍』形體不近，『木』的下半和下部橫置的『水』與『魚』亦差別很大，誤摹的可能性不是很大。」〔註121〕可從。「」字上半部字形易與「桀」、「乍」、「世」等形體訛混，〔註122〕故原考釋者从「止」、李零从「亡」、劉信芳从「乍」、馮勝君从「枼」等不同形體的說法，皆有可能。馮勝君已指出「止」字與△字的差別，故此字應可排除「止」形之說。〔註123〕而陳偉以《說文》古文「」字爲例，訓爲「阻礙」，筆者認爲「」字雖與所論字相像，但讀爲「困」置於簡文文意則窒礙難通。劉信芳將「柞」引伸爲「治」，於文獻中未見此種用法，筆者不從。

就字音而言，「亡」爲明紐陽部與「御」字（疑紐魚部）較爲接近，然而

〔註117〕劉信芳：〈郭店簡〈緇衣〉解詁〉，《郭店楚簡國際學術研討會論文集》（武漢：湖北人民出版社，2000年），頁167。

〔註118〕虞萬里：〈上博簡、郭店簡〈緇衣〉與傳本合校補證（上）〉，《史林》第2期（2002年），頁9。

〔註119〕馮勝君：《郭店簡與上博簡對比研究》（北京：線裝書局，2008年），頁97。

〔註120〕裘錫圭：〈談談上博簡和郭店簡中的錯別字〉，《新出土文獻與古代文明研究》（上海：上海大學出版社，2004年），頁77。林素清也有類似看法。參看林素清：〈郭店・上博〈緇衣〉簡之比較—兼論戰國文字的國別問題〉，《新出土文獻與古代文明研究》（上海：上海大學出版社，2004年），頁95。

〔註121〕張新俊：《上博楚簡文字研究》（長春：吉林大學博士論文，2005年），頁51。

〔註122〕「桀」字如《上博二・容成氏》簡35「」（傑字所从）。「乍」字如《郭店・老子甲》簡24「」（作字所从）。「世」字如《郭店・語叢三》簡3「」。馮勝君舉出讀爲「世」或从「枼（世）」聲的字、讀爲「傑」或從「桀」得聲的字、從「枼」得聲的字等字形，可參看。馮勝君：《郭店簡與上博簡對比研究》（北京：線裝書局，2008年），頁93～97。

〔註123〕馮文指出：「止」形作「」，而所論字上部所从與「止」字在筆勢上有較大不同，區別明顯。參馮勝君：《郭店簡與上博簡對比研究》（北京：線裝書局，2008年），頁97。

「桀」爲群紐月部、「乍」爲精紐鐸部、「世」爲書紐月部字，音韻與「御」字皆可相通，因此難從字音論斷△字的隸定。馮勝君認爲△字應將「」視爲整體看待，故將△字與「」（《窮達以時》簡 2）、「」（《語叢四》簡 3）等形體的右旁相對應。就字形而言，△字與《窮達以時》、《語叢四》二字所从形體相同，「枼」字於《窮達以時》中詞義確定，即爲「世」字，此說有理。然而所論字字形、聲音皆可與「亡」、「桀」、「乍」、「世」和「枼」字相通，故難以確定可隸爲何字，但確定可讀爲今本《緇衣》的「御」字，訓爲「治理」。依《十四種》釋文體例，釋文可改以「（御）」表示。

《十四種‧郭店》緇衣簡 6 釋文可改作「智（知）則君倀（長）袋（勞），古（故）君民者章好以視（示）嚴忿（欲），懂（謹）亞（惡）以（御）民淫〈淫〉，則民不賊（惑）。」簡文意爲「知則國君格外勞神，因此作爲民眾表率的國君，應表彰善人以使人民有效法對象，謹慎懲治壞人以治埋人民，則人民則不會感到迷惑。」

三、（簡 12）

《十四種‧郭店》緇衣簡 12 釋文作：「《寺（詩）》員（云）：『又（有）喜（德）行，四方思（順）之。』」

此釋文中的所錄原圖版「」字，對照今本作「梏」，今本《毛詩》作「覺」。劉釗認爲該字乃「梏」字古文，象兩手戴梏形，在簡文中讀爲「覺」，「覺」古有「正直」意。〔註 124〕周鳳五認爲此字象兩手拱抱玉璧之形，音「拱」，「拱璧」之「拱」的專字。〔註 125〕孔仲溫認爲此字爲「共」，今本《緇衣》「共」作「梏」，《詩‧大雅‧抑》作「覺」，疑爲「恭」的假借。〔註 126〕李學勤懷疑此字是「梏」的「象形寫法」，並認爲此字與毛公鼎及臣諫簋之「」同字。〔註 127〕于茀釋爲「弁」。〔註 128〕張富海認爲此字可能是「匊（今作掬）」的表

〔註 124〕劉釗：《郭店楚簡校釋》（福州：福建人民出版社，2003 年），頁 56。

〔註 125〕周鳳五：〈郭店楚簡識字札記〉，《張以仁先生七秩壽慶論文集》（臺北：學生書局，1999 年），頁 351～352。

〔註 126〕孔仲溫：〈郭店楚簡〈緇衣〉字詞補釋〉，《古文字研究》第 22 輯（北京：中華書局，2000 年），頁 245～246。

〔註 127〕李學勤：〈論上海博物館的一支〈緇衣〉簡〉，《齊魯學刊》，1999 年第 2 期，

意字。〔註129〕

　　對於諸家說法，劉釗認爲是「梏」字古文，李學勤懷疑「梏」的象形寫法，然而古文中的「梏」字作「梏」，〔註130〕「告」字甲骨文作「凵」，「告」字上部所从的形體未見訛變爲塡實的黑點者，故筆者不從。對於釋「共」的說法，「共」字於楚簡中皆作「共」（《郭店‧緇衣》簡25），形體可訛爲「共」（《包山》2.228），朱芳圃指出「共」字爲「象兩手奉瓮形」。〔註131〕故雙手所奉的「凵」形即爲瓮的本字，雖古文字中塡實與勾勒未有明顯區別，然而「共」字表義明確，自甲骨、金文以至於楚簡字形皆未作塡實者，其形體演變皆可見其脈絡，故此字應非「共」字。〔註132〕周鳳五認爲「象二手抱玉璧之形」，然而「璧」形作「璧」（《上博‧魯邦大旱》簡2），以「○」形代表「璧」之本字，〔註133〕雖古文字塡實與勾勒形體無別，但「璧」字似未以塡實狀表示，故此說仍待商榷。張富海釋爲「匊」，此說應可從，其論點轉引如下：

> 按此字上所从之黑圓點應與《唐虞之道》中　字所从之黑圓點同意，表示一抽象之物。疑此字即「匊（今作掬）」的表意字。《說文‧勹部》：「匊，在手曰匊。」段注：「《唐風》『椒聊之實，蕃衍盈匊』，《小雅》『終朝采綠，不盈一匊』，毛皆云『兩手曰匊』。此云『在手』，恐傳寫之誤。」「匊」無疑是兩手盛物之義，而此字正象兩手盛物之形。按之字音，「匊」、「梏」、「覺」的上古音皆爲見母覺部，固可相通假。又《說文‧廾部》有「弇」字，其義爲「兩手盛也」。《廣韻‧屋韻》：「弇，兩手捧物。《說文》音匊。」「弇」、「匊」應是異體關係，

頁28～29。

〔註128〕于莆：〈郭店楚簡《緇衣》引詩補釋〉，《北方論叢》，2001年第5期，頁46～48。

〔註129〕張富海：《郭店楚簡《緇衣》篇研究》（北京：北京大學碩士論文，2002年），頁12～13。此文由蘇建洲師所提供。對於此說馮勝君從之，參見馮勝君：《郭店簡與上博簡對比研究》（北京：線裝書局，2007年），頁117～118。

〔註130〕徐在國：《傳抄古文字編》（北京：線裝書局，2006年），頁98、584。「告」字形可參看頁102。

〔註131〕朱芳圃：《殷周文字釋叢》（臺北：學生書局，1972年），頁96～97。

〔註132〕對於「共」字說法的反駁亦可參郭靜云：〈甲骨、金、簡文「廾」字的通考〉，《古文字研究》第27輯（北京：中華書局，2008年），頁135～136。此文由高榮鴻所提供。

〔註133〕羅振玉指出：辟所从○乃璧之本字。筆者轉引自季旭昇師：《說文新證》，下冊（臺北：藝文印書館，2002年），頁75。

簡文此字與「弅」則是表意初文與後起形聲字的關係。覺，《毛傳》訓「直」，鄭箋訓「大」。梏，《釋文》音角，即讀如覺也。《爾雅·釋詁》:「梏，直也。」《毛傳》據《爾雅》。簡文此字及「梏」、「覺」都表示一個形容德行之正直的詞，其讀音則同「覺」。

　　《十四種·郭店》緇衣簡12釋文可改作:「《寺（詩）》員（云）:『又（有）匊（梏）悳（德）行，四方忠（順）之。』」。簡文意爲「《詩》云:『天子有正直的德行，則四方諸侯皆會歸順他。』」

四、![字形]（簡15）

　　《十四種·郭店》緇衣簡14-15釋文作「上好此勿（物）也，下必又（有）甚安（焉）者矣。古（故）上之好亞（惡），不可不慎也。民之![字形]也。」

　　「![字形]」字對應今本爲「表」字。原考釋者釋「華」讀「柬」。〔註134〕李零釋「藁」或「標」。〔註135〕黃德寬、徐在國舉《古文四聲韻》「![字形]」爲例，認爲此字所從的「![字形]」即是「票」字，此字從木、藁聲或從艸、標聲，可釋爲「藁」或「標」。〔註136〕劉釗隸爲「![字形]」從艸、從![字形]，「![字形]」爲「標」的省寫，上部改爲從「少」聲，「![字形]」從艸從![字形]爲「藁」字繁文，簡文讀「表」。〔註137〕白於藍認爲此字從木、從艸、![字形]聲，爲《說文》「杪」字異體。〔註138〕孟蓬生以《上博一·緇衣》的「![字形]」（簡9）字形爲基準進行分析，〔註139〕認爲所論字上部源於齊系陶文「鹿」字寫法，省去足部，「![字形]」避免字形過長，因此採用「麃」省聲的寫法，而《郭店》則是進一步省寫，「麃」、「表」、「標」讀音相同或相近，《上博》與《緇衣》寬式隸定作「樕」，「樕」可能爲「標」字

〔註134〕荊門市博物館編:《郭店楚墓竹簡》（北京:文物出版社，1998年），頁133。

〔註135〕李零:《郭店楚簡校讀記〔增訂本〕》（北京:中國人民大學出版社，2007年），頁81。鄒濬智從之。鄒濬智:《〈上海博物館藏戰國楚竹書（一）·緇衣〉研究》（臺北:台灣師範大學碩士論文，2004年），頁90。

〔註136〕黃德寬、徐在國:〈《上海博物館藏戰國楚竹書（一）緇衣·性情論》釋文補正〉，《新出簡文字考》（合肥:安徽大學出版社，2007年），頁103～104。

〔註137〕劉釗:《郭店楚簡校釋》（福州:福建人民出版社，2003年），頁57。

〔註138〕白於藍:〈郭店楚簡拾遺〉，《華南師範大學學報》（社會科學版），2000年第3期，頁90。

〔註139〕《郭店》「![字形]」爲《上博》「![字形]」省形，學界已有共識。

異構。〔註 140〕

就字形而言，孟蓬生指出前人所釋的「槀」、「杪」說法，其字形未能與「[字形]」、「[字形]」二形連結。而原考釋者釋「萊」，在《上博一・緇衣》公布後，便證明此說有誤。孟蓬生認爲此形源於齊系陶文，形體爲「[字形]」、「[字形]」，可見此二形與「[字形]」字中間部件相似，爲齊系的「目」形特徵。所論字上半部象鹿角的部份則源於甲骨文以來類似「屮」字的三歧寫法，如「[字形]」形。故此字隸定可依孟文說法，隸「櫬」讀「表」。

《十四種・郭店》緇衣簡 14-15 釋文改作「上好此勿（物）也，下必又（有）甚安（焉）者矣。古（故）上之好亞（惡），不可不愼也。民之櫬（表）也。」簡文意爲「上位者喜歡某種事物，則下位者則更爲超過。因此上位者對於自己的好惡要謹愼。作人民的表率。」

五、[字形]（簡 16）

《十四種・郭店》緇衣簡 16 釋文作：「員（云）：『虩（赫）虩（赫）帀（師）尹，民具尒贍（瞻）。』子曰：『倀（長）民者衣備（服）不改，[字形]頌（容）又（有）棠（常），則民惪（德）』」此釋文中的「[字形]」字，參考筆者論文《十四種・葛陵》一節，筆者從陳劍說法，在此不再贅引各家學者說法。「竈」字在戰國楚簡中的變體和省體，在郭店和上博簡《緇衣》中讀爲「從容」的「從」。〔註 141〕故《十四種・郭店》緇衣簡 16 釋文改作：「員（云）：『虩（赫）虩（赫）帀（師）尹，民具尒贍（瞻）。』子曰：『倀（長）民者衣備（服）不改，竈（從）頌（容）又（有）棠（常），則民惪（德）』」。

〔註 140〕孟蓬生：〈郭店楚簡《緇衣》中與「表」字相當的字〉，《古文字研究》第 28 輯（北京：中華書局，2010 年），頁 419～423。

〔註 141〕對於此字考釋，學者意見釋爲「適」、「桑」或從辵從巫之字，陳劍對於諸說提出反駁：「這些字形的一個重要特點，即其所從[字形]形爲代表者的部份，其中間兩橫筆都是沒有豎筆的。現在大家所舉出的、楚文字中能拿來跟前舉諸字作比較的『帝』、『桑』和『甬』等字之形，其中間大都是有一豎筆的。即使個別字形沒有豎筆，但全面觀察考慮，『帝』、『桑』和『甬』等字的變體是有豎筆與無豎筆共見，而前舉諸形出現的次數已不算少，同時又是在幾種不同的楚簡中出現，其中間都沒有豎筆，這就應該加以特別的注意了。」筆者從之。陳劍：〈釋「琮」及相關諸字〉，《甲骨金文考釋論集》（北京：線裝書局，2007 年），頁 278、315。

六、（簡34）

《十四種‧郭店》緇衣簡33-34釋文作「《寺（詩）》員（云）：『穆穆文王，於旹（緝）迴（熙）敬圵（止）。』子曰：言從行之，則行不可匿。」

《十四種‧郭店》隸爲「旹」字原形作「」，原考釋者隸爲「俖」讀作「緝」。〔註142〕裘錫圭認爲此字非从「人」，《說文》有「旹」字，疑即出此字訛變而成。〔註143〕陳偉武認爲是「从咠从入的雙聲符字，咠、入古音近。」〔註144〕馮勝君舉《郭店》「咠」字作「」（〈魯穆公問子思〉簡2）爲例，認爲右邊所从兩橫應該是飾筆，《說文‧口部》：「咠，聶語也。从口、从耳。《詩》曰：咠咠幡幡。」郭店簡本「旹迴」應該依今本讀爲「緝熙」。〔註145〕

此字左半从「咠」無疑，徐在國舉甲骨、金文字形爲例，認爲「」左下半部類似肉形，但仍是手形和人形的下部分。〔註146〕此字右半與「人」和「十」二形有別：

人：（《郭店‧老子甲》簡12）；

（《郭店‧緇衣》簡11，「俍」字所从）

十：「」（《郭店‧尊德義》簡27）

裘錫圭以「訛變」解釋此字，然而此說難以證明，且「十」字構形確定，皆未見訛變者，故不從此說。陳偉武認爲此字从「入」，「入」字於甲、金文作「∧」（《合集》22274）、「」（《集成》4333頌盦），楚簡文字則加入飾筆作「」（《曾侯》簡208）。「入」字飾筆本可去除，與則「」形相似，故此

〔註142〕荊門市博物館編：《郭店楚墓竹簡》（北京：文物出版社，1998年），頁135。

〔註143〕荊門市博物館編：《郭店楚墓竹簡》（北京：文物出版社，1998年），頁135。

〔註144〕陳偉武：〈雙聲符字綜論〉，《中國古文字研究》（長春：吉林大學出版社，1999年），頁328～339。此文由蘇建洲師所提醒而知。

〔註145〕馮勝君：《郭店簡與上博簡對比研究》（北京：線裝書局，2008年），頁160～161。

〔註146〕徐在國：〈說「咠」及其相關字〉，「簡帛研究網」2005年3月1日（http://www.jianbo.org/admin3/2005/xuzaiguo001.htm）。

字右旁應爲「入」形。但並非陳文所認爲的「雙聲符字，畐、入古音近」，「畐」爲清紐緝部；「入」爲日紐緝部，韻部相同，但清紐爲齒頭音，日紐爲舌面音，二字的聲紐有距離，難以相通。此字應隸爲「覒」，以「畐」爲聲符，可讀爲今本《禮記‧緇衣》的「絹」字。

《十四種‧郭店》緇衣簡 33-34 釋文改作「《寺（詩）》員（云）：『穆穆文王，於馰（絹）遛（熙）敬峀（止）。』子曰：言從行之，則行不可匿。」簡文意爲「《詩》言：美好的文王，光明正大又舉止謹愼。孔子說：做了什麼事便會說什麼話，因此行爲是無法隱匿的。」

七、（簡 40、40 背）

《十四種‧郭店》緇衣簡 40、40 背釋文作「子曰：句（苟）又（有）車，必見其。句（苟）又（有）衣，必見其帗（敝）；人句（苟）又（有）言，必聞其聖（聲）。句（苟）又（有）行，必見其城（成）。」

《十四種‧郭店》緇衣簡 40「」的字形，林清源師對於此種形體隸定與訓釋皆有詳細考證，認爲楚系簡帛如《郭店》的〈緇衣〉此字和〈語叢四〉「」（簡 10）皆應隸爲「敃」，而「敃」、「散」聲近韻同，二字可通用。〔註147〕因此《十四種‧郭店》緇衣簡 40、40 背釋文應改作「子曰：句（苟）又（有）車，必見其敃（轍）。句（苟）又（有）衣，必見其帗（敝）；人句（苟）又（有）言，必聞其聖（聲）。句（苟）又（有）行，必見其城（成）。」簡文意爲「孔子說：若有車經過，必能見其車轍。若穿著衣服，必會有壞掉的一天。人若說話，必能聽聞他的聲音。人若有所作爲，必可見到成功的時候。」〔註148〕

〔註147〕林清源師：〈「敃」、「敔」考辨—釋「」及其相關諸字〉，《漢學研究》，2010 年第 28 卷第 1 期，頁 1～34。

〔註148〕《十四種‧郭店》語叢四簡 10 釋文作「車之墾岦，不見江沽（湖）之水。佀（匹）婦禺（愚）夫，」依林清源師之說，釋文應該作「車敃（轍）之墾岦，不見江沽（湖）之水。佀（匹）婦禺（愚）夫，」

第三節　窮達以時

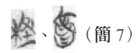（簡7）

《十四種‧郭店》窮達以時簡7釋文作「白（百）里迿（轉）遒（鬻）五羊，爲故（伯）歊（牧）牛，靬（釋）板桯而爲罶卿，堣（遇）秦穆。」

1、桯

《十四種‧郭店》窮達以時簡7釋文中「桯」字其形爲「桯」（以下稱△字）。此字右半偏旁又見於《包山》2.269、1號木牘、天星觀楚簡、〔註149〕古代貨幣、郙陵君豆、《包山》2.83、2.163以及石鼓文。〔註150〕

劉釗、白於藍認爲此字右上所从即是「夊」旁，《詩》：「雄狐夊夊」今作「綏」，「桯」从夊聲，故可讀爲「綏」，「板桯」表示鞭箠。〔註151〕何琳儀認爲「桯」讀若「罶」，參《海篇》：「佟，驕也，音罶。」簡文「桯」疑讀「校」，「穆公釋其囚，與語國事」，所謂「釋其囚」與簡文「釋板桯（校）」意同，或讀「板桯」爲「板梏」，亦可通。〔註152〕李家浩認爲石鼓文《作原》从「憂」、从「聖」之字是一個兩聲字，因此「聖」應該與「憂」字音近。〔註153〕劉信芳認爲「桯」爲「杸」字的異構。〔註154〕

相關字形偏旁於楚簡中作以下諸形：

〔註149〕滕壬生：《楚系簡帛文字編【增訂本】》（武漢：湖北教育出版社，2008年），頁553。

〔註150〕何琳儀：《戰國古文字典─戰國文字聲系》（北京：中華書局，2007年），頁284。

〔註151〕劉釗：《郭店楚簡校釋》（福州：福建人民出版社，2003年），頁172。白於藍：〈郭店楚墓竹簡考釋（四篇）〉，《簡帛研究二○○一》（桂林：廣西師範大學出版社，2001年），頁193~195。

〔註152〕何琳儀：〈郭店竹簡選釋〉，《簡帛研究二○○一》（桂林：廣西師範大學出版社，2001年），頁162。

〔註153〕李家浩：〈關於郙陵君銅器銘文的幾點意見〉，《江漢考古》，1986年第4期，頁85。

〔註154〕劉信芳：《包山楚簡解詁》（臺北：藝文印書館，2003年），頁310。

△字	《包山》2.83	《包山》2.163〔註155〕	《包山》2.269〔註156〕

可見△字右邊多了一撇斜筆，但並不影響將其釋爲「夂」。「夂」形可加飾筆，如「各」字於甲骨文作「」（《合集》27000），楚簡中可作「」（《上博四·季庚子問於孔子》簡20），也可加飾筆作「」（《上博四·曹沫之陣》簡32），故△字右邊的撇筆應爲「夂」形的飾筆。

就字音而言，何琳儀根據《海篇》：「佟，驕也，音囂。」而將△字讀爲「校」或「桍」。此種說法根據梁春勝的研究：「『佟』右旁『圣』乃『蚤』之訛，與古文字中的圣不可能爲一字。」〔註157〕應可排除。劉釗、白於藍認爲從「夂」旁，「夂」可讀爲「綏」。「綏」爲心紐微部，「筳」爲端紐歌部或禪紐歌部，〔註158〕歌、微旁轉，例可相通。心、禪二紐距離較遠，但劉釗舉出以「甚」爲聲的字分屬禪、心二紐爲例，「糂」字屬禪紐侵部，「甚」則爲心紐侵部，故心紐與禪紐可通。心、禪二紐相通字例又如「小」爲心紐宵部、「少」爲禪紐宵部，文獻中二字常通用。〔註159〕「小」與「勺」（禪紐藥部）也相通，如《戰國縱橫家書·蘇秦使韓山獻書燕王章》：「今齊王使李終之勺，怒於勺之止臣也。」整理者注：「料書經常用勺字代趙字，勺、趙音相近。」趙从肖聲，肖从小聲。〔註160〕因此「綏」可讀爲「筳」。

〔註155〕《包山》2.83辭例爲「羅之瓗里人湘瘤訟羅之廡寍（國）人之土了圣者邑人邧女」，2.163作「邧邑人」，二字爲地名。

〔註156〕滕壬生疑此字爲「桍」的一字異寫。滕壬生：《楚系簡帛文字編【增訂本】》（武漢：湖北教育出版社，2008年），頁553。白於藍認爲其所从的「夂」與其下部所从之「土」旁發生借筆關係而已。參白於藍：〈郭店楚墓竹簡考釋（四篇）〉，《簡帛研究二○○一》（桂林：廣西師範大學出版社，2001年），頁194～195。筆者從之。

〔註157〕梁春勝：〈《戰國古文字典》引近代漢字資料辨析〉，「復旦網」2008年9月19日（http://www.gwz.fudan.edu.cn/SrcShow.asp?Src_ID=510）。

〔註158〕劉釗與白於藍以「綏」從「妥」聲，白於藍認爲「妥」爲透紐歌部可與「筳」字端紐歌部相通。劉釗則認爲「妥」爲心紐歌部與「筳」字禪紐歌部相通。筆者聲韻依陳復華、何九盈：《古韻通曉》（北京：中國社會科學出版社，1987年），頁197、182、185。

〔註159〕王輝：《古文字通假字典》（北京：中華書局，2008年），頁173～174。

〔註160〕張儒、劉毓慶：《漢字通用素研究》（太原：山西古籍出版社，2002年），頁254。

就字義而言，劉信芳認爲「柊」爲「殳」字的異構，簡文「柊」與戟、矛並述，以辭例對照，知「柊」即「殳」字。《包山》2.269辭例爲「⋯一柊，冒（蒙）笔（旄）之首。⋯」《包山》牘1「⋯一柊，緣（蒙）毛（旄）頁（首）。⋯」李家浩考釋《包山》文字，認爲簡文內容皆與車上所載的旄旗之類的物品相關。〔註161〕可知「柊」字所對應的並非兵器類，因此劉信芳的考釋基礎並不成立。

綜而論之，劉釗與白於藍將〈窮達以時〉的「板柊」讀作「鞭箠」、《包山》2.269與牘1讀爲「綏」，「綏」可通「緌」，指車上所載之旄旗之屬。〔註162〕

2、

《十四種・郭店》窮達以時簡7釋文的「朝」作「」，原考釋者釋爲「（朝）」。〔註163〕劉釗認爲「」即「龗」字異體，「龗」、「朝」古音皆在定紐宵部，故可相通。〔註164〕裘錫圭指出劉釗此說似是而非，「」從「黽」聲，「黽」多認爲是陽部字，但典籍中「冥阨」又作「黽阨」，另外見於《說文・冥部》的「𪓰」字也有可能是一個雙聲字，這些跡象表明，「黽」是耕部字的可能性更大，與「名」字讀音相近（名、冥相通，典籍中亦有例證），所以「黽卿」可以讀爲「名卿」。〔註165〕馮勝君認爲所從之「黽」也有可能用爲「龜」，從「龜」之字應該讀爲「軷」，「軷」從「軍」聲，則「（龜）卿」似乎可以讀爲「軍卿」。〔註166〕禤健聰認爲此字從「龜」得聲，讀爲「耆」。〔註167〕劉洪濤認爲楚文字確認用爲「龜」的字全都作「黽」，不從「甘」，而「」

〔註161〕李家浩：〈包山楚簡中的旄旆及其他〉，《第二屆國際中國古文字學研討會論文集（續編）》（香港：香港中文大學中國語言及文學系，1995年），頁375～392。
〔註162〕白於藍：〈郭店楚墓竹簡考釋（四篇）〉，《簡帛研究二〇〇一》（桂林：廣西師範大學出版社，2001年），頁194。
〔註163〕荊門市博物館編：《郭店楚墓竹簡》（北京：文物出版社，1998年），頁145。
〔註164〕劉釗：《郭店楚簡校釋》（福州：福建人民出版社，2003年），頁172。
〔註165〕裘錫圭先生在北京大學「郭店竹簡研究」課堂上所講。筆者轉引自馮勝君：〈戰國楚文字「黽」字用作「龜」字補議〉，武漢大學「簡帛網」2005年11月7日（http://www.bsm.org.cn/show_article.php?id=50）。
〔註166〕馮勝君：〈戰國楚文字「黽」字用作「龜」字補議〉，武漢大學「簡帛網」2005年11月7日（http://www.bsm.org.cn/show_article.php?id=50）。宋華強從之，參見宋華強：〈楚簡中從「黽」從「甘」之字新考〉，武漢大學「簡帛網」2006年12月30日（http://www.bsm.org.cn/show_article.php?id=494）
〔註167〕禤健聰：《戰國楚簡字詞研究》（廣州：中山大學博士論文，2006年），頁78。

字應該是「黽」字的異體，古文字「甘」旁常用作飾符，可加也可不加，但是作爲「黽」字異體的「𪓑」之所以一定要加飾符「甘」，可能是爲了與寫作「黽」的「龜」字區別開來，而簡文中的「𪓑卿」應該從宋華強前說讀爲「命卿」。〔註168〕宋華強認爲「𪓑」字上部所從應該就是「蠅」的象形初文，「𪓑」可能是由「蠅」的象形初文綴加「口」旁的異體演變而來，此處仍讀爲「軍卿」。〔註169〕

「」形於楚簡中常見：〔註170〕

字　形				
出　處	〈窮達以時〉簡 7	《葛陵》乙二 8	《長臺關》2-028	《包山》2.172
《十四種》隸定字形	𪓑	𪓑	𪓑	𪓑
字　形				
出　處	《包山》2.179	《包山》2.270	《包山》2.273	《包山》2.273
《十四種》隸定字形	𪓑	𪓑	𪓑	𪓑

上舉八字形體相近，然而《十四種》隸定卻不相同，白於藍認爲此種字形下部應从「甘」，故當隸作「𪓑」。〔註171〕「曰」與「甘」字楚簡字形相近，

	甲　骨	楚　簡	
甘	（《合集》8002）		（《上博一・孔子詩論》簡 15）

〔註168〕劉洪濤：〈郭店《窮達以時》所載百里奚事跡考〉，武漢大學「簡帛網」2009年 2 月 28 日（http://www.bsm.org.cn/show_article.php?id=996）。

〔註169〕宋華強：〈楚簡中從「黽」從「甘」之字新考〉，武漢大學「簡帛網」2006 年12 月 30 日（http://www.bsm.org.cn/show_article.php?id=494）。

〔註170〕《葛陵》乙一 5 有一字形同樣隸爲「𪓑」，其形爲「」，筆畫殘泐過多，筆者不列舉。

〔註171〕白於藍：〈《包山楚簡文字編》校訂〉，《中國文字》新廿五期（臺北：藝文印書館，1999 年），頁 201。

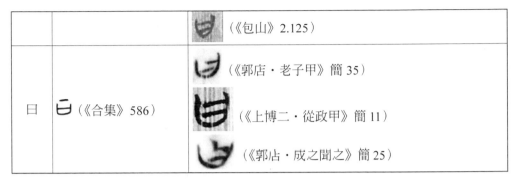

「甘」字甲骨文从口，中横爲指事符號，表示口中含物，其味甘美。而「曰」字甲骨文从口，「一」形是指示符號，表示口向外的動作，即口說。〔註172〕二字造字方式相近，文字表現方式則有區別，「甘」字無論甲骨或是楚簡，「口」形皆爲密合，而「曰」字甲骨文則是口形上加一短横，此短横於楚簡中可變爲「L」形或是維持短横貌，《上博二·從政甲》字例雖近「甘」字，但仍可見此字並非密合的口形。上舉〈窮達以時〉等八種字形，「口」形密合與否約佔各半，因此難以從字形中去判別此字下半从「甘」或从「曰」，但此八形應爲同一字形，筆者暫依白於藍之說將此形下半部隸作「甘」。〔註173〕

劉釗認爲此字是「晨」字異體，馮勝君反駁此種說法：

> 《說文·䖵部》：𧕅【晨】，匽晨也。讀若朝。揚雄說：匽晨，蟲名。杜林以爲朝旦，非是。从䖵、从旦。𧏾，篆文从皀。據《說文》，「晨」或从旦从䖵，或从皀从䖵，而簡文「𤯌」从䖵从甘，與「晨」字迥異，所以將「𤯌」釋爲「朝」不可信。

筆者認爲，「𤯌」下方部件與「旦」、「皀」二形不同，也未見「𤯌」爲「旦」或「皀」字異體的情況，故此字應不可釋爲「晨」。

此字上半部所从爲龜或黽，學者意見仍分歧。李家浩認爲古文字中「黽」、「龜」形近，所以在古文或把「龜」寫作「黽」。〔註174〕禤健聰則認爲此種形體即是「龜」字而非「黽」。〔註175〕馮勝君認爲戰國楚文字材料中，「黽」字無論獨體還是偏旁，都是用作「龜」的，似乎還沒有發現確定無疑的用作本

〔註172〕季旭昇師：《說文新證》，上册（臺北：藝文印書館，2002年），頁380、381。

〔註173〕表格中的八形，《十四種》應統一从「甘」。

〔註174〕李家浩：〈楚墓竹簡中的「昆」字及从「昆」之字〉，《中國文字》新廿五期（臺北：藝文印書館，1999年），頁141，註6。

〔註175〕禤健聰：〈釋楚文字的「龜」和「𩜁」〉，《考古與文物》，2010年第4期，頁102～103。

字的例子。〔註176〕宋華強與劉洪濤則認爲此字從黽，並在麥耘的「黽」字論點基礎下，〔註177〕歸納出以下「黽」字的來源：

（1）一種蛙類動物的象形，如「黿」、「蠅」、「鼃」、「鼀」等字所從。

（2）一種龜類動物的象形，如「蚖」、「蟞」、「鼌」、「鼇」等字所從。

（3）一種蜘蛛類昆蟲的象形，如「蝯」、「蠹」等字所從。

（4）蒼蠅的象形，如「蠅」、「繩」等字所從。

二人皆認爲此字應爲第四種來源的「黽」字，宋華強看作「蠅」的異體，劉洪濤則認爲是「黽」字異體。筆者認爲，宋華強說法雖有可能，然而推測性過高，並無明確的例證，此字是否爲「蠅」的異體仍待商榷。劉洪濤認爲「甘」爲分別「龜」與「黽」字的區別符號，楚文字的「甘」可作爲贅旁，但未見可作區別符號者，故筆者不從此二說。

然而所論字從「龜」或「黽」依然難以下定論。就讀法而言，〈窮達以時〉簡 2-7 皆爲古代著名卿士遇見伯樂而受重用的事蹟，爲排比句法，與「黽卿」相對應的語詞分別爲「天子」、「天子師」、「侯相」、「命（令）尹」，皆爲實指某一人物（官名）的特定名詞，而「名卿」、「耆卿」與「命卿」三說，前二者爲「形容詞+名詞」，後者爲「動詞+名詞」，就句式而言，較不合適。

馮勝君以「龜」得聲，認爲百里奚於秦國以武功著稱，因此讀爲「軍卿」。雖馮勝君引典籍證明百里奚爲軍官：「據典籍記載，百里奚在秦，經常率兵征戰，在郩之戰中曾爲晉人所俘，秦穆公三十五年，百里奚帥師伐晉，以報郩之役，第二年「奚伐晉，濟河焚舟，取王官及郊，晉人不出（《左傳·文公三年》）。……三十七年，用戎人由余謀，伐戎王。益國十二，開地千里，遂霸西戎（《史記·秦本紀》、《左傳·文公三年》），奚之力也。」可見百里奚在秦以武功著稱，所以簡文稱之爲「軍卿」，此說應是可行的。

《十四種·郭店》窮達以時簡 7 釋文改作「白（百）里迣（轉）逿（鬻）五羊，爲故（伯）戮（牧）牛，斁（釋）板（鞭）桱（箠）爲黽（軍）卿，塌（遇）秦穆。」簡文意爲「以五張羊皮轉賣百里奚，爲伯牧牛，放下牧牛的鞭箠而爲秦伯的卿士。」

〔註176〕馮勝君：〈戰國楚文字「黽」字用作「龜」字補議〉，武漢大學「簡帛網」2005年 11 月 7 日（http://www.bsm.org.cn/show_article.php?id=50）。

〔註177〕麥耘：〈「黽」字上古音歸部說〉，《華學》第五輯（廣州：中山大學出版社，2001 年），頁 168～173。

第四節　五　行

一、![字](簡 13)、![字](簡 32)

　　《十四種‧郭店》五行簡 12-13 釋文作「清則![字]（察），![字]（察）則安，安則![字]，![字]則兌（悅），兌（悅）則槷（戚），槷（戚）則新（親），新（親）則㤅（愛），㤅（愛）則玉色，玉色則型（形），型（形）則息（仁）。」

　　「![字]」為合文。原考釋者釋為「惬（溫）」。〔註 178〕張光裕釋作「恩」。〔註 179〕劉釗釋為「慍」。〔註 180〕劉信芳釋作「昷」，其字帛本作「溫」，原簡從心從昷省，不可隸作「惬」，其字與釋為怨的「慍」亦不是一字。〔註 181〕陳偉認為「楚簡中的『因』字，有與此字上部類似者。不過，此字上部頂端有一向右斜出的筆畫，則為『因』字所無。…此字上部疑當隸作『圅』，通作『函』。…簡文此字上部似即作矢正置函中之形，應可釋為『恛』。函有包含、容納之義。」〔註 182〕蘇建洲師指出《上博五‧姑成家父》簡 4「![字]」，與所論字上半部同形，原考釋者亦釋為「囟」。〔註 183〕

　　劉釗與陳偉皆認為此字從「圅」形，「圅」字於甲金文中作「![字]」（《合集》28372）、「![字]」（《集成》10225），而「圅」字的楚簡字形，蘇建洲師指出「![字]」（《葛陵》甲三 324）為「函」形的標準寫法，其演變過程為：「![字]→![字]」。〔註 184〕「![字]」形於甲、金文時期皆從「囊」形，至楚簡上半部則演變為「![字]」形，此種演變結果與「![字]」上半部所從截然不同，故此字非從圅。

　　陳偉以「此字上部頂端有一向右斜出的筆畫，則為『因』字所無。」為由，反對釋為「因」。「因」字雖多作「![字]」（《上博六‧亙先》簡 9），但仍有

〔註 178〕荊門市博物館編：《郭店楚墓竹簡》（北京：文物出版社，1998 年），頁 149。

〔註 179〕張光裕主編，袁國華合編：《郭店楚簡研究‧第一卷文字編》（臺北：藝文印書館，1999 年），頁 195。

〔註 180〕劉釗：《郭店楚簡校釋》（福州：福建人民出版社，2003 年），頁 70。

〔註 181〕劉信芳：《簡帛五行解詁》（臺北：藝文印書館，2000 年），頁 35。

〔註 182〕陳偉：《郭店竹書別釋》（武漢：湖北教育出版社，2002 年），頁 53

〔註 183〕此說為蘇師給與筆者的審查意見（2011 年 6 月 23 日）。

〔註 184〕蘇建洲師：〈《葛陵楚簡》考釋兩篇〉，《2010 經典簡帛學術研討會論文集》（台南：嘉南藥理科技大學，2010 年），頁？。（論文集尚未正式出版）

筆畫突出者，如「」（《郭店・性自命出》簡 19）、「」（《包山》2.222），直筆與斜筆可互換，如「角」形可作斜筆：「」（《上博一・孔子詩論》簡 29），也可爲直筆：「」（衡字所从，《曾侯乙》簡 115 ）、「」（衡字所从，《曾侯乙》簡 6），因此筆者認爲此字从「因」，隸作「恩」（从因从心，非「恩惠」之「恩」字字義）。

就讀法而言，帛書本作「盈」，「因」爲影紐眞部字，「盈」爲影紐文部，聲紐相同，韻部文、眞爲旁轉，例可相通。劉信芳認爲「《說文》：『盈，仁也。』，乃仁之外顯。」筆者從之。

《十四種・郭店》五行簡 12-13 釋文改作「清則（察），（察）則安，安則恩（溫），恩（溫）則兌（悅），兌（悅）則（戚），（戚）則新（親），新（親）則恩（愛），恩（愛）則玉色，玉色則型（形），型（形）則慐（仁）。」簡文意爲「思慮清晰則安定，〔註185〕安定則溫和，溫和則喜悅，喜歡則使人親近，〔註186〕使人親近則可親密，親密則友愛，友愛則如同玉色一般溫潤，外形如玉色般溫潤，而仁心則形於內。」

二、（簡 33）

《十四種・郭店》五行簡 33 釋文作「（戚）而信之，新（親）。新（親）而管（篤）之，恩（愛）也。恩（愛）父，其恩（愛）人，慐（仁）也。」

原考釋者釋爲隸爲「秋」，「攸」字異體，讀作「迪」。帛書本作「絲」，整理者釋作「繼」，裘錫圭的按語認爲此字疑是「稽」之異體，讀爲「繼」，二字古音極近。〔註187〕劉信芳等學者皆隸作「殺」。〔註188〕

就字形而言，原考釋者指爲「攸」字異體，楚簡「攸」字作「」（《郭

〔註185〕「察」訓爲清晰。《爾雅・釋言》：「察，清也」邢昺疏：「察，明也。」《墨子・脩身》：「辯是非不察者，不足與游。」

〔註186〕「戚」訓爲親近。《書・金縢》：「未可以戚我先王。」孔傳：「戚，近也。」《列子・力命》：「管夷吾、鮑叔牙二人相友甚戚。」

〔註187〕荊門市博物館編：《郭店楚墓竹簡》（北京：文物出版社，1998 年），頁 153。

〔註188〕劉信芳：《簡帛五行解詁》（臺北：藝文印書館，2000 年），頁 99。徐在國：〈郭店楚簡文字三考〉，《簡帛研究二○○一》（桂林：廣西師範大學出版社，2001 年），頁 184。孫開泰：〈《郭店楚墓竹簡・五行》篇校釋〉，《簡帛研究二○○一》（桂林：廣西師範大學出版社，2001 年），頁 144。

店‧老子乙》簡 16)、「」(《郭店‧六德》簡 47),「人」形和「攵」形中間
皆有「」部件,而所論字未見。且若讀作「迪」,文義置於簡文則滯礙難通。
徐在國認為「」形為「」形的偽變。所論字左半()與常見「禾」旁無異,
字形中間筆畫為「X」形,而楚簡「殺」字作「」(《郭店‧太一生水》簡 7)、
「」(《包山》2.90),與所論字形體有別。且若左半部為「」形的偽變,
其演變過程為「」→「」(筆畫黏合)→加「人╵」形,其推測性過大,筆者
不從。

　　裘錫圭認為是「稽」字異體,對於「稽」字劉釗作了全面性的考釋:
〔註 189〕
　　　　「」(秦簡《為史之道》5)字從「禾」從「又」從「旨」,「旨」
　　　　字所從的「匕」和「甘」因借筆寫到了一起。…古文字中,從「又」
　　　　的字經常會有從「攴」的異體:
　　　　A 《馬王堆帛書‧十大經》一○一
　　　　B 《老子‧甲本》061
　　　　C 《馬王堆帛書‧戰國縱橫家書》二一三
　　　　D 《馬王堆帛書‧十問》○一七
　　　　E 《銀雀山漢墓竹簡》六一七
　　　　F 《銀雀山漢墓竹簡》八八二
　　　　J 《馬王堆帛書‧經法》○○四
　　　　H 《馬王堆帛書‧經法》○三六
　　　　…其中 A、B、C、D 四個體所從的「旨」字採用借筆法將「匕」和
　　　　「甘」連寫在了一起,F、J、H 三個形體更是索性將所從聲符「旨」
　　　　字中的「匕」旁省去,直接寫成從「甘」作。

劉釗通過與上述字形的比對,認為「」字即是「稽」。
　　　　其所從的「禾」字上部一筆不向右傾斜而是歪向左側,與「禾」字
　　　　相混,這與上引銀雀山漢簡中「」字寫法相同,同時也是從「攴」
　　　　作。字下所從之「」并不是「人」,而是「旨」字之省,即「匕」

〔註 189〕劉釗:〈「稽」字考論〉,《古文字考釋叢稿》(長沙:岳麓書社,2004 年),頁
　　　　352～355。

字。《說文》指出「旨」字从「匕」得聲，如此省去「甘」而保留聲符「匕」，是古文字中形聲字很多見的省略現象。

劉釗此說需要解釋是：「」形，此形較似「人」形。「旨」字上从「匕」，楚簡「匕」形與「人」形差異較大，金文的「匕」、「人」二形則相似：

匕	人
（旨字所從，《集成》2628） （《集成》2246） （《集成》979）	（《集成》10209） （《集成》4320） （《集成》4215）

若依金文字形而言，「匕」與「人」的訛混應是可能的。然而就劉釗所舉之例而言，未見「旨」字只作「人」或「匕」形者，然文字演變可減省音符，〔註190〕「旨」爲「稽」字的聲符，由劉釗所舉字例，可見「旨」字所从的「匕」形減省（如上舉 F、J、H 三形），故「稽」字可寫作減省聲符的形體，因此所論字即爲「稽」字。帛書此字爲「繼」，「稽」爲見紐脂部，「繼」爲見紐錫部，聲紐相同，韻部爲通轉，脂部與錫部相通字例如《璽彙》1551：「孫九益。」2294：「芫嗌。」吳振武《古璽姓氏考》、徐在國《古璽考釋九則》讀爲「鳩夷」。〔註191〕「稽」可讀爲「繼」，「繼」字訓爲「隨後」，如《孟子‧公孫丑下》：「繼而有師命，不可以請，象於齊非我志也。」《南史‧梁武帝諸子‧昭明太子》：「恒自討論墳籍，或與學士商榷古今，繼以文章著述，率以爲常。」〔註192〕

　　《十四種‧郭店》五行簡 33 釋文改作「纍（戚）而信之，新（親）。新（親）而篙（篤）之，悉（愛）也。悉（愛）父，其稽（繼）悉（愛）人，息（仁）也。」其意爲：「親近而信任，乃是親密。親密而眞切，是愛也。愛父然後才愛人，仁也。」

〔註190〕林清源師：《楚國文字構形演變研究》（台中：東海大學中文研究所博士論文，1997 年），頁 42～44。林師指出文字省略音符的條件有三，其中第二點爲「該字構形特殊，即使省略音符，仍然不致於與其他字造成混淆。」此點可能爲「稽」字減省「旨」聲的情況。

〔註191〕王輝編：《古文字通假字典》（北京：中華書局，2008 年），頁 528。

〔註192〕徐中舒編：《甲骨文字典》（成都：四川辭書出版社，1998 年），頁 3464。

三、（簡36）

　　《十四種·郭店》五行簡36釋文作「以其外心與人交，遠也。遠而眛（莊）之，敬也。敬而不（懈），嚴也。」

　　「」字原考釋者依形隸定作「卸」，疑是「節」字，此字帛書本作「解（懈）」，裘錫圭按語認爲此字恐亦書手寫錯之字，待考。〔註193〕李零至荊門博物館參觀原簡時見到簡背有「解」字，是《郭店楚墓竹簡》所遺，簡背此字應即改錯之字。〔註194〕馮勝君認爲所論字爲「解」字的另一種寫法，並引谷中信一之說，指簡背文字可能用以替代竹簡正面較難以辨認的字形。〔註195〕依程鵬萬的研究，簡牘中若寫錯字，其修改方式有削改、塗改以及添寫三種。〔註196〕李零所發現的情況是將簡牘正面的錯字寫至背面，而正面字形並不做任何處理，但此種情況較爲罕見。馮勝君已指出《郭店·五行》篇文字多有非楚系的文字，故所論字亦有可能爲他系文字，而於簡背寫楚系文字，以作爲所論字的注釋，若此，則所論字非錯字，而是非楚系文字的「解」字。

　　《十四種·郭店》五行簡36釋文應改作「以其外心與人交，遠也。遠而眛（莊）之，敬也。敬而不解（懈），嚴也。」簡文意爲，若不用眞心與人交遠，將會疏遠。疏遠而莊重，仍使人敬重。恭敬而不懈怠，則使人感到嚴峻。

四、（簡48）

　　《十四種·郭店》五行簡48釋文作「幾而智（知）之，天也。『上帝女（汝），毋貳爾心』，此之胃（謂）也。大陞（施）者（諸）其人，天也。」

　　釋文中的「」形，原考釋者隸爲「賢」，帛書本作「臨」，裘錫圭疑爲

〔註193〕荊門市博物館編：《郭店楚墓竹簡》（北京：文物出版社，1998年），頁153。
〔註194〕李零：《郭店楚簡校讀記〔增訂本〕》（北京：中國人民大學出版社，2007年），頁106。谷中信一指此簡簡背有「」字形，李家浩與馮勝君從之。參見馮勝君：〈談談郭店簡《五行》篇中的非楚文字因素〉，《簡帛》第一輯（上海：上海古籍出版社，2006年），頁50。
〔註195〕馮勝君：《郭店簡與上博簡對比研究》（北京：線裝書局，2007年），頁325～326。
〔註196〕程鵬萬：《簡牘帛書格式研究》（長春：吉林大學古籍研究所，2006年），頁79～81。

「臨」的誤寫。〔註 197〕顏世鉉認為《長臺關》1.02「睯」（賢）字作「」與此字近似，簡文「睯」字，帛書本作「臨」，「睯」字當釋作「賢」，讀為「睌」，「睌」為元部，「臤」為眞部，眞元旁轉，「睌」、「臨」均訓為「視」，相通。〔註 198〕

所論字應無法讀為「睌」，首先，「睌」為明紐文部字，「臤」為溪紐眞部字，韻部雖然旁轉，但聲紐為牙、脣二音，相隔較遠，難以通假。其次，顏世鉉自言「臨，有以高視下之意。…疑『睌』亦有以高視下之意。」「睌」字是否有此義仍待商榷，《說文》：「睌，睌睯，目視貌」《廣雅・釋詁一》：「睌，視也。」文獻中也未有「以高視下之義」，故筆者不從。

對於所論字，蘇建洲師指出「」（《集成》10379，臤子環權）、「」（《集成》9735，中山王𩰝方壺）與《葛陵》乙四 57「」、零 102、59「」等形體與所論字形體相仿。〔註 199〕蘇師所舉之例可隸為「睯」，〔註 200〕而所論字與上舉四形上半部所從的「」形相同，故所論字从「囧」應無疑問。簡本〈五行〉辭例為：「上帝賢女（汝），毋貳爾心」，此段文字引用《詩・大雅・大明》：「上帝臨女，毋貳爾心」一句。所論字的「臤」旁可作聲符，「臤」為溪紐眞部，「臨」為來紐侵部，二者聲紐為複聲母，韻部相近，故所論字與帛書本的「臨」字聲韻相近可通假。〔註 201〕所論字可依形隸為「睯」，通讀作

〔註 197〕荊門市博物館編：《郭店楚墓竹簡》（北京：文物出版社，1998 年），頁 154。

〔註 198〕顏世鉉〈郭店楚簡散論（一）〉，《郭店楚簡國際學術研討會論文集》（武漢：湖北人民出版社，2000 年），頁 103。

〔註 199〕此說為蘇建洲師給筆者的審查意見（2011 年 6 月 23 日）。

〔註 200〕中山王𩰝方壺辭例為「進睯（賢）敓（措）能」，辭例確定，故此四形从「臤」應無疑問。

〔註 201〕此為蘇建洲師給筆者的審查意見。（2011 年 4 月 11 日）「侵部」與「眞部」通假的可能性，如「矜」字本作「矝」或「𦓷」，古音當在眞部，而後从「今」（侵部）得聲。可參裘錫圭：〈篹銘補釋〉，《安徽大學學報》（哲學社會科學版），2008 年第 32 卷第 4 期，頁 5。裘錫圭：〈古音學與古文字學的密切關係〉，《海峽兩岸漢語史研討會論文》（北京：中國社會科學院，2001 年），頁?。對於「令」从「今」聲，孟蓬生另有說明：「『令』字从『今聲』，這個字的甲骨文上部為『今』，下部為跪跽人形，我認為上部的『今』字可以看作聲符。就像『亶』聲本从『㐭』聲一樣，反映了—m 尾到—n 尾的變化。現在人們之所以不這麼認為，主要是受了中古音的局限。文章主要依據諧聲系統、假借字、同源詞等材料論證了『令』从『今』聲的可能性。」參孟蓬生：〈《楚居》所見楚王「宵囂」之名音釋〉，《復旦網》2011 年 5 月 21 日（http://www.gwz.

「臨」。

《十四種‧郭店》五行簡48釋文改作「幾而智（知）之，天也。『上帝羿（臨）女（汝），毋貳爾心』，此之胃（謂）也。大㞷（施）者（諸）其人，天也。」簡文意為：見微知著乃是天。「上天臨視著人民，沒有二心」便是這個意思。將天道施於人民，是天。

第五節　唐虞之道

一、（簡1）、（簡1）

《十四種‧郭店》唐虞之道簡1釋文作「湯（唐）吳（虞）之道，廛（禪）而不㑔（傳）。堯舜之王，利天下而弗利也。廛（禪）而不㑔（傳）。」釋文中的「廛」字分別作「」、「」二形，相似形體於《郭店》中多見，〈唐虞之道〉除簡1二形之外，另有以下十形：

簡7	簡8	簡13	簡20	簡21
簡22	簡24	簡25	簡26	

另於《郭店》其餘諸簡中，亦有相似形體：〈緇衣〉簡29作「」，〔註202〕〈五行〉簡32作「」。〔註203〕

對於此種形體，原考釋者依形隸為「徫」。〔註204〕李零疑古「廛」，借讀為「禪」。〔註205〕何琳儀認為右上從「番」，與《璽彙》「」（3431）形體吻

---

fudan.edu.cn/SrcShow.asp?Src_ID=1503）。

〔註202〕《十四種‧郭店》緇衣簡29辭例為「《呂坓（刑）》員（云）：『翻（播）坓（刑）之迪。』」

〔註203〕《十四種‧郭店》五行簡32～33辭例為「中心兌（悅）（遷）於兄弟」

〔註204〕荊門市博物館編：《郭店楚墓竹簡》（北京：文物出版社，1998年），頁158。

〔註205〕李零：《郭店楚簡校讀記〔增訂本〕》（北京：中國人民大學出版社，2007年），

合，「番」與「單」均屬元部，二字與「弁」聲系可通，故郭店此形皆讀爲「禪」。〔註206〕張光裕認爲以上諸字皆爲「播」字異構，《緇衣》「呂刑云：『翻（播）型（刑）之迪』」，「翻」今本《緇衣》即作「播」。〔註207〕周鳳五認爲〈五行〉此字從土，番聲，「番」字滂母元部；「旇」字章母元部，音近可通，此字從辵、番聲，讀作「禪」。〔註208〕

傳抄古文「廛」字作「」，〔註209〕常見的從「廛」之字，蘇建洲師已做出整理，〔註210〕其形如下：

《上博四·曹沫之陣》簡 18	《郭店·緇衣》簡 6	《上博一·緇衣》簡 18	《上博四·采風曲目》簡 3〔註211〕	《上博五·季庚子問於孔子》簡 3〔註212〕
《睡虎地秦簡》簡 131	十鐘山方印舉·3 之 11	十鐘山方印舉·3 之 21	漢印徵	江陵十號漢墓木牘五

可見以上諸形，與所論字相去甚遠，故筆者不從此說。

〈唐虞之道〉此種形體讀爲「禪」，就辭例而言並無異議。但就字形演變而言，依《郭店·緇衣》「」字形對照今本可確定從「番」。金文的「番」字形體作「」（《集成》545）、「」（《集成》732）、「」（《集成》3617），

頁 125。

〔註206〕何琳儀：〈郭店竹簡選釋〉，《簡帛研究二〇〇一》（桂林：廣西師範大學出版社，2001 年），頁 163。

〔註207〕張光裕主編，袁國華合編：《郭店楚簡研究·第一卷文字編》（臺北：藝文印書館，1999 年），頁 4。王輝從之，詳見王輝：〈郭店楚簡零釋三則〉，《中國文字》新廿六期（臺北：藝文印書館，2000 年），頁 157～159。

〔註208〕周鳳五：〈郭店楚墓竹簡《唐虞之道》新釋〉，《中央研究院歷史語言研究所集刊》（臺北：中央研究院，1999 年），頁 741～742。陳偉認爲何琳儀、張光裕和周鳳五將此字釋爲「番」或從「番」較爲可理，可從。詳見陳偉：《郭店竹書別釋》（武漢：湖北教育出版社，2002 年），頁 60。

〔註209〕徐在國：《傳抄古文字編》（北京：線裝書局，2006 年），頁 927。

〔註210〕蘇建洲師：〈《上博（四）·曹沫之陣》簡 18「纏」字小考〉，《《上博楚竹書》文字及相關問題研究》（臺北：萬卷樓圖書股份有限公司，2008 年），頁 56。

〔註211〕蘇師原作「上博三」，誤。

〔註212〕蘇師原作「簡 4」，誤。

楚簡作「」(《包山》2.176),「」形與〈緇衣〉、〈五行〉二字相似,但〈五行〉「」多「土」形,王輝對於「土」形的解釋爲:「播」義爲「播種」,「播種」與土地有關,故也可作土。〔註 213〕筆者認爲,〈五行〉「」依文例可讀爲「播遷」,字形與「番」字相似,「土」形應爲楚簡常見的無義偏旁,如「臧」作「」(《包山》2.60),也可作「」(《郭店‧老子甲》簡 35)。〔註214〕故〈五行〉此字即从「番」。〔註215〕上舉表格諸形多从「土」形,〈五行〉从「土」形,「壬」、「土」二形本可相通,如「成」可作「」(从土)和「」(从壬)。〔註216〕故表格中的諸字與〈五行〉的「」應爲同一字。

由上舉金文字形可見「番」字所从的「點」形數目不一,其數目並未影響字形辨認,然而〈唐虞之道〉皆省去左上一點,此種寫法或爲齊系的地域特徵。相對於〈緇衣〉簡 29 作「」,〈五行〉簡 32 作「」二形,〈唐虞之道〉皆加入「彳」或「辵」旁,「彳」、「辵」二形本可互通,其例甚多,就字形而言,應此種形體从「番」的可能性較高,然而依辭例而言,應讀爲「禪」,但「番」爲滂母元部,「禪」爲禪母元部,二字韻部相同,但滂、禪二紐音理難以相通,故筆者認爲此字仍置原圖版爲宜。

〈唐虞之道〉此字釋文皆需修改。《十四種‧郭店》唐虞之道簡 1 釋文改作「湯(唐)吳(虞)之道,(禪)而不傳(傳)。堯舜之王,利天下而弗利也。(禪)而不傳(傳)。」簡文意爲:唐虞的治國之道,是傳賢不傳子。帝王堯舜,做利天下而不利己之事,傳賢不傳子。

二、(簡 2)

《十四種‧郭店》唐虞之道簡 2-3 釋文作「利天下而弗利也,㤾(仁)之

〔註213〕王輝:〈郭店楚簡零釋三則〉,《中國文字》新廿六期(臺北:藝文印書館,2000年),頁 158。

〔註214〕何琳儀:《戰國文字通論(訂補)》(南京:江蘇教育出版社,2003 年),頁 216。

〔註215〕故筆者將《十四種‧郭店》五行簡 32～33 辭例爲「中心兌(悅)(遷)於兄弟」改釋爲「中心兌(悅),(播)(遷)於兄弟」,此斷句依帛書本而言,應於「兌(悅)」字之後加逗號,參荊門市博物館編:《郭店楚墓竹簡》(北京:文物出版社,1998 年),頁 153。

〔註216〕參看何琳儀:《戰國文字通論(訂補)》(南京:江蘇教育出版社,2003 年),頁 237。

至也。古昔臤（賢）忎（仁）聖者女（如）此。身窮（窮）不均，叟（沒）而弗利。」

釋文中的「均」字其形爲「▨」，此字原考釋者釋「鈞（均）」。〔註217〕李零認爲从里从今讀「貪」，「不貪」對「弗利」乃互文見義。〔註218〕陳偉讀作「慇」，《說文》：「憂也。」〔註219〕周鳳五讀「慍」，「勻」字古音餘母眞部；「慍」爲影母文部。〔註220〕劉釗認爲「鈞」字應該讀爲「困」，「鈞」字从里、勻聲，古从「勻」得聲的字韻在眞部，聲紐或歸舌音的定、禪、喻，或歸牙音的見、溪，「困」字古音在溪紐文部，所以「鈞」可以讀爲「困」，「身窮不困」意爲雖不得志但卻毫不困頓。〔註221〕李天虹認爲此字从勻，當釋爲「均」，「身窮不均」指身窮而不求與人均利。〔註222〕

就字形而言，李零認爲此字从「今」，其餘學者从「勻」，對於「今」、「勻」二形的考釋，張桂光認爲楚簡文字中二形是有區別的：「今」字所增之短筆均在字左側，且呈外撇之勢，如「▨」（《郭店・語叢一》簡38）；「勻」字區別之短筆均在字之右內側，且無外撇之勢，如「▨」（《郭店・語叢三》簡19）。〔註223〕此說待商榷，張文所舉的《語叢三》此字，裘錫圭按語爲「也可能是『貪』字，或可讀爲『含』。」〔註224〕故此字不可作「勻」字例證。李天虹另指出《包山》「▨」（「陰」字所从，簡134）便與張桂光所言的「今」字特點不同，因此楚簡「今」、「勻」二形作爲偏旁時，不能截然區分，故所論字从「今」或从「勻」皆有可能。

李天虹指出所論字不从「里」，此字的「里」形應是从日、土二部份，並

〔註217〕荊門市博物館編：《郭店楚墓竹簡》（北京：文物出版社，1998年），頁157

〔註218〕李零：《郭店楚簡校讀記〔增訂本〕》（北京：中國人民大學出版社，2007年），頁125。

〔註219〕陳偉：《郭店竹書別釋》（武漢：湖北教育出版社，2002年），頁61。

〔註220〕周鳳五：〈郭店楚墓竹簡《唐虞之道》新釋〉，《中央研究院歷史語言研究所集刊》（臺北：中央研究院，1999年），頁742。

〔註221〕劉釗：〈讀郭店楚簡字詞札記（四）〉，《古籍整理研究學刊》，2002年第5期，頁5。

〔註222〕李天虹：〈釋《唐虞之道》中的「均」〉，《楚地簡帛思想研究（三）》（武漢：湖北教育出版社，2007年），頁478～480。

〔註223〕張桂光：《《郭店楚墓竹簡》釋注續商榷〉，《簡帛研究二○○一》（桂林：廣西師範大學出版社，2001年），頁88。

〔註224〕荊門市博物館編：《郭店楚墓竹簡》（北京：文物出版社，1998年），頁213。《十四種》亦隸爲「貪」。

以「日」、「田」互作的情況，證明此字從「旬」而非「勻」。依古文字的演變而言，「日」、「田」有訛混的現象，如《包山》2.43「均」字可作「」，《包山》此字與所論字所從的部件相仿，若將「」形拆分爲從土、旬聲，亦可理可從。由《包山》的「」字形可見所論字的「」形非「里」字，應是從日從土。金文「旬」字作「」（《集成》261，王孫遺者鐘），金文字形與「」所從的部件相同，故所論字無法排除從「旬」的說法。

　　就讀法而言，李天虹訓「身窮而不求與人均利」，然而簡文爲「身窘（窮）不均」，未見「不求」等字，且「均」字並無「均利」的義項，故此說有增字解經之嫌。劉釗讀「困」，訓「雖不得志但卻毫不困頓」，然而簡文主旨爲「禪而不傳」的唐、虞二人，未言仁人是否得志，故此處不應讀爲「困」。陳偉讀「愬」訓「慢」，於文義可通，所舉之文例「窮而不慢」雖可信，但「愬」字於古文獻中未見，較難信從。周鳳五與李零之說皆有所本，「慍」爲影紐文部，「勻」爲喻紐眞部，韻部雖旁轉，影、喻二紐相隔較遠，但仍可相通。〔註225〕讀「慍」於簡文中可通，如同《論語》：「君子固窮，小人窮斯濫。」李零讀「貪」亦可從典籍中找到例證，《論語》多處提及君子「貧而不貪」，〈里仁〉：「富與貴，是人之所欲也，不以其道得之，不處也。」〈述而〉：「不義而富且貴，於我如浮雲。」故此處可讀爲「慍」或「貪」，然而此二字所從的聲符不同，所論字難以隸定從今或從勻或從旬，因此筆者認爲此處可置原圖版，依文例可讀爲「慍」或「貪」。

　　《十四種・郭店》唐虞之道簡 2-3 釋文可作「利天下而弗利也，㤅（仁）之至也。古昔臤（賢）㤅（仁）聖者女（如）此。身窘（窮）不（慍／貪），旻（歿）而弗利。」〔註226〕簡文意爲「盛也。利天下而不利己，是仁德的最高極致。故代賢人、仁人、聖人皆是如此。雖然窮困卻不貪求（生氣），死而不得到任何利益。」

三、（簡 7）、（簡 17）

　　《十四種・郭店》唐虞之道簡 7 釋文作「親古（故）孝，尊臤（賢）古（故）麏（禪）。孝之殺，㤅（愛）天下之民；麏（禪）之，世亡忞（隱）

直（德）。孝，忞（仁）之免（冕）也。」

「」類似字形出現於簡 17「」，〔註 227〕原考釋者皆未釋。張光裕、劉釗皆釋爲「流」。〔註 228〕李零分析爲从水从叀从虫，讀爲「傳」。〔註 229〕何琳儀隸爲「湅」，讀爲「動」。〔註 230〕周鳳五讀爲「重」，包山楚簡「東周之客」東作「」（簡 129）（引者按：簡文應爲「東周客」），《說文》：「湅，乳汁也。」與簡文所言不合，當讀作「重」。〔註 231〕王輝釋爲「朝」，簡文「播之朝」之朝當讀爲廟，古時政事決於廟，堯讓位於賢者舜，使之居廟堂以治天下，簡文指舜處高位而不驕，不使諸侯到都城來朝見自己。〔註 232〕

王輝舉「元年師兌簋」的「廟」（）字爲例，認爲左半與此字非常相似。王輝所引形體有誤，原形作「」，仍是「廟」所从的「艸」形，且「朝」字下部於楚簡中未見訛寫成「」形者，〔註 233〕故所論字是否可釋爲「朝」，尚有疑問。李零認爲所論字右上半部从「叀」，然而「叀」形作「」、「」、「」（以上三形皆「惠」字，天卜簡），可見筆順皆爲由上端寫至左方形成水滴狀的形體，而「」則似「日」形，筆順由左上寫至右方，故非从「叀」。

張光裕與劉釗釋爲「流」，楚簡文字的「充」形上下皆訛成「虫」形，「流」字與「毓」字形體相關連，劉釗認爲「充」形就是「毓」字的簡體「」漸變而成。〔註 234〕董蓮池認爲「毓」字於甲骨文中作「」，它的簡體爲「」，

〔註 227〕《十四種・郭店》唐虞之道簡 17 釋文作「升爲天子而不喬（驕），不也。湅麈（乎）大人之興，敳（美）也。」

〔註 228〕張光裕主編，袁國華合編：《郭店楚簡研究・第一卷文字編》（臺北：藝文印書館，1999 年），頁 5。劉釗：〈讀郭店楚簡字詞札記〉，《郭店楚簡國際學術研討會論文集》（武漢：湖北人民出版社，2000 年）79～80。

〔註 229〕李零：《郭店楚簡校讀記〔增訂本〕》（北京：中國人民大學出版社，2007 年），頁 125～126。

〔註 230〕何琳儀：〈郭店竹簡選釋〉，《簡帛研究二○○一》（桂林：廣西師範大學出版社，2001 年），頁 164。

〔註 231〕周鳳五：〈郭店楚墓竹簡《唐虞之道》新釋〉，《中央研究院歷史語言研究所集刊》（臺北：中央研究院，1999 年），頁 747。

〔註 232〕王輝：〈郭店楚簡零釋三則〉，《中國文字》新廿六期（臺北：藝文印書館，2000 年），頁 155～157。

〔註 233〕參見滕壬生：《楚系簡帛文字編【增訂本】》（武漢：湖北教育出版社，2008 年），頁 649～650。李守奎、曲冰、孫偉龍編：《上海博物館藏戰國楚竹書（一－五）》（北京：作家出版社，2007 年），頁 348。李守奎：《楚文字編》（上海：華東師範大學出版社，2003 年），頁 424。

〔註 234〕劉釗：〈讀郭店楚簡字詞札記〉，《郭店楚簡國際學術研討會論文集》（武漢：

戰國文字在倒子頭下的表示水液的三點訛成了類似「虫」字形，後又訛成
「🐛」，然後身體與頭形割裂分離，最後充旁只剩下表示身子和水液的兩部分
了，因此作上下排列的二「七」爲「充」旁的訛省形體。〔註235〕「充」形所
從的上、下部件形體一致，而「𣶒」上下部件方向不同，但部件改變方向是有
可能的，如「𤺄」字可作「𤻳」，與此字變化相同。因此所論字從充是有可
能的，需要解釋的是「充」旁皆從圈形部件，而所論字二形皆爲類似「口」
形的部件，就文字演變而言，圈形部件是可以訛爲日形的，其例如「參」字，
林清源師對於先秦出土文獻的「參」字形體做出以下的整理：〔註236〕

A 式——a. 𠧱　（父乙盉）
B 式——a. 𠧱　b. 𠨈　（盠尊）　c. 𠨈　（克鼎）
C 式——a. 𠨈　（魚鼎匕）　b. 𠨈　（璽匯 1106）　c. 𠨈　（璽匯 0928）
　　　　d. 𠨈　（元年劍）　e. 𠨈　（中山王鼎）　f. 𠨈　（楚帛書）
D 式——a. 𠨈　（璽匯 2932）　b. 𠨈　（陶匯 3.1064）　c. 𠨈　（璽匯 0673）
　　　　d. 𠨈　（睡簡日甲 51）　e. 𠨈　（睡簡日乙 88）　f. 𠨈　（睡簡日乙 99）

林師指出上圖的 A 式爲目前所知最早的「參」字寫法，由父乙盉可知「參」
字從圈形部件，但楚帛書（上圖 C 式 f 形）則從日形，故圈形部件可訛爲日
形。

　　何琳儀、周鳳五認爲所論字爲「東」（如《包山》2.131：🔲）字，季旭昇
師指出「東」字所從「🔲」部件，中間的曲筆皆往左彎，與所論字的曲
筆不同。〔註237〕此說應是可能的。所論字二形爲「🔲」、「🔲」，下方曲筆與
「充」形相同皆往右彎，而楚簡的「東」字爲：

🔲	🔲	🔲	🔲	🔲
〈太一生水〉簡 13	〈五行〉簡 38	〈五行〉簡 39	〈五行〉簡 40	〈容成氏〉簡 25

　　　　湖北人民出版社，2000 年），頁 79～80。
〔註235〕董蓮池：〈釋戰國楚系文字中從𠂤的幾組字〉，《古文字研究》第 25 輯（北京：
　　　　中華書局，2004 年），頁 287。
〔註236〕林師清源：〈釋「參」〉，《古文字研究》第 24 輯（北京：中華書局，2002 年），
　　　　頁 286～290。
〔註237〕此說爲季旭昇師給筆者的審查意見（2011 年 6 月 23 日）。

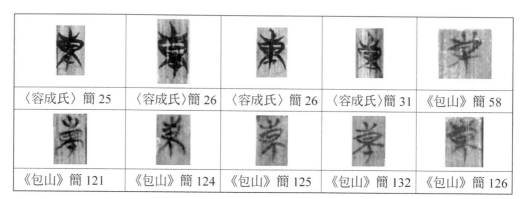

〈容成氏〉簡 25	〈容成氏〉簡 26	〈容成氏〉簡 26	〈容成氏〉簡 31	《包山》簡 58
《包山》簡 121	《包山》簡 124	《包山》簡 125	《包山》簡 132	《包山》簡 126

由上表可見，「東」字下方的「　　　」部件的中間筆畫爲直畫亦或是向左彎的曲筆，未見向右彎曲之例，此種寫法可能是爲了與「充」形所做的區別，故所論字應非「東」字。

　　依文義而言，所論字訓爲「流」，劉釗認爲簡 7「流」字指《廣雅・釋詁》：「流，演也。」「演」猶今言「傳布」，句意指隨著禪讓的流布，世上便不再掩蔽德行。簡 17 則訓爲「放」。「放」猶今言「放縱」，簡 17 指「身爲天子不傲慢，不放縱」。此說合理可從。

　　《十四種・郭店》唐虞之道簡 7、簡 17 皆需修改，〔註238〕簡 7 釋文改作「親古（故）孝，尊臤（賢）古（故）**⬛**（禪）。孝之殺，惡（愛）天下之民；**⬛**（禪）之流，世亡心（隱）直（德）。〔註239〕孝，念（仁）之免（冕）也。」其意爲親故孝，尊敬賢人古代的禪讓之道。次一等的孝道，〔註240〕用以愛天下的人民。禪讓的流傳，世間不會隱藏此種德性。是孝、仁的冠冕。

第六節　忠信之道

一、（簡 1）

〔註238〕 《十四種・郭店》唐虞之道簡 17 作「升爲天子而不喬（驕），不**⬛**也。淶庠（乎）大人之興，敚（美）也。」應改爲「升爲天子而不 （驕），不流也。淶庠（乎）大人之興，敚（美）也。」

〔註239〕 《十四種・郭店》唐虞之道簡 7 釋文原作「塵（禪）」，筆者改置原圖版，參筆者論文《郭店・唐虞之道》第 1 則。

〔註240〕 「殺」訓爲「等差」，《禮記・文王世子》：「其族食世降一等，親親之殺也。」鄭玄注：「殺，差也。」

　　《十四種‧郭店》忠信之道簡 1 釋文作「不譌（訛）不■，忠之至也。不
甚（欺）弗智，信之至也。忠康（積）則可睪（親）也，信康（積）則可信也。」
「■」字原考釋者未釋。〔註241〕此字隸定學者分為四派意見：

1、窑（訇）：李零疑是「寶」字之省，這裡讀為「孚」。〔註242〕劉釗讀
　　「謟」，訓為「疑」。〔註243〕魏宜輝、周言也讀為「謟」，但訓為「欺
　　詐」。〔註244〕何琳儀讀「慆」，訓為「疑」。〔註245〕陳斯鵬與簡 3「■」
　　比對，認為此二字為同一字形，「■」釋為「訇」字無疑，故此字也
　　為「訇」。〔註246〕

2、害：張光裕疑作「害」。〔註247〕

3、達：周鳳五隸「杏」，釋為「達」。〔註248〕

4、造：趙建偉認為此字疑為从「宀」、「告」聲，釋為「造」，訓同「狡
　　詐」之「狡」。〔註249〕

　　就字形而言，周鳳五列舉楚簡中的「達」字寫法，認為此字乃「達」省
去「辵」形。「達」字構形演變，魏宜輝與趙平安皆有考證，魏宜輝列舉了金
文、璽印、陶文與秦簡、楚簡字形，未有省去「辵」形者。魏文指出金文所
从的「■」形本義可能足以鞭杵擊打羊，此形可能為「撻」的表意初文，「達」
字所从的「羊」形會訛成「屰」，或是衍加一「口」，訛變後的「達」字形體
已經變動，但仍保留「午」和「羊」來實現表意性，楚文字則常將「羊」省

〔註241〕荊門市博物館編：《郭店楚墓竹簡》（北京：文物出版社，1998 年），頁 163。
〔註242〕李零：《郭店楚簡校讀記〔增訂本〕》（北京：中國人民大學出版社，2007 年），
　　　　頁 131。
〔註243〕劉釗：《郭店楚簡校釋》（福州：福建人民出版社，2005 年），頁 161。
〔註244〕魏宜輝、周言：〈讀《郭店楚墓竹簡》札記〉，《古文字研究》第 22 輯（北京：
　　　　中華書局，2000 年），頁 235。
〔註245〕何琳儀：〈郭店竹簡選釋〉，《新出楚簡文字考》（合肥：安徽大學出版社，2007
　　　　年），頁 56。陳偉從之。參看陳偉：《郭店竹書別釋》（武漢：湖北教育出版
　　　　社，2002 年），頁 75。
〔註246〕陳斯鵬：〈郭店楚墓竹簡考釋補正〉，《華學》第四輯（北京：紫禁城出版社，
　　　　2000 年），頁 79～80。
〔註247〕張光裕主編，袁國華合編：《郭店楚簡研究‧第一卷文字編》（臺北：藝文印
　　　　書館，1999 年），頁 686。
〔註248〕周鳳五：〈郭店楚簡《忠信之道》考釋〉，《中國文字》新廿四期（臺北：藝文
　　　　印書館，1998 年），頁 122～123。
〔註249〕趙建偉：〈郭店竹簡《忠信之道》、《性自命出》校釋〉，《中國哲學史》，1999
　　　　年第 2 期，頁 34。

寫爲「」（如《包山》2.112「」），有時又在「」下加「口」形（如《郭店‧老子甲》簡 8「」），或是將「」省簡（如《郭店‧窮達以時》簡 15「」），皆是楚系「達」字的特色。〔註250〕陳劍贊同其說，並指出《上博（三）‧周易》簡 44「」左旁从「達」，便是省掉「」符再加上「月」旁。〔註251〕蘇建洲師對於「達」字的省簡形體另舉「」（《上博二‧民之父母》簡 2）、「」（《上博一‧性情論》簡 24）爲例。〔註252〕而趙平安則認爲「達」字於商周時期具有兩系，兩系的「達」聲符寫法不同。其演變過程爲：

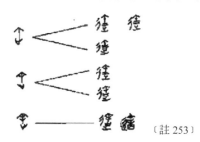

〔註253〕

由上圖可知，無論是齊楚系或燕秦系，「達」字寫法與所論字皆不相同，故此字非「達」。

　　張光裕疑作「害」，裘錫圭指出「㞢（萬）」字形象人的足趾爲蟲虺之類所咬齧，與傷害之義相同，應該是「害」的本字。〔註254〕「害」字於楚簡中訛形眾多，孫飛燕分爲三類：（1）萬（萬）。（2）啇（啇）。（3）禹。〔註255〕另高佑仁將《上博五‧競建內之》簡 7「」字也釋爲「害」字。〔註256〕由孫、

〔註250〕魏宜輝：《楚系簡帛文字形訛變分析》（南京：南京大學博士論文，2003 年），頁 43～47。

〔註251〕陳劍：〈上博竹書《周易》異文選釋（六則）〉，《文史》，2006 年第 4 輯，頁 9～11。

〔註252〕蘇建洲師：〈《上博（五）‧姑成家父》簡 3「褋」字考釋〉，武漢大學「簡帛網」2006 年 3 月 30 日（http://www.bsm.org.cn/show_article.php?id=305）。

〔註253〕趙平安：〈「達」字兩系說—兼釋甲骨文所謂「途」和齊金文中所謂「造」字〉，《新出簡帛與古文字古文獻研究》（北京：商務印書館，2009 年），頁 77～96。

〔註254〕裘錫圭：〈釋「㞢」〉，《古文字論集》（北京：中華書局，1992 年），頁 11～16。

〔註255〕詳細字形可參見孫飛燕：〈「害」字小議〉，武漢大學「簡帛網」2008 年 4 月 22 日（http://www.bsm.org.cn/show_article.php?id=821）。

〔註256〕高佑仁：〈談《競建內之》兩處與「害」有關的字〉，武漢大學「簡帛網」2006 年 6 月 13 日（http://www.bsm.org.cn/show_article.php?id=362）。此字陳劍釋爲「天」，參見陳劍：〈也談《競建內之》簡 7 的所謂「害」字〉，武漢大學「簡

高二文可見「害」字寫法與「害」不類，故不從此說。趙建偉疑从宀，告聲，「告」字本義不明，但楚簡字形固定皆作「告」（《包山》2.140），〔註257〕與「害」不似，故不從。

「害」字應从「缶」形，楚簡「缶」作「缶」（《包山》2.85），可見中間為一橫筆，而「害」字中間筆順為二斜筆，二斜筆與橫筆互作是可能的，如筆者論文〈葛陵〉一節，考釋「鑊」字時提及「棗」、「盍」二形中間筆畫為斜筆或橫筆，可見斜筆與橫筆有訛混的現象，因此此字下半較可能為「缶」字。所論字上半部與楚簡「宀」字寫法相同，如「宀」（客字所从，《郭店·語叢一》簡88），故所論字可隸為「宧」，與簡3「害」應為同一字，可釋為「匐」。

就讀法而言，李零疑此字是「寶」字之省，故通讀為「孚」，「宧」字是否為「寶」之省難以證明，而「缶」（幫紐幽部）即可通讀為「孚」（滂紐幽部），故不需猜測是否為省形。李零將「不宧（浮）」訓為「不信」，但此字後文為「忠之至」，「不信」非「忠」之表現，故不從。

劉釗讀「謟」，何琳儀讀「慆」，皆訓為「疑」，筆者以為訓為「疑」有「愚忠」之嫌，非儒家所謂的「忠」。儒家對於「忠」的解釋在《論語》中可見，如「季康子問：『使民敬、忠以勸，如之何？』子曰：『臨之以莊則敬，孝慈則忠，舉善而教不能，則勸。』」可見孔子仍會指出為政者錯誤的舉止，又如〈季氏〉篇所載季氏將討伐顓臾，孔子對於此事的責備，皆可見臣子並非不可「疑」上位者，故所論字不可讀為「慆」（「謟」字另有「欺詐」的義項，故在此只排除「慆」字）。

魏宜輝、周言將「謟」訓為「欺詐」義，筆者以為此字應改訓為「隱瞞」，如《晏子春秋·內篇問下二十六》：「和於兄弟，信於朋友，不謟過，不責得。」孫星衍音義：「杜預注《左傳》：『謟，藏也』」〔註258〕若訓為「隱瞞」，置於簡文中則表示「不欺瞞君上為忠」。

《十四種·郭店》忠信之道簡1釋文改作「不謳（訛）不宧（謟），忠之至也。不甚（欺）弗智，信之至也。忠厎（積）則可翠（親）也，信厎（積）

帛網」2006年6月16日（http://www.bsm.org.cn/show_article.php?id=365）。
筆者在此暫從高佑仁說法，將此字視為「害」字字例。

〔註257〕字形可參看滕壬生：《楚系簡帛文字編【增訂本】》（武漢：湖北教育出版社，2008年），頁97～99。

〔註258〕漢語大字典編輯委員會編纂：《漢語大字典》（湖北：辭書出版社，1986年），頁4007。

則可信也。」其意爲「不訛詐、不欺瞞，爲忠的極致表現。不欺騙不聰明的人，是信的極致表現。忠、信之人則可親近和相信。」

二、█、█（簡3）

《十四種・郭店》忠信之道簡3-4釋文作「信人不伓（背），君子女（如）此。古（故）不皇生，不伓（背）死也。大舊（久）而不俞（渝），忠之至也。匋而者█，信之至也。」

1、█

釋文中的「皇」原形作「█」。裘錫圭按語疑是「皇」之別體，讀爲「誑」，「誑生」與下文「背死」爲對文。〔註259〕劉釗認爲此字可讀爲「誑」或「妄」。〔註260〕陳偉讀「忘」，是遺棄、不顧念的意思。〔註261〕李零贊成陳偉改讀爲「忘」，原文是「皇」字的別體。〔註262〕鳳五認爲此字從王，古聲，即是「辜」字，讀爲「孤」。〔註263〕趙建偉指《說文》的「誑」形體作「█」，疑「皇」爲「█」之訛變。〔註264〕張光裕認爲此字即是「皇」讀「枉」。〔註265〕馮勝君指出此字即是「皇」字，此種寫法應是三晉或齊系的「皇」字。〔註266〕

就字形而言，馮勝君已指出所論字與三晉、齊系文字相似，即是「皇」字：

齊：█ 十四年陳侯午敦，集成4647

〔註259〕荊門市博物館編：《郭店楚墓竹簡》（北京：文物出版社，1998年），頁163。

〔註260〕劉釗：《郭店楚簡校釋》（福州：福建人民出版社，2005年），頁163。

〔註261〕陳偉：《郭店竹書別釋》（武漢：湖北教育出版社，2002年），頁76。

〔註262〕李零：《郭店楚簡校讀記〔增訂本〕》（北京：中國人民大學出版社，2007年），頁132。

〔註263〕周鳳五：〈郭店楚簡《忠信之道》考釋〉，《中國文字》新廿四期（臺北：藝文印書館，1998年），頁124～125。

〔註264〕趙建偉：〈郭店竹簡《忠信之道》、《性自命出》校釋〉，《中國哲學史》，1999年第2期，頁35。

〔註265〕張光裕主編，袁國華合編：《郭店楚簡研究・第一卷文字編》（臺北：藝文印書館，1999年），頁6。

〔註266〕馮勝君：《郭店簡與上博簡對比研究》（北京：線裝書局，2008年），頁276。

陳曼簠，集成 4596

陳肪簋蓋，集成 4190

此說可從。就讀法而言，陳偉將「皇」讀「忘」，訓爲遺棄，簡文爲「不皇生」，若訓爲「不遺棄生命」則語法不合。簡文「不皇生，不怀（背）死」應是對句，「不怀（背）死」之「背」爲「背叛」義，因此「皇」的訓解應與「背叛」義相仿，而「誆」與「枉」二字有「欺騙」與「違背」義，前者如《國語‧晉語二》：「民疾其態，天又誆之。」〔註267〕後者如《論語‧微子》：「枉道而事人，何必去父母之邦？」《後漢書‧荀爽傳》：「人能枉欲從禮者，則福歸之；順情廢禮者，則禍歸之。」〔註268〕因此「皇」讀「誆」與「枉」皆可，筆者二說並置。「不皇（誆／枉）生，不怀（背）死」表示不論生、死皆不會背叛。

2、

「信」字原考釋者讀「尚」。〔註269〕李零訓爲「常」，「者尚」讀「睹常」，養而有常的意思。〔註270〕周鳳五讀爲「達而丰常」，指堅守恆常之道而不改變。〔註271〕趙建偉認爲「而」當隸爲「天」，「尚」讀爲「常」，訓爲「常道、準則」，此句爲「由天之常」即順天之則。〔註272〕陳偉認爲此處的「旬」爲「大古」合文，全句讀「大古處常。」〔註273〕董珊認爲此字從「石（音擔）」聲讀爲「耽」簡文意爲踐履諾言而至於沉迷（愛好、專心），這是「信」的表現，與上句「大舊（久）而不逾（渝），忠之至也」是分別概說忠、信的狀態。〔註274〕李銳以

〔註267〕漢語大字典編輯委員會編纂：《漢語大字典》（湖北：辭書出版社，1986年），頁 3978。

〔註268〕漢語大字典編輯委員會編纂：《漢語大字典》（湖北：辭書出版社，1986年），頁 1164。

〔註269〕荊門市博物館編：《郭店楚墓竹簡》（北京：文物出版社，1998年），頁 163。

〔註270〕李零：《郭店楚簡校讀記〔增訂本〕》（北京：中國人民大學出版社，2007年），頁 131。

〔註271〕周鳳五：〈郭店楚簡《忠信之道》考釋〉，《中國文字》新廿四期（臺北：藝文印書館，1998年），頁 125。

〔註272〕趙建偉：〈郭店竹簡《忠信之道》、《性自命出》校釋〉，《中國哲學史》，1999年第2期，頁 35。

〔註273〕陳偉：《郭店竹書別釋》（武漢：湖北教育出版社，2002年），頁 77～79。

〔註274〕董珊：〈讀《上博六》雜記（續四）〉，武漢大學「簡帛網」2007年7月21日

《上博七‧武王踐阼》簡 2 之例，認爲所論字爲「尙」字。〔註 275〕

楚簡中與所論字相似字形如下：

《上博七‧武王踐阼》簡 2（堂字）	《上博六‧平王問鄭壽》簡 7	《上博六‧莊王既成》簡 1（裳字）	《郭店‧忠信之道》簡 3（△字）

就文例而言，《上博七‧武王踐祚》釋爲「堂」已可確定。〔註 276〕《上博六‧莊王既成》此字原考釋者隸爲「裳」，讀「嘗」，楚文字常見，應可確定。而《上博六‧平王問鄭壽》此字則有：（1）釋爲「甚」。〔註 277〕（2）釋爲「从关从石」。〔註 278〕（3）釋爲「詹」。〔註 279〕（4）釋爲「尙」等不同說法。〔註 280〕由上表可見四字字形相仿，〈武王踐祚〉與〈莊王既成〉可確定从「尙」，而〈平王問鄭壽〉此字依辭例，讀爲「瞻」字較優，然而此字就字形演變而言，尙無資料佐證，難以確定，故此字形結構筆者暫不展開討論。

楚簡中「尙」字寫法相當固定：「尙」（《上博四‧柬大王泊旱》簡 3）、「尙」（《上博六‧競公瘧》簡 2），然而《上博七‧武王踐祚》「尙」（△1 字）、《上博六‧莊王既成》「裳」（△2 字）證明「尙」字可作此形。筆者認爲此形的來

（http://www.bsm.org.cn/show_article.php?id=649）。

〔註 275〕李銳：〈《武王踐阼》研讀〉，《簡帛研究》2011 年 3 月 9 日（http://www.jianbo.org/admin3/2008/lirui005.htm）。此文由蘇建洲師所提供。

〔註 276〕陳佩芬：《上海博物館藏戰國楚竹書（七）‧武王踐阼釋文》（上海：上海古籍出版社，2008 年），頁 152。

〔註 277〕陳劍：〈讀《上博（六）》短札五則〉，武漢大學「簡帛網」2007 年 7 月 20 日（http://www.bsm.org.cn/show_article.php?id=643）。孟蓬生：〈「瞻」字異構補釋〉，武漢大學「簡帛網」2007 年 8 月 6 日（http://www.bsm.org.cn/show_article.php?id=687）。

〔註 278〕董珊：〈讀《上博六》雜記（續四）〉，武漢大學「簡帛網」2007 年 7 月 21 日（http://www.bsm.org.cn/show_article.php?id=649）。

〔註 279〕陳劍：〈讀《上博（六）》短札五則〉，武漢大學「簡帛網」2007 年 7 月 20 日（http://www.bsm.org.cn/show_article.php?id=643）。劉釗：〈《上博五‧君子爲禮》釋字一則〉，武漢大學「簡帛網」2007 年 7 月 23 日（http://www.bsm.org.cn/show_article.php?id=654）。

〔註 280〕陳佩芬：《上海博物館藏戰國楚竹書（六）‧平王問鄭壽釋文》（上海：上海古籍出版社，2007 年），頁 263。何有祖：〈讀《上博六》札記〉，武漢大學「簡帛網」2007 年 7 月 9 日（http://www.bsm.org.cn/show_article.php?id=596）。

源應是筆畫寫到竹簡末端，而導致筆畫不完全。此種情況又見於「官」字：「」（《包山》2.5），於《曾侯》中訛為「」（簡142），魏宜輝認為是筆畫截斷所造成的訛變。〔註281〕故此字即是「尚」，讀為「常」。

「匋而者尚（常）」的「匋」字，陳斯鵬讀為「遙」，認為此句與「舊（久）而不俞（渝）」形成對句，筆者從之。「者」字，李零讀「睹」。周鳳五讀「主」。就文義而言，「睹」字置於簡文中意義不合，讀為「主」較合宜，「主」有「守」義，《廣雅‧釋詁三》：「主，守也。」《論語‧學而》：「主忠信，無友不如己者。」《文選‧宋玉〈招魂〉》：「主此盛德兮，牽於俗而蕪穢。」劉良注：「主，守也」〔註282〕置於簡文中則表示堅守常道。

《十四種‧郭店》忠信之道簡3-4釋文應改作「信人不伓（背），君子女（如）此。古（故）不皇（誑／枉）生，不伓（背）死也。大舊（久）而不俞（渝），忠之至也。匋（遙）而者（主）尚（常），〔註283〕信之至也。」簡文意為「君子不會背叛他人，無論生或死。即使時間經過許久依然不會改變，乃是『忠』的極致。時間經過許久依然堅守常道，是『信』的最高典範。」

三、、（簡5）

《十四種‧郭店》忠信之道簡5釋文作「而可者，人也。天墜（地）也者，忠信之胃（謂）此，口叀（惠）而實弗从（從），君子弗言爾。」

1、

「」字原考釋者隸為「蟶」，裘錫圭按語疑是「要」之訛體，此字似當讀為「要」，「要」，約也。〔註284〕劉釗從裘錫圭之說，隸作「堲」，从土，蟶聲，

〔註281〕魏宜輝：《楚系簡帛文字形訛變分析》（南京：南京大學博士論文，2003年），頁24～29。

〔註282〕漢語大字典編輯委員會編纂：《漢語大字典》（湖北：辭書出版社，1986年），頁45。

〔註283〕趙建偉認為「而」為「天」的訛寫，此字原形作「」，字形與簡7「」、簡8「」相同，皆釋為「而」。陳偉將「匋」訓為「大古」的合文，然而此字作「」，可見下半部為「缶」形而非「古」形。

〔註284〕荊門市博物館編：《郭店楚墓竹簡》（北京：文物出版社，1998年），頁163～164。

為「壞」的繁文。〔註 285〕李零讀為「遇」。〔註 286〕陳斯鵬與李銳贊同原考釋者隸定，陳斯鵬認為「土」為無義贅加，當讀為「繩」，指抽象意義上的約束。〔註 287〕李銳隸為「壨」，讀為「承」。〔註 288〕李守奎將此字隸於「塭」下，認為「讀遇。似可隸作壨。」〔註 289〕陳劍懷疑此字所從的「🔲」或者包括其下部似「虫」形的筆畫在內的「🔲」，也許是「夏」字的譌體，則此字隸作「堫」，讀為迓，訓為「迎」。〔註 290〕東方鐸釋為「塭」讀為「遇」。〔註 291〕禤健聰隸「蝹」，疑為「蚓」之異體，讀「演」，訓為「潤」。〔註 292〕郭永秉依裘錫圭讀「要」。〔註 293〕

就字形而言，禤健聰已指出此字與「黽」字相差甚遠，故此字非從「黽」。此字下半部的「🔲」形，東山鐸認為是「由動物尾巴形譌變而成的近似『虫』。陳劍則認為來源為「夊」。「🔲」形為「尾巴」訛變是應為可能，然而東山鐸先將此形隸為「🔲」再轉而關連到形近且與「禺」義近的「🔲」字，並認為「🔲」為狒狒，說法太過於曲折，且構形差別甚大，筆者不從。陳劍舉戰國秦文字中「虫」形有譌變作「夊」者，然而六國文字與秦系文字區隔性較大，〔註 294〕其證據力較為不足。

〔註 285〕劉釗：《郭店楚簡校釋》（福州：福建人民出版社，2005 年），頁 164。

〔註 286〕李零：《郭店楚簡校讀記〔增訂本〕》（北京：中國人民大學出版社，2007 年），頁 132。

〔註 287〕陳斯鵬：〈讀郭店楚墓竹簡札記（10 則）〉，《中山大學學報論叢》，1999 年第 6 期，頁 147。

〔註 288〕李銳：〈郭店楚墓竹簡補釋〉，《華學》第六輯（北京：紫禁城出版社，2003 年），頁 86～93。

〔註 289〕李守奎：《楚文字編》（上海：華東師範大學出版社，2003 年），頁 764。

〔註 290〕陳劍：〈釋《忠信之道》的「配」字〉，「復旦網」2008 年 2 月 20 日（http://www.gwz.fudan.edu.cn/SrcShow.asp?Src_ID=343）。

〔註 291〕東山鐸：〈《忠信之道》「禺」字補釋〉，「復旦網」2008 年 3 月 7 日（http://www.gwz.fudan.edu.cn/SrcShow.asp?Src_ID=368）。

〔註 292〕禤健聰：〈楚簡釋讀瑣記（五則）〉，《古文字研究》第 27 輯（北京：中華書局，2008 年），頁 370～371。

〔註 293〕郭永秉：〈談古文字中的「要」字和從「要」之字〉，《古文字研究》第 28 輯（北京：中華書局，2010 年），頁 108～115。

〔註 294〕裘錫圭指出：「秦國由於原來比較落後，又地處西僻，各方面的發展比東方（指函谷關以東）諸國遲了一步，文字的劇烈變化也開始得比較晚。…在正體和俗體的關係上，秦國文字跟東方各國文字也有不同的特點。」參裘錫圭：《文字學概要》（臺北：萬卷樓圖書股份有限公司，2007 年，再版），頁 68～85。各國地域文字的不同，可參陳昭容：《秦系文字研究：從漢字史的角度考察》（臺北：中研院史語所，2003 年），頁 82～84。

此字上半部與齊系「目」字相仿，馮勝君指出「目」形作「」形只出現於〈唐虞之道〉和〈忠信之道〉二篇，「」形與「」（《璽彙》3521，馮勝君認爲此璽爲齊璽的可能性較大）、「」（《陶彙》3.917，齊陶）和三體石經古文的「目」相同。〔註295〕東山鐸將此形視爲「囟（由）」，並指出「目」與「囟（由）」有訛混情況。此二形固然有訛混情況，然而「」爲典形的齊系「目」字，因此仍將此字釋爲「目」形爲宜。

褚健聰隸爲「螾」，其形體演變爲：

（元年師兌簋）　　（克鐘）　　（師趛鼎）　　（宴簋）　　　　〔註296〕

褚文所作的字形演變圖，認爲「寅」字可從「目」形，蘇建洲師指出楚簡「寅」字形體固定，未見從「目」形者。〔註297〕楚簡中確定可隸爲「寅」字的形體作「」（《包山》2.180），而褚文所舉的從「目」的「寅」字，郭永秉皆改隸爲「要」，故「寅」是否可從目，仍有疑問。退一步說，「寅」字可從目，但將「演」訓爲「潤」亦可疑，褚健聰引王引之《經義述聞》：「演，潤也，土得水則潤」，「潤」字爲「地」的形容詞，簡文此處「不期而可者，天也」，「天」未能以「潤」來解釋，故筆者不從。

郭永秉指此形非「虫」，形體演變如「異」：

（郭店《语丛二》簡 52）　（郭店《语丛三》簡 53）　（郭店《语丛三》簡 3）

「異」甲骨文作「」（《合集》29395）其義爲人頭上戴甾，雙手翼持之意。〔註298〕而「異」所從的「人」形於齊系文字中訛爲「」形。〔註299〕「大」形與「」形易相混，如「央」字甲骨文作「」（《合集》3006），下從人形，

〔註295〕馮勝君：《郭店簡與上博簡對比研究》（北京：線裝書局，2007 年），頁 261～262。

〔註296〕引者按：後二字分別爲《上博四・采風曲目》簡 2 以及《上博四・昭王與龔之脽》簡 7 字形。

〔註297〕此說爲蘇建洲師給與筆者的審查意見（2011 年 6 月 23 日）。

〔註298〕于省吾主編：《甲骨文字詁林》（北京：中華書局，1999 年重印），頁 263～285。

〔註299〕馮勝君指出《郭店》語叢一－三皆有齊系文字特徵。馮勝君：《郭店簡與上博簡對比研究》（北京：線裝書局，2007 年），頁 259。

楚簡可作「 」（从 ，《葛陵》甲三 258）；「昃」字甲骨文作「 」（《合集》20966），楚簡中可作「 」（《包山》2.181）、「 」（《包山》2.266）；「疑」甲骨文作「 」（《合集》12532 正），楚簡作「 」（《郭店·語叢二》簡 50）、「 」（《語叢一》簡 50）。〔註 300〕可見郭文所論人形訛爲「 」形是可能的。且「 」與古文中的「要」字「 」相仿，字形如段注所言「上象人首，下象人足，中象人腰，而自臼持之，故从臼」此說當可從。「土」爲無義偏旁，故可隸爲「塀」。〔註 301〕

「塀」字讀「要」，裘錫圭訓爲「約」，陳劍以「此說的主要弱點是『期』跟『要』意義犯複」，陳文引《禮記·學記》說「大信不約」，筆者認爲「大信不約」便是簡文「不期而可要（約）者，天也」之意。「期」可訓爲「期望、要求」，如《書·大禹謨》：「刑期于無刑。」「要」訓爲「約」，表示「天」是人沒有要求、期望依然會赴約，正可謂「大信不約」的道理。

2、

「 」字原考釋者隸「仰」讀「節」。裘錫圭認爲此說可疑。〔註 302〕黃德寬、徐在國隸定作「仳」，讀爲「範」。〔註 303〕周鳳五釋「僎」，分析爲从人、从巽，右旁爲「巽」字省形，讀爲「順」，「本篇以忠信之道的不期不奪類比天地，從而推論忠信乃是人類順天地之道所產生的德行」。〔註 304〕袁國華隸定作「卬」，釋爲「邵」字之省，讀爲「昭」，「卬」爲「著見」義。〔註 305〕趙建偉釋爲「即」，通「則」，訓爲「效法」。〔註 306〕陳劍分析爲从人、从配省聲，

〔註 300〕蘇建洲師：《《上博楚竹書》文字及相關問題研究》（臺北：萬卷樓圖書股份有限公司，2008 年），頁 26～27。魏宜輝：《楚系簡帛文字形訛變分析》（南京：南京大學博士論文，2003 年），頁 24。

〔註 301〕筆者贊成此種形體从「要」，故《十四種·包山》2.182「壬晨（辰），郑株之仿周 。」改作「壬晨（辰），郑株之仿周邊。」

〔註 302〕荊門市博物館編：《郭店楚墓竹簡》（北京：文物出版社，1998 年），頁 164。

〔註 303〕黃德寬、徐在國：〈郭店楚簡文字考釋〉，《新出楚簡文字考》（合肥：安徽大學出版社，2007 年），頁 9。

〔註 304〕周鳳五：〈郭店楚簡《忠信之道》考釋〉，《中國文字》新廿四期（臺北：藝文印書館，1998 年），頁 125～126。

〔註 305〕袁國華：〈郭店竹簡「卬」（邵）、「其」、「卡」（下）諸字考釋〉，《中國文字》新廿五期（臺北：藝文印書館，1999 年），頁 162～164。

〔註 306〕趙建偉：〈郭店竹簡《忠信之道》、《性自命出》校釋〉，《中國哲學史》，1999年第 2 期，頁 35。

或者直接分析爲从「」聲，應該就是「配偶」之「配」的專字。〔註307〕

陳劍對於前人的說法以「以上諸說，共同的弱點是都不能很好地把簡文眞正講通」反駁，並認爲「」形與「卩」旁有明顯的區別，故依字形而言，原考釋者、袁國華與趙建偉之說皆不可從。陳劍並指出〈忠信之道〉前文「至忠如土，化物而不伐；至信如時，必至而不結」，表示「忠」、「信」與「土」、「時」不存在主從關係，若訓爲「範」、「則」，忠、信就變成了從屬於地和天的範疇，與〈忠信之道〉旨義不合。（筆者按：若依此理，則周鳳五釋爲「巽」字省形，讀爲「順」亦有此病。）

陳劍認爲「」形與「肥」所从的右半相似：

（《包山》2.203）　（《包山》2.250）　（《望山》1.116）

「」跟「肥」字聲符相同，而「肥」常常通「配」，「」字在簡文中，也正應當讀爲「配」，簡文「」字當分析爲从「人」从「配」省聲，或者直接分析爲从「」聲，它應該就是「配偶」之「配」的專字。並舉古書、出土文獻的「配天地」爲例，可從。

《十四種・郭店》忠信之道簡 5 釋文改作「而可壞（約）者，天也。仈（配）天墬（地）也者，〔註308〕忠信之冑（謂）此，口叀（惠）而實弗从（從），君了弗言爾。」簡文意爲「…仍會付約的乃是天。配合天地的運行，便是忠信。嘴巴順從然而卻不無法實行，君子不會說這種言語。」

第七節　成之聞之

一、（簡 7）

《十四種・郭店》成之聞之簡 7 釋文作「上句（苟）身備（服）之，則民必有甚安（焉）者。君褮（冕）而立於复（阼）。」

「」字原考釋者隸爲「均」，裘錫圭按語認爲可能非「均」字，但確是

〔註307〕陳劍：〈釋《忠信之道》的「配」字〉，「復旦網」2008 年 2 月 20 日（http://www.gwz.fudan.edu.cn/SrcShow.asp?Src_ID=343）。

〔註308〕陳劍未隸，筆者暫隸此字。「卩」指「」，但非「卩」字。

一個从「勻」聲的字，似讀爲「絇」。〔註309〕劉釗隸「均」讀「絇」。〔註310〕李零認爲从今从巽，讀「絇」。〔註311〕周鳳五認爲上半从「勻」，下半爲「巽」字省形，二字俱爲聲符，可讀爲「絇」或「純」。〔註312〕

　　就字形而言，此字上半部多數學者隸爲「勻」，李零隸「今」。筆者於《郭店・忠信之道》考釋篇章中，已認爲楚簡中「勻」與「今」字有訛混現象，此不再贅言。此字下半部周鳳五認爲是「巽」字省形，「巽」字金文作「■」（「選」字所从，《集成》2831，九年衛鼎），楚簡作「■」（《上博一・孔子詩論》簡9）、「■」（《上博三・仲弓》簡23）、「■」（《曾侯乙》簡129）、「■」（「纂」字所从，《仰天湖》簡7）。可見「■」與楚簡「巽」字相仿，由「■」、「■」、「■」和「■」四字可知「巽」字不需加飾筆「一」，故筆者認爲此字即爲「巽」而非省形。

　　就辭例而言，「君■襪（冕）而立於复（阼）」形容「君」於阼階時的樣貌，裘錫圭按語解釋文義爲：

　　絇冕，意即絇服而冕，在此當指祭服（絇爲上衣下裳同色之服）。《禮記・祭統》謂將祭之時，君與夫人皆齋，「然後會於太廟，君純冕立於阼」。「絇」、「純」義通。…疑《禮記》「純冕」與「絇冕」同義。

合理可從。將「■」讀爲「絇」則此字必从「勻」非「今」，故可隸爲「■」，讀爲「絇」，與「純」義通。《玉篇・衣部》：「絇，純也。」《淮南子・齊俗》：「尸祝絇玄，大夫端冕。」高誘注：「絇，純服。」《漢書・王莽傳下》：「時，莽紺絇服，帶璽韍。」顏師古注：「絇，純也。純爲紺服也。」〔註313〕

　　《十四種・郭店》成之聞之簡7釋文改作「上句（苟）身備（服）之，則民必有甚安（焉）者。君■（絇）襪（冕）而立於复（阼）。」簡文意爲「在上位者若身體力行實施善道，則人民必定會喜好的更深。國君穿著祭服立於阼階之上。」

〔註309〕荊門市博物館編：《郭店楚墓竹簡》（北京：文物出版社，1998 年），頁 167～169。

〔註310〕劉釗：《郭店楚簡校釋》（福州：福建人民出版社，2005 年），頁 139。

〔註311〕李零：《郭店楚簡校讀記〔增訂本〕》（北京：中國人民大學出版社，2007 年），頁 160。

〔註312〕周鳳五：〈讀郭店竹簡《成之聞之》札記〉，《古文字與古文獻》試刊號（臺北：楚文化研究會，1999 年），頁 45。

〔註313〕漢語大字典編輯委員會編纂：《漢語大字典》（湖北：辭書出版社，1986 年），頁 3079。

二、![字](簡 16)

《十四種·郭店》成之聞之簡 15-16 釋文作「是以民可敬道（導）也，而不可弆也；可馭（御）也，而不可掔（牽）也。古（故）君子不貴徣（庶）勿（物）。」

釋文中「馭」字原形作「![字]」，原考釋者隸「馭」讀「御」，裘錫圭讀為「馭」。〔註 314〕依字形而論，右半為「午」字無疑，應隸為「馭」。〔註 315〕就讀法而言，劉釗認為是「駕御」之「御」的專字。〔註 316〕廖名春認為「馭」指驅人入善，《周禮·天官·大宰》：「以八柄詔王馭群臣。」鄭玄注：「凡言馭者，所以驅者，內之於善。」賈公顏疏：「言馭者，此八者皆毆群臣入善之事，故皆言馭也。」〔註 317〕

筆者認為此處讀「御」為宜，「馭」字多指駕馬，廖名春引《周禮》之說，指「驅人入善」，表示人民從「善」是驅趕、迫使等非「主動」的情況，然而此處簡文為「是可敬道（導）也」（簡 15、16）可見人民向善是循循善誘，而非以威權強勢介入，故筆者不從此說。此處仍應讀為「御」，《書·大禹謨》：「臨下以簡，御眾以寬。」《國語·周語上》：「瞽告有協風至 王即齋宮，百官御事。」韋昭注：「御，治也」。〔註 318〕可見古籍中「御」字常用來指王統御臣民。

《十四種·郭店》成之聞之簡 15-16 釋文改作「是以民可敬道（導）也，而不可弆也；可馭（御）也，而不可掔（牽）也。古（故）君子不貴徣（庶）勿（物）。」簡文意為「因此人民是可以循循善誘，而不可以蒙蔽。可以治理他，而不可以凡事牽制他。因此君子不重視物品是否眾多。」

三、![字](簡 19)、![字](簡 34)

《十四種·郭店》成之聞之簡 19-20 釋文作「可不斳（慎）麿（乎）？古

〔註 314〕荊門市博物館編：《郭店楚墓竹簡》（北京：文物出版社，1998 年），頁 167、169。
〔註 315〕《十四種·包山》亦有此情況（如 2.33、2.69、2.151、2.152），釋文皆需修改。
〔註 316〕劉釗：《郭店楚簡校釋》（福州：福建人民出版社，2005 年），頁 141。
〔註 317〕廖名春：〈郭店楚簡《成之聞之》篇校釋札記〉，《古籍整理研究學刊》，2001 年第 5 期，頁 3。
〔註 318〕漢語大字典編輯委員會編纂：《漢語大字典》（湖北：辭書出版社，1986 年），頁 832。

（故）君子所復之不多，所求之不〔圖〕，〔圖〕（竊）反者（諸）〔圖〕（己）而可以智（知）人。」

「〔圖〕」字原考釋者未釋，裘錫圭認爲依文義應是「遠」的誤寫。〔註319〕李零、劉釗等人從裘錫圭說法，隸爲「遠」。〔註320〕張光裕隸作「遴」，疑讀爲「登」。〔註321〕劉信芳認爲「〔圖〕」即「徵」字，「徵」乃「求也」，「徵」乃盈利而徵求之謂，「所求之不〔圖〕」者，所求不爲利之增也。〔註322〕但劉信芳後改訓爲「徵驗」，「所求而不徵」即不以徵驗作爲追求的目標，亦即不追自我標榜。〔註323〕趙平安將此字釋爲「遷」，訓爲「越」，指所求不超出常度。〔註324〕

對於釋爲「遠」字誤寫的說法，趙平安指出〈成之聞之〉簡21、37即有「遠」字作「〔圖〕」、「〔圖〕」，其構形與「〔圖〕」字不同，且楚文字中也未見將「遠」寫作此形者，故此字爲「遠」字誤寫的可能性很小。趙平安隸爲「遷」，季旭昇師認爲「麦」字於戰國各系寫法不同，因此隸爲「遷」較不恰當。〔註325〕趙文所舉字例爲秦代陶文「〔圖〕」，字形雖然相似，六國文字與秦系文字有所差異，〔註326〕較難以爲確定證據。然而劉釗已指出金文「麦」字作：

〔註319〕荊門市博物館編：《郭店楚墓竹簡》（北京：文物出版社，1998年），頁167、169。

〔註320〕李零：《郭店楚簡校讀記〔增訂本〕》（北京：中國人民大學出版社，2007年），頁158。劉釗：《郭店楚簡校釋》（福州：福建人民出版社，2005年），頁142。涂宗流、劉祖信：《郭店楚簡先秦儒家佚書校釋》（臺北：萬卷樓圖書有限公司，2001年），頁87。

〔註321〕張光裕主編，袁國華合編：《郭店楚簡研究‧第一卷文字編》（臺北：藝文印書館，1999年），頁394。

〔註322〕劉信芳：〈郭店竹簡文字考釋拾遺〉，《江漢考古》，2000年第1期，頁43。

〔註323〕劉信芳：〈郭店簡文字例解三則〉，《中央研究院歷史語言研究所集刊》第七十一本，第四分（2000年），頁934～936。

〔註324〕趙平安：〈釋郭店簡《成之聞之》中的「遷」字〉，《簡帛研究二○○一》（桂林：廣西師範大學出版社，2001年），頁174～175。

〔註325〕轉引自陳靖欣：《郭店楚簡‧教《成之聞之》文字研究》（臺北：臺灣師範大學在職進修碩士論文，2005年），頁102。

〔註326〕裘錫圭指出：「秦國由於原來比較落後，又地處西僻，各方面的發展比東方（指函谷關以東）諸國遲了一步，文字的劇烈變化也開始得比較晚。…在正體和俗體的關係上，秦國文字跟東方各國文字也有不同的特點。」參裘錫圭：《文字學概要》（臺北：萬卷樓圖書股份有限公司，2007年，再版），頁68～85。各國地域文字的不同，可參陳昭容：《秦系文字研究：從漢字史的角度考察》（臺北：中研院史語所，2003年），頁82～84。

子夋尊
《集成》五九一〇

夋伯觶
《集成》六四五三

A. 夋姬鬲
《集成》五二七

B. 束夋鬲
《集成》三四三七

甲骨文作：

夋《合集》一〇九五　　夋《合集》八二四三

並指出金文的「夋」字從「呂」形，應是累加的聲符。〔註327〕因此楚簡「夋」字可寫作「呂」（「薆」字所從，《包山》2.154）形，應是來源有據。由上可見，所論字可釋爲「夋」。

劉信芳將與「夋」字相似的字形摹寫如下：

夋（《成》31）　夋（《成》34）　夋（《成》19）　夋（《性》60）

夋（《性》22）　夋（《包》21）　夋（《包》128）　夋（《包》85）

認爲以上字形皆以「升」爲聲符。筆者認爲此種訓解是有問題的，孫偉龍指出「夊」、「升」二形於甲骨文時期區別特徵清楚：

（1）升之豎形筆畫上有橫劃，夊上無橫劃；

（2）升之豎形筆畫不穿透橫形筆畫，而夊之豎形筆畫皆穿透橫形筆畫。但二字的區別特徵，在楚文字中漸訛混。從「夊」之字可作「夋」（各字所從，《上博四·曹沫之陣》簡 32）。從「升」之字可作「夋」（《包山》2.62）、「夋」（二字皆阱字所從，《包山》2.37）。〔註328〕可見二形已無法從字形上截然區別，仍必須以辭例探求，不可概括論定。

就辭例而言，讀「登」、「徵」置於文義中皆有滯礙。故所論字應從夋，「陵」可訓爲「超越」，《禮記·檀弓上》：「故喪事雖遽，不陵節。」〔註329〕簡文「所求之不夋（陵）」指君子所求不超過常度。

<hr>

〔註327〕劉釗：〈金文考釋零拾〉，《古文字考釋叢稿》（長沙：岳麓書社，2004 年），頁 120～122。此文由蘇建洲師所提供。

〔註328〕孫偉龍：《《上海博物館藏戰國楚竹書》文字羨符研究》（長春：吉林大學博士論文，2009 年），頁 110～112。

〔註329〕漢語大字典編輯委員會編纂：《漢語大字典》（湖北：辭書出版社，1986 年），頁 869。

　　《十四種・郭店》成之聞之簡 19、簡 34 釋文皆需修改。簡 19-20 釋文改作「可不斳（慎）啻（乎）？古（故）君子所復之不多，所求之不逺（陵），（察）反者（諸）（己）而可以智（知）人。」簡文意爲「難道可以不謹慎嗎？因此君子所要的回報不多，〔註330〕所要求的東西也不超過常度，反省自己而可以識人。」

四、（簡 34）

　　《十四種・郭店》成之聞之簡 34 釋文作「君子簉（簟）席之上，叡（讓）而爰（援）孚（幼）；朝廷之立（位），叡（讓）而尻（處）戔（賤），所乇（宅）不快（矣）。」

　　釋文中的「爰」字原形作「」，原考釋者未隸。〔註331〕劉釗、李零等皆釋爲「受」。〔註332〕黃德寬、徐在國認爲郭店竹簡「受」字多作「」、「」，所論字略有省簡。〔註333〕趙平安釋「爰」，引也。〔註334〕涂宗流、劉祖信作「叟」，對老年男子的尊稱。〔註335〕

　　就字形而言，涂宗流、劉祖信釋「叟」，於形無據，筆者不從。「爰」、「受」二字構形本義相似，楚簡「爰」字作「」（《包山》2.110），可見「爰」字多有「」形。「受」字作「」（《上博二・容成氏》簡 10）、「」（《上博二・子羔》簡 7），「受」字從「舟」形或訛爲「手」形，陳偉指出此字雖所從「舟」形較楚簡文字中習見者簡略，但釋作「受」似問題不大。〔註336〕所論字與「受」或「爰」字皆有一定程度的不同。就辭例而言，蘇建洲師指出嶽麓秦簡有「讓

〔註330〕此句翻譯參考劉釗。參見劉釗：《郭店楚簡校釋》（福州：福建人民出版社，2005 年），頁 142。

〔註331〕荊門市博物館編：《郭店楚墓竹簡》（北京：文物出版社，1998 年），頁 168。

〔註332〕劉釗：《郭店楚簡校釋》（福州：福建人民出版社，2005 年），頁 137。李零：《郭店楚簡校讀記〔增訂本〕》（北京：中國人民大學出版社，2007 年），頁 158、160。

〔註333〕黃德寬、徐在國：〈郭店楚簡文字續考〉，《新出楚簡文字考》（合肥：安徽大學出版社，2007 年），頁 18。

〔註334〕趙平安：〈釋郭店簡《成之聞之》中的「逺」字〉，《簡帛研究二○○一》（桂林：廣西師範大學出版社，2001 年），頁 174～175。

〔註335〕涂宗流、劉祖信：《郭店楚簡先秦儒家佚書校釋》（臺北：萬卷樓圖書有限公司，2001 年），頁 100。

〔註336〕陳偉：《郭店竹書別釋》（武漢：湖北教育出版社，2002 年），頁 139。

大受小」一詞，與此處簡文「諓（讓）而」相當，〔註337〕「援幼」與「受幼」於古籍中皆不常見，而蘇師所舉之例可作爲隸作「受」字之例證，故筆者將所論字隸爲「受」。

《十四種‧郭店》成之聞之簡 34 釋文改作「君子簐（簟）席之上，諓（讓）而受；朝廷之立（位），諓（讓）而凥（處）戔（賤），所厇（宅）不遶（陵）俟（矣）。」〔註338〕

五、![字](簡 1)、![字](簡 24)、![字](簡 29)

《十四種‧郭店》成之聞之簡 1 釋文作「聞之曰：古之甬（用）民者，求之於吕（己）爲亙（極）。行不信則命不從。」

「亙」字於〈成之聞之〉三見，簡 1（釋文如上所見）、簡 29-30「君子曰：『唯又（有）其亙（極）而可能，終之爲難。』」簡 24-25；「民筈（孰）弗信？是以上之亙（亟）攵（務）才（在）信於眾。」「亙」字字形分別爲「![字](簡 1)、「![字](簡 24)、「![字](簡 29)，原考釋者皆讀爲「恆」。〔註339〕周鳳五將簡 1 此字讀爲「亟」訓爲「急」。〔註340〕

裘錫圭將楚簡中的「亙」字讀「極」字例證做了整理，《郭店》中〈老子〉的「亙」字與今本「極」字相當，以用韻言，作「極」爲是，〈魯穆公問子思〉屢見「亙／恆稱其君之惡者」語，依陳偉之說讀「亟稱」，〈窮達以時〉簡 8「邸思」與《包山》「郢思」，依陳偉說讀爲「亟」，「邸思」即「郢思」，即「期思」，〈緇衣〉簡 32：「亟以行」，依陳偉、陳劍等人之說，可讀爲「極以行」。〔註341〕可見《郭店》中常將以「亟」聲之字讀爲「極」。然而筆者認爲〈成之聞之〉簡 1 與簡 24-25 辭例應讀爲「恆」。〔註342〕

〔註337〕此爲蘇建洲師給與筆者的審查意見。（2011 年 6 月 23 日）參朱漢民、陳松長主編：《嶽麓書院藏秦簡‧壹》（上海：上海辭書出版社，2010 年），頁 133。

〔註338〕「遶（陵）」字隸定與讀法，參此節第三則。

〔註339〕荊門市博物館編：《郭店楚墓竹簡》（北京：文物出版社，1998 年），頁 166〜167。

〔註340〕周鳳五：〈讀郭店竹簡《成之聞之》札記〉，《古文字與古文獻》試刊號（臺北：楚文化研究會，1999 年），頁 42〜44。

〔註341〕裘錫圭：〈是「恆先」還是「極先」？〉，「復旦網」2009 年 6 月 2 日（http://www.gwz.fudan.edu.cn/SrcShow.asp?Src_ID=806）。

〔註342〕簡 29－30 筆者從《十四種》之說。

簡1釋文作「聞之曰：古之甬（用）民者，求之於昌（己）爲亙（極）。行不信則命不從」周鳳五讀「亙」，表示治民者當以反求諸己爲急務。筆者認爲此句後文爲「行不信則命不從」，應是承接上文的「亙」，若上位者只「反求諸己」，似無法與下文的「信」做結合，《論語》：「子曰：『人而無恆，不可以作巫醫。』善夫！『不恆其德，或承之羞』」，表示「恆心」的重要，人若持之以恆，其言必有信。「反求諸己」故然重要，然而其貴於「恆」，《論語》：「曾子曰：吾日三省吾身。」顯示曾子亦每天反省自身，故此處讀「恆」較合適。

簡24-25釋文爲「民篤（孰）弗信？是以上之亙癶（務）才（在）信於眾。」亦表示在上位者持之以恆才可取信於民眾，若上位者不持之以恆，則民眾無所適從，《論語》：「上好信，則民莫敢不用情。」《論語》：「君子之德風，小人之德草，草上之風，必偃。」可見上位者德性的重要。《論語》：「子曰：古者言之不出，恥躬之不逮也。」《孟子·梁惠王》：「王曰：『吾惛，不能進於是矣。願夫子輔吾志，明以教我。我雖不敏，請嘗試之。』曰：『無恆產而有恆心者，惟士爲能。若民，則無恆產，因無恆心。苟無恆心，放辟，邪侈，無不爲已。』」亦表示君王口中所言必身體力行（持之以恆的身體力行）才爲「信」，才可爲民眾之表率。郭沂亦言：此篇作者將統治者之恆分爲兩方面，其一，「古之用民者，求之于己爲恆。」此乃內求之恆。其二，「上之恆粹在信於眾。」此乃外發之恆。內在德生，外發於民眾，即表現爲對民眾之「信」，人之德雖形成於內在之性，然必發於顏面。〔註343〕可見簡1與24-25「恆」字所表達的便是上位者凡事持之以恆，以爲人民之典範。

《十四種·郭店》成之聞之簡1、簡24釋文皆需修改。〔註344〕簡1改作「聞之曰：古之甬（用）民者，求之於昌（己）爲亙（恆）。行不信則命不從。」簡文意爲「聽說：古代治民者，皆會持之以恆的自我要求（以達到完善）。若行爲不講信用則人民便不會服從其命令。」

〔註343〕郭沂：〈郭店楚簡《天降大常》（《成之聞之》）篇疏證〉，《孔子研究》，1998年第3期，頁64。

〔註344〕《十四種·郭店》成之聞之簡24作「民篤（孰）弗信？是以上之亙（亙）癶（務）才（在）信於眾。」應改作「民篤（孰）弗信？是以上之亙（恆）癶（務）才（在）信於眾。」

六、（簡 37）

　　《十四種・郭店》成之聞之簡 37 釋文作「唯君子道可近求而可遠也。昔者君子有言曰『聖人天悳（德)』。」

　　「」字原考釋者隸「遣（？)」。〔註345〕劉釗、李學勤等人皆讀「措」。〔註346〕李零讀「借」，且認為「而」字下脫「不」字。〔註347〕陳偉釋為「向」，認為若在「」（《上博一・緇衣》簡 12）的圓圈中加一橫筆，便與「」右上部件相同。〔註348〕

　　就字形而言，陳偉舉「」（《上博一・緇衣》簡 12）作為釋「向」之例。「向」字甲骨文作「向」（《合集》36917），象房屋之形，「口」形或以為是「牖」之象形。〔註349〕「」字下方類似「○」，馮勝君認為古文字中「口」、「○」這兩個偏旁是不相混的，且在文字中擔負的職能也不同；「○」旁往往是聲符，「口」旁則常為裝飾性符號。〔註350〕但其實圈形部件與口形是會訛混的，如《上博一・孔子詩論》的「谷」字作「」（簡 3）或「」（簡 16）形，故二形是有相混的可能。然而陳偉所舉之例演變過程為：「口」→「○」→「田」（所論字从「田」)，太過曲折。若依「向」、「昔」二字形體而言：

向			
	《上博二・容成氏》簡 7	《郭店・六德》簡 3	《郭店・老子乙》簡 18

〔註345〕荊門市博物館編：《郭店楚墓竹簡》（北京：文物出版社，1998 年)，頁 168。

〔註346〕劉釗：《郭店楚簡校釋》（福州：福建人民出版社，2005 年)，頁 138。李學勤認為此字有省筆，讀「措」，意思是置。參看李學勤：〈試說郭店簡《成之聞之》兩章〉，《煙台大學學報》（哲學社會科學版)，2000 年第 13 卷第 4 期，頁 459。涂宗流、劉祖信讀「措」，訓為「運用」。參看涂宗流、劉祖信：《郭店楚簡先秦儒家佚書校釋》（臺北：萬卷樓圖書有限公司，2001 年)，頁 102～103。

〔註347〕李零：《郭店楚簡校讀記〔增訂本〕》（北京：中國人民大學出版社，2007 年)，頁 162。

〔註348〕陳偉：《郭店竹書別釋》（武漢：湖北教育出版社，2002 年)，頁 137。

〔註349〕轉引自于省吾主編：《甲骨文字詁林》（北京：中華書局，1999 年重印)，頁 1984。其演變情況為「向─合─合─向─合」參湯餘惠、吳良寶：〈郭店楚簡文字拾釋（四篇)〉，《簡帛研究二○○一》（桂林：廣西師範大學出版社，2001 年)，頁 200～201。

〔註350〕馮勝君：《郭店簡與上博簡對比研究》（北京：線裝書局，2008 年)，頁 102。

昔			
	《郭店·緇衣》簡 37	《郭店·成之聞之》簡 6	《上博二·容成氏》簡 6

也可見所論字形體與「向」字不同。〔註351〕所論字與「昔」字相仿，由上表可見，「昔」從「」形，季旭昇師與何琳儀皆認爲此形爲聲符。〔註352〕而「」字省略「」，可視爲省略聲符，此字形亦見於《包山》「」（2.200）。〔註353〕對於「昔」字省減聲符的寫法，高佑仁另指出《古文四聲韻》的「昔」字可寫作「」，亦可爲例，〔註354〕故所論字即從「昔」，可隸爲「遣」。

就讀法而言，筆者認爲「遣」讀「措」較合適，涂宗流與劉祖信訓爲「運用」。《禮記·中庸》：「故時措之宜也。」鄭玄注：「時措，言得其時而用也。」孔穎達疏：「措，猶用也。」〔註355〕劉釗指「措」即「舉措」之「措」，乃「安置」或「運用」，如《禮記·樂記》：「故曰：『致禮樂之道，舉而措之天下無難矣。』」文中的「錯」亦讀爲「舉措」，以「道」爲「摸」之對象，與簡文相同，「措之天下」也就是簡文中的「運措」。〔註356〕筆者從之。

《十四種·郭店》成之聞之簡 37 釋文改作「唯君子道可近求而可遠遣（措）也。昔者君子有言曰『聖人天悳（德）』。」其意爲「君子之道可由近處得到，然而卻可運用至遠方。從前君子說：『聖人天德。』」

〔註351〕對於釋作「向」字的反駁，亦可參高佑仁：〈郭店〈成之聞之〉簡補釋四則〉，《第二十屆中國文字學國際學術研討會論文集》（高雄：國立中山大學中文系、中國文字學會，2009 年），頁 142～143。

〔註352〕季旭昇師：《說文新證》，上冊（臺北：藝文印書館，2002 年），頁 538～539。何琳儀：《戰國古文字典—戰國文字聲系》（北京：中華書局，2007 年），頁 586。

〔註353〕此字《包山》原考釋者讀爲「臘」。湯餘惠指出此字應爲牲類，與臘肉無關，字從「豕」、「昔」聲。參看陳偉等著：《楚地出土戰國簡冊〔十四種〕》（北京：經濟科學出版社，2009 年），頁 92、102。《包山》楚簡「豬」字常見，如簡 202、201、244，皆作從豕、從昔（），簡 200 的「」應即爲「」字的省形。

〔註354〕高佑仁：〈郭店〈成之聞之〉簡補釋四則〉，《第二十屆中國文字學國際學術研討會論文集》（高雄：國立中山大學中文系、中國文字學會，2009 年），頁 144。

〔註355〕涂宗流、劉祖信：《郭店楚簡先秦儒家佚書校釋》（臺北：萬卷樓圖書有限公司，2001 年），頁 102～103。

〔註356〕劉釗：〈讀郭店楚簡字詞札記〉，《郭店楚簡國際學術研討會》（武漢：湖北人民出版社，2000 年），頁 84。

七、（簡39）

《十四種·郭店》成之聞之簡39釋文作「型（刑）茲亡懋（赦），害（蓋）此言也，言不大棠（常）者，文王之型（刑）莫㝎（重）安（焉）。」

「」字原考釋者隸「霹」。〔註357〕劉釗隸「霹」，讀「逆」。〔註358〕李零認為此字从雨、从朔，疑讀「逆」。〔註359〕白於藍認為此字从雨，胖聲，讀「奉」，《說文》：「奉，承也。」〔註360〕李學勤認為此字下部从「雅」聲，其「隹」旁借「月」旁豎筆，讀「敦」，「敦，勉也。」〔註361〕涂宗流作「胖」，讀「榜」，古荊楚方言語詞，言人之所為到達極致。〔註362〕黃德寬、徐在國舉《郭店·老子甲》簡25「」（脆）字為例，認為「霾」、「霾」不見於後世字書，疑是「臑」字或體，如《玉篇·肉部》：「臑」同「脆」，可知「臑」乃「脆」字異體，「」字所从的「」乃是「毛」，此字从「雨」「」聲，應釋為「臑（脆）」。〔註363〕

就文義而言，黃德寬、徐在國所舉之字，於《上博四·采風曲目》簡3（「」）與《清華一·楚居》簡6（「」）亦可見得，《上博四·采風曲目》原考釋者疑讀為「霾」，此為姓氏名。〔註364〕《清華一·楚居》原考釋者認為當即楚之「雪」字。〔註365〕「霾」、「霾」二字，無論是「脆」字異體或是「雪」字，在此皆難以通讀簡文，筆者不從。就字形而言，李學勤認為此字下部从

〔註357〕荊門市博物館編：《郭店楚墓竹簡》（北京：文物出版社，1998年），頁168。

〔註358〕劉釗：《郭店楚簡校釋》（福州：福建人民出版社，2005年），頁146～147。

〔註359〕李零：《郭店楚簡校讀記〔增訂本〕》（北京：中國人民大學出版社，2007年），頁162。

〔註360〕白於藍：〈郭店楚簡補釋〉，《江漢考古》，2001年第2期，頁58。

〔註361〕李學勤：〈試說郭店簡《成之聞之》兩章〉，《煙台大學學報》（哲學社會科學版），2000年第13卷第4期，頁460。

〔註362〕涂宗流、劉祖信：《郭店楚簡先秦儒家佚書校釋》（臺北：萬卷樓圖書有限公司，2001年），頁105。

〔註363〕黃德寬、徐在國：〈郭店楚簡文字考釋〉，《新出楚簡文字考》（合肥：安徽大學出版社，2007年），頁14～15。

〔註364〕馬承源主編：《上海博物館藏戰國楚竹書（四）》（上海：上海古籍出版社，2004年），頁167。

〔註365〕清華大學出土文獻研究與保護中心編，李學勤主編：《清華大學藏戰國竹簡（壹）》（上海：中西書局，2010年）頁186。此例證由蘇建洲師所提供（2011年6月23日）。

「脽」聲，而「隹」與「月」旁共用一豎筆，然而「隹」旁作「」（《郭店‧緇衣》簡 10），「隹」字左半爲鳥頭特徵，與此字不似，筆者不從。

楚簡「屰」形與「丰」形有字形訛混之例：

屰	《郭店‧性自命出》簡 10
	辭例爲「或逆之。」
丰	邦字所从，《郭店‧老子甲》簡 29
	辭例爲「以正之邦。」

《郭店‧性自命出》此字原考釋者釋爲「逴（逢）？」〔註 366〕而後黃德寬、徐在國與李零依《郭店‧成之聞之》簡 32 的辭例，改釋爲「逆」。〔註 367〕可見從「屰」之字是可能與從「丰」之字訛混的。然而季旭昇師指出二形在豎筆上有別，從「屰」之字往右撇，從「丰」之字往左撇。〔註 368〕陳劍對於「屰」字形體已作了一系列的整理，轉引如下：〔註 369〕

逆：　　行氣玉銘　　　侯馬盟書 156：2

　　　　　　　　　　中山王方壺

朔：　　梁十九年鼎　　　公廚左官鼎　　　《古璽彙編》3092

　　　　溫縣盟書　　　溫縣盟書

〔註 366〕荊門市博物館編：《郭店楚墓竹簡》（北京：文物出版社，1998 年），頁 179。

〔註 367〕黃德寬、徐在國：〈郭店楚簡文字續考〉《新出楚簡文字考》（合肥：安徽大學出版社 2007 年），頁 20。李零：《郭店楚簡校讀記〔增訂本〕》（北京：中國人民大學出版社，2007 年），頁 140。

〔註 368〕此爲季旭昇師給與筆者的審查意見（2011 年 6 月 23 日）。

〔註 369〕陳劍：〈釋上博竹書《昭王毀室》的「幸」字〉，武漢大學「簡帛網」2005 年 12 月 16 日（http://www.bsm.org.cn/show_article.php?id=134）。

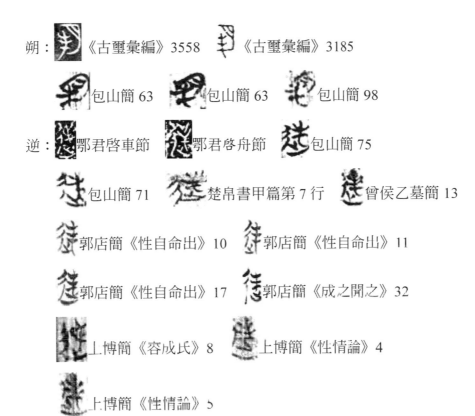

朔：《古璽彙編》3558　　《古璽彙編》3185

　　包山簡63　　包山簡63　　包山簡98

逆：鄂君啓車節　　鄂君啓舟節　　包山簡75

　　包山簡71　　楚帛書甲篇第7行　　曾侯乙墓簡13

　　郭店簡《性自命出》10　　郭店簡《性自命出》11

　　郭店簡《性自命出》17　　郭店簡《成之聞之》32

　　上博簡《容成氏》8　　上博簡《性情論》4

　　上博簡《性情論》5

由上文可見，從「屰」之字大部份豎筆的收尾往右撇，唯少數二例向左撇。

　　楚簡的從「丰」之字則有三種形體，其一為：

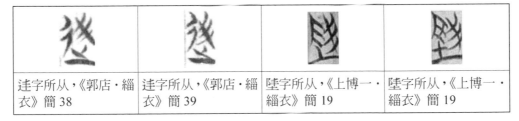

達字所從，《郭店‧緇衣》簡38	達字所從，《郭店‧緇衣》簡39	墜字所從，《上博一‧緇衣》簡19	墜字所從，《上博一‧緇衣》簡19

　　其二為：

邦字所从，《上博二‧昔者君老》簡4	邦字所从，《上博二‧民之父母》簡14

　　其三為：

邦字所从，《郭店·老子甲》簡 29	邦字所从，《郭店·老子甲》簡 30	坒字所从，《上博二·容成氏》簡 18	邦字所从，《包山》簡 239
邦字所从，《郭店·語叢四》簡 24	邦字所从，《包山》簡 242	邦字所从，《包山》簡 245	邦字所从，《包山》簡 247

「丰」字的第一種寫法，「◆」的橫筆是由右上往左下運筆，與上舉「屮」字運筆不同。第二種寫法，「◆」與「毛」（如：天策簡「◆」）字相似，與常見的楚簡「丰」字不同，其豎筆雖向右彎曲，但並不會與「屮」字混淆。第三種寫法，「◆」的橫筆則是由左至右，與「屮」字寫法相似，但由上表可見，此種寫法的豎筆往左彎曲。雖然「屮」字的豎筆仍有向左彎曲的例子：「◆」（《郭店·成之聞之》簡 32）與「◆」（《古璽彙編》3558），但前者豎筆彎曲的筆畫甚短，可能是書手疏忽所導致的。後者爲璽印文字，辭例不明，亦有可能从丰。因此，「丰」與「屮」字區別，應是其豎筆的收尾處，「丰」字向左彎曲，而「屮」字則向右彎曲。所論字作「◆」，故應从「丰」。

就讀法而言，白於藍讀「奉」，認爲此處與《論衡·恢國》：「直奉天命，推自然。」《論衡·感虛》：「武王不奉天令，求索己過。」用法相同，筆者從之。

《十四種·郭店》成之聞之簡 39 釋文改作「型（刑）茲亡懋（赦），害（蓋）此言也，言不靁（奉）大裳（常）者，文王之型（刑）莫㥛（重）安（焉）。」簡文意爲：「『…刑罰不會赦免。』此句話是何意？此句是指若不遵守天常，則文王便會施加重刑。」

第八節　尊德義

一、（簡1）

　　《十四種‧郭店》尊德義簡1釋文作「眷（尊）惠（德）義，明啻（乎）民侖（倫），可以爲君。▉忿緐（戾），改忌勑（勝），爲人上者之冬（務）也。」

　　「▉」原考釋者隸作「潅」。〔註370〕劉釗讀「推」，意指「排除」。〔註371〕李零認爲由圖版照片看似是「潅」字的省體，讀爲「去」。〔註372〕陳偉認爲似可釋爲「潅」，爲「濉水」之名本字，讀爲「沮」，爲終止、遏止之意。〔註373〕何琳儀指《說文》「津」古文作「䠐」，本簡「津」疑讀「盡」，《小爾雅‧廣言》：「盡，止也。」〔註374〕涂宗流、劉祖信將此字視爲從水、從雖，雖亦聲，疑借爲「捶」，「捶」本義謂以杖擊，引申爲「鞭」、「捶策」。〔註375〕廣瀨薰雄認爲「隹」的左邊有「丹」形的筆畫，當是飾筆，作這種字形的「隹」不少，如《語叢四》1號簡「舊」作「▉」，《昭王與龔之脽》7號簡「獲」作「▉」，疑此處潅讀爲「推」，意爲排除。〔註376〕

　　此字「隹」形左方有筆畫，此種字形除上述廣瀨薰雄所舉的二例，另於《包山》、《上博三‧周易》、《葛陵》、《曾侯》皆有出現，其形如下：

▉	▉	▉	▉
《包山》2.62	《上博三‧周易》簡17	《葛陵》甲三15、60	《曾侯乙》簡3

〔註370〕荊門市博物館編：《郭店楚墓竹簡》（北京：文物出版社，1998年），頁173。

〔註371〕劉釗：《郭店楚簡校釋》（福州：福建人民出版社，2003年），頁125。

〔註372〕李零：《郭店楚簡校讀記〔增訂本〕》（北京：中國人民出版社，2007年），頁183～184。

〔註373〕陳偉：《郭店竹書別釋》（武漢：湖北教育出版社，2002年），頁136。

〔註374〕何琳儀：〈新蔡楚簡選釋〉，《新出楚簡文字考》（合肥：安徽大學出版社，2007年），頁58。

〔註375〕涂宗流、劉祖信：《郭店楚簡先秦儒家佚書校釋》（臺北：萬卷樓圖書有限公司，2001年），頁108～109。「捶忿䜌」字面意爲捶策忿怒的馬，其所指乃是制止因貪欲忿而相爭的社會現象。

〔註376〕廣瀨薰雄：〈郭店楚簡《尊德義》和《成之聞之》的簡背數字補論〉，武漢大學「簡帛網」2008年2月19日（http://www.bsm.org.cn/show_article.php?id=793）。

對於此種形體結構，有隸作从「丹」或从「𠬞」、从「爪」。〔註377〕黃錫全與白於藍皆認爲此形从「丹」，「丹」與「隹」形共筆。〔註378〕張新俊認爲楚文字與「䑞」讀音相近的字，如「慢」、「穫」字，也多寫从「䑞」，並將「丹」和「隻」借筆。

就字形而言，所論字左邊所从與「肉」形、「且」形相去甚遠，故此字不可隸爲「濉」和「睢」。此形白於藍等人指出即是「丹」，廣瀬薰雄、陳劍與蘇建洲師則認爲是「飾筆」。〔註379〕此形是否爲「丹」仍需斟酌，「丹」字楚文字多作「」（《包山》2.170），白文已指出可作「」形，「丹」字若省略中間部件，則與此字左半相似。然而此種部件字形不一，如「」（《葛陵》甲三 15、60），〔註380〕「」（《清華・程寤》簡 4）皆可見左邊部件與「丹」形相差甚遠，故就字形而言，應非「丹」形。〔註381〕白於藍等人皆以聲音做爲字形的例證，指出「䑞」與「豐」聲韻皆近，而張新俊更確切地指出「䑞」與「慢」、「穫」字讀音相近。筆者認爲二文所舉的字例皆以「隻」（照紐鐸部）字得聲，故與此字是否从「丹」旁無關。依字形論之，「隻」作「」（《九店》56 號墓簡 31），「隻」字亦可加入此形作「」（《上博三・周易》簡 17），「舊」字作「」（《郭店・老子甲》簡 37），亦可作「」（《語叢四》簡 1），可見此種字形所从的部件應爲飾筆。〔註382〕

〔註377〕此種部件於《包山》中多見，原考釋者對於隸定不一。《上博三・周易》原考釋者从「爪」。《曾侯》與《葛陵》原考釋者皆从「丹」。對於學者隸定，可參考張新俊：《上博楚簡文字研究》（長春：吉林大學博士論文，2005 年），頁 69～70。

〔註378〕黃錫全：〈讀《上博楚竹書》（三）箚記六則〉，「簡帛研究網」2004 年 4 月 29 日（http://www.jianbo.org/admin3/html/huangxiquan01.htm）。白於藍：〈包山楚簡考釋（三則）〉，《吉林大學古籍整理研究所建所十五周年紀念文集》（長春：吉林大學出版社，1998 年），頁 73～74。

〔註379〕陳劍意見，筆者經由與蘇建洲師討論後得知。

〔註380〕此種形體《十四種・葛陵》皆隸爲「瞿」，如：乙二 45「」。

〔註381〕筆者曾針對《曾侯》皆從「」（簡 25）形對蘇師提出質疑，蘇師覆信「反過來想只有曾侯作此形，大多數寫法還不至於是丹形。」可從。且若從「飾筆」角度看此部件，則此形作「」、「」或類似「丹」形，皆可通。

〔註382〕《包山》、《葛陵》與《曾侯乙》加入此種部件之字常見，《十四種》的《包山》與《葛陵》皆將此字視爲贅旁，未作隸定，唯《曾侯乙》从「丹」形（如簡 3），故筆者認爲《曾侯乙》的此種字形皆需改隸爲「䕩」字即可。

此字「」从水、从隹可隸爲「淮」，廣瀨薰雄讀「推」，二字皆爲「隹」字聲系，可相通。〔註383〕「推」可訓爲「排除」。《詩·大雅·雲漢》：「旱既太甚，則不可推。」毛傳：「推，去也。」鄭玄箋：「旱既不可移去，天下困于饑饉。」孔穎達疏：「推是遠離之辭。」〔註384〕

《十四種·郭店》尊德義簡1釋文改作「（尊）悳（德）義，明虖（乎）民侖（倫），可以爲君。淮（推）忿綟（戾），改忌勶（勝），爲人上者之爰（務）也。」簡文意爲推崇德義，通曉人倫，則可以爲國君。排除人民內心的暴戾和忌妒、好勝之心，是爲人君者的任務。

二、（簡34）

《十四種·郭店》尊德義簡34釋文作「則民慳，正則民不巠（勁），龏（恭）則民不惄（怨）。」

「」字原考釋者未隸。〔註385〕劉釗隸「处」，讀爲「咎」。〔註386〕李零釋作「咎」，指怪罪之意，原形省口形，並認爲此字與《性自命出》簡49「咎」字上半部相似（引者按：「」）。〔註387〕劉信芳亦認爲是「咎」字省形。〔註388〕黃德寬疑是「夗」字變形，意近「曲」。〔註389〕

所論字與楚簡「咎」字上半部相同：

《上博二·容成氏》簡29	《葛陵》甲三2	《葛陵》乙四50

〔註383〕高亨：《古字通假會典》（濟南：齊魯書社，1997年），頁492～499。

〔註384〕陳劍讀爲「綏」，訓作「止」。此說爲蘇建洲師與陳劍私下討論意見。「止」與「排除」字義相近，筆者暫從廣瀨薰雄之說。

〔註385〕荊門市博物館編：《郭店楚墓竹簡》（北京：文物出版社，1998年），頁174。

〔註386〕劉釗：《郭店楚簡校釋》（福州：福建人民出版社，2003年），頁129。

〔註387〕李零：《郭店楚簡校讀記〔增訂本〕》（北京：中國人民出版社，2007年），頁184、186。

〔註388〕劉信芳：〈郭店竹簡文字考釋拾遺〉，《江漢考古》，2000年第1期，頁45。陳偉同李零、劉信芳之說，訓爲罪過。參看陳偉：《郭店竹書別釋》（武漢：湖北教育出版社，2002年），頁165。

〔註389〕黃德寬：〈戰國楚竹書（二）釋文補正〉，《上博館藏戰國楚竹書研究續編》（上海：上海書店出版社，2004年），頁440。

劉信芳疑爲「咎」字省形，李孝定指出契文中「⟨字形⟩」字，此字即是「各」，「咎」所從的「口」形，只是抽象符號，可以省去不用，此字从人、从夂，或从各，即是許書的「咎」字。〔註390〕可知「咎」字即可省去口形，故此字即上承自契文「⟨字形⟩」，即爲「咎」字而非省形。〔註391〕

　　《十四種・郭店》尊德義簡 34 釋文改作「咎則民慳，正則民不嬰（吝），豔（恭）則民不惆（怨）。」簡文意爲「上位者責怪人民，則易使人民仇恨，〔註392〕上位者端正則人民便不會貪吝，上位者行事恭敬則人民便不會產生怨恨。」

三、⟨字形⟩（簡19）

　　《十四種・郭店》尊德義簡 19 釋文作「不教其人，正（政）弗行矣。古（故）⟨字形⟩是勿（物）也而又（有）深安（焉）者，可學也而不可矣（疑）也。」

　　「⟨字形⟩」字原考釋者隸「⟨字形⟩」，疑爲「終」字。〔註393〕劉釗等人皆隸爲「共」。〔註394〕就字形而言，涂宗流、劉祖信指出此形與《包山》「⟨字形⟩」（簡228）、楚帛書「⟨字形⟩」相似。然而與所論字相似的形體另有《包山》2.239「⟨字形⟩」以及《上博四・曹沫之陣》簡8「⟨字形⟩」、《上博五・三德》簡1「⟨字形⟩」、「⟨字形⟩」、「⟨字形⟩」等形。筆者認爲「⟨字形⟩」與常見「共」字筆順不同，應非「共」字。此字上半

〔註390〕李孝定編：《甲骨文字集釋》（臺北：中央研究院歷史語言研究所，1970 年）頁 2665。

〔註391〕楚簡文字可上承甲骨文，請參看筆者論文《郭店・緇衣》篇以及蘇建洲師：〈《郭店・語叢二》簡3「裏」字考〉，「復旦網」2010 年 03 月 07 日（http://www.gwz.fudan.edu.cn/SrcShow.asp?Src_ID=1100）。趙平安亦持相同看法，參趙平安：〈郭店簡《語叢二》第三簡補釋〉，《中國古文字研究會第十八次年會論文》（北京：香山飯店，2010 年）。

〔註392〕「慳」字訓爲「仇恨」。「慳」同「悁」，《說文・心部》：「悁，恨也。」

〔註393〕荊門市博物館編：《郭店楚墓竹簡》（北京：文物出版社，1998 年），頁 173。張光裕、袁國華同此說。參看張光裕主編，袁國華合編：《郭店楚簡研究・第一卷文字編》（臺北：藝文印書館，1999 年），頁 575。

〔註394〕劉釗：《郭店楚簡校釋》（福州：福建人民出版社，2003 年），頁 130。李零：《郭店楚簡校讀記〔增訂本〕》（北京：中國人民出版社，2007 年），頁 183、186。何琳儀：〈新蔡楚簡選釋〉，《新出楚簡文字考》（合肥：安徽大學出版社，2007 年），頁 58。涂宗流、劉祖信：《郭店楚簡先秦儒家佚書校釋》（臺北：萬卷樓圖書有限公司，2001 年），頁 123。

與「冬」形相似，楚簡「冬」字皆從「日」形，〔註395〕但甲骨金文時期，皆只作「⚇」（《集成》95），此形至楚簡加入「日」形作「⚇」（《包山》2.205）。所論字上半即從「冬」，下半部爲「卅」形，與楚簡一般常見的「冬」字有別，下半部件或爲飾筆，「冬」字於簡文中可讀爲「終」，訓爲「窮盡」，《禮記·儒行》：「孔子對曰：『遽數之，不能終其物也。』」孔穎達疏：「終，盡也」。此句與簡文相似。

《十四種·郭店》尊德義簡19釋文改作「不教其人，正（政）弗行矣。古（故）冬（終）是勿（物）也而又（有）深安（焉）者，可學也而不可矣（疑）也。」簡文意爲「不教育本人，則政令不能施行。因此對於人的教育可以窮盡、深入，不需懷疑任何對象皆是可以施教的。」

四、⚇、⚇、⚇（簡24）

《十四種·郭店》尊德義簡24釋文作「⚇袋（勞）之旬也。爲邦而不以豊（禮），猷（猶）顉之亡（無）⚇也。」

1、⚇

此字原考釋者隸「悉」。〔註396〕劉釗讀「離」。〔註397〕黃德寬、徐在國認爲「悉」字從心离省聲，而視爲「罹」字異體，將「罹勞」解作「憂勞」。〔註398〕何琳儀從黃、徐之釋，但將此二字讀爲「離騷」。〔註399〕陳偉武改隸爲「蒞」，讀爲「憂勞」一類的意思。〔註400〕陳偉將此句讀爲「惠勞而軌也」。〔註401〕陳劍認爲此字上部當分析爲从屮、从凶，實即「茵」，「蒞勞」

〔註395〕可參滕壬生：《楚系簡帛文字編【增訂本】》（武漢：湖北教育出版社，2008年），頁957～958。李守奎、曲冰、孫偉龍編：《上海博物館藏戰國楚竹書（一一五）》（北京：作家出版社，2007年），頁518。

〔註396〕荊門市博物館編：《郭店楚墓竹簡》（北京：文物出版社，1998年），頁174。

〔註397〕劉釗：《郭店楚簡校釋》（福州：福建人民出版社，2003年），頁132。

〔註398〕黃德寬、徐在國：〈郭店楚簡文字續考〉，《新出楚簡文字考》（合肥：安徽大學出版社，2007年），頁19～20。

〔註399〕何琳儀：〈郭店竹簡選釋〉，《新出楚簡文字考》（合肥：安徽大學出版社，2007年），頁58～59。

〔註400〕陳偉武：〈郭店楚簡識小錄〉，《華學》第四輯（北京：紫禁城出版社，2000年），頁77。

〔註401〕陳偉：《郭店竹書別釋》（武漢：湖北教育出版社，2002年），頁157。

可讀爲「劬勞」。〔註402〕裘錫圭認爲此字分析爲从艸，惱聲，既可以看成从恩（惱）聲，也可以看成从恩省聲，疑在此或可讀爲「縱」或「送」。〔註403〕

就字形而言，應非「蒽」字，「」可見「U」形部件未合口，而「思」字从「甶」形，楚簡字形固定，皆作「〔圖〕」（《包山》2.78），筆法與結構皆與所論字不同，此字非从「思」。黃德寬、徐在國釋「离」，舉《睡虎地秦簡》「〔圖〕」爲例，然秦系與六國文字構形不同，〔註404〕證據力較爲不足。陳劍、裘錫圭認爲此字从凶，楚簡「兇」字即作「〔圖〕」（《九店》56 號墓簡 28），「〔圖〕」所从的部件與「〔圖〕」相同，皆作「〔圖〕」形。對於字形演變，裘錫圭指出「〔圖〕」如同《上博一・孔子詩論》「送」字的「恩」旁作「〔圖〕」、「〔圖〕」等形，而左冢楚墓「棋局」「恩」字則作「〔圖〕」。此形上半部件與所論字相似，亦可作爲所論字从「恩」的旁證，故此字應隸作「蒽」。就讀法而言，陳劍讀「劬」，裘錫圭疑讀「縱」或「送」，「縱勞」與「送勞」先秦典籍中未見，故讀作「劬勞」較爲合宜。

2、〔圖〕

《十四種・郭店》尊德義簡 24 釋文中的「旬」字，原形作「〔圖〕」。原考釋者隸作「旬」。〔註405〕張光裕、袁國華改釋爲「旬」，當爲「飽」字古體，簡文假作「報」。〔註406〕劉釗認爲「旬」即「飽」字省文，讀爲「究」，古音「飽」、「究」皆在見紐幽部，於音可通。〔註407〕李零疑爲「簋」字異體，讀爲「軌」。〔註408〕黃德寬、徐在國則疑此字乃「即」字之異體，讀爲「節」。〔註409〕陳

〔註402〕陳劍：〈郭店簡《尊德義》和《成之聞之》的簡背數字與其簡序關係的考察〉，《簡帛》第二輯（上海：上海古籍出版社，2007 年），頁 222。

〔註403〕裘錫圭：〈釋古文字中的有些「恩」字和从「恩」、从「兇」之字〉，《出土文獻與古文字研究》第二輯（上海：復旦大學出版社，2008 年），頁 1～12。

〔註404〕裘錫圭指出：「秦國由於原來比較落後，又地處西僻，各方面的發展比東方（指函谷關以東）諸國遲了一步，文字的劇烈變化也開始得比較晚。…在正體和俗體的關係上，秦國文字跟東方各國文字也有不同的特點。」參裘錫圭：《文字學概要》（臺北：萬卷樓圖書股份有限公司，2007 年，再版），頁 68～85。各國地域文字的不同，可參陳昭容：《秦系文字研究：從漢字史的角度考察》（臺北：中研院史語所，2003 年），頁 82～84。

〔註405〕荊門市博物館編：《郭店楚墓竹簡》（北京：文物出版社，1998 年），頁 174。

〔註406〕張光裕主編，袁國華合編：〈緒言〉，《郭店楚簡研究・第一卷文字編》（臺北：藝文印書館，1999 年），頁 7。

〔註407〕劉釗：《郭店楚簡校釋》（福州：福建人民出版社，2003 年），頁 132。

〔註408〕李零：《郭店楚簡校讀記〔增訂本〕》（北京：中國人民出版社，2007 年），頁 185。裘錫圭從此說。裘錫圭：〈釋古文字中的有些「恩」字和从「恩」、从「兇」

劍從劉釗釋爲「甸」字之省體，此字「勹」頭尚保留西周金文「甸」字所从突出腹部的特徵，與普通的「勹」不同。並贊成劉釗讀爲「究」，訓爲「竟」、「終」，簡文爲「民知劬勞之究也」，其意即「人民知道勞苦最終會獲得好的結果。」〔註410〕顧史考依黃、徐二人之說，疑此字爲「即」字之異體。〔註411〕

此字形亦見於〈尊德義〉簡 26，作「𝌡」形。就隸定而言，此字下半部可從張光裕、袁國華之說作「皀」，「皀」字所从的「ㇴ」形可訛爲「口」形，除顧史考所舉的《郭店・老子乙》簡1的「即」（𝌡）字例，在此之前，林清源師已對此構形演變做了研究：

> 「皿」、「皀」、「豆」、「壹」這四個字，都是表示器物的象形字…它們都有表示器物圈足或底座的部件。…「皿」、「皀」、「壹」這三個字…戰國中晚期之間，表示圈足或器座的部份，逐漸出現訛變爲「口」形或「甘」形部件的例子。〔註412〕

故所論字有可能从「皀」，但是否爲「甸」字古體，仍待商榷。顧史考認爲學者多將此字隸爲从「勹」，但指出「楚簡中亦未曾見有寫成這樣的『勹』旁，甚至楚文的『ㇴ』旁該是什麼樣子，現存的楚簡實不足徵。」的顧慮，囿於出土材料所限，實未見到「勹」字作此形者。而黃、徐與顧三人所釋的「即」字，其所从的「卩」（人）形更未作此形，〔註413〕楚簡「卩」字爲一筆（或二筆）寫出「人」的形體，如「𝌡」（《郭店・老子丙》簡1），而「𝌡」、「𝌡」

之字〉，《出土文獻與古文字研究》第二輯（上海：復旦大學出版社，2008 年），頁 1〜12。

〔註409〕黃德寬、徐在國：〈郭店楚簡文字續考〉，《新出楚簡文字考》（合肥：安徽大學出版社，2007 年），頁 20。

〔註410〕陳劍：〈郭店簡《尊德義》和《成之聞之》的簡背數字與其簡序關係的考察〉，《簡帛》第二輯（上海：上海古籍出版社，2007 年），頁 223。

〔註411〕顧史考：〈郭店楚簡《尊德義》篇簡序調整三則〉，「復旦網」2010 年 12 月 15 日（http://www.gwz.fudan.edu.cn/SrcShow.asp?Src_ID=1328）。

〔註412〕林清源師：《楚國文字構形演變研究》（台中：東海大學，1997 年），頁 221〜224。

〔註413〕《上博六・莊王既成》有一形體作「𝌡」（簡 2），蘇建洲師與高佑仁釋爲「賓」。若此，則「卩」形與「勹」形相仿，故在此暫作補充。參蘇建洲師：〈初讀《上博（六）》〉，武漢大學「簡帛網」2007 年 07 月 19 日（http://www.bsm.org.cn/show_article.php?id=636）。蘇建洲師：《莊王既成》簡 2「賓」字〉，《《上博楚竹書》文字及相關問題研究》（臺北：萬卷樓圖書股份有限公司，2008 年），頁 88〜89。高佑仁：〈《莊王既成》二題〉，「復旦網」2009 年 12 月 12 日（http://www.gwz.fudan.edu.cn/SrcShow.asp?Src_ID=1013）。

二字所从的上部偏旁寫法固定，皆由二筆寫成，故是否爲「卩」（即）字異構仍待商榷。對於陳劍之說顧史考指出：

> 「『飤』从『𣪊』得聲，『𣪊』又本从『皀』得聲，故『飤』字可省作簡文之『𢌿』形」，然而畢竟未見過如此缺「殳」旁之「飤」字，更何況「飤」字本身較爲生僻，所以「𢌿」字之釋似乎尚容有其他可能。

對於此說，蘇建洲師指出「𢌿」形爲「廄」字的聲符，就文字演變而言，是可行的。〔註414〕若此，則陳劍之說可從。

3、

此字全句釋文爲「猷（猶）𡐦之亡（無）也」。劉釗認爲此句有誤書，本應是「猶人之亡所也。」應該寫「人」字之處誤書作「所」，故只好將「人」字補在「所」字下，「」字从「辵」从「帝」之省，應釋爲「適」。〔註415〕陳偉認爲「𡐦」字从人，疑是「所」之異構，而「」爲「適」之變體。〔註416〕何琳儀謂「所人」應讀爲「黨人」；「亡」下一字當讀爲「狀」，「無狀」，義猶無善狀。〔註417〕陳斯鵬認爲所謂「𡐦」所从的「人」其實是「伏」的初文，可以看成是「所」後添的聲符，以音近可以讀作「戶」，「適」讀爲「楠」，門簷之屬。〔註418〕陳劍讀爲「猶𡐦（御）之無適（策）也。」〔註419〕

「𡐦」字結構，其原形作「」，劉釗的「誤書」之說難以證實，《上博七·君人者何必安哉》簡7有一字形作「」，學者將二字認爲是同一字。〔註420〕

〔註414〕此說爲蘇師給與筆者的審查意見（2011年6月23日）。

〔註415〕劉釗：《出土簡帛文字叢考》（臺北：古籍出版社，2004年），頁57～58。。

〔註416〕陳偉：《郭店竹書別釋》（武漢：湖北教育出版社，2002年），頁162。

〔註417〕何琳儀：〈郭店竹簡選釋〉，《新出楚簡文字考》（合肥：安徽大學出版社，2007年），頁59。

〔註418〕陳斯鵬：〈郭店楚簡解讀四則〉，《古文字研究》第24輯（北京：中華書局，2002年），頁409～410。

〔註419〕陳劍：〈郭店簡《尊德義》和《成之聞之》的簡背數字與其簡序關係的考察〉，《簡帛》第二輯（上海：上海古籍出版社，2007年），頁222。

〔註420〕復旦大學出土文獻與古文字研究中心研究生讀書會：〈《上博七·君人者何必安哉》校讀〉，「復旦網」2008年12月31日（http://www.gwz.fudan.edu.cn/SrcShow.asp?Src_ID=580）。張新俊：〈「人以君王爲所以囂」別釋〉，「復旦網」2009年1月8日（http://www.guwenzi.com/SrcShow.asp?Src_ID=640）。蘇建洲師：〈也說《君人者何必安哉》「人以君王爲所以囂」〉，「復旦網」2009年1

二字上方形體相似，下半部件皆从「人」形，二種簡冊皆爲誤書的可能性較低，故不從此說。亦非何琳儀的「所人」二字。陳斯鵬認爲此形从「勹」，並舉《郭店‧老子丙》簡1「」字爲例，認爲李天虹釋「勹」甚確，然而參見筆者的論文《郭店‧老子丙》一節，即認爲此字从「人」而非「勹」，故此例筆者不從。〔註421〕此字應即「所」之繁體，如劉樂賢指出《曾侯》的「所」字皆作「㦻」（簡70）。〔註422〕就讀法而言，「戶」爲匣紐魚部，「所」爲心紐魚部，韻部相同，但聲紐有距離，此字應從李銳、陳劍讀爲「御」。

「㦻」字與「帝」、「適」二形皆相近：

《郭店‧尊德義》簡24	帝（《上博二‧子羔》簡1	適（《曾侯》簡1正）

無法依字形確定當如何隸定。但就訓釋而言，此簡簡文結構爲：「若爲政者不以『禮』治民，有如 A 之無 B 一般，無法正常運作」，〔註423〕因此 A 與 B 的讀法相連，筆者將「戾」字讀爲「御」，故「㦻」應从「帝」旁，讀爲「策」。

《十四種‧郭店》尊德義簡24釋文應改作「蒀（劬）袈（勞）之包也。爲邦而不以豐（禮），猷（猶）戾（御）之亡（無）遆（策）也。」

五、㦻、戾、㿪（簡13）

《十四種‧郭店》尊德義簡13釋文作「教以豐（禮），則民果以巠（輕）。教以樂，則民戾悳（德）清牆（將）。」

月 10 日（http://www.guwenzi.com/SrcShow.asp?Src_ID=643）。

〔註421〕 張新俊、陳劍對陳斯鵬之說，亦持懷疑態度。參張新俊：〈「人以君王爲所以囂」別釋〉，「復旦網」2009 年 1 月 8 日（http://www.guwenzi.com/SrcShow.asp?Src_ID=640）。陳劍之說爲陳劍與蘇建洲師覆信內容，轉引自蘇建州師：〈也說《君人者何必安哉》「人以君王爲所以囂」〉，「復旦網」2009 年 1 月 10 日（http://www.guwenzi.com/SrcShow.asp?Src_ID=643）。

〔註422〕 劉樂賢：〈讀楚簡札記二則〉，「簡帛研究網」2004 年 5 月 29 日（http://www.jianbo.org/admin3/list.asp?id=1207）。

〔註423〕 此種釋讀爲筆者自己解讀。陳偉的「所之何適」，指不知所從的意思，筆者認爲此說無主語，故不從。

1、

　　《十四種・郭店》將「」字隸「巠」讀「輕」。此字隸定並無疑問，讀法則有異。原考釋者無讀。〔註424〕劉釗、李零讀爲「勁」。〔註425〕陳偉讀爲「輕」，指輕捷抑或輕財、輕死。〔註426〕

　　筆者認爲，陳偉說法難以通讀簡文，陳偉所引文獻作「潁性輕果」、「果敢輕死」以及「輕財果壯」，陳文認爲「輕」即可表此三義，此簡簡文作「則民果以巠」，「巠」後並無「果」、「死」或「壯」三字，而「輕」本身並無此三義，此說有增字解經之嫌，故不從此說。此處應從李零、劉釗之說，讀作「勁」，訓爲「強勁」。

2、

　　「」字《十四種・郭店》隸「牆」讀「將」，此字隸定並無疑問，但讀法多種。劉釗、陳偉讀爲「清壯」，認爲是清越豪健的意思。〔註427〕李零認爲「清將」，疑同「將爭」。〔註428〕王輝讀爲淑德清莊。〔註429〕周鳳五將「清」讀作「靖」，安也；「牆」，讀作「莊」，敬也，簡文此句謂教民以樂，則民以德自輔，安且敬也。〔註430〕陳斯鵬認爲「牆」在此宜讀爲「商」，「清商」乃爲樂章之泛稱。〔註431〕孫飛燕認爲此字可讀爲「瀏」、「漻」、「瀟」。〔註432〕

　　以上諸說，對於陳斯鵬說法，孫飛燕已引〈尊德義〉簡文對此說進行反

〔註424〕荊門市博物館編：《郭店楚墓竹簡》（北京：文物出版社，1998 年），頁 173。
〔註425〕劉釗：《郭店楚簡校釋》（福州：福建人民出版社，2003 年），頁 133。李零：《郭店楚簡校讀記〔增訂本〕》（北京：中國人民出版社，2007 年），頁 183。
〔註426〕陳偉：《郭店竹書別釋》（武漢：湖北教育出版社，2002 年），頁 158。
〔註427〕劉釗：《郭店楚簡校釋》（福州：福建人民出版社，2003 年），頁 133。陳偉：《郭店竹書別釋》（武漢：湖北教育出版社，2002 年），頁 158。
〔註428〕李零：《郭店楚簡校讀記〔增訂本〕》（北京：中國人民出版社，2007 年），頁 183。
〔註429〕王輝：〈郭店楚簡零釋三則〉，《中國文字》新廿六期（臺北：藝文印書館，2000 年），頁 160。
〔註430〕周鳳五：〈郭店楚簡識字札記〉，《張以仁先生七秩壽慶論文集》（臺北：學生書局，1999 年），頁 359。
〔註431〕陳斯鵬：〈郭店楚墓竹簡考釋補正〉，《華學》第四輯（北京：紫禁城出版社，2000 年），頁 80～81。
〔註432〕孫飛燕：〈讀《尊德義》箚記一則〉，武漢大學「簡帛網」2007 年 11 月 27 日（http://www.bsm.org.cn/show_article.php?id=753）。

駁，筆者從之。孫飛燕指〈容成氏〉的「其德酋清」與〈尊德義〉此處的「淑德清牂」含義應該類似。對於此說，首先，〈容成氏〉之「酋」字作「」，字形與所論字「」右邊部件不類，所論字的形體即是楚簡常見的「將」字。其次，「其德酋清」的「酋」字學者讀法各異，亦無定論。〔註433〕第三，就句式而言，〈容成氏〉的「其德酋清」所指之人爲「君」，然而〈尊德義〉的「淑德清牂」則指「民」，故此義置此簡中則難以通讀。

所論字的讀法可從周鳳五、王輝之說，讀作「莊」（引者按：「牂」、「莊」皆爲精紐陽部字），敬也。此說可與孔子對於「樂」說法作結合，如〈八佾〉：「子曰：『人而不仁，如禮何？人而不仁，如樂何？』」〈陽貨〉：「子之武城，聞弦歌之聲，夫子莞爾而笑曰：『割雞焉用牛刀？』子游對曰：『昔者，偃也聞諸夫子曰：「君子學道則愛人，小人學道則易使也。」』」可見孔子認爲「樂」與「仁」、「道」是息息相關的，簡文「教以樂，則民悳（德）清牂（莊）」表示上位者若教民眾「樂」，則人民則有美德、安定和恭敬。

《十四種・郭店》尊德義簡 13 釋文應改作「教以豐（禮），則民果以巠（勁）。教以樂，則民悳（德）清牂（莊）。〔註434〕」

〔註433〕此字各說，可參見孫飛燕：〈讀《尊德義》箚記一則〉，武漢大學「簡帛網」2007 年 11 月 27 日（http://www.bsm.org.cn/show_article.php?id=753）。

〔註434〕筆者對「清」字不破讀。周鳳五讀爲「靖」，「安」也。「安」字置於簡文中可釋讀，但「清」亦有「安」義，故筆者對「清」字訓爲「安」，不讀作「靖」。「」字各家說法不一，劉釗等人皆認爲此字从「弔」，讀爲「淑」，「淑德」即「美德」。李零等人皆隸爲「弗」。蘇建洲師疑「偏矛」的「」形與所論字相同，疑讀爲「柔」。各說於字形上皆有一定的差距，且皆未能解釋所論字二豎筆的來源，故在此仍置原圖版爲宜。參劉釗：《郭店楚簡校釋》（福州：福建人民出版社，2003 年），頁 133。王輝：〈郭店楚簡零釋三則〉，《中國文字》新廿六期（臺北：藝文印書館，2000 年），頁 160。張光裕主編，袁國華合編：《郭店楚簡研究・第一卷文字編》（臺北：藝文印書館，1999 年），頁 6。孫飛燕從張光裕之說。參見孫飛燕：〈讀《尊德義》箚記一則〉，武漢大學「簡帛網」2007 年 11 月 27 日（http://www.bsm.org.cn/show_article.php?id=753）。李零：《郭店楚簡校讀記〔增訂本〕》（北京：中國人民出版社，2007 年），頁 183。陳偉：《郭店竹書別釋》（武漢：湖北教育出版社，2002 年），頁 158。周鳳五：〈郭店楚簡識字札記〉，《張以仁先生七秩壽慶論文集》（臺北：學生書局，1999 年），頁 359。陳斯鵬：〈郭店楚墓竹簡考釋補正〉，《華學》第四輯（北京：紫禁城出版社，2000 年），頁 80～81。蘇建洲師的說法來自於「楚系簡帛文字字典編纂計畫」討論會（2011 年 1 月 22 日）。

第九節　性自命出

一、（簡 7）

　　《十四種・郭店》性自命出簡 7 釋文作「蜀（獨）行，猷（猶）口不可蜀（獨）言也。牛生而倀，鳶（雁）生而戜（伸），其眚（性）□□□」。

　　《十四種・郭店》性自命出簡 7 釋文的「鳶」字其形為「」，原考釋者隸作「㒰」。〔註435〕黃德寬、徐在國認為此字與鳥形形近，可隸作「鳶」，分析為從「鳥」「彥」省聲，釋為「鴈」。〔註436〕李零認為原書隸定有誤，應是從鳥彥省。〔註437〕

　　「」依釋文讀為「雁」是可信的，楚簡「鳶」字應為「」（《葛陵》甲三 203），然而此字下方非「鳥」形，應為「干」形，楚簡「干」字作「」（《包山》2.269）、「」（《望山》2.13），形體皆與此字下半相同，故此字下半應從「干」。對於所論字下方演變為「干」形，蘇建洲師認為是「變形音化訛為干」，〔註438〕林師清源則認為是「鳥」形的訛變，林聖峯與趙苑夙亦指出二形形近的例證：

> 「鳥」旁下部寫法如「」（「雄」字，《郭店・語叢四》簡 26）、「」（「雌」字，《郭店・語叢四》簡 26 號）、「」（「雞」字，《包山》簡 257），下部寫法與「干」形近似，可能由此類字形訛變，此字下部可能依舊是「鳥」。〔註439〕

「干」為見紐元部字，「彥」為疑紐元部字，二字同為元部字，而聲紐為旁紐，故所論字有可能為變形音化，但獨體字訛為二字字形較為罕見。而林聖峯所舉之例，亦可見「鳥」形與「干」形只差一橫筆，古文字的演變，橫筆數量並不會影響字形的釋讀。若以「」（清紐支部）形而言，「雌」聲與「彥」

〔註435〕荊門市博物館編：《郭店楚墓竹簡》（北京：文物出版社，1998 年），頁 179。
〔註436〕黃德寬、徐在國：〈郭店楚簡文字考釋〉，《新出楚簡文字考》（合肥：安徽大學出版社，2007 年），頁 15。
〔註437〕李零：《郭店楚簡校讀記〔增訂本〕》（北京：中國人民大學出版社，2007 年），頁 140。
〔註438〕蘇建洲師此說來自「楚系簡帛文字字典編纂計畫」討論會（2011 年 1 月 22 日）。
〔註439〕林清源師、林聖峯與趙苑夙之說，來自私下與筆者的討論（2011 年 4 月 1 日）。

聲難以相通，故所論字仍視爲訛變爲宜。就隸定而言，筆者仍暫隸作「膏」，以表示此形下半與「鳥」形的不同。

　　《十四種‧郭店》性自命出簡 7 釋文改作「蜀（獨）行，猷（猶）口不可蜀（獨）言也。牛生而伥（根），〔註440〕膏（雁）生而戠（陣），〔註441〕其眚（性）□□□」。簡文意爲「獨行，就如同人的言論不可專斷。牛天生便會利用其犄角牴觸、攻擊，雁天生飛行時便會排列爲陳列式，皆源於其本性…」

二、 （簡 22）

　　《十四種‧郭店》性自命出簡 21-22 釋文作「拜，所以□□□，其 （文）也。帗（幣）帛，所以爲信与譤（徵）也，其詞（詞）宜道也。」

　　此釋文中的「」字原考釋者未釋。〔註442〕張光裕、袁國華隸「譽」訓爲「譽」。〔註443〕李零認爲此字上半與「臾」相近，下從音，讀法待考。〔註444〕李天虹認爲此字即讀「諛」，「諛，悅順貌。」〔註445〕周鳳五認爲此字從言，婁

〔註440〕　《十四種》未讀。筆者依白於藍讀爲「根」，指牛生來就會牴觸。如《淮南子‧兵略》：「有角者觸，有齒者嚙…天之性也。」《淮南子‧說山》：「介蟲之動以固，貞蟲之動以毒螫，熊羆之動攫搏，兕牛之動以牴觸，物莫措其所修而用其短也。」文意與此簡相似。參看白於藍：《簡牘帛書通假字字典》（福建：福建人民出版社，2008 年），頁 269。白於藍：〈《簡牘帛書通假字字典》部分按語的補充說明〉，《新果集：慶祝林澐先生七十華誕論文集》（北京：科學出版社，2008 年），頁 638～639。

〔註441〕　《十四種》原讀「伸」。筆者認爲「伸」較難以解釋「雁」的特有行爲，故依白於藍讀陳。白於藍指出「戠」於上博《曹沫之陣》共十例，均作「陳」無一例外。銀雀山漢簡《孫臏兵法‧十陣》見有「雁行之陳」和「雁陳」的陳名，其象蓋即來源於大雁飛行的陳列。參見白於藍：《簡牘帛書通假字字典》（福建：福建人民出版社，2008 年），頁 334。白於藍：〈《簡牘帛書通假字字典》部分按語的補充說明〉，《新果集：慶祝林澐先生七十華誕論文集》（北京：科學出版社，2008 年），頁 640。「陳」字可通「陣」，故筆者此處以通行字表示。

〔註442〕　荊門市博物館編：《郭店楚墓竹簡》（北京：文物出版社，1998 年），頁 180。

〔註443〕　張光裕主編，袁國華合編：《郭店楚簡研究‧第一卷文字編》（臺北：藝文印書館，1999 年），頁 586。陳偉、馮勝君從之。陳偉：《郭店竹書別釋》（武漢：湖北教育出版社，2002 年），頁 188。

〔註444〕　李零：《郭店楚簡校讀記〔增訂本〕》（北京：中國人民大學出版社，2007 年），頁 140。

〔註445〕　李天虹：《郭店竹簡《性自命出》研究》（武漢：湖北教育出版社，2002 年），頁 154。

聲，當讀爲「數」。〔註446〕

　　就字形而言，周鳳五認爲《上博一·性情論》相對應字形即从婁聲，故所論字亦从婁聲。然而《上博一·性情論》圖版模糊不清，難以爲例證。李天虹等人將此字釋爲从「與」，「與」字金文作「」（《集成》141），其形體結構與所論字相似。金文中的「與」字除了李文所舉之例外，另有：

（《集成》141）　　（《集成》1351）　　（《集成》1352）

可見「與」字所从的「人」形頭部非常明顯，李侑秦指出圓點狀在字形演變過程中，常變爲一橫筆，故所論字其上所从的橫筆，應爲「元」字形體的演變。〔註447〕因此所論字从「與」是可能的。

　　季旭昇師指出中山王鼎的「𧮪」字作「𧮪」，此形从言，禺聲，讀爲「數」。與三體石經《春秋》古文婁从𧮪合，可確認爲从臼、从角，角亦聲，並指出楚簡「婁」字可分三類：（1）从臼从角从女。（2）从臼从辛从女。（3）从臼从甾从女。〔註448〕可見楚簡「婁」字於臼形中皆有「角」形部件。〔註449〕馮勝君認爲所論字即爲《上博四·曹沫之陣》「」（簡25）的省形，臼形的中間部件的確是可省略的，如同季師所引的詛楚文與馬王堆帛書「數」字：「」、「」，上方部件與此字相似。需要說明的是，所論字比馬王堆的「數」字多出了一橫筆，就字形演變而言，「」形可訛爲「」形，其例如「興」字，可作「」（《包山》2.159）與「」（《郭店·語叢四》簡16），〔註450〕故所論字可爲「𧮪」字省略「角」聲的字形，但亦難以否定上半部件即爲「與」形。故此筆者釋文置原圖版。

〔註446〕周鳳五：〈上博《性情論》小箋〉，《齊魯學刊》，2002年第4期，頁13～14。馮勝君、鄧少平從之。參見馮勝君：《郭店簡與上博簡對比研究》（北京：線裝書局，2007年），頁217。鄧少平：〈《性自命出》與《性情論》「其辭，儀道也」試解〉，「復旦網」2009年12月21日（http://www.gwz.fudan.edu.cn/SrcShow.asp?Src_ID=1022）。

〔註447〕李侑秦此說來自私下與筆者討論（2011年4月1日）。

〔註448〕季旭昇師：〈說「婁」、「要」〉，《古文字研究》第26輯（北京：中華書局，2006年），頁485～487。

〔註449〕季師認爲「辛」、「甾」皆爲「角」的訛寫，筆者從之，故在此統一作「角」。

〔註450〕此例證爲蘇建洲師所提供（2011年6月23日）。

就讀法而言，不論从「臾」或爲「數」字，皆可讀爲「數」。〔註451〕依簡文義而言，〈性自命出〉簡 21-22 釋文作「拜，所以□□□，其■（文）也。」簡文殘缺，但「其■（文）也。」應指前文的「拜」字，周鳳五認爲「其數」猶「九拜」之屬，指某一種儀節、禮數，可從。

《十四種‧郭店》性自命出簡 21-22 釋文改作「拜，所以□□□，其■（數）■（文）也。帛（幣）帛，所以爲信與諍（徵）也，其訇（詞）宜道也。」簡文意爲「行禮的禮節，所以…，依行禮的外在儀節。幣帛是爲了表示誠信與徵驗。所說之言辭要合理。」

三、■（簡 35）

《十四種‧郭店》性自命出簡 34-35 釋文作「慼斯顰（歎），顰（歎）斯■，■斯通（踊）。通（踊），惡（慍）之終也。」

釋文中的「■」形，原考釋者隸爲「寠」。〔註452〕龐樸指出〈性自命出〉簡 34-35 簡文與《禮記‧檀弓》的文例相同，「■」於文獻作「辟」，簡本作「寠」，从亡从八从木宜隸爲「撫」，以其「亡」即「無」。〔註453〕劉釗隸「寠」，从亡从省，在此讀「辟」，意爲「拊心」，即「捶胸」。〔註454〕李零釋作「辟」，此字下半與「敝」字所從相同，可能讀爲「辟」。〔註455〕陳偉認爲此字也可能从米得聲，「辟」、「米」二字上古音爲幫、明旁紐，韻部爲錫脂通轉，或可通假。〔註456〕李天虹認爲此字上半部从「亡」無疑，讀爲「撫」爲宜。〔註457〕馮勝君另認爲此字上部爲「虍」的變體或誤摹，可釋爲「虖」讀「呼」，表示

〔註451〕馮勝君指出上古音「臾」爲喻紐侯部，「數」字的聲符「婁」爲來紐侯部字，「臾」、「婁」聲相近，故可讀爲「數」。參馮勝君：《郭店簡與上博簡對比研究》（北京：線裝書局，2007 年），頁 217。張光裕、袁國華讀「譽」，李天虹讀「諛」，二說置於簡文則文義難滯礙難通。

〔註452〕荊門市博物館編：《郭店楚墓竹簡》（北京：文物出版社，1998 年），頁 180。

〔註453〕龐樸：〈撫心曰辟〉，《中國哲學》第二十輯（瀋陽：遼寧教育出版社，1999 年），頁 365。

〔註454〕劉釗：《郭店楚簡校釋》（福州：福建人民出版社，2003 年），頁 100。

〔註455〕李零：《郭店楚簡校讀記〔增訂本〕》（北京：中國人民大學出版社，2007 年），頁 142。

〔註456〕陳偉：《郭店竹書別釋》（武漢：湖北教育出版社，2002 年），頁 196。

〔註457〕李天虹：《郭店楚簡性自命出研究》（武漢：湖北教育出版社，2002 年），頁 173。

悲憤的情緒。〔註458〕

馮勝君認為此字上部可能為「虍」的變體或誤摹，所舉之例為：

〈語叢一〉、〈語叢三〉、無逸、多方

可見「虍」形與「」形在筆順和形體上皆有一定的距離，是否為變體、誤摹，難以證明，故筆者不從。學者已指出簡文此句與《禮記‧檀弓下》、《淮南子‧本經訓》文句相似：

《禮記‧檀弓下》：「人喜則斯陶，陶斯咏，咏斯猶，猶斯舞，舞斯慍，慍斯戚，戚斯嘆，嘆斯辟，辟斯踊唉。」

《淮南子‧本經訓》：凡人之性，心和欲得則樂，樂斯動，動斯蹈，蹈斯蕩，蕩斯歌，歌斯舞，歌舞節則禽獸跳矣。人之性，心有憂喪則悲，悲則哀，哀則憤，憤斯怒，怒斯動，動則手足不靜。

可見「」對應《禮記‧檀弓下》的「辟」字。此形上半部从「亡」應無問題，對於此字下半部的釋法，學者分為二派：「朮」省或「米」形。

	幣，《葛陵》甲三350	幣，《郭店‧緇衣》簡40	逃，《郭店‧六德》簡46
米	精，《郭店‧緇衣》簡39	穎，《郭店‧尊德義》簡4	穎，《郭店‧六德》簡31

筆者認為，由上表可見「朮」與「米」形其區別之處，「朮」形中間的筆畫為曲筆，而「米」形多為直筆，雖然仍有訛混現象（如上舉《郭店‧六德》），但此種特徵可能為二形的區別方式，然而「米」與「朮」二形已相混，故就字形而言難以分辨應隸作何形。

就字義而言，學者已指出此簡文與《禮記‧檀弓下》文句相同，故可讀為「辟」。李天虹讀「撫」，李文以《禮記‧檀弓下》鄭注：「辟，拊心。」為立論基礎，筆者認為既然李文亦以《禮記》的「辟」字為釋讀基礎，再依照「辟」

〔註458〕馮勝君：《郭店簡與上博簡對比研究》（北京：線裝書局，2007年），頁226～227。

字字義讀爲「撫」，不如讀爲「辟」字，再訓爲「撫」字，更合《禮記》文意。若確定此字爲「辟」字，則此字應不从「敝」聲，「敝」聲爲並紐月部，「辟」爲並紐錫部，韻部關係較遠。故依所論字的聲韻與字義而言，此字應从「米」爲宜，依陳偉之說「辟、米二字上古音爲幫、明旁紐，韻部爲錫脂通轉，」故可隸作「枀」，讀爲「辟」，孔穎達疏：「拊心爲辟，跳躍爲踊。」《禮記‧問喪》：「哭泣辟踊，盡哀而止矣。」亦指「辟」、「踊」爲哀痛的表現。

《十四種‧郭店》性自命出簡 35 釋文改作「感斯懃（歎），懃（歎）斯枀（辟），枀（辟）斯通（踊）。通（踊），慍（慍）之終也。」簡文意爲「哀感而感嘆，若感嘆還不夠於是捶胸。捶胸還不夠，於是跳躍、頓足。跳躍、頓足便是生氣的最終表現。」

四、 （簡 38）

《十四種‧郭店》性自命出簡 38 釋文作「【不】迪（過）十舉（舉），其心必才（在）安（焉），（察）其見者，青（情）安遊（失）才（哉）？宜（義）之方也。」

「」字原考釋者未隸。〔註 459〕劉釗認爲右旁書寫草率，疑爲「女」字之誤，「訬」從「女」聲，故可讀爲「恕」。〔註 460〕白於藍認爲此字从言、女聲，右旁即是「女」字，與〈性自命出〉的「女」無太大差異，可隸爲「訬」，釋爲「恕」。〔註 461〕 陳偉從白說，但認爲此形與「女」或「母」皆不完全相同，應是誤書，無論讀「恕」或「悔」皆與「義」不太相合，當釋爲「誨」讀「敏」，「敏」有敏捷、審慎、莊敬等義，與「義」相關。〔註 462〕

就字形而言，此簡右半有殘斷，與所論字同簡的「安」字作「」，「遊（失）」字作「」，皆可見右邊筆畫略殘，皆是由於竹簡殘斷而造成的筆畫殘缺，此種殘缺情況亦見於《曾侯乙》「官」字「」（簡 142）。「」字若將右邊筆畫補齊，則與〈性自命出〉的「女」（簡 24「」、簡 25「」）字相同，故

〔註 459〕荊門市博物館編：《郭店楚墓竹簡》（北京：文物出版社，1998 年），頁 180。
〔註 460〕劉釗：《郭店楚簡校釋》（福州：福建人民出版社，2003 年），頁 100。
〔註 461〕白於藍：〈郭店楚墓竹簡考釋（四篇）〉，《簡帛研究二○○一》（桂林：廣西師範大學出版社，2001 年），頁 198。
〔註 462〕陳偉：《郭店竹書別釋》（武漢：湖北教育出版社，2002 年），頁 202。

此字即「女」字而非誤書。就斷句而言，〈性自命出〉簡39簡文作「宜（義），敬之方也。」與「訬宜（義）之方也。」應爲對句，故「訬」字後應加逗號，以表示「訬」爲「義之方」。

就讀法而言，白於藍已指出《說文》的「恕」字古文正从女聲，因此「訬」可釋爲「恕」。〔註463〕陳偉認爲「恕」與「義」字不相合。曾子曾言：「夫子之道，忠恕而已矣。」（《論語·里仁》，子貢亦言：「夫仁者，己欲立而立人，己欲達而達人，能近取譬，可謂仁之方也已。」（《論語·雍也》）劉錦賢師便指出孔子以仁立教，而「能近取譬」便爲「恕」，「恕」爲仁的消極態度。〔註464〕可見孔子認爲「恕」應爲「仁之方」而非「義之方」，孟子亦言「仁，人心也；義，人路也。」（《孟子·告子上》），故筆者認爲仁、義未能截然區別，「恕」雖是「仁」的消極態度，但仁人於行仁之時，仍需以「義」爲輔，孔子有言「君子之於天下也，無適也，無莫也，義之與比。」（《論語·里仁》），因此「恕」雖然仁的消極態度，仍可以以「恕」表示「義之方也」

《十四種·郭店》性自命出簡38釋文改作「【不】迊（過）十舉（舉），其心必才（在）安（焉），<img_察>（察）其見者，青（情）安遊（失）才（哉）？訬（恕），宜（義）之方也。」簡文意爲「人的行爲舉止表現不超過十次，其心思便顯露無遺。觀察其外現出來的，哪會不知其實情呢？恕乃是義之方。」

五、（簡62）

《十四種·郭店》性自命出簡62釋文作「凡憂患之事谷（欲）妊（任），樂事谷（欲）後。身谷（欲）青（靜）而毋，慮谷（欲）困（淵）而毋愈（僞）。」

「」字原考釋者隸爲「歂」。〔註465〕劉釗隸「歂」讀「撼」。〔註466〕李零疑此字讀爲「羨」。〔註467〕劉信芳指《包山》2.137反、139反「歠」字與

〔註463〕白於藍：〈郭店楚墓竹簡考釋（四篇）〉，《簡帛研究二○○一》（桂林：廣西師範大學出版社，2001年），頁198。對於此說，蘇建洲師補充其演變爲「訬=忝=恕」。（來源自筆者上課筆記）

〔註464〕此說取自劉錦賢師自編《中國思想史》講義。

〔註465〕荊門市博物館編：《郭店楚墓竹簡》（北京：文物出版社，1998年），頁181。

〔註466〕劉釗：《郭店楚簡校釋》（福州：福建人民出版社，2003年），頁106。

〔註467〕李零：《郭店楚簡校讀記〔增訂本〕》（北京：中國人民大學出版社，2007年），頁143。

此字爲一字之異。〔註468〕陳偉釋作「譴」，與《郭店‧語叢四》簡 21、《包山》2.139 背面的「遣」字對照，推斷此字應是从「昔」从「欠」，應釋爲「遣」，簡文中應讀爲「譴」，簡文「毋譴」即「不致獲罪。」〔註469〕白於藍指《上博一‧性情論》相應字作「」，上从「昔」，「遣」、「欠」古音相近，故《郭店》寫「欯」，讀爲「諂」。〔註470〕陳劍從陳偉之說，但將此字讀爲「滯」，訓爲「止」。〔註471〕

就字形而言，上述學者所引的三形作「」(《郭店‧語叢四》簡 21)、「」(《包山》2.137 反)與「」(《包山》2.139 反)，陳偉指出「」形左上爲「言」形，但由文辭推測，簡 137 反字形與簡 139 反的「遣」字相同，皆當釋爲「遣」，左上的「言」爲「昔」字異構，而「」應是「昔」字从欠，亦即「遣」。〔註472〕陳劍另舉《包山》2.96「」字，認爲左上所从即是「」的省寫，而後「臼」形有所省略再訛爲「口」，因此字形訛省爲「言」形，故將所論字隸爲「欯」，可讀爲「滯」。

就訓釋而言，劉釗讀「撼」、白於藍讀「諂」皆不如陳劍之說合理。陳劍認爲簡文下文「貌欲庄而毋伐」，古書「矜庄」常常連用，因此此句簡文是指容要庄重，但不可過於莊重變成「矜伐」。〔註473〕依此種文意推論「身欲靜而毋滯」，「滯」指完全的「停滯」、「凝滯」不動，是簡文所反對，如束漢‧蔡邕的《太傅胡廣碑》云：「全謂公之德也，柔而不犯，威而不猛，文而不華，

〔註468〕劉信芳：〈郭店竹簡文字考釋拾遺〉，《江漢考古》，2000 年第 1 期，頁 45。

〔註469〕陳偉：《郭店竹書別釋》(武漢：湖北教育出版社，2002 年)，頁 200。李天虹從之。李天虹：《郭店竹簡《性自命出》研究》(武漢：湖北教育出版社，2002 年)，頁 192～193。

〔註470〕白於藍：〈《上海博物館藏戰國楚竹書(一)》釋注商榷〉，《華南師範大學學報》(社會科學版)，2002 年第 5 期，頁 103。

〔註471〕陳劍：〈郭店簡補釋三篇〉，《古墓新知——紀念郭店楚簡出土十周年論文專輯》(香港：香港國際炎黃文化出版社，2003 年)，頁 121～125。

〔註472〕陳偉：〈郭店楚簡《六德》諸篇零釋〉，《武漢大學學報》(哲學社會科學版)，1999 年第 5 期，頁 31。

〔註473〕《十四種》將「臬」讀爲「拔」，陳劍讀「伐」應依李零之說，參頁 139。「臬」與「拔」字初文，「拔」、「伐」皆爲並紐月部，可通讀。筆者認爲此處讀「伐」，訓爲「矜伐」文義通訓，故認爲《十四種‧郭店》性自命出簡 63 釋文應改作「行卻(欲)惠(勇)而必至，富(貌)谷(欲)而毋臬(伐)，谷(欲)柔齊而泊，惠(嘉)谷(欲)智而亡末。」

實而不樸，靜而不滯，動而不躁…」便爲此說之例。〔註474〕

　　《十四種・郭店》性自命出簡 62 釋文改作「凡戁（憂）患之事谷（欲）妊（任），〔註475〕樂事谷（欲）後。身谷（欲）青（靜）而毋歆（滯），慮谷（欲）困（淵）而毋惥（僞）。」簡文意爲「凡是遇到憂患之事便全力擔負，遇到享樂之事則退居眾人之後。身體要寧靜但非靜止不動，思慮要深邃而不虛僞。」

六、（簡 64）

　　《十四種・郭店》性自命出簡 64 釋文作「樂谷（欲）睪而又（有），戁（憂）谷（欲）僉（斂）而毋惛，〔註476〕惹（怒）谷（欲）涅（盈）而毋暴，進谷（欲）孫（遜）而毋攷（巧）。」

　　「」字原考釋者隸爲「志」。〔註477〕趙健偉讀爲「持」，表示「樂當有節度而能自持。」〔註478〕李天虹認爲讀如本字即可。〔註479〕《十四種》認爲此字下部確不從「心」和「止」，與「出」字較爲接近，待考。〔註480〕

　　就字形而言，原考釋者隸爲「志」，楚簡「心」作「」（《郭店・緇衣》簡 26）、「」（《郭店・五行》簡 45），可見此字下方與「心」相去甚遠。此字下半部件有二說：「止」或「出」。「止」字的本義爲人的腳底板，甲骨文作「」（《合集》13683）。「出」字從「止」從「凵」，取義爲走出某處，甲骨文作「」（《合集》217）。楚簡中「出」字作「」（《包山》2.197），「止」字作「」

〔註474〕陳劍疑《郭店・語叢四》簡 21「其民者，若四時一遣一坒（來），而民弗害也。」（此釋文引自《十四種》）的「遣」字疑爲「逝」字異體。並舉《管子》、《周易》等文獻證明「來」、「逝」（往）二字相對。此說見於陳劍：〈郭店簡補釋三篇〉，《古墓新知—紀念郭店楚簡出土十周年論文專輯》（香港：香港國際炎黃文化出版社，2003 年），頁 123。另筆者認爲《論語》：「逝者如斯夫！不舍晝夜。」以「逝」言「時間」，與簡文相似。故《十四種・郭店》語叢四簡 21 釋文可改作「其民者，若四時一逝（逝）一坒（來），而民弗害也。」

〔註475〕釋文「憂」字改釋爲「戁（憂）」，參筆者論文〈前言〉。

〔註476〕釋文「憂」字改釋爲「戁（憂）」，參筆者論文〈前言〉。

〔註477〕荊門市博物館編：《郭店楚墓竹簡》（北京：文物出版社，1998 年），頁 181。

〔註478〕趙建偉：〈郭店竹簡《忠信之道》、《性自命出》校釋〉，《中國哲學史》，1999 年第 2 期，頁 39。

〔註479〕李天虹：《郭店竹簡《性自命出》研究》（武漢：湖北教育出版社，2002 年），頁 194。

〔註480〕陳偉等著：《楚地出土戰國簡冊〔十四種〕》（北京：經濟科學出版社，2009 年），頁 234～235。

（《郭店‧六德》簡 48），可見有一斜筆作爲二形的區別，但二字仍有訛混的現象，如「前」字應从「止」作「![字]」（《包山》2.122），但亦可作「![字]」（《郭店‧尊德義》簡 2），因此依字形難以區別所論字下半部應从「止」或「出」。

　　《郭店》中常見與所論字相似的形體，如：「![字]」（《郭店‧太一生水》簡 4），季旭昇師隸作「㞢」字，上从「屮」，即「之」字；下从「止」，指出此形下半部件學者或全釋爲「止」字，或部分釋「止」、部分釋「之」，此種形體的構形可能爲：「之」疊加義符「止」，如「上」字或作「坐」、「衛」字或作「𧗟」，但「㞢」字也有可能是「止」字加注聲符「之」，總之，無論從字形、字音、字義來看，這個字可以讀爲「之」，也可以讀爲「止」。〔註481〕「![字]」字亦有此種問題，上半部可能从「之」、「止」二形，而下半部又可能从「止」、「出」二形，字形難以隸定，故筆者認爲釋文放置原圖版即可。

　　就讀法而言，「之」或「止」皆可通讀爲「志」或「持」。劉釗讀「志」，訓爲「志向」。〔註482〕趙健偉讀爲「持」表示「自持」，若依文意：「樂谷（欲）睪而又（有）![字]」，筆者認爲「志向」二字則與「樂」較不相關，訓爲「自持」義較好，表示即使再快樂依然要自持才能不超過禮節、法度。

　　《十四種‧郭店》性自命出簡 64 釋文改作「樂谷（欲）睪而又（有）![字]（持），憂谷（欲）魚（斂）而毋惛，惹（怒）谷（欲）涅（盈）而毋暴，進谷（欲）孫（遜）而毋攷（巧）。」簡文意爲「快樂要釋放而能自持，〔註483〕憂感要能約束而不昏亂，生氣要能充盈而不顯示，〔註484〕上進要謙遜而不取巧。」

第十節　六　德

一、![字]（簡 10）

〔註481〕季旭昇師：〈從戰國文字中的「㞢」字談詩經中「之」字誤爲「止」字的現象〉，「復旦網」2009 年 3 月 21 日（http://www.gwz.fudan.edu.cn/SrcShow.asp?Src_ID=731）。

〔註482〕劉釗：《郭店楚簡校釋》（福州：福建人民出版社，2003 年），頁 106。

〔註483〕「睪」字筆者依劉釗訓爲「釋」。劉釗：《郭店楚簡校釋》（福州：福建人民出版社，2003 年），頁 106。

〔註484〕「暴」訓爲「顯示」。如《孟子‧萬章上》：「暴之於民，而民受之。」《史記‧淮陰侯列傳》：「暴其所長於燕，燕必不敢不聽從。」

　　《十四種‧郭店》六德簡 10 釋文作「夫六立（位）也，以貢（任）此【六職】也。六戠（職）既分，以 ![字] 六惪（德）。」

　　「![字]」原考釋者未釋。〔註485〕袁國華認爲此字从「衣」「公」聲，便是省略聲符的「裕」字。〔註486〕李天虹疑應當隸定作「袀」，讀作「別」。〔註487〕

　　李天虹舉《汗簡》與《古文四聲韻》的「別」字作「公」形，而所論字的結構可能爲「公」與「衣」旁下端的「乀」部件共用筆畫。袁國華與馮勝君皆指出「谷」字用於偏旁時可省爲「公」形，如「![字]」（卷，《郭店‧語叢二》簡 10），「谷」省作「公」後再借用「衣」旁下半的上部筆畫，故成「![字]」。就字形而言，二說皆有可能，釋作「別」或「谷」皆有「共筆」的情況，二說的字形演變基礎相同，然而傳抄古文雖可用來證明楚簡文字，但其證據力不如以楚簡證明楚簡，故此字爲「裕」字的可能性較高。「裕」可訓爲「擴大」，《國語‧周語中》：「叔父若能光裕大德。」句意與此簡相似。

　　就訓釋而言，李天虹讀「別」，顏世鉉爲李天虹之說補例證：「六種職能既已區分清楚，則每個人才能依其份際，內修於己，以成其德，如此，則智、信、義、忠、聖、仁六種德行才得以分明。」對於此說，筆者認爲六德不需分明，〈六德〉簡 1-2 釋文作「可（何）胃（謂）六惪（德）？聖、智也，㤅（仁）、宜（義）也，忠、信也。聖与智豪（就）壴（矣），忠與信豪（就）【壴（矣）】。」可見「六德」相近，是不能「分明」的，故若將「![字]」字訓爲「別」（分明），其文意則與〈六德〉簡文不合。

　　《十四種‧郭店》六德簡 10 釋文改作「夫六立（位）也，以貢（任）此【六職】也。六戠（職）既分，以裕六惪（德）。」簡文意爲「這便是六位，以擔任【六職】。六職既然已經分立，用來擴大六德。」

〔註485〕荊門市博物館編：《郭店楚墓竹簡》（北京：文物出版社，1998 年），頁 187。

〔註486〕袁國華：〈郭店楚簡文字考釋十一則〉，《中國文字》新廿四期（臺北：藝文出版社，1998 年），頁 144。劉釗、李零、馮勝君亦作「裕」。劉釗：《郭店楚簡校釋》（福州：福建人民出版社，2003 年），頁 107。李零：《郭店楚簡校讀記〔增訂本〕》（北京：中國人民出版社，2007 年），頁 176。馮勝君：〈讀《郭店楚墓竹簡》札記（四則）〉，《古文字研究》第 22 輯（北京：中華書局，2000 年），頁 211。

〔註487〕李天虹：〈郭店楚簡文字雜識〉，《郭店楚簡國際學術研討會論文集》（武漢：湖北人民出版社，2000 年），頁 97。顏世鉉從之。參顏世鉉：〈郭店楚簡〈六德〉箋釋〉，《中央研究院歷史語言研究所集刊》第七十二本，第二分（2001 年），頁 452。

二、![字](簡 4)

《十四種・郭店》六德簡 3-4 釋文作「新（親）父子，和大臣，帰（寢）四叟（鄰）之![字]（帝？）虖，非炁（仁）宜（義）者莫之能也。」

「![字]」字原考釋者未釋。〔註 488〕多數學者釋為「帝」：李零疑是「帝」字的省體，「帝虖」疑讀為「抵牾」，「抵」是端母脂部字，「帝」是端母錫部字；「牾」是疑母魚部字，「乎」是匣母魚部字，讀音相近。〔註 489〕張光裕、袁國華隸為「帝」，讀為「敵」，並指此字即是「帝」之偽體，與《孟子・盡心下》：「仁者無敵」之義蘊相符合。〔註 490〕劉信芳指〈唐虞之道〉簡 8「帝」字下部與所論字同形，應是「束」之異構讀如「敵」。〔註 491〕顏世鉉將「![字]虖」讀為「敵虜」。〔註 492〕陳斯鵬指此字為「帝」之省作。〔註 493〕李銳認為所論字即為「帝」，讀為「惕號」。〔註 494〕另有學者釋為「央」：劉釗讀「![字]虖」為「殃禍」。〔註 495〕

就字形而論，釋為「帝」字的學者皆以為所論字為「帝」之省形。「帝」字本義不明，甲骨文字形作「![字]」（《合集》900 正），金文作「![字]」（《集成》2743），可見上端已加入飾筆，楚簡中此飾筆於亦可有（如：《郭店・六德》簡 38「![字]」）可無（如：《上博二・子羔》簡 12「![字]」），「帝」字下端雖與所論字極為相似，然而卻未見「帝」字上端二橫畫皆減省的情況。〔註 496〕故不從「帝」字說法。

〔註 488〕荊門市博物館編：《郭店楚墓竹簡》（北京：文物出版社，1998 年），頁 187。
〔註 489〕李零：《郭店楚簡校讀記〔增訂本〕》（北京：中國人民出版社，2007 年），頁 173。
〔註 490〕張光裕主編，袁國華合編：《郭店楚簡研究・第一卷文字編》（臺北：藝文印書館，1999 年），頁 599。袁國華：〈郭店楚簡文字考釋十一則〉，《中國文字》新廿四期（臺北：藝文出版社，1998 年），頁 143。
〔註 491〕劉信芳：〈郭店竹簡文字考釋拾遺〉，《江漢考古》，2000 年第 1 期，頁 46。
〔註 492〕顏世鉉：〈郭店楚簡〈六德〉箋釋〉，《中央研究院歷史語言研究所集刊》第七十二本，第二分（2001 年），頁 456。
〔註 493〕陳斯鵬：〈讀郭店楚墓竹簡札記（10 則）〉，《中山大學學報論叢》，1999 年第 6 期，頁 147。
〔註 494〕李銳：〈郭店楚墓竹簡續釋〉，《中國文字》新卅四期（臺北：藝文出版社，2009 年），頁 88～89。此說由蘇建洲師所提供。
〔註 495〕劉釗：《郭店楚簡校釋》（福州：福建人民出版社，2003 年），頁 111～112。
〔註 496〕字形可參滕壬生：《楚系簡帛文字編【增訂本】》（武漢：湖北教育出版社，2008 年），頁 17。李守奎、曲冰、孫偉龍編：《上海博物館藏戰國楚竹書（一～五）》（北京：作家出版社，2007 年），頁 8～9。李守奎：《楚文字編》（上海：華

〔註497〕「央」字甲骨文作「🔲」（《合集》3006），下从人形，楚簡「人」、「火」、「人」形訛混，如「央」字可作「🔲」（《葛陵》甲二22）、「🔲」（《上博六·用曰》簡2）、「🔲」（《包山》2.201），《包山》2.201 此字釋文爲「郦（應）會以央箸爲子左尹𨊠貞」，「央」爲卜筮簡常見的卜筮工具，《包山》的「🔲」字與所論字字形相同。因此，所論字應爲「央」字，可讀爲「殃」。

「啻」字讀法，許學仁指出〈六德〉句式「新（親）父子，首大臣，帚（寢）四覍（鄰）之央（殃）啻，非慐（仁）宜（義）者莫之能也。」皆爲肯定句，「呼」則爲嘆詞，與句式不合，若將此字讀爲「禍」，楚簡「啻」字未有讀「禍」之例，疑讀爲「虐」。〔註498〕許學仁對於讀爲「呼」字說法的反駁，可從。「啻」字可讀爲「虐」，如《容成氏》：「民乃宜肙（怨），啻（虐）疾訋（始）生。」《苦成家父》：「厲公無道，啻（虐）於百＝豫＝（百豫，百豫）反之。」〔註499〕「虐」與「禍」字義相近，雖「啻」字未見讀爲「禍」之音例，但仍無法排除此說，故此處「虐」與「禍」二說並存。

簡3-4釋文作「帚（寢）四覍（鄰）之央（殃）啻（虐／禍）」，陳偉指出「此句簡文與『親父子、和大臣』并列，似以按『親』、『和』的線索理解比較妥當。」〔註500〕故「寢」可訓爲「止」、「息」，《管子·立政》：「寢兵之說勝，則險阻不守。」簡文則指「止息四鄰的災禍」，便是「仁」、「義」之人才可行之事，也可與「親父子、和大臣」相應。

《十四種·郭店》六德簡3-4釋文改作「新（親）父子，和大臣，帚（寢）四覍（鄰）之央（殃）啻（虐／禍），非慐（仁）宜（義）者莫之能也。」簡文意指「使父、子親近，和睦大臣，止息四鄰之間的災禍，如果不是仁、義之人是做不到的。」

東師範大學出版社，2003年），頁8。

〔註497〕李銳舉《上博三·周易》簡38「🔲」爲例，認爲所論字从「帝」。然而《周易》此字構形亦與所論字不同。

〔註498〕「啻」可讀爲「所」、「乎」、「呼」、「號」、「虐」、「慮」等。參白於藍：《簡牘帛書通假字字典》（福建：福建人民出版社，2008年），頁110～112。許學仁意見來自「楚系簡帛文字字典編纂計畫」討論會（2011年1月22日）。

〔註499〕白於藍：《簡牘帛書通假字字典》（福建：福建人民出版社，2008年），頁112。

〔註500〕陳偉：《郭店竹書別釋》（武漢：湖北教育出版社，2002年），頁113。

三、 ![字形] （簡 16）

《十四種‧郭店》六德簡 16 釋文作「古（故）曰：句（苟）淒（濟）夫人之善 ![字形]，慗（勞）其朋（股）怔（肱）之力弗敢單（憚）也。」

「 ![字形] 」原考釋者錄原形。〔註 501〕李零認為寫法與「它」字相像，從文義看為語尾助詞，暫讀為「也」。〔註 502〕袁國華、顏世鉉皆將此字釋為「它」讀為「施」。〔註 503〕

就字形而言，袁國華指「將此字以順時針方向稍為移動，無疑也是『它』字。」並指出所論字與「它」字在筆法、筆順皆相同。在楚簡中，字形的整體方向改變在《上博七‧武王踐阼》疑有二例：劉洪濤將簡 10「 ![字形] 」字視為「 ![字形] 」（「戶」字，《上博三‧周易》簡 5）的書寫角度不同。〔註 504〕蘇建洲師亦指出「 ![字形] 」字（簡 8）可能為《三體石經》「 ![字形] 」（「泉」字，《傳抄古文字編》頁 1140）的方向改變。〔註 505〕因此此字應是「它」字。

就讀法而言，學者所讀的「也」與「施」皆以「也」為聲符，「它」與「也」二字關係密切，黃德寬指出二字字形來源不同，二者非同源亦非同字，但在文字隸變後「也」、「它」便時常相混。〔註 506〕「它」為透紐歌部，「也」為喻紐支部，〔註 507〕二字雖聲、韻皆有距離，然而其通假字例不少，〔註 508〕因此

〔註 501〕荊門市博物館編：《郭店楚墓竹簡》（北京：文物出版社，1998 年），頁 187。

〔註 502〕李零：《郭店楚簡校讀記〔增訂本〕》（北京：中國人民出版社，2007 年），頁 173。

〔註 503〕袁國華：〈郭店楚簡文字考釋十一則〉，《中國文字》新廿四期（臺北：藝文出版社，1998 年），頁 144～145。顏世鉉：〈郭店楚簡〈六德〉箋釋〉，《中央研究院歷史語言研究所集刊》第七十二本，第二分（2001 年），頁 462。

〔註 504〕劉洪濤：〈上博竹書《武王踐阼》所謂「卣」字應釋為「戶」〉，武漢大學「簡帛網」2009 年 3 月 14 日（http://www.bsm.org.cn/show_article.php?id=1003）。

〔註 505〕蘇建洲師此說置於程燕論文討論文字。參程燕：〈上博七《武王踐阼》考釋二則〉，「復旦網」2009 年 1 月 3 日（http://www.gwz.fudan.edu.cn/SrcShow.asp?Src_ID=607）。

〔註 506〕黃德寬：〈說「也」〉，《第三屆國際中國古文字學研討會論文》（香港：香港中文大學，1997 年），頁 823～832。徐寶貴將此二字演變分析清楚。參徐寶貴：〈以「它」「也」為偏旁文字的分化〉，《文史》，2007 年第 3 輯，頁 227～256。

〔註 507〕上古音「也」字有歌部、魚部、支部三種不同說法，參陳復華、何九盈：《古韻通曉》（北京：中國社會科學出版社，1987 年），頁 344～345。劉洪濤認為「也」字應歸於支部，參劉洪濤：〈上古音「也」字歸部簡論〉，「復旦網」2008 年 12 月 18 日（http://www.gwz.fudan.edu.cn/SrcShow.asp?Src_ID=570）。

〔註 508〕徐寶貴論文將二字作偏旁時的通假例證。徐寶貴：〈以「它」「也」為偏旁文

「它」讀爲「也」是沒有問題的。

　　就釋讀而言，「句（苟）淒（濟）夫人之善它」，「它」若讀爲「施」，袁國華認爲是〈忠信之道〉：「君子其它（施）也忠」等觀念的一種擴充說法，而顏世鉉訓爲「安定人民的恩惠能夠施行」。對於顏世鉉的訓解，簡文中未見「恩惠」二字，故此說似有增字解經之嫌。所論字若讀爲「施」可訓爲「施行」，然而先秦文獻中無「善施」一詞，故暫不從此說。將「它」讀爲「也」，先秦文獻常見「善也」一詞，且置於簡文亦通順。劉釗將此句簡文釋爲「句（苟）淒（濟）夫人之善也。」指「如果能增益人之善德。」〔註509〕將「濟」訓爲「增益」，可從。

　　《十四種・郭店》六德簡16釋文改作「古（故）曰：句（苟）淒（濟）夫人之善也，嫠（勞）其肞（股）忕（肱）之力弗敢單（憚）也。」簡文意爲「因此有言：如果能增益人之善德，人民必竭盡其心力也不害怕。」

四、🔲（簡24）

　　《十四種・郭店》六德簡23-24釋文作「六者客（各）行其戠（職），而岙誊亡繇（由）迕（作）也。蘿（觀）者（諸）時（詩）、箸（日）則亦才（在）豆（矣）。」

　　《十四種・郭店》六德簡24釋文「誊」字其形作「🔲」，與此字的相似字作「🔲」（簡36），《十四種》將後者隸爲「誊」。原考釋者將此二字皆隸爲「誊」。〔註510〕劉釗認爲「誊」字即「誇」字。〔註511〕黃德寬、徐在國認爲從大從言，即是「誇」字，大言爲「誇」，是會意字。〔註512〕李零認爲「從言從彥省，似可讀爲『諂』」。〔註513〕劉信芳將此字視爲《說文》的「諺」字，《六德》簡36的「誊」乃「膏」之誤書。〔註514〕陳偉對於「🔲」字隸定從李零、

字的分化〉，《文史》2007年第3輯，頁227～256。

〔註509〕劉釗：《郭店楚簡校釋》（福州：福建人民出版社，2005年），頁113。

〔註510〕荊門市博物館編：《郭店楚墓竹簡》（北京：文物出版社，1998年），頁188。

〔註511〕劉釗：《郭店楚簡校釋》（福州：福建人民出版社，2005年），頁115。

〔註512〕黃德寬、徐在國：〈郭店楚簡文字考釋〉，《新出楚簡文字考》（合肥：安徽大學出版社，2007年），頁10。

〔註513〕李零：《郭店楚簡校讀記【增訂本】》（北京：中國人民大學出版社，2007年），頁173。

〔註514〕劉信芳：〈郭店竹簡文字考釋拾遺〉，《江漢考古》，2000年第1期，頁46。

劉信芳之說，若聯繫上字，此字當讀爲「犴」，「犴」、「獄」義近，故常常同時提到。〔註515〕顏世鉉、梁立勇從陳偉之說，認爲此處與「獄訟」相關，簡文指糾紛。〔註516〕陳劍認爲此字可能爲「夲」。〔註517〕

「■」與「■」二字辭例皆相同，應爲同一字，然而二字分別從大和從文，故學者說法分爲二派。認爲從「大」之字爲本字的學者指出古文「誇」字即爲「夲」、「夲」，〔註518〕字形與「■」相同。認爲從「文」之字爲本字的如劉信芳指出「夋」（《曾侯》編鐘）與「■」相同。顏世鉉認爲劉信芳所舉之例，與簡24「■」字形並不相近。〔註519〕筆者認爲顏說有誤，「■」應可隸爲「斎」，若與「■」爲同一字，則「■」爲彥省聲。〔註520〕可見劉信芳所舉之例與「■」形相近。但若以「夋」爲本字，〔註521〕則其字形演變爲「夋」→「■」（省減厂聲）→「■」（上半部訛爲大形），字形演變曲折，且就楚簡字形演變而言，「大」字可訛成「文」字，如《包山》2.184「大」（大）厤黃■，但未見「文」訛爲「大」者，〔註522〕故「■」字應非本字。因此筆者認爲將「■」視爲會意的「誇」字較合宜，故簡24、簡36皆應隸作「斎」，訓爲「誇」，丁原植認爲《玉篇‧言部》：「誇，遑也。斎古文。」作

〔註515〕陳偉：《郭店竹書別釋》（武漢：湖北教育出版社，2002年），頁121～122。

〔註516〕顏世鉉：〈郭店楚簡〈六德〉箋釋〉，《中央研究院歷史語言研究所集刊》第七十二本，第二分（2001年），頁470。梁立勇：〈郭店簡二三字試釋〉，「簡帛研究網」2003年1月17日（http://www.jianbo.org/wssf/2003/liangliyong01.htm）。

〔註517〕陳劍：〈試說戰國文字中寫法特殊的「兌」和從「兌」諸字〉，《出土文獻與古文字研究》第三輯（上海：復旦大學出版社，2010年），頁171。

〔註518〕字形取自徐在國：《傳抄古文字編》（北京：線裝書局，2006年），頁237。

〔註519〕顏世鉉：〈郭店楚簡淺釋〉，《張以仁先生七秩壽慶論文集》（臺北：學生書局，1999年），頁395。

〔註520〕「彥」省略「厂」形的情況可參筆者論文《九店》篇章考釋。

〔註521〕金文「罩氏唐鐘」的「唐」字作「■」，與此字相仿，然而辭例不明，在此暫作補充。「■」字上從文，而「■」與「■」二字從大或從文，筆者曾以爲所論二字由「■」形省減厂旁而來，然蘇建洲師指出若從此說，則其演變有二步驟：「■」省減厂旁→「■」「文」訛爲「大」→「■」，然而楚簡文字中未見「文」訛爲「大」者，故筆者放棄此說（2010年11月24日）。

〔註522〕「未見『文』訛爲『大』者」一說由蘇建洲師所提供（2010年11月24日）。

爲行爲特徵，可能有狂逆過激的傾向。〔註 523〕

「峇詧」二字連用，「峇」字原形作「」（簡 24）、「」（簡 36），此形簡 42「」、簡 43「」亦有出現。李零讀「讒」。劉釗、劉信芳讀「訕」，訓爲「毀謗」。陳偉認爲「狚」字上從犬，下從山，疑是「岳」字別體，借作「獄」。黃德寬、徐在國讀爲「誕」，爲「大話」、「欺詐」之義。筆者認爲此處不應讀「誕」，「誇」已有「大話」、「欺詐」之義，漢語雖有同義複詞，然而先秦典籍未見「誕誇」二字，故不讀「誕」。陳偉疑借爲「獄」，顏世鉉補充〈大司徒〉：「凡萬民之不服教而有獄訟者，與有地治者聽而斷之。」爲例，表示百姓不服五品之教，則必有獄訟發生。筆者認爲簡文應指「夫、婦、父、子、君、臣」此六者各司其職，如此則「峇詧」不會出現，《論語》亦有言「君君、臣臣、父父、子子」表示各安其位、各司其職，才能名實相符，與陳偉、顏世鉉所指的「治民」、「法令」思想不合。

「峇」讀「訕」，訓爲「毀謗」，《呂氏春秋・處方》：「君臣父子夫婦君臣父子夫婦六者當位，則下不踰節而上不苟爲矣，少不悍辟而長不簡慢矣。」《禮記・少儀》：「爲人臣下者，有諫而無訕。」孔穎達疏：「訕爲道說君知過惡及毀謗也。」《論語》：「惡居下流而訕上者。」皆表示六職各司其職，則下位者不會做出超過自己職責（毀謗上位者）之事。簡 42「可以蚓（斷）峇」、簡 43「肰（然）句（後）可以蚓（斷）峇」亦表示「可以斷絕毀謗。」〔註 524〕

《十四種・郭店》六德簡 23-24 釋文改作「六者客（各）行其戠（職），而峇（訕）詧（誇）亡繇（由）迮（作）也。蒦（觀）者（諸）時（詩）、箸（書）則亦才（在）壹（矣），」簡文意爲「（六者）各司其職，則毀謗、誇大自己的行爲便不會產生。觀看《詩》、《書》其中亦有記載。」〔註 525〕

〔註 523〕丁原植：《郭店楚簡儒家佚籍四種釋析》（臺北：古籍出版社，2000 年），頁 227～228。

〔註 524〕《十四種・郭店》六德簡 42－43 改作「可以蚓（斷）峇（訕）。生民斯必又（有）夫婦、父子、君臣。君子明虗（乎）此六者，肰（然）句（後）可以蚓（斷）峇（訕）。術（道）不可（偏）也，能歔（守）弌（一）曲安（焉）」

〔註 525〕《十四種・郭店》六德簡 36 改作「行其戠（職），而峇（訕）詧（誇）繇（由）亡〈迮（作）〉也。君子言信言尒。」

五、（簡 30）

《十四種‧郭店》六德簡 29-30 釋文作「爲宗族祈（瑟）𨿸（朋）友，不爲𨿸（朋）友祈（瑟）宗族。人又（有）六悳（德），厽（三）新（親）不𠠫（斷）。」

《十四種‧郭店》六德簡 30 釋文中的「祈」字原形作「」，對於此字的訓讀，裘錫圭認爲似當與〈性自命出〉簡 24「琹（琴）兂（瑟）」之「兂」爲一字，在此疑讀爲「殺」，「殺」、「瑟」皆山母字，韻亦相近，「殺」，省減。〔註526〕張光裕、袁國華疑讀爲「先」。〔註527〕李零認爲此字似可讀爲「疾」，「疾」字從母質部字，與「瑟」讀音相近，又此字也爲「麗」字所從，「麗」雖爲來母支部字，但從「麗」之字多在山母支部（如「曬」、「灑」），與「瑟」古音相近，此字可讀爲「失」。〔註528〕顏世鉉與陳偉皆認爲此處應釋「麗」。〔註529〕

就字形而言，顏世鉉提出「『麗』字古文之形與簡文形近…『麗』、『瑟』二字所從之形相同，佀所表之意則各異。」「麗」古文作「」、「」，〔註530〕與所論字相似。何琳儀指出此種形體的「麗」字應隸爲「丽」，僅見於戰國文字及傳抄古文（《說文》篆文、《說文》古文、《汗簡》和《古文四聲韻》）。〔註531〕因此楚簡文字的「麗」字是否可作此形，仍待商榷。且金文「麗」字作「」（《集成》4279），楚簡作「」（《曾侯》簡 201）、「」（《曾侯》簡 193）、「」（《曾侯》簡 192），可見金文與楚簡字形的相承關係，此種「麗」字上半部件與「」並不相似，故此說的證據力較不如直接釋爲楚簡「瑟」字。劉國勝釋出「」即是「瑟」字，〔註532〕「瑟」從「必」聲，其形爲「」（《包山》2.260），「瑟」

〔註526〕荊門市博物館編：《郭店楚墓竹簡》（北京：文物出版社，1998 年），頁 190。劉釗同此說。劉釗：《郭店楚簡校釋》（福州：福建人民出版社，2003 年），頁 116。

〔註527〕張光裕主編，袁國華合編：《郭店楚簡研究‧第一卷文字編》（臺北：藝文印書館，1999 年），頁 605。

〔註528〕李零：《郭店楚簡校讀記〔增訂本〕》（北京：中國人民出版社，2007 年），頁 173～174、178。

〔註529〕顏世鉉：〈郭店楚簡《六德》箋釋〉，《中央研究院歷史語言研究所集刊》第七十二本第二分（2001 年），頁 477。陳偉：《郭店竹書別釋》（武漢：湖北教育出版社，2002 年），頁 126。

〔註530〕字形取自徐在國：《傳抄古文字編》（北京：線裝書局，2006 年），頁 979。

〔註531〕何琳儀：〈說麗〉，《殷都學刊》，2006 年第 1 期，頁 82～84。

〔註532〕劉國勝：〈曾侯乙墓 E61 號漆箱書文字研究—附「瑟」考〉，《第三屆國際

字可作上下結構，亦可作左右結構，前者如「」（〈性自命出〉簡 24），後者如「」（《上博七‧君人者何必安哉甲》簡 3）、「」（《上博七‧君人者何必安哉乙》簡 3），〔註 533〕故此字仍是「瑟」，依形隸爲「祈」。〔註 534〕

　　就訓讀而言，學者有「殺」、「先」、「失」和「疾」四說，簡 29-30 作「爲父𡧱（絕）君，不爲君𡧱（絕）父。爲昆弟𡧱（絕）妻，不爲𡧱（絕）昆弟。爲宗族祈𦀇（朋）友，不爲𦀇（朋）友祈宗族。」可見「祈」字義應與「𡧱（絕）」字相當，「絕」字應訓爲「免除」，「先」字與「疾」字並無此義，故可排除此二說。就聲韻而言，「瑟」爲心紐質部，「殺」爲心紐月部，「失」爲書紐質部，皆音近可通。就文義而言，「殺」與「失」二字置於簡文中皆可通讀，「殺」可訓爲「減省」，如《周禮‧地官‧廩人》：「若食不能人二鬴，則令邦移民就殺，詔王殺邦用。」鄭玄注：「殺，猶減也。」〔註 535〕「失」可訓爲「耽誤」，如《書‧泰誓上》：「時哉弗可失。」〔註 536〕二說置於簡文則可表示不爲朋友的喪禮而耽誤了宗族的喪禮，故二說並存。

　　《十四種‧郭店》六德簡 29-30 釋文改作「爲宗族祈（殺／失）𦀇（朋）友，不爲𦀇（朋）友祈（殺／失）宗族。人又（有）六悳（德），厽（三）新（親）不𢧵（斷）。」此處簡文指面臨二種喪事時該如何抉擇，「當服宗族親戚之喪與朋友之喪衝突時，可減省（耽誤）朋友之喪，但不爲朋友之喪減省（耽誤）宗族親戚之喪。人有六德，三親是不可斷絕的。」簡 29-30 文意皆表示服喪應以血緣關係爲重。〔註 537〕

　　　　古文字學研討會論文集》（香港：香港中文大學，1997 年），頁 699～705。
〔註 533〕此字由趙平安釋出。參見趙平安：〈談「瑟」的一個變體〉，「復旦網」2009
　　　　年 1 月 12 日（http://www.gwz.fudan.edu.cn/SrcShow.asp?Src_ID=648）。
〔註 534〕依《十四種》凡例：「異體字、假借字隨文注出通行字，寫在（　）內。」然而
　　　　「（　）」內應表示其假借字而非本字，故筆者雖認爲此字爲「瑟」字，但「（　）」
　　　　中不應爲「瑟」。
〔註 535〕漢語大字典編輯委員會編纂：《漢語大字典》（湖北：辭書出版社，1986 年），
　　　　頁 2158。
〔註 536〕漢語大字典編輯委員會編纂：《漢語大字典》（湖北：辭書出版社，1986 年），
　　　　頁 525。
〔註 537〕劉樂賢：〈郭店楚簡《六德》初探〉，《郭店楚簡國際學術研討會論文集》（武
　　　　漢：湖北人民出版社，2000 年），頁 386。

第十一節　語叢一

一、**𡥀**（簡13）

　　《十四種・郭店》語叢一簡13釋文作「又（有）勿（物）又（有）容，又（有）**𡥀**又（有）名。」

　　釋文的「**𡥀**」形，原考釋者隸爲「家」。〔註538〕劉釗原隸爲「再」讀作「稱」。〔註539〕後改隸「蝯」讀爲「原」。〔註540〕劉信芳謂當讀爲「色」，與「容」對舉。〔註541〕魏宜輝認爲所論字爲「家」，下半部仍从「豕」。〔註542〕

　　就字形而言，「再」字甲骨文作「**𡥀**」（《合集》6160），金文作「**𡥀**」（《集成》9814），楚簡文字作「**𡥀**」（《包山》2.244），何琳儀指出「再」字象从卝揊物之形，〔註543〕由上舉字形可見，「再」字下半所从偏旁與所論字不似，故不從此說。劉信芳所舉字形爲「**𡥀**」（簡50）字與「**𡥀**」（簡110），「大」形易訛成「**𡥀**」形，故劉文所舉的二形爲　一字異體。所論字與以上二形左半部相似，劉說可備一說，但筆者認爲所論字或从犬形。

　　原考釋者以及魏宜輝皆認爲所論字下半爲「豕」，筆者認爲此字爲从犬的「家」字。「家」一般从豕形，然「豕」與「犬」可義近互換，如「狀」字可从犬作「**𡥀**」（《集成》3976），亦可从豕作「**𡥀**」（《集成》2836）。〔註544〕《上博五・競內建之》簡10「**𡥀**」，此字李學勤隸爲「达」，認爲「达」即是「逐」

〔註538〕荊門市博物館編：《郭店楚墓竹簡》（北京：文物出版社，1998年），頁193。李零從之。李零：《郭店楚簡校讀記〔增訂本〕》（北京：中國人民出版社，2007年），頁207。

〔註539〕劉釗：《郭店楚簡校釋》（福州：福建人民出版社，2003年），頁184。

〔註540〕劉釗：〈郭店楚簡《語叢一》箋釋〉，《古文字考釋叢稿》（長沙：岳麓書社，2004年），頁247。

〔註541〕劉信芳：〈郭店簡《語叢》文字試解（七則）〉，《簡帛研究二○○一》（桂林：廣西師範大學出版社，2001年），頁203

〔註542〕魏宜輝：《楚系簡帛文字形訛變分析》（南京：南京大學，2003年），頁92～93。

〔註543〕何琳儀：《戰國古文字典—戰國文字聲系》（北京：中華書局，2007年），頁142。

〔註544〕此字例由蘇建洲師所提供（2011年6月23日）。

的異體。〔註545〕可見楚文字的犬旁和豕旁是可通用的。

〈語叢一〉爲齊系抄本，齊系抄本與楚系的「犬」字不同，齊系「犬」旁作：

〔註546〕		
獻字所从，〈語叢一〉簡 63	肰字所从，〈唐虞之道〉簡 3	嗅字所从，〈語叢一〉簡 47
	〔註547〕	〔註548〕
嗅字所从，〈語叢一〉簡 51	「猶」字所从，陳純釜	獻字所从，庚壺

而楚系抄本的「犬」字作：「」（《包山》2.6），可見不同國別的「犬」字形體不同。《郭店・老子甲》簡 30「」（肰字所从）字，馮勝君指出此種形體的「犬」旁皆出現於《郭店・老子甲》，但《上博一・緇衣》的「犬」皆如此作，故此種犬形反映的可能非楚文字而是另有來源。〔註549〕馮文所引的形體與「」相仿，來源可能皆爲齊系文字。「嗅」字从犬，上舉「」形與所論字下方所从相同，「犬」形罕見从「」形者，但象徵動物尾巴的部件可从「」形，如「鷹」字作「」（《郭店・成之聞之》簡 9），故筆者認爲所論字下部爲具有齊系文字特色的「犬」。

〔註545〕李學勤：〈試釋楚簡《鮑叔牙與隰朋之諫》〉，《文物》2006 年第 9 期，頁 92。林志鵬認爲此字從犬從走，與金文「逸」字合。林志鵬：〈上博楚竹書《競建內之》重編新解〉，武漢大學「簡帛網」，2006.2.25。

〔註546〕蘇建洲師指出此種形體的「犬」字，其下方形體演變爲「由類『人』形變成一豎筆，此種演變可以參考『年』字。」參蘇建洲師：〈釋《語叢》、《天子建州》幾個從「毛」形的字—兼說《說文》古文「垂」〉，武漢大學「簡帛網」2008.11.18。

〔註547〕字形來源馮勝君：《郭店簡與上博簡對比研究》（北京：線裝書局，2007 年），頁 280。

〔註548〕字形取自孫剛編：《齊文字編》（福州：福建人民出版社，2010 年 1 月），頁 260。

〔註549〕參馮勝君：《郭店簡與上博簡對比研究》（北京：線裝書局，2007 年），頁 280。劉信芳認爲「」字從「矢」，應隸爲「臭」讀「息」。

　　所論字上半與楚簡常見的「家」（如《包山》2.197「」）字所從偏旁相同，故「」應即「家」字，可隸爲「宎」，《正字通‧宀部》：「宎，俗家字。《六書統》：『家或作宎。犬，篆與豕義同。』」清朱駿聲《說文通訓定聲‧豫部》：「家，古文有從宀下犬者，見郭氏《汗簡》。」〔註550〕從宀從犬的「家」字在《包山》和傳抄古文中亦可見：「」（《包山》2.145）和「」，〔註551〕故所論字可隸爲「宎」，「宎」即是「家」字異體。

　　《十四種‧郭店》語叢一簡12-13「又（有）天又（有）命，又（有）迬（地）又（有）悻（形）。又（有）勿（物）又（有）容，又（有）宎（家）又（有）名。」其意爲「有天才有生命，有了地生命才能有形體。有形體才有容貌。有了安居之處便可開始命名。」

二、、（簡75）

　　《十四種‧郭店》語叢一簡75釋文作「（者？）逾不逮從　衍（道）。」

1、

　　此字形原考釋者隸爲「者（？）」。〔註552〕陳斯鵬指此字與「者」字不同，接近「受」字。〔註553〕

　　「受」字作「」（《郭店‧語叢三》簡5），其形除下方「手」形相同外，上半部筆順與字皆不同，筆者不從此說。「者」形多變，馮勝君將「者」形分爲八類：

〔註550〕漢語大字典編輯委員會編纂：《漢語大字典》（湖北：辭書出版社，1986年），頁916。

〔註551〕「」（《包山》2.145）字爲「宎宮」合文，《十四種‧包山》認爲「宎，《古文四聲韻》卷二引《古孝經》、《石經》「家」字如此作。」參陳偉：《包山楚簡初探》（武漢：武漢大學出版社，1996年），頁228。陳偉等著：《楚地出土戰國簡冊〔十四種〕》（北京：經濟科學出版社，2009年），頁70，注69。古文字形來自徐在國：《傳抄古文字編》（北京：線裝書局，2006年），頁708。

〔註552〕荊門市博物館編：《郭店楚墓竹簡》（北京：文物出版社，1998年），頁197。

〔註553〕陳斯鵬：〈郭店楚簡解讀四則〉，《古文字研究》第24輯（北京：中華書局，2002年），頁411。

a、老甲 6　　太一 6　　恆先 10　　老甲 27　　性自 8

b、老甲 27　　尊德 8　　容成 1　　性情 7　　彭祖 7

c、中弓 20

d、孔子 1　　彭祖 2「箸」所从

e、性情 38　　五行 50

f、上緇 22　　上緇 1　　語叢 1-21　　唐虞 14　　忠信 2

g、唐虞 2

h、上緇 12（〇所从）

馮勝君認爲 f 類與齊、燕以及三體石經文字相近，尤其是「〇」（中者弋）與 f 類「〇」（〈忠信之道〉簡 2）形體幾乎相同。〔註 554〕而所論字「〇」與 f 類的「者」字上半所从偏旁相似，但 f 類的「者」字下从「衣」，所論字下半部从「又」，楚文字「者」字常見，然未見从「又」之形。〔註 555〕「又」與「衣」形未見互訛的字例，故筆者贊同《十四種》的隸定方式。

2、〇

　　此字原考釋者隸作「〇」。〔註 556〕劉釗疑「寇」字，「迯寇不逮」疑與《孫子》「窮寇勿追」意近。〔註 557〕黃德寬、徐在國疑爲古文「鞭」字繁體，讀作

〔註 554〕馮勝君：《郭店簡與上博簡對比研究》（北京：線裝書局，2007 年），頁 270～271。
〔註 555〕滕壬生：《楚系簡帛文字編【增訂本】》（武漢：湖北教育出版社，2008 年），頁 340～350。李守奎、曲冰、孫偉龍編：《上海博物館藏戰國楚竹書（一—五）》（北京：作家出版社，2007 年），頁 187～192。李守奎：《楚文字編》（上海：華東師範大學出版社，2003 年），頁 220～223。湯餘惠主編：《戰國文字編》（福州：福建人民出版社，2001 年），223～224。
〔註 556〕荊門市博物館編：《郭店楚墓竹簡》（北京：文物出版社，1998 年），頁 197。
〔註 557〕劉釗：《郭店楚簡校釋》（福州：福建人民出版社，2003 年），頁 197。

「變」。〔註 558〕陳斯鵬認爲此字即是「寇」，从爪从宀，古文字从宀之字或可附加爪旁表義符，左下方的部件爲「元」字的反向寫法，右下方从殳，从殳與从支同意。〔註 559〕

就字形而言，楚簡中的「寇」字作「」（《包山》2.102），雖所从的「元」形與此字不似，但金文的「元」字可作反向寫法：「」（《集成》4197），若此，則「元」字形體與所論字相仿，古文字形方向改變常見，故此說不能完全排除。〔註 560〕但筆者認爲此形與「鞭」字較爲相近，楚簡「鞭」形如：「」（《郭店‧老子甲》簡 1）、「」（《郭店‧老子丙》簡 8）、「」（《郭店‧成之聞之》簡 32）、「」（《郭店‧尊德義》簡 14）等形，楚簡常見的「鞭」字从「又」形，所論字从「殳」，依文字演變情況「又」、「殳」（攴）作表意偏旁時可通用，故所論字下半部應即爲楚簡常見的「鞭」字。〔註 561〕但需要說明的是，所論字上半部的「爪」、「宀」二形，楚簡的「鞭」字未見从「宀」形，但从「宀」形的「鞭」字可在金文中見得：「」（《集成》2831）。所論字的「爪」形爲贅旁，如金文的「家」字原从「宀」形，作「」（《集成》2653）形，楚簡多加「爪」形作「」（《包山》2.212），故所論字即爲「鞭」字。

就訓讀而言，黃德寬、徐在國疑讀爲「變」。筆者認爲此簡文字簡短，未能通曉文意，是否能讀「變」仍待商榷。

《十四種‧郭店》語叢一簡 75 釋文改作「（者？）迻鞭不逮從一衍（道）。」

三、（簡 93）

《十四種‧郭店》語叢一簡 93 釋文作「息（仁）悉（義）爲之」

〔註 558〕黃德寬、徐在國：〈郭店楚簡文字考釋〉，《新出楚簡文字考》（合肥：安徽大學出版社，2007 年），頁 12。
〔註 559〕陳斯鵬：〈郭店楚簡解讀四則〉，《古文字研究》第 24 輯（北京：中華書局，2002 年），頁 411。
〔註 560〕參何琳儀：《戰國文字通論（訂補）》（南京：江蘇教育出版社，2003 年），頁 226。
〔註 561〕劉釗：《古文字構形學》（福州：福建人民出版社，2006 年），頁 335。此說可參黃德寬、徐在國：〈郭店楚簡文字考釋〉，《新出楚簡文字考》（合肥：安徽大學出版社，2007 年），頁 12。

　　「」字，原考釋者隸定作「樫」。〔註562〕李零亦隸作「樫」，原疑是「梟」字，後認爲聲旁同於簡108的「毀」字，或可讀爲「歸」。〔註563〕黃德寬、徐在國分析从木从生，釋爲「柱」。〔註564〕何琳儀認爲从木从竞，字書所無，應是「桓」之異文。〔註565〕蘇建洲師認爲此字爲「樓」。〔註566〕

　　黃德寬、徐在國、何琳儀與蘇建洲師皆將此字與〈語叢二〉簡3「」、「」合論。此種形體有釋爲「樫」，或从「生」、「竞」旁等說法，所論字與以上諸說在字形連接上的問題，蘇師皆有指出，筆者不贅引。蘇師認爲此形是繼承甲骨文、商金文「毀」作、而來，字形作：

（ 㩃，《合》28188，無名組）

（ 㩃，《合》28188，無名組）

（ 㩃，《懷》1147，無名組）

（ 毀，2648.1，小子䚘鼎，商晚）

（ 毀，2648.2，小子䚘鼎，商晚）

所从的人旁加土形變成「壬」旁後即與「」形體相近。故〈語叢二〉簡 3「」、「」二字，前者釋爲「襄」，後者釋爲「懷」，讀爲「讓」。「讓生於敬，恥生於讓」，意思是說有尊敬之心才懂得禮讓，懂得禮讓才會有廉恥之心或免於恥辱。〔註567〕蘇師將「」形隸爲「樓」，疑讀爲「攘」，此說有一定

〔註562〕荊門市博物館編：《郭店楚墓竹簡》（北京：文物出版社，1998 年），頁 198。

〔註563〕李零：《郭店楚簡校讀記〔增訂本〕》（北京：中國人民出版社，2007 年），頁 215。

〔註564〕黃德寬、徐在國：〈郭店楚簡文字考釋〉，《新出楚簡文字考》（合肥：安徽大學出版社，2007 年），頁 12～13。

〔註565〕何琳儀：〈郭店簡古文二考〉，《新出楚簡文字考》（合肥：安徽大學出版社，2007 年），頁 68～71。

〔註566〕蘇建洲師：〈《郭店・語叢二》簡 3「襄」字考〉，「復旦網」2010 年 03 月 07 日（http://www.gwz.fudan.edu.cn/SrcShow.asp?Src_ID=1100）。趙平安亦持相同看法，參趙平安：〈郭店簡《語叢二》第三簡補釋〉，《中國古文字研究會第十八次年會論文》（北京：香山飯店，2010 年）。

〔註567〕筆者從之。故《十四種・郭店》語叢二簡 3 釋文改作「讓生於敬，恥生於讓」。

的道理，然而簡文殘斷、文意不明，故筆者對此字不做訓讀。

　　《十四種‧郭店》語叢一簡93釋文改作「悬（仁）悬（義）爲之樞。」

第十二節　語叢二

（簡19）

　　《十四種‧郭店》語叢二簡19釋文作「迟（急）生於慾（欲），生於迟（急）。」「」形原考釋者錄原形。〔註568〕李零、劉釗皆認爲與「察」字相似。〔註569〕

　　「察」字形體多變，筆者於本論文〈前言〉中已列出，不再贅引。所論字右半與「」（〈語叢一〉簡68）最爲相似，筆者認爲所論字爲此形的減省。故依筆者論文〈前言〉一節的考釋，疑爲从「丵」或从「帶」，但釋文仍應置原圖版爲宜。劉釗讀作「悷」，指「固執、強悍。」文意不通。筆者認爲可讀作「竊」。《十四種‧郭店》語叢二簡19釋文改作「迟（急）生於慾（欲），（竊）生於迟（急）。」

第十三節　語叢三

一、（簡3）

　　《十四種‧郭店》語叢三簡3釋文作「以異於父，君臣不相才（戴）也。」釋文中的「才」字原形作「」，隸定並無問題，學者對此字的訓讀則有異。原考釋者讀爲「在」。〔註570〕李零讀「戴」。（「戴」是端母之部字，「才」是從母之部字，讀音相近。）〔註571〕劉釗讀「存」，指「在」、「存」爲同義換讀，

〔註568〕荊門市博物館編：《郭店楚墓竹簡》（北京：文物出版社，1998年），頁203。

〔註569〕李零：《郭店楚簡校讀記〔增訂本〕》（北京：中國人民大學出版社，2007年），頁223。劉釗：《郭店楚簡校釋》（福州：福建人民出版社，2003年），頁204～205。

〔註570〕荊門市博物館編：《郭店楚墓竹簡》（北京：文物出版社，1998年），頁209。

〔註571〕李零：《郭店楚簡校讀記〔增訂本〕》（北京：中國人民大學出版社，2007年），

簡文意爲「恤問」或「依存」之義。〔註572〕白於藍讀爲「讒」,《廣雅‧釋詁三》:「讒、嫉,賊也。」並引《淮南子‧主述》:「及至亂主,取民則不裁其力,求于下則不量其識,男女不得事耕織之業以供上之求,力勤財匱,君臣相疾也。」與簡文可互相參證。〔註573〕

　　將「才」讀爲「在」、「戴」等皆爲正面的詞義。〔註574〕然而《郭店‧語叢三》簡3-簡4的釋文爲:「以異於父,君臣不相才(戴)也,則可已。…」表示「君」與「父」不同,而君臣關係只要不「才」,便爲君臣之道了。「才」字的讀法若爲正面義,則與簡文意不相合,故「才」應爲負面的詞義。白於藍已指出「才」與「讒」可相通,「讒」又可訓爲「賊」,指君臣不互相賊害。

　　《十四種‧郭店》語叢三簡3釋文改作「以異於父,君臣不相才(讒)也。」簡文指君與父不同,君臣之間只要不互相殘害(便爲君臣之道了)。與《郭店‧六德》:「爲父醫(絕)君,不爲君醫(絕)父。」的親親之殺文意相仿。

二、𢛳（簡58）

　　《十四種‧郭店》語叢三簡58釋文作「又(有)眚(性)又(有)生,虖(呼)生。又(有)𢛳」

　　釋文中的「𢛳」原考釋者亦未隸定。〔註575〕劉釗依形隸定爲「逍」。〔註576〕李零疑讀「閱」,訓爲經歷。〔註577〕蘇建洲師認爲「𢛳」右上半部件逍爲「辞」的訛變,讀爲「孽」。〔註578〕

頁195。

〔註572〕劉釗:《郭店楚簡校釋》(福州:福建人民出版社,2003年),頁211。

〔註573〕白於藍:〈郭店楚簡補釋〉,《江漢考古》,2001年第2期,頁58。

〔註574〕李零未將「戴」字做解釋,「戴」可訓爲「尊奉、推崇。」如《國語‧周語上》:「庶民不忍,欣戴武王。」或訓爲「捧、舉」,如《史記‧魯周公世家》:「周公北面立,戴璧秉圭,告於太王、王季、文王。」(參宗福邦、陳世鐃、蕭海波主編:《故訓匯纂》(北京:商務印書館,2003年,頁849〜850。【戴】字條。)故「戴」字義應爲正向的義項。

〔註575〕荊門市博物館編:《郭店楚墓竹簡》(北京:文物出版社,1998年),頁212。

〔註576〕劉釗:《郭店楚簡校釋》(福州:福建人民出版社,2003年),頁209。

〔註577〕李零:《郭店楚簡校讀記〔增訂本〕》(北京:中國人民大學出版社,2007年),頁195。

〔註578〕蘇建洲師:〈楚簡文字考釋四則〉,武漢大學「簡帛網」2008年10月11日(http://www.bsm.org.cn/show_article.php?id=883)。蘇建洲師:《郭店竹書》

就字形而言，蘇師將「」（《上博五‧競建內之》簡 7）、「🔳」（《上博六‧天子建州》甲簡 4）、「🔳」（《上博六‧天子建州》乙簡 3）、「🔳」（《上博（六）‧用曰》簡 17）、「🔳」（《古璽彙編》2754）等形與「🔳」合論。李家浩指出此種偏旁當是從金文「🔳」（薛）字演變而來，當釋爲「薛」，「薛」是「孽」字的聲符，所以可以讀爲「孽」。〔註579〕蘇師以李家浩說法爲基準，認爲所論字形的演變過程爲：

🔳（毛公層鼎）→ 🔳【省簡「辛」旁】→ 🔳【變形音化】

🔳（《合集》18256）→ 🔳（「止」訛變爲「屮」）→ 🔳【變形音化】

對於此說，陳劍亦認爲：「肖」以「月聲」爲說，已能通讀辭例，全字之形也要往跟「孽」有關的方向考慮，並引《古璽彙編》2281「薛義」，「薛」字作「🔳」爲例，認此此字即從「屮」從「朝／旁」聲。「🔳」省去「辛／旁」，「屮」變作「屮」，即成「肖」形。〔註580〕

依蘇師與陳劍之說，所論字的「肖」旁即爲「辪」讀爲「孽」。「🔳」可隸爲「逍」讀「孽」。《十四種‧郭店》語叢三簡 58 釋文改作「又（有）肖（性）又（有）生，虖（呼）生。又（有）逍（孽）」

第十四節　語叢四

（簡 12）

《十四種‧郭店》語叢四簡 12 釋文作「曩（早）與臤（賢）人，是胃（謂）🔳行。臤（賢）人不才（在）仄（側），是胃（謂）迷惑。」

釋讀二則〉，武漢大學「簡帛網」2008 年 3 月 13 日（http://www.bsm.org.cn/show_article.php?id=801）。

〔註579〕引自劉洪濤：〈讀上博竹書《天子建州》箚記〉，武漢大學「簡帛網」2007 年 7 月 12 日（http://www.bsm.org.cn/show_article.php?id=612）。

〔註580〕引自蘇建洲師：〈楚簡文字考釋四則〉，武漢大學「簡帛網」2008 年 10 月 11 日（http://www.bsm.org.cn/show_article.php?id=883）。

「▦」字原考釋者隸爲「浹」，讀爲「訣」。〔註581〕劉釗隸「浸」讀爲「浸」，義爲滲透。〔註582〕林素清讀作「央」，義爲「中」，簡文「早與賢人，是謂央行」，意謂若能早舉賢人，就是出發已久之領先者，與下文「賢人不在側，是謂迷惑」對舉。〔註583〕冀小軍認爲所論字爲「甫」字的訛形，讀爲「薄」。〔註584〕陳偉認爲此形與《郭店・太一生水》的「補」所从近似，疑可釋爲「浦」，可讀爲「輔」或「旁」。〔註585〕顧史考隸定從原考釋者，但讀作「抗」，「抗行」指高尚絕倫之德行，與「迷惑」相對。〔註586〕

就字形而言，「央」字甲骨文作「▦」（《合集》3006），下从人形，楚簡可作「▦」（《葛陵》甲二 22）、「▦」（《葛陵》甲三 258）、「▦」（《上博六・用曰》簡 2）、「▦」（《包山》2.201）等形，可見楚簡「央」字下半部由人形訛爲「火」、「人」形，但「央」字上半部未見寫作曲筆的情況。楚簡从㣇之字作：「▦」（浸，《郭店・性自命出》簡 30）、「▦」（浸，《郭店・語叢二》簡 17）、「▦」（侵，《包山》2.269）和「▦」（侵，《包山》2.273），可見从㣇之字皆有「▦」形，所論字並無此形，故不從此說。冀小軍與陳偉皆舉《郭店・太一生水》的「補」字爲例，其形爲「▦」（簡 1）、「▦」（簡 1）、「▦」（簡 2），可見「▦」（簡 1）與「▦」構形相仿，只差一橫筆（應爲飾筆），故此二字爲同一字形，可隸爲「浦」。

就釋讀而言，陳偉讀作「輔」或「旁」，以《史記・魯世家》：「武王九年，東代至盟津，周公輔行。」爲例，此處的「輔行」非「輔助而行」，而是職稱「副使」。〔註587〕讀「滂行」則文意不順。顧史考雖以「央」聲讀「抗」，「抗」爲溪紐陽部與「甫」〔滂紐魚部〕聲可通，但訓爲「高尚絕倫的德行」，置於簡文中亦不通順。冀小軍先將簡文中的「早」字通讀爲「造」，再將「浦」讀

〔註581〕荊門市博物館編：《郭店楚墓竹簡》（北京：文物出版社，1998 年），頁 218。

〔註582〕劉釗：《郭店楚簡校釋》（福州：福建人民出版社，2003 年），頁 229。

〔註583〕林素清：〈郭店竹簡《語叢四》箋釋〉，《郭店楚簡國際學術研討會論文集》（武漢：湖北人民出版社，2000 年），頁 392。

〔註584〕冀小軍：〈郭店楚簡《語叢四》12—14 號簡考釋〉，《簡帛研究》2003 年 6 月 24 日（http://www.jianbo.org/Wssf/2003/jixiaojun01.htm）。此文由蘇建洲師所提供。

〔註585〕陳偉：《郭店竹書別釋》（武漢：湖北教育出版社，2002 年），頁 237～238。

〔註586〕顧史考：《郭店楚簡先秦儒書宏微觀》（臺北：臺灣學生書局，2006 年），頁 248。

〔註587〕「輔行」亦見《孟子・公孫丑上》：「王使蓋大夫王驩爲輔行。」

爲「薄」，簡文「薄行」指人的品行輕薄，不厚道。依冀小軍所舉之例，「早」可通讀爲「造」，〔註588〕且認爲「造」與「僞」義項相仿，如《詩‧王風‧兔爰》二章：「我生之初，尚無造。」毛傳：「造，僞也。」再指出「僞」有「假裝」義，故「造」亦可訓爲「假裝」。筆者認爲，「造」本身有許多義項，「僞」字亦是如此，二字之間在某些義項中可以通用，但並未表示「造」字可概括承受「僞」字的所有義項，「造」字是否可訓爲「假裝」，仍待商榷。「𣊫」應仍讀爲「早」，若此，則「浦」讀爲「薄」，置於簡文中便文意不順。

筆者以爲「浦」可讀爲「明」，「明」爲明紐陽部，與「甫」聲可相通。「明」可訓爲「明智」，與下文的「臤（賢）不才（在）戻（側），是胃（謂）迷惑」相對。《十四種‧郭店》語叢四簡 12-13 釋文改作「𣊫（早）與臤（賢）人，是胃（謂）浦（明）行。臤（賢）人不才（在）戻（側），是胃（謂）迷惑。」簡文意爲「早與賢人親近，是明智的行爲。若賢人不在自己身邊，則爲迷惑。」

〔註588〕「枣」字讀爲「造」的用法，另可參林清源師：〈從「造」字看春秋戰國文字異形現象〉，《第三屆國際中國古文字學研討會論文集》（台北：輔仁大學出版社，1992 年），頁 287。

第四章 《楚地出土戰國簡冊〔十四種〕‧望山1號墓簡冊》考釋

一、（簡 96）

《十四種‧望山》1 號墓簡 96 釋文作「☑□占之曰：吉。山川☑」釋文中的未釋字原形作「」，原考釋者隸作「叟」。〔註1〕商承祚與袁國華皆釋爲「死」。〔註2〕

袁國華舉《望山》所見之「死」字作：

        虎   佟   刻   芳

可見所論字右上殘存的筆畫與「死」字所从「歺」旁相似，故非从「又」，可隸作「歺」。由袁文所舉四形，可見《望山》的「死」字寫法並不固定，若依簡牘中殘筆位置，所論字寫法應與上舉第二形（引者按：此形出處爲 1.59）較爲相近。若依楚簡文例，袁文舉《包山》2.249：「…尙毋死。義占之：恆貞，不死，…」、《望山》1.39：「…尙毋死。占之：恆貞吉，不死☑」爲例，與此

〔註1〕 袁錫圭、李家浩：《望山楚簡‧一號墓竹簡釋文與考釋》（北京：中華書局，1995 年），頁 76。

〔註2〕 商承祚：《戰國楚竹簡匯編》（濟南：齊魯書社，1995 年），頁 232，此說由蘇建洲師所提供。袁國華：〈《望山楚簡》考釋三則〉，《古文字研究》第 24 輯（北京：中華書局，2002 年），頁 371～372。

簡簡意相仿，故以字形與辭例而言，所論字應爲「死」字。

《十四種·望山》1 號墓簡 96 釋文改作「▨占（死）。占之曰：吉。山川▨」〔註3〕

二、▨（簡109）

《十四種·望山》1 號墓簡 109 釋文作「聖逗王、悼王，各備（佩）玉一環。東邸公，備（佩）玉一環。賽禱宮地宝（主），一豽。觀□▨」釋文中的「豽」字，原考釋者作「豻」。〔註4〕中山大學古文字研究室楚簡整理小組隸定作「豽」。〔註5〕劉信芳認爲此字爲「豻」之殘。〔註6〕袁國華隸作「豽」。〔註7〕

就字形而言，袁國華已指出所論字的右半與「甫」形相差甚遠。《十四種》隸作「豽」，但所論字與「羊」（《包山》2.181「▨」）形相差亦遠，二說皆不從。《包山》常見的「豽」字：「豽」（簡207）、「豽」（簡219）。〔註8〕可見所論字的左旁與「豽」字相同，應从「豕」。右旁即是「古」字，袁國華指「『古』字『口』上的直畫又過長。」但比對紅外線掃描圖版，此字所从的「古」字直畫未過長，爲標準的「古」形。核對圖版，所論字亦非劉信芳認爲的「豻」字之殘，即是形體完整的「豽」字。《包山》楚簡釋文認爲「豽」字借作「豭」，《說文》：「牡豕也」。〔註9〕

《十四種·望山》1 號墓簡 109 釋文改作「聖逗王、悼王，各備（佩）玉一環。東邸公，備（佩）玉一環。賽禱宮地宝（主），一豽。觀□▨」其意爲「聖逗王、悼王與東邸公各佩戴一環玉。舉行對宮地主的賽禱，獻上一隻牡豬。觀…」

〔註3〕 「死」字應爲上句末字，故筆者增添「。」號作爲與「占之曰」的分隔。
〔註4〕 裘錫圭、李家浩：《望山楚簡·一號墓竹簡釋文與考釋》（北京：中華書局，1995 年），頁 77。
〔註5〕 轉引自袁國華：〈望山楚墓卜筮祭禱簡文字考釋四則〉，《中央研究院歷史語言研究所集刊》第七十四本，第二分（2003 年），頁 314。
〔註6〕 劉信芳：〈望山楚簡校讀記〉，《簡帛研究》第三輯（南寧：廣西教育出版社，1998 年），頁 35。
〔註7〕 袁國華：〈望山楚墓卜筮祭禱簡文字考釋四則〉，《中央研究院歷史語言研究所集刊》第七十四本，第二分（2003 年），頁 314～316。
〔註8〕 《十四種·包山》釋文皆隸作「豽」，釋讀爲「豭」。
〔註9〕 劉彬徽、彭浩、胡雅麗、劉祖信：《包山楚墓·包山二號楚墓簡牘釋文與考釋》（北京：文物出版社，1991 年），頁 387，註 397。

三、（簡 120）

　　《十四種・望山》1 號墓簡 120 釋文作「☑先老禮（童）、【祝】☑」釋文中的「先」字原形爲「」。《望山》中的「先」字作「」（1.90）、「」（1.134），字形與「」形不似，「先」字應是據辭例所補，祭禱簡常見「先老禮（童）」一詞，如《包山》2.237：「…先老僮、祝融、毓（鬻）酓（熊），各兩牂…」。然而依圖版的殘筆未能隸作「先」，釋文應作「【先】」爲宜。《十四種》・望山》1 號墓簡 120 釋文改作「☑【先】老禮（童）、【祝】☑」

四、（簡 152）

　　《十四種・望山》1 號墓簡 152 釋文作「☑□疧（瘥）。」釋文中的未識字原形作「」。原考釋者隸作「疋」。〔註10〕依「」可見「止」形，但所論字上方似有部件，故可依原考釋者隸爲「疋」。《十四種・望山》1 號墓簡 152 釋文改作「☑疋疧（瘥）。」

〔註10〕裘錫圭、李家浩：《望山楚簡・一號墓竹簡釋文與考釋》（北京：中華書局，1995 年），頁 81。

第五章 《楚地出土戰國簡冊〔十四種〕·望山2號墓簡冊》考釋

一、、（簡2）

《十四種·望山》2號墓簡2釋文作「女轈（乘）一轈（乘）：龍。齒。翟輪。」

1、

《十四種·望山》2號墓簡2釋文中的「」字，原考釋者、劉信芳皆隸作「枕」，認爲「允」與「盾」聲韻相近，可通讀，原考釋者讀「楯」，劉信芳訓「輴」。〔註1〕商承祚與劉國勝皆隸作「朼」。〔註2〕吳良寶、田河認爲此字爲「柳」。〔註3〕

此種形體又見於《望山》簡11「」。就字形而言，「允」字象人形，甲骨文作「」（《合集》7768），至楚簡則作（《郭店·成之聞之》簡36）、（《郭

〔註1〕 裘錫圭、李家浩：《望山楚簡·二號墓竹簡釋文與考釋》（北京：中華書局，1995年），頁107。劉信芳：〈楚簡器物釋名上篇〉，《中國文字》新廿二期（臺北：藝文印書館，1997年），頁168。

〔註2〕 商承祚：《戰國楚竹簡匯編》（濟南：齊魯書社，1995年），頁106。劉國勝：《楚喪葬簡牘集釋》（武漢：武漢大學博士學位論文，2005年修改），頁108。

〔註3〕 吳良寶：〈平肩空首布（卭）字考〉，《中國錢幣》，2006年第2期，頁9～10。田河：《出土戰國遣冊所記名物分類匯釋》（長春：吉林大學博士論文，2007年），頁87。

−153−

店・成之聞之》簡 25），可見「允」字下方皆爲二筆畫，而所論字二形皆爲一曲筆，且右下方筆畫與上方筆畫合爲一曲筆，作「𠂤」形，故此形應與「屮」形（如：《包山》2.260「⿰」）較爲相似，應隸作「枓」。吳良寶與田河舉《上博四・柬大王泊旱》簡 14「⿰」爲例，認爲所論字與「⿰」形相仿，故應從「卬」。〔註 4〕禤健聰考釋《上博四・柬大王泊旱》簡 14「⿰」字形，則舉《包山》2.260「⿰」爲例，將「⿰」改隸作「屮」，釋爲「叫」。〔註 5〕故此字無法作所論字從「卬」之確切例證。退一步說，若將所論字隸爲「柳」，但訓爲「馬柱」，或是田河讀作「軸」，釋爲「竹輿」，皆與簡文文意不合，故不從。

就讀法而言，商承祚讀「樛」。劉國勝讀「收」，指車軫，此簡釋文指車器──「女輭（乘）」，〔註 6〕故「龍枓」應是與「車」有關之物。商承祚指「樛」爲「木下曲」，其義不明。劉國勝指「收」可爲車箱底部四面的橫木，即車軫，並舉戴震《考工記圖》：「輿下四面材合而收輿謂之軫，亦謂之收。」朱駿聲《說文通訓定聲・孚部》：「收，輿底四面材前後左右通謂之收。」爲例，故所論字讀爲「收」與此簡文意較爲相合。〔註 7〕

2、

《十四種・望山》2 號墓簡 2 釋文中的「⿰」形，原考釋者疑此字釋爲「守」字，「齒守」疑指用象牙裝飾的「守」。〔註 8〕何琳儀將此字釋爲「爰」，讀作「轅」。〔註 9〕田河指所論字與《璽彙》4264、4265 的「鋝」字右邊所从完全

〔註 4〕此形原考釋者隸作「卬」。參濮茅左：《上海博物館藏戰國楚竹書（四）・柬大王泊旱》（上海：上海古籍出版社，2004 年），頁 207。

〔註 5〕禤健聰：〈楚簡文字補釋五則〉，《古文字研究》第 26 輯（北京：中華書局，2006 年），頁 363。

〔註 6〕爲「女姓的乘車」，應非車子的專名，可能是女姓所乘較小專車的別名。參李守奎：〈出土簡策中的「軒」和「圓軒」考〉，《古文字研究》第 22 輯（北京：中華書局，2000 年），頁 197。古敬恒：〈楚簡遣策車類字詞考釋〉，《徐州師範大學學報》（哲學社會科學版），2001 年第 27 卷第 2 期，頁 45。

〔註 7〕《十四種・望山》2 號墓簡 11 釋文亦需修改。

〔註 8〕裘錫圭、李家浩：《望山楚簡・二號墓竹簡釋文與考釋》（北京：中華書局，1995 年），頁 115。

〔註 9〕何琳儀：《戰國古文字典──戰國文字聲系》（北京：中華書局，2007 年），頁 936。劉國勝、古敬恒從之。參劉國勝：《楚喪葬簡牘集釋》（武漢：武漢大學博士學位論文，2005 年修改），頁 108。古敬恒：〈楚簡遣策車類字詞考釋〉，《徐州師範大學學報》（哲學社會科學版），2001 年第 27 卷第 2 期，頁 47～

相同，釋爲「寽」，「齒寽」爲車器，其意待考。〔註10〕

　　依形體而言，「寽」與「爰」皆从「爪」形，「寽」字金文作「」（《集成》2841）、「」（《集成》4215），可見「寽」字二手形中間有一橫畫，何琳儀指出此形爲「會雙手持一物之意」。〔註11〕但所論字二手形中間爲「」形，「寽」未見將一橫筆訛爲「」形的情況，故不從此說。〔註12〕而「爰」字，「爰」字本義爲「象二人相引之形」，〔註13〕此字左上仍可見「爪」形，與「」（《包山》2.110）相仿，且「爰」字多有「」形，所論字的此形略爲彎曲，與上方的「爪」形結合，但仍可見此形，故所論字應釋爲「爰」，讀「轅」，簡文「齒轅」指象牙做的車轅。

　　《十四種‧望山》2號墓簡2釋文改作「女轕（乘）一轕（乘）：龍杸（收）。齒爰（轅）。」文意爲「女子所乘坐的車輛一輛，有龍紋裝飾的車軫，象牙做的車轅。」〔註14〕

二、（簡11）

　　《十四種‧望山》2號墓簡11釋文作「八十。紫盍（蓋），軥、杠皆歇（雕）。又（有），鰭（赭）膚之純。中，䑛褺，紫☒」

　　釋文中的「」形，學者視爲與《望山》2號墓簡2的「」字相同，故隸作「杭」或「杸」。〔註15〕筆者認爲所論字右旁作「」形，右半疑从口、

48。

〔註10〕田河：《出土戰國遣冊所記名物分類匯釋》（長春：吉林大學博士論文，2007年），頁106。

〔註11〕何琳儀：《戰國古文字典—戰國文字聲系》（北京：中華書局，2007年），頁934。

〔註12〕田河引《璽彙》4264、4265爲例，但筆者查詢《古璽彙編》一書，未見此例。何琳儀指「寽」與「爰」字在侯馬盟書與典籍中有訛混的例證，可能爲一字之分化。但就此例而言，仍與「爰」字較爲相近，且「寽」字與車器較無相關，故暫釋作「爰」。參何琳儀：《戰國古文字典——戰國文字聲系》（北京：中華書局，2007年），頁936。

〔註13〕李孝定：《甲骨文字集釋》（臺北：中央研究院歷史語言研究所，1970年），頁1439。

〔註14〕此翻譯參裘錫圭、李家浩：《望山楚簡‧一號墓竹簡釋文與考釋》（北京：中華書局，1995年），頁114～116。劉國勝：《楚喪葬簡牘集釋》（武漢：武漢大學博士學位論文，2005年修改），頁107～110。

〔註15〕學者說法參筆者論文《《楚地出土戰國簡冊〔十四種〕》校訂》（台中：中興大

從勹，與「⬛」字右邊偏旁不同，故非同一字。此字與同簡「軥」右半所從相仿，其形為「⬛」，此字隸為「軥」學者皆無異議。另，《上博四·柬大王泊旱》亦有相似字形：「⬛」（簡14），對於「⬛」字的考釋，學者意見分歧，原考釋者隸作「句」。〔註16〕季旭昇師釋為從口，勹聲，疑為「啕」字異體。〔註17〕禤健聰釋為從勹，口聲，讀為「哭」。〔註18〕季師指出楚簡「句」字皆為「句」字均作「⬛」（如《郭店·語叢一》簡28），從口、丩聲，與「⬛」字構形不同，故此形應從勹，從口。

「⬛」右半與「⬛」、「⬛」相仿，應是同一字形，可隸作「軥」（非從口、丩聲）。就讀法而言，此字可從「口」得聲，讀為「句」，「口」為溪紐侯部，「句」為群紐侯部，音近相通。「軥」可訓為「彎曲」，如《荀子·性惡》：「故枸木必將待檃栝烝矯然後直。」楊倞註：「枸，讀為鉤，曲也。」〔註19〕簡文「又（有）杸（收），〔註20〕鑥（赭）膚之純。軥中，暵婁，紫」應指車軫是純赤色，但中間彎曲。因此「鑥（赭）膚之純。軥中」二句應改以逗號作區隔，而「軥中，暵婁」則改以句號作區隔。

《望山》2號墓簡11釋文可作「⬛八十。紫盍（蓋），軥、杠皆殿（雕）。又（有）杸（收），鑥（赭）膚之純，軥中。暵婁，紫☒」簡文意指「⬛八十個。紫色的車蓋，軥心木以及車蓋柄皆有雕刻。有純赤色的車軫，但中間彎曲。車軫下扣住車軸的伏兔是紫色的」。〔註21〕

學碩士論文，2011年），頁132～133。亦收入本書，頁153～154。劉國勝認為「杸中」指軫中對應於軸的部位。參劉國勝：《楚喪葬簡牘集釋》（武漢：武漢大學博士學位論文，2005年修改），頁116。

〔註16〕濮茅左：《上海博物館藏戰國楚竹書（四）·柬大王泊旱》（上海：上海古籍出版社，2004年），頁207。

〔註17〕季旭昇師：〈《上博四·柬大王泊旱》三題〉，「簡帛研究網」2005.2.12。

〔註18〕禤健聰：〈楚簡文字補釋五則〉，《古文字研究》第26輯（北京：中華書局，2006年），頁363。

〔註19〕漢語大字典編輯委員會編纂：《漢語大字典》（湖北：辭書出版社，1986年），頁1187。

〔註20〕此字考釋參筆者論文筆者論文《《楚地出土戰國簡冊〔十四種〕》校訂》（台中：中興大學碩士論文，2011年），頁132～133。亦收入本書，頁153～154。

〔註21〕「暵婁」譯文參劉國勝：《楚喪葬簡牘集釋》（武漢：武漢大學博士學位論文，2005年修改），頁116。

三、（簡15）

　　《十四種·望山》2號墓簡15釋文作「一，一鬵，□綏，紡屋，凼（絕）
坕，柱易馬，禺純，虎☒」。釋文中的「」字，原考釋者與劉信芳隸作「栲」。
〔註22〕李守奎以《包山》2.163「」、2.180「」、2.85「」爲例，認爲
只要看同批簡中的「于」及從于「竽」、「雩」、「邘」等字即可知道，上揭三
字的右旁絕不會是「從人、于聲」的「夸」。〔註23〕高佑仁進一步指出古文字
「夸」字作：

　　　「」（合集4813）、「」（西周晚·伯夸父簠·集成4345）、「」（商
　　代晚·夸甗·集成790）、「」（商代晚·夸爵·集成7432）、「」（商
　　代晚·夸戈·集成10659）、「」（夸矛·《新收殷周青銅器銘文暨
　　器影彙編》）、「」（《古陶文彙編》5.33）、「」（《古陶文彙編》5.34）、
　　「」（先秦貨幣通論·144）、「」（馬王堆·方·217）、「」（馬
　　王堆·經·2）、「」（睡虎地·爲·14）、「」（小篆），可見「夸」
　　字從甲骨文至秦漢篆隸並無太大的變化，「夸」字《説文》云：「奢也。
　　從大于聲。」字從「于」，「于」字楚簡「于」（《包山》2.163）、「于」
　　（帛丙7.3）、「于」（帛乙5.7），上半不會添飾筆，豎筆也從不添飾筆，
　　「」字確實不應釋作從「于」，也不當看成「夸」字。〔註24〕

由高佑仁所舉的字例可知，所論字與確切可釋爲「夸」旁的字形確實有別。
　　《十四種》疑爲「硅」。〔註25〕陳劍認爲楚簡從土之字常見，如「宔」、「硅」、
「鉒」、「赶」等字，於簡文釋讀上皆未有疑問，但「」則未以「主」爲聲
符之例，故此字是否從「主」仍有疑問。〔註26〕「」字右邊所從偏旁古文

〔註22〕裘錫圭、李家浩：《望山楚簡·二號墓竹簡釋文與考釋》（北京：中華書局，
　　　　1995年），頁109。劉信芳：〈信陽楚簡2—04號所記車馬器研究〉，《古文字
　　　　研究》第26輯（北京：中華書局，2006年），頁293。
〔註23〕李守奎：〈楚文字考釋獻疑〉，《古文字學論稿》（合肥：安徽大學出版社，2008
　　　　年），頁345。
〔註24〕高佑仁：〈《莊王既成》「航」字構形考察——兼談戰國文字「蔡」、「尨」、「充」
　　　　的字形差異〉，武漢大學「簡帛網」2010年7月12日（http://www.bsm.org.cn/
　　　　show_article.php?id=1273）。
〔註25〕陳偉等著：《楚地出土戰國簡冊〔十四種〕》（北京：經濟科學出版社，2009
　　　　年），頁295，註69。
〔註26〕陳劍：〈試說戰國文字中寫法特殊的「元」和從「元」諸字〉，《出土文獻與古
　　　　文字研究（第三輯）》（上海：復旦大學出版社，2010年），頁155～156。

字常見。〔註27〕陳劍對此種偏旁作了一系列探討，將此形嚴式隸定作「夲」，依聲韻以及鄂君啓節的「」、「」二字爲例，認爲「夲」旁與「亢」字相當，故「」隸作「杭」。但簡文文意不明，疑爲某種車名。

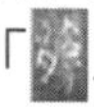

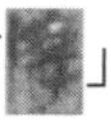

　　《十四種・望山》2 號墓簡 15 釋文改作「一杭，一，□緵，紡屋，（絕）里，柱昜馬，禺純，虎」。〔註28〕

四、（簡20）

　　《十四種・望山》2 號墓簡 20 釋文作「之筶（席），繪（錦）純。其」釋文中的「」字，原考釋者隸作「迚」。〔註29〕劉信芳認爲「迚」是「遬」的誤釋。〔註30〕滕壬生釋作「逨（迚）」。〔註31〕古敬恒隸作「逨」，讀爲「綏」。〔註32〕

　　就形體而言，楚簡「遬」形作「」（《包山》2.214）、「」（《包山》2.204）。「迚」形作「」（《包山》2.142）、「」（《長臺關》1-042），皆與所論字形

〔註27〕 此種字形可參高佑仁：〈《莊王既成》「航」字構形考察──兼談戰國文字「蔡」、「尨」、「亢」的字形差異〉，武漢大學「簡帛網」2010 年 7 月 12 日（http://www.bsm.org.cn/show_article.php?id=1273）。陳劍：〈試說戰國文字中寫法特殊的「亢」和從「亢」諸字〉，《出土文獻與古文字研究（第三輯）》（上海：復旦大學出版社，2010 年），頁 153～154。

〔註28〕 依陳劍所言，此種偏旁《郭店・語叢四》、《包山》亦出現，《語叢四》簡 26 與《包山》2.85 從「缶」旁，《十四種・郭店》語叢四 26 釋文改作「豪（家）事乃又（有）賮（度），三䖒（雄）一䖒（雌），三䍊（瓴）一莝。」，「䍊」爲「瓴」字異體。陳劍認爲《包山》2.85 辭例皆用爲「地名」，因此難以判斷吳振武釋爲「鍾」是否正確。但依陳文對《包山》2.86 字例（從「阜」旁）的解釋：應是對應「岡」之古字，即是「堲」，此字亦見於曾侯乙墓漆匫，即是「阮」字繁體。但《包山》2.86 此字亦爲地名，故筆者以爲簡 85 亦可改從「亢」之字故筆者將《十四種・包山》2.86 釋文改作「䈞（荊）屄之月戊戌之日，鄗昜（陽）君之菓院邑人紫訟兼陵君之陳泉邑人塙。」簡 85 釋文改作「䈞（荊）屄之月辛巳之日，䍊缶公德訟宋�…以其受䍊缶人而逃。」

〔註29〕 裘錫圭、李家浩：《望山楚簡・二號墓竹簡釋文與考釋》（北京：中華書局，1995 年），頁 109。

〔註30〕 劉信芳：〈望山楚簡校讀記〉，《簡帛研究》第三輯（南寧：廣西教育出版社，1998 年），頁 38。

〔註31〕 滕壬生：《楚系簡帛文字編【增訂本】》（武漢：湖北教育出版社，2008 年），頁 176。

〔註32〕 古敬恒：〈望山楚簡文字考釋三則〉，《中國文字研究》第二輯（南寧：廣西教育出版社，2010 年），頁 172。

體不同。所論字應从辵、从医，此字的右上偏旁爲楚簡「禾」（如《上博二‧容成氏》簡7：「」）字，故應隸作「遥」。古敬恒舉中山王䚂鼎「」爲例，〔註33〕認爲「」即是「委」之本字，故將「遥」讀爲「綏」，指旌旗上所加的羽旄之類的裝飾爲綏，也可泛指旌旗或旗幟的垂斿。〔註34〕「」右上所从偏旁與「」相似，應爲同一字，但此簡文過短，且此字前文爲「之箬（席），繢（錦）純。」無法得知是否與旌旗有關，故此字筆者不作通讀。《十四種‧望山》2號墓簡20釋文改作「☑之箬（席），繢（錦）純。其遥☑」。

五、（簡60）

《十四種‧望山》2號墓簡60釋文作「☑縞裏，五凶之純，組綏。一□☑」釋文中的「」字，原考釋者僅放置摹本。〔註35〕商承祚與劉國勝隸作「宋」。〔註36〕楚簡「宋」字作「」（《包山》2.51）、「」（《包山》2.164），與此字相仿，應可隸作「宋」。「縞」字圖版未見，且竹簡中「裏」字上方的空間僅剩「」，未有足夠空間可以書寫「縞」字，故此字應爲《十四種》依辭例增補，釋文應改以「【縞】」表示。《十四種‧望山》2號墓簡60釋文改作「☑【縞】裏，五凶之純，組綏。一宋□☑」

〔註33〕對於中山王䚂鼎「」字形的說法，周波引施謝捷文章：「『医』應該是委曲、委積之『委』的本字，是『从乚（或匸）从禾』的會意字」，故認爲「医」字从「禾」，大概是由於「禾」、「医」古音接近，可以兼起表音的作用，應爲會意兼形聲字。參周波：〈中山器銘文補釋〉，「復旦網」2009年9月8日（http://www.guwenzi.com/srcshow.asp?src_id=899）。

〔註34〕季旭昇師疑「医」和「委」或爲同一字，至漢以後从「女」，取義不明，或與「夊」不同字，後世「夊」廢而「委」行。參季旭昇師：《說文新證》，下冊（臺北：藝文印書館，2008年），頁186～187。

〔註35〕裘錫圭、李家浩：《望山楚簡‧二號墓竹簡釋文與考釋》（北京：中華書局，1995年），頁113。

〔註36〕商承祚：《戰國楚竹簡匯編》（濟南：齊魯書社，1995年），頁111。劉國勝：《楚喪葬簡牘集釋》（武漢：武漢大學博士學位論文，2005年修改），頁125。

第六章 《楚地出土戰國簡冊〔十四種〕·九店 56 號墓簡冊》考釋

第一節 耑、秮等數量

一、![圖](簡 1)、![圖](簡 3)、![圖](簡 4)、![圖](簡 9)

　　《十四種·九店》56 號墓簡 1 釋文爲「☑【耑一秠又五來，敆稱之】三
檐（擔）。耑二秠，敆稱之四檐（擔）。耑二秠又五來，敆稱之五檐（擔）。耑三
秠，敆稱之六檐（擔）。耑三☑」，釋文中「來」字於簡 3、簡 4 和簡 9 皆有出
現，其形分別爲：「![圖]」（簡 1）、「![圖]」（簡 3）、「![圖]」（簡 4）、「![圖]」（簡 9），
學者皆將此形體隸爲「來」，〔註1〕惟董珊隸爲「芣」。〔註2〕

　　此種字形上半部件與「來」字相同，但此種形體來源多處，爲一種集團
類化的現象，〔註3〕因此不能當作釋爲「來」字的確切證據。依字形而言，楚

〔註1〕 李家浩：《九店楚簡·釋文與考釋》（北京：中華書局，2000 年），頁 59。李
　　　　 零〈讀九店楚簡〉，《考古學報》，1999 年第 2 期，頁 141～142。
〔註2〕 董珊：〈楚簡簿記與楚國量制研究〉，「復旦網」2010 年 6 月 6 日
　　　　（http://www.gwz.fudan.edu.cn/SrcShow.asp?Src_ID=1175）。
〔註3〕 「集團類化」一詞可參林清源師：《楚國文字構形演變研究》（台中：東海大
　　　　 學中文研究所博士論文，1997 年），頁 162。「夆」字構形可參劉信芳：〈从夆
　　　　 之字匯釋〉，《容庚先生百誕辰紀念文集》（廣東：廣東人民出版社，1998 年），
　　　　 頁 607～618；高佑仁：〈《曹沫之陣》「早」字考釋〉，《簡帛》第一輯（上海：
　　　　 上海古籍出版社，2006 年），頁 177～185。

系文字獨體的「來」（逨）字下方皆有「止」（或加「辵」旁），以加強往來、行來義，〔註4〕其例如下：

《郭店・語叢一》簡99	《上博二・容成氏》簡47	《上博三・周易》簡35	《上博二・容成氏》簡47	《葛陵》乙一19

但當「來」字作爲偏旁時，則可無「止」（或「辵」旁）：「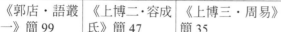」（《清華一・程寤》簡1）。〔註5〕「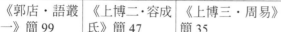」字下方可確定爲「十」字部件，但《九店》「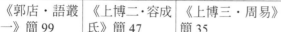」形出現四次，皆未見「止」旁，此種形體與楚簡獨體的「來」字構形不同，故此字形非「來」字。

董珊舉出「朱」字偏旁於甲骨文寫作「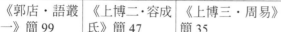」（《類纂》頁1165）、金文作「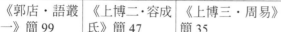」（靜簋）、楚簡作「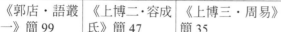」（《上博三・周易》簡7）、「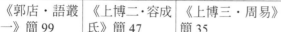」（《上博五・三德》簡4），可見「朱」字下半部的演變：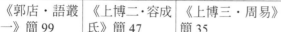（直筆）➔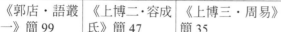（肥筆）➔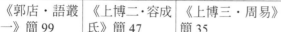（橫畫），此種構形演變多見。由以上字例可知，作爲偏旁的「來」字與「朱」字相仿，然而獨體的「來」字需加入「止」（或「辵」）旁，而所論字四形皆無，故依字形而言所論字爲「朱」字的可能性較高。

依辭例而言，董珊所舉「曶鼎」銘文「昔饉歲，匡眾厥臣廿夫，寇曶禾十朱」，「朱」字爲「禾」的計量單位，此處辭例與《九店》相仿，皆爲「數目字+朱」，此二字爲同一字的可能性相當大，故此字應可隸爲「朱」，是用來表示穀物的計算單位。

由上可知，《十四種・九店》56號墓簡1釋文可改爲「☑【嘗一秅又五朱，敓秱之】三襜（擔）。嘗二秅，敓秱之四襜（擔）。嘗二秅又五朱，敓秱之五襜（擔）。嘗三秅，敓秱之六襜（擔）。嘗三☑」，而簡3、簡4和簡9釋文也需一併修改，「朱」字於簡文中應作「量詞」用，然而實際意義爲何，筆者認爲學者解釋皆有一定的推測性，〔註6〕故此字字義待考。

〔註4〕 季旭昇師：《說文新證》，上冊（臺北：藝文印書館，2002年），頁463。
〔註5〕 此字例由蘇建洲師所提供（2011年6月23日）。
〔註6〕 李家浩認爲：「『秱』與『來』的比率是1比10。『嘗』經『敓秱』之後，『秱』與『擔』、『來』與『擔』的比率分別是1比2、5比1。」李零：〈讀九店楚簡〉，

二、（簡 4）、（簡 5）

《十四種·九店》56 號墓簡 4 釋文爲「⧄𥝌□□。方七，麇一，𣫚五稞又六來，𣫚四【檐（擔）。方𤰈，𥫱一，𣫚十】檐（擔）又三檐（擔）三赤二篙。方、产（鴈）首一，𣫚二十檐（擔）。方⧄」，簡 5 釋文「⧄三赤二篙。方三，产（鴈）首一，𣫚□□檐（擔）□□⧄」。

《十四種·九店》簡 4、5 釋文中隸定「产（鴈）首」之字，其字形分別爲：「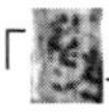」（簡 4）、「」（簡 5），原考釋者李家浩釋作奤（大首）。〔註 7〕晁福林疑此字爲「稽」字古文，《周禮·大祝》：「辨九拜，一曰稽首」，鄭注：「稽首，拜頭至地也」，「稽」，《釋文》作「䭫」，訓以「下首」，簡文上大下首之字，會意爲首在人之下部，當爲「䭫」之初文，後通用爲「稽」（簡文䭫，下面徑寫爲稽），「稽」本義爲「留止」，後多引申用如稽考之意。〔註 8〕李零認爲似是一個从产、从首加重文號的字，這裡暫以「顏」字代之。〔註 9〕邴尚白則舉出上海博物館近年新入藏的大市量銅器爲例，銘文末句云：「攻（工）差（佐）競之、㞷（上）以爲大市𥂴（鑄）武（模）𩠐。」「𩠐」應即此量之器名，則《九店》簡「𩠐」的容量即應爲 500 毫升。〔註 10〕禤健聰認爲「𩠐」應釋爲「顏首」。〔註 11〕董珊釋爲从「鳥」，「彥」省聲，即「雁」字異體。〔註 12〕

《考古學報》第 2 期（1999 年），頁 141～142：「簡文『𣫚』，不詳，似爲折合之義。『稞』或作『稑』，疑是稱量粟米的衡制單位。『來』，似是前者的十分之一。」參看李家浩：《九店楚簡·釋文與考釋》（北京：中華書局，2000 年），頁 59。董珊意見爲：「九店簡『𥝌』與曶鼎之『秭』或有可能是相同的單位…文獻中計量全禾的基礎單位是『秉』，即一手所能把握的數量。…又《說文》『秭，五稷爲秭』。則 1 秭爲 200 秉。曶鼎之『秭』缺乏更多旁證，無法推算，但一般大家都認爲曶鼎之『秭』是個比較大的單位，所以可能是 200 秉…。若此，在九店簡，『五𥝌』在『敔稱之』之後相當於 1 簷，5 𥝌之禾爲 1000 秉」。參看董珊：〈楚簡簿記與楚國量制研究〉，「復旦網」2010 年 6 月 6 日（http://www.gwz.fudan.edu.cn/SrcShow.asp?Src_ID=1175）。

〔註 7〕李家浩：《九店楚簡·釋文與考釋》（北京：中華書局，2000 年），頁 60。

〔註 8〕晁福林：〈九店楚墓補釋——小議戰國時期楚國田畝制度〉，《中原文物》，2002 年第 5 期，頁 53。

〔註 9〕李零：〈讀九店楚簡〉，《考古學報》，1999 年第 2 期，頁 143

〔註 10〕邴尚白：〈九店五十六號楚墓一至十二簡試探〉，《中國文學研究》，1992 年第 16 期，頁 21。

〔註 11〕禤健聰：〈楚簡所見量制單位輯證〉，《中原文物》，2008 年第 2 期，頁 96。

〔註 12〕董珊：〈楚簡簿記與楚國量制研究〉，「復旦網」2010 年 6 月 6 日（http://www.gwz.fudan.edu.cn/SrcShow.asp?Src_ID=1175）。

　　晁福林並未指出「」形與「稽」字形的關連性，若就字形而論，「稽」古文字形爲「」、「」、「」等形，〔註13〕皆與「」字相去甚遠，非同一字形。李家浩認爲上从「大」形，然而「」（簡 4）、「」（簡 5）二字上半部皆爲交錯的「X」形，「大」字一般作「」（《郭店・忠信之道》簡 4）、「」（《九店》56 號墓簡 21）、「」（《九店》56 號墓簡 30），可見「大」字下半部未作交叉形，雖然「大」字可訛爲「文」字，〔註 14〕但二支簡皆寫錯字的機率較低，故此字應該不作「奮」。

　　邴尙白舉大市量銅器銘文「攻（工）差（佐）兢之、（上）以爲大市盥（鑄）武（模）麿」爲例，〔註15〕大市量的「麿」字原形作「」，此字與《九店》「」爲同一字，此種說法應是正確的。仔細核查圖版，大市量此字與《九店》字形仍有些許不同：

大市量	九店簡 4	九店簡 5	董珊摹文

兩相比對可知，大市量銅器的「首」形上半有「产」形，而在《九店》簡 4、5 中皆未見「厂」形。

　　「产」本是从「文」，「厂」聲的形聲字，形聲字省略聲符的情形較爲罕見，但仍有字例可尋，如「躬」字可作「」（《包山》2.210），亦可作「」（《包山》2.228）；「睘」字作「」（「環」字所从，《望山》1.54），亦可作「」（《望山》2.50）。〔註16〕邴尙白舉曾侯乙墓漆箱蓋所書的二十八星宿，「軫」寫作「車」，省去聲符「㐱」。〔註17〕《九店》的「」字字形演變應爲：「」（大市量）→「」（《九店》），字形來源爲金文，省減了「厂」形（聲符），

〔註13〕徐在國：《傳抄古文字編》（北京：線裝書局，2006 年），頁 609～610。

〔註14〕「大」形可訛成「文」形，如：《包山》2.184「（大）厩黃翆」。

〔註15〕唐有波：〈大市量淺議〉，《古文字研究》第 22 輯（北京：中華書局，2000 年），頁 129。「」字跡略有模糊，其摹本作「」，「」字隸爲「麿」應無問題。董珊將此金文的「武」字改隸作「政」，讀爲「征」。參董珊：〈楚簡簿記與楚國量制研究〉，「復旦網」2010 年 6 月 6 日（http://www.gwz.fudan.edu.cn/Src Show.asp?Src_ID=1175）。筆者此銘文暫依唐有波所釋。

〔註16〕林清源師：《楚國文字構形演變研究》（台中：東海大學中文研究所博士論文，1997 年），頁 42～44。

〔註17〕邴尙白：《葛陵楚簡研究》（臺北：台灣大學博士論文，2007 年），頁 189。

故《十四種‧九店》的隸定字形應改爲「鷰」。

就讀法而言，李零認爲是「顏」的重文符，但若依大市量銅器銘文「攻（工）差（佐）戟之、走（上）以爲大市盥（鑄）武（模）鷰」而言，古代器名較少以疊字詞命名，故不認同李零之說。禤健聰認爲《葛陵》甲三 90 以及甲三 203 有「顏首」一詞，故《九店》爲「顏首」合文，滕壬生也將《葛陵》甲三 203「鷰」字收在「顏」字條下。〔註 18〕筆者贊成《九店》「鷰」爲《葛陵》「鷰」的合文，但不贊同釋爲「顏」字，「顏」字於金文作「鷰」（九年衛鼎），上爲「彥」的初文，下爲「面」字。〔註 19〕所論字下从首非从面。《葛陵》甲三 203 圖版作「鷰」形，雖「目」形左旁多了二斜筆，但仍非「面」字，且下半部件與「鷰」（《上博三‧周易》簡 50）、「鷰」（《葛陵》乙四 76）等「鳥」形相似，故所論字與「鷰」皆非从面，應釋爲「鷰」字爲宜。就《葛陵》的文例而言，「鷰（鴈）首」作量詞使用，故大市量、《九店》和《葛陵》中出現的「鷰（鴈）首」應爲同一字形，皆爲 500 毫升的量器，因此，《十四種‧九店》讀爲「鴈首」是正確的。

《十四種‧九店》56 號墓簡 4 釋文應改爲「☐禾☐☐。方七，麋一，箮五楘又六月，〔註 20〕箮四【檐（擔）。方審，笞☐，箮十】檐（擔）又三檐（擔）三赤二篇。方、文（鴈）首一，箮二十檐（擔）。方☐」，簡 5 釋文改爲「☐三赤二篇。方三，文（鴈）首一，箮☐☐檐（擔）☐☐☐」。

三、鷰（簡 7）、鷰（簡 8）

《十四種‧九店》56 號墓簡 7 釋文爲「☐箮四十檐（擔）六檐（擔），粬三韌一篇☐」，簡 8 釋文爲「☐☐☐☐粬三韌一篇。方一☐」，其中的「粬」字分別作「鷰」（簡 7）、「鷰」（簡 8），李家浩和李零隸爲「粬」。〔註 21〕廣瀨薰雄和董珊皆認爲此字爲「粬」。〔註 22〕《楚文字編》和《楚系簡帛文字編（增

〔註 18〕滕壬生：《楚系簡帛文字編【增訂本】》（武漢：湖北教育出版社，2008 年），頁 798。

〔註 19〕劉釗：《古文字構形學》（福州：福建人民出版社，2006 年），頁 160。

〔註 20〕「喜」字隸定，參《九店》第 1 則考釋。

〔註 21〕李家浩：《九店楚簡‧釋文與考釋》（北京：中華書局，2000 年），頁 60。李零：〈讀九店楚簡〉，《考古學報》，1999 年第 2 期，頁 143。

〔註 22〕廣瀨薰雄：〈新蔡楚簡所謂「賵書」簡試析——兼論楚國量制〉，《簡帛》第一

訂本)》皆歸入「粰」字條下。〔註23〕

「▨」（簡8）與《包山》2.2「▨」、2.128「▨」（陸）等形極爲相似，〔註24〕右下部件可以清楚看到「十」字形部件，右上半部爲類似「屮」形的部件，而「每」字作「▨」（《上博二‧子羔》簡4）形，與所論字相異甚大，此字應隸爲「粰」。董珊對此字的解釋爲：「一般認爲其讀音與『徵』或『升』類同，上古音應該是舌音蒸部字。在九店簡文中，此字疑當讀爲『賸』，『賸』即今『剩餘』之『剩』字正體。……『粰三剚一簹』的意思是說不足一籈的部分即其『賸餘』的部分爲『三剚一簹』」。〔註25〕合理可從。

《十四種‧九店》56號墓簡7釋文應改爲「▨當四十檐（擔）六檐（擔），粰三剚一簹▨」，簡8釋文改爲「▨□□□粰三剚一簹。方一▨」。

四、▨（56號墓簡12）

《十四種‧九店》56號墓的簡12釋文作「▨□三稜▨」，釋文中的「三」字，原考釋者李家浩認爲「稜上一字的第一橫與第二橫距離較大，跟當時的『三』字寫法有別，有可能第一橫屬於上一字的筆畫。若此，此殘片文字應當釋寫作『▨□二稜▨』」。〔註26〕核對原圖版，「▨」形可見上筆與下二筆有段距離，與《九店》簡中的「三」字（如：簡1「▨」、簡19「▨」）三個橫筆等距的寫法不同，因此不該釋爲「三」。

筆者認爲，此字「▨」二橫中間有一斜筆，似爲「工」旁，但《九店》的「稜」字之前皆爲數目字，如「當三稜」（簡1）、「當四稜」（簡2），故此處應非「工」旁，然而此斜筆明確，非「二」、「三」字，應作不釋字爲宜，故《十四種‧九店》56號墓的簡12釋文應改爲「▨□□稜▨」。

輯（上海：上海古籍出版社，2006年），頁216。董珊：〈楚簡簿記與楚國量制研究〉，「復旦網」2010年6月6日（http://www.gwz.fudan.edu.cn/SrcShow.asp?Src_ID=1175）。

〔註23〕李守奎將此二字摹文作「▨」、「▨」二形，參看李守奎：《楚文字編》（上海：華東師範大學出版社，2003年），頁446。滕壬生：《楚系簡帛文字編【增訂本】》（武漢：湖北教育出版社，2008年），頁676。

〔註24〕關於「徵」、「升」字形解釋，可參看孫偉龍：《《上海博物館藏戰國楚竹書》文字羨符研究》（長春：吉林大學博士論文，2009年），頁110～121。

〔註25〕「徵」、「升」二字相通的解釋，可參孫偉龍：《《上海博物館藏戰國楚竹書》文字羨符研究》（長春：吉林大學博士論文，2009年），頁113。

〔註26〕李家浩：《九店楚簡‧釋文與考釋》（北京：中華書局，2000年），頁61。

第二節 叢 辰

（56 號墓簡 35）

《十四種‧九店》56 號墓的簡 35 釋文作：「子、丑、寅、卯、辰、巳、午、未、申、楢（酉）、戌、亥，是胃（謂）**叢**日，利於酓（飲）飤（食）。」釋文中的「**叢**」字爲《十四種‧九店》的摹本，《十四種》於注解中說明「可能是『光』字的訛體。『光日』當是秦簡《日書》『夬光日』或『夬光之日』的省稱。」〔註27〕此字原考釋者引用秦簡《日書》爲例，但認爲此字形奇特，其下似从「火」，其上不知所從。〔註28〕劉樂賢認爲此字的下部確與楚簡「光」字的常見寫法不同，但《包山》2.268 與 2.277 的「光」字下部的寫法也很特別，似可互證，故仍當釋爲「光」。〔註29〕劉信芳據秦簡釋作「夬光」，該字右下二小筆，究竟是合文符，還是字的構成筆畫，尚未能確定。〔註30〕陳偉認爲 35 號簡日名用字與《包山》2.272 號簡「赤金之鈦」的「赤」字近似，疑即是「赤」字，秦簡《除》篇、乙種 1～25 號簡對應的日名稱作「決光」，「赤」、「光」字形均與火有關，但兩個日名的具體關係還有待考究。〔註31〕李守奎《楚文字編》收在「光」字條下，〔註32〕滕壬生《楚系簡帛文字編（增訂本）》收在「炎」字條下。〔註33〕林清源師認爲此字即「光」字。〔註34〕

就字形而言，此字圖版作「**叢**」（以下稱△字），字形特殊，李家浩與《十

〔註27〕 陳偉等著：《楚地出土戰國簡冊〔十四種〕》（北京：經濟科學出版社，2009年），頁 313。

〔註28〕 李家浩：《九店楚簡‧釋文與考釋》（北京：中華書局，2000 年），頁 95。

〔註29〕 劉樂賢：〈九店楚簡日書研究〉，《華學》第二輯（廣州：中山大學出版社，1996年），頁 65。

〔註30〕 劉信芳：〈九店楚簡日書與秦簡日書比較研究〉，《第三屆國際中國古文字學研討會論文集》（香港：香港中文大學，1997 年），頁 524。

〔註31〕 陳偉：〈新發表楚簡資料所見的紀時制度〉，《第三屆國際中國古文文字學研討會論文集》（香港：香港中文大學，1997 年），頁 606。陳偉：〈九店楚日書校讀及其相關問題〉，《人文論叢》（湖北：武漢大學出版社，1998 年），頁 155。

〔註32〕 李守奎：《楚文字編》（上海：華東師範大學出版社，2003 年），頁 585。

〔註33〕 滕壬生：《楚系簡帛文字編【增訂本】》（武漢：湖北教育出版社，2008 年），頁 874。

〔註34〕 林清源師：〈上博（七）《鄭子家喪》文本問題檢討〉，《第三屆古文字與古代史國際學術研討會論文集（會議用）》（台北：中央研究院歷史語言研究所，2011 年），頁 283～284。

四種・九店》皆將摹本放置釋文之中。多數學者認同此字爲「光」，劉樂賢舉《包山》2.268、277「光」字爲例，字形分別爲「」、「」，可見此二字下半部依然爲「光」字常見的「人形」，而△字下半部明顯有訛，因此「」、「」二字不適合用爲釋作「光」的例證。

「光」字的標準字形爲上从火形、下从人形，再於人旁加四點飾筆，如「」（《郭店・老子甲》簡 27），但△字下半部並未見「光」字常見的「Y」型特徵，△字或爲「光」字訛形。《包山》簡中「光」、「赤」二字皆有訛寫的情況：

《九店》56 號墓簡 35	《包山》2.272	《包山》2.272
△日	需光（△1 字）結帽	赤（△2 字）金之鈦

△1、△2 二字皆訛成上、下部件从「火」的「炎」字，但依辭例皆可確定爲「光」和「赤」二字，〔註35〕「炎」、「光」和「赤」在字形與字義上皆有相關，因此可能造成書手誤書的情況。△字形特殊，似訛成「炎」字，但由△1、△2 二字可知，要確定△字爲何字，應由辭例探究。

就辭例而言，《九店》56 號墓簡 35 與秦簡《日書》「夬光日」相近：

夬光日，利以登高、飲食、邋（獵）四方野外。居有食，行有得。

以生子，男女必美。（《睡虎地秦簡》簡 12 正貳）〔註36〕

子、丑、寅、卯、辰、巳、午、未、申、酉、戌、亥，是謂日，

利以飲食；如遠行，剄。曰：居有食，行有得。生子，男必美於人。

內（入）貨，吉。（《九店》56 號墓簡 35）

由此可見二簡文中「飲食」、「生子」的結果皆相同，因此《九店》和《秦簡》二篇應爲《日書》中的同一日。故依辭例而言，「」應爲「光」字爲宜。

《十四種・九店》56 號墓的簡 35 釋文可改爲：「子、丑、寅、卯、辰、

〔註35〕 《包山》2.261、268、270 等皆出現「需光」一詞，皆可證明「需光」一詞於《包山》簡中常用。《包山》2.276「赤金之銈」、牘 1「赤金」，皆可證明「赤金」一詞於《包山》簡中常用。

〔註36〕 于豪亮：《睡虎地秦墓竹簡・日書甲種釋文注釋》（北京：文物出版社，1990年），頁 181。

巳、午、未、申、桺（酉）、戌、亥，是胃（謂）光日，利於酓（飲）飤（食）。」，
簡文可與秦簡《日書》相對照。

第三節　告武夷

　　《十四種‧九店》56 號墓〈告武夷〉釋文作：「【皋】！敢告□綸之子武彊：
『尒居遳（復）山之旣，不周之野，帝胃（謂）尒無事，命尒司兵死者。含（今）
日某牂（將）欲飤（食），某敢以其妻□妻女（汝），【塈】帀芳糧以讀辠（犢）
某於武彊之所：君向（饗）受某之塈帀芳糧，囟（使）某遫（來）歸飤（食）
故□。』」

　　1、（簡 43）

　　《十四種‧九店》釋文中「綸」字前一個未釋字，字形作「」（以下稱
△字），李零認為此字形下从木，疑是「桑」字。〔註37〕李家浩認為「□綸」是
武夷之父，此二字原文稍有殘泐，第一字不可辨識，第二字似是「綸」。〔註38〕
曹錦炎指出《武夷山志》卷四〈形勢〉：「《武夷山記》云：『昔有神人降此，自
稱武夷君。』《列仙傳》：『籛鏗（彭祖）隱於此山，二子曰武曰夷。』二說不同，
皆以為武夷所由名也。」《列仙傳》書中指出「籛鏗之子為武夷」，可與《九店
楚簡》「□綸之子武夷」相互比勘，「綸」、「鏗」二字古音相近正可破讀，本簡
缺字很有可能為「籛」字或其通假字。〔註39〕

　　曹錦炎認為此字為「籛」或其通假字，就字形而言，此字與「籛」字不
類，楚簡「籛」字作（《上博五‧鮑叔牙與隰朋之諫》簡 3）形，與「」
字相差甚遠，而「籛」可通假之字其字形亦與「」不同，故所論字不可能
為「籛」的通假字。〔註40〕

　　此字應隸作「桑」，「桑」字形體如下：

〔註37〕李零：〈讀九店楚簡〉，《考古學報》，1999 年第 2 期，頁 145。

〔註38〕李家浩：〈九店楚簡「告武夷」研究〉，《第一屆簡帛學術研討會論文集》（臺
　　　　北：中國文化大學，2003 年），頁 637～638。

〔註39〕曹錦炎的說法引自周鳳五文章，參周鳳五：〈九店楚簡告武夷重探〉，《中央研
　　　　究院歷史語言研究所集刊》第 72 本，第 4 分（2001 年），頁 944。

〔註40〕「籛」字通假情況參王輝：《古文字通假字典》（北京：中華書局，2008 年），
　　　　頁 745。

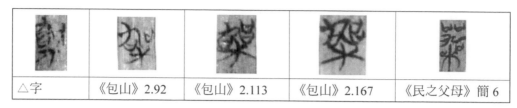

| △字 | 《包山》2.92 | 《包山》2.113 | 《包山》2.167 | 《民之父母》簡 6 |

由上表可見《包山》、《民之父母》的「桑」字，其構形部件皆爲「九」、「口」和「木」形，但「口」形數目不一，「九」形的位置也不盡相同。李零考證上舉的《包山》三字，皆作「桑」字。〔註41〕范常喜也認爲「喪」字下半从「木」形者，即爲「桑」字。〔註42〕△字形有殘，但可見下半部爲「木」形的殘筆，左上有「九」形部件，「桑」字「口」形部件數目不一致，筆者推測△字其他不規則形狀的殘筆，可能即是「口」形的殘存筆畫，故△字即爲「桑」字。

此處的「桑」字與《包山》2.167「桑覭」同用於人名中，《十四種・九店》56 號墓簡 43 釋文可改作「【皋】！敢告桑綜之子武彊……」，簡文中的「桑綜」爲「武彊」父親的名字。

2、（簡 43）

《十四種・九店》56 號墓簡 43 簡文末句爲：「某敢以其妻□妻女（汝）」，其中的未釋字圖版作「」（以下稱△1 字），陳松長認爲「『妻女（汝）』之前所缺之字在竹簡照片上依稀可辨，就作兩橫畫，竊以爲就可釋爲『二』字。從字形上看，與簡 6 中的『二』字頗爲相似。而從文義上看，釋爲『二』字置於文中宜然理順。所謂『妻二』也就是『二妻』之倒裝」〔註43〕李零認爲「亓妻」下殘文似非「二」字，而類似於「琴」、「瑟」等字所從，將其隸作「祇（？）」。〔註44〕范常喜認爲此字爲「上」，釋作「上」在文中亦比較通順，前文說「帝胃（謂）爾無事，命爾司兵死者。」可見「武夷君」有可能是天神，地上的祝禱者將「某」之妻嫁于「武夷君」自然可稱是「上」。〔註45〕

〔註41〕 李零：〈讀《楚系簡帛文字編》〉，《出土文獻研究》，1999 年第 5 輯，頁 141。劉信芳：《包山楚簡解詁》（臺北：藝文出版社，2003 年），頁 105。

〔註42〕 范常喜：〈簡帛《周易・夬卦》「喪」字補說〉，《周易研究》，2006 年第 4 期，頁 40。

〔註43〕 陳松長：〈九店楚簡釋讀札記〉，《第三屆國際中國古文字學研討會論文集》（香港：香港中文大學，1997 年），頁 547。

〔註44〕 李零：〈讀九店楚簡〉，《考古學報》，1999 年第 2 期，頁 145。李零：〈古文字雜識（二則）〉，《第三屆國際中國古文字學研討會論文集》（香港：香港中文大學，1997 年），頁 759。

〔註45〕 范常喜：〈九店簡《告武夷》補議〉，武漢大學「簡帛網」2009 年 9 月 26 日

　　李零的說法並未加以考釋論證，楚簡的「祁」字作：「**祁**」（《郭店‧六德》簡 30）、「**祁**」（《望山》2.50）等形，皆是橫畫下方有二撇曲筆，且爲二至三個相同部件所組成，然而依「**祁**」字形筆畫以及與下字的間隔而言，已沒有再放入相同部件的空間，故此字與「琴」、「瑟」二字所从的「祁」字應無關連。至於范常喜之說，「上」字在楚簡中的寫法如「**上**」（《郭店‧老子乙》簡 9），可見上面的橫畫較短，且中間有一豎筆，「**祁**」形皆未見「上」字的特徵，故此字非「上」。

　　筆者較認同陳松長的意見，但范常喜以「該字兩橫中間仍留有筆畫，而且右部兩橫並不等長，楚簡文中的『二』字已見數百，均作兩等長橫畫的累積，幾乎未見例外，下面一橫畫右部收筆有頓筆，這與常見的『二』字亦不相類。」爲反駁理由，此說待商榷。首先，范文言「該字兩橫中間仍留有筆畫」，△1 字的紅外線圖版爲「**△**」，可見此字形中間未有豎筆。其次，「二」字在楚簡中仍有作上下二筆不等長的情況，如「**二**」（《長臺關》2-021）、「**二**」（《上博四‧逸詩‧多薪》簡 1）。其三，范常喜認爲△1 字下橫畫有頓筆，與「二」字不類，然而楚簡「二」字即有頓筆寫法，如「**二**」（《葛陵》甲三 81）、「**二**」（《葛陵》甲三 203）、**二**（《包山》2.257），因此范常喜所提出的反對理由，皆未能成立。

　　由以上可知，雖然「**二**」筆畫略有模糊，但仍可釋爲「二」字，於簡文中作「某敢以其妻二妻女（汝）」，此處簡文爲將病人之妻（筆者認爲「某」爲病人，詳下文）獻給武彊，《禮記‧曲禮》：「天子之妃曰后，諸侯曰夫人，大夫曰孺人，士曰婦人，庶人曰妻」，可見在此的「某」爲平民，故配偶稱爲「妻」。陳松長認爲「妻二」爲「二妻」的倒裝，袁國華指出《包山》簡中多有「名詞+數目」的用法，故此處應非倒裝，「妻二」即爲「二妻」義。〔註46〕筆者查對《包山》辭例，「名詞+數目」後文皆有「單位詞」，如「栗二笿」（2.258），與此處辭例不同，故仍視爲「二妻」倒裝爲宜，「妻二」也就是病人的二位妻子獻給武彊。

　　《十四種‧九店》56 號墓簡 43 簡文簡文可改爲：「【皋】！敢告桑縊之子武彊：「尔居遝（復）山之岠，不周之野，帝胃（謂）尔無事，命尔司兵死者。含（今）日某牆（將）欲歆（食），某敢以其妻二妻女（汝）」。

（http://www.bsm.org.cn/show_article.php?id=1147）。
〔註46〕此爲袁國華私下給與筆者的意見（2011 年 12 月 17 日）。

3、（簡 44）

《十四種·九店》56 號墓簡 44「【翌】帚芳糧以誯韋（犢）某於武彊之所」，釋文中的「韋」字原形作「」，《十四種》釋爲「犢」。此字的隸定學者未有異議，但讀法有「贖」、「讀」、「育」和「犢」四種，李家浩認爲以从「誯」从「言」來看，「誯犢」二字應該跟語言有關…疑「誯犢」應當讀爲「揚讀」，訓爲「說」。〔註47〕夏德安的解釋較特殊，將「量育」譯爲「儲藏食品」，「育」的原文作「賣」。〔註48〕周鳳五和范常喜皆讀作「贖」。〔註49〕

先談「誯」字，「誯」可讀爲「量」，但並非同周鳳五所說「應當就是衡量犯罪情節輕重，由犯人交付等值的金錢以免除罪責。」之義。周鳳五的論點建立於「某」爲「兵死者」之上，但簡文中的「某」爲受「兵死者」（厲鬼）糾纏的病人，〔註50〕故不贊成周鳳五對此字的解釋。筆者認爲，「誯」字可作「標準」義，在《禮記·曲禮中》有「量幣」一詞，指長度固定，總是一丈八尺故稱，又叫「制幣」。〔註51〕此處的「誯」應也是表示一種祭祀物品的標準，出土文獻中可見對於神鬼的祭品有其規定，〔註52〕於傳世文獻中也可見其記載，如《禮記·祭法》：「王爲群姓立七祀曰泰厲。…諸侯爲國立五祀曰公厲。…大夫立三祀曰族厲。」，孔穎達疏曰：「曰泰厲者，謂古帝王無後也。此鬼無所依歸好爲民作禍，故祀之也。」「曰公厲者，謂古諸侯無後者。諸侯稱公，其鬼爲厲，故曰公厲。」「曰族厲者，謂古大夫無後者也。族，眾也。大夫眾多，其鬼爲厲，故言族厲。」可見周代天子、諸侯、大夫的政治等級不同，對厲鬼的祭祀也適應當時的等級制度。〔註53〕如對厲鬼的祭祀因祭者

〔註47〕 李家浩：《九店楚簡·釋文與考釋》（北京：中華書局，2000 年），頁 108～109。李家浩：〈九店楚簡「告武夷」研究〉，《著名中年語言學家自選集—李家浩卷》（合肥：安徽教育出版社，2002 年），頁 324～325。
〔註48〕 夏德安：〈戰國時代兵死者的禱辭〉，《簡帛研究譯叢》第二輯（1998 年），頁 34。
〔註49〕 周鳳五：〈九店楚簡《告武夷》重探〉，《中央研究院歷史語言研究所集刊》第七十二本第四分（2001 年），頁 951～953。范常喜：〈九店簡《告武夷》補議〉，武漢大學「簡帛網」2009 年 9 月 26 日（http://www.bsm.org.cn/show_article.php?id=1147）。
〔註50〕 「某」字考釋詳筆者下文。
〔註51〕 呂友仁、呂咏梅譯注：《禮記全譯·孝經全譯》（貴陽：貴州人民出版社，1998 年），頁 93。
〔註52〕 參看陳偉：《包山楚簡初探》（武漢：武漢大學出版社，1996 年），頁 177～178。
〔註53〕 張鶴泉：《周代祭祀研究》（臺北：文津出版社，1993 年），頁 47。

的官位而有等級區分，由上文可知「某」爲平民，因此在簡文中以「謹」字強調「平民」祭品的「標準」。

　　學者對於「𤲃」字的隸定未有異議，然而此字形與楚簡中常見從「賣」之字不同，疑此字上半部上承金文「𤲃」字寫法，豎筆加向左一撇之筆畫於構形演變常見，造成此字上部與「𤲃」字同形。〔註 54〕「𤲃」爲何義？首先，筆者贊成李家浩對夏德安說法的反駁「不僅跟簡文文義不合，而且『量育』也沒有『儲藏食品』的意思，其說顯然不能成立。」〔註 55〕因此可先將「𤲃」讀爲「育」的說法剔除。而李家浩之說舉「《廣雅》：『揚、讀、道』並訓爲『說』」爲例，此說並未說明「揚讀」連讀是否可訓爲「說」，且李文舉《禮記》「必以幣、帛、皮、圭告於祖禰，遂奉以出」爲例，認爲「說」與「告」同義，然而，此處的「告」爲「告祭」之義，「說」字並無此義。「說」字雖然於卜筮簡中代表「祈禱鬼神降福免災，具體操作方式，或攻解、或罷禱、舉禱、賽禱。」〔註 56〕而此種祈禱方法於《包山》簡中作「以其古（故）敓（說）之，罷禱文坪夜君」（2.200）、「𤲃石被常之敓（說），罷禱於卲（昭）王戠（特）牛」（2.203），可見「說」若表示祈禱鬼神降福免災義，後文皆爲祝禱的方法，若〈告武夷〉此處爲「說」字，後文並未明確地有祈禱方法，於楚簡祭文中的體例不合，故筆者不從。

　　就辭例而言，簡文中的「翠幣」、「芳糧」，由前輩學者的研究可確知爲獻給武夷的貢品，「謹」表示符合祭祀者等級的祭祀貢品標準，若「𤲃」讀爲「犢」，「犢」字本義爲「小牛」，置於簡文中則意義不明，因此筆者贊成范常喜讀爲「贖」。「謹」字用來修飾前文的「翠帛、芳糧」，表示以符合祭者（平民）等級的「翠幣」、「芳糧」爲祭品，用來𤲃（贖）回在武夷之所的「某」之魂魄。〔註 57〕因此此處斷句應從范常喜之說「【翠】帛芳糧以謹（量），𤲃（贖）某于

<hr/>

〔註 54〕此意見爲高榮鴻學長所提供，筆者從之。
〔註 55〕李家浩：〈九店楚簡「告武夷」研究〉，《著名中年語言學家自選集—李家浩卷》（合肥：安徽教育出版社，2002 年），頁 324。
〔註 56〕劉信芳：《包山楚簡解詁》（臺北：藝文出版社，2003 年），頁 212。
〔註 57〕古人認爲，在一般情況下的鬼魂并不害人，只有在特殊情況下死去者的鬼魂，如在襲擊中被殺的人，才試圖竊取生者靈魂，甚至相信死者會帶著生者的靈魂去死人的領地。筆者認爲「兵死者」便是其例，故將「某」之靈魂抓至武夷山。此說參見：劉源：《商周祭祖禮研究》（臺北：商務印書館，2004 年），頁 249。

武夷之所」。〔註58〕

4、「某」字考釋

簡文中的「某」出現了五次，究竟實指何人？李零認為是「祝者」，夏德安、周鳳五認為是「兵死者」，而李家浩、劉釗和工藤元男則認為是「病人」。〔註59〕筆者認為「某」應是指受「兵死者」（厲鬼）糾纏的病人，李家浩於文中反駁李零和夏德安說法，筆者從之。〔註60〕「某」若為「兵死者」，芳糧等物為兵死者派遣妻子用來召請武夷，然而「兵死者」已死，是不可能再派遣其妻做祭祀之事，且簡43簡文作「含（今）日某牆（將）欲飤（食）」、簡44簡文作「囚（使）某速（來）歸飤（食）故」等文，表示此祭祀是希望「某」能照常飲食，若「某」為兵死者，雖人們祭祀是希望被祭者能「食」所祭之物，然而依簡文所言「含（今）日某牆（將）欲飤（食）」，「欲」字義應為「想要」，生者難以得知被祭者是否「可食」甚至「歸飤（食）故」，此說較難以解釋祭祀者為何可知被祭者「不能食」的情況，故不從。

此處應為為病人所舉行的祈禱祭文，在吳、越地區對於橫死者特別懼怕，認為它們會作亂於人間，故對它們的祭祀相當隆重，〔註61〕且古人常把生活中的不順事件，從自然界的風雨不調到人類自身的生死、榮辱、悲歡皆歸於鬼神的作祟，如《論衡·辨祟篇》云：「世俗信禍祟，以為人之疾病死亡，及更患被罪，戮辱懽笑，皆有所犯。起功，移徙、祭祀、喪葬、行作、入官…，觸鬼逢神，忌時相害。故發病生禍，繮法入罪，至於死亡，暉家滅門，皆不

〔註58〕 大西克也指出「此處的『以』字應指『用來』，『謹』字作動詞為宜，故此說仍有疑問」。許學仁認為此句的斷句應是「【豐】尚芳糧，以謹（量）韋（贖）某于武夷之所。」二說為二位先生私下給與筆者的意見（2011 年 12 月 17 日）。

〔註59〕 劉釗：《出土簡帛文字叢考》（臺北：台灣古籍出版有限公司，2004 年），頁208。工藤元男〈從九店楚簡《告武夷》篇看《日書》之成立〉，《簡帛》第三輯（上海：上海古籍出版社，2008 年），頁54～57。

〔註60〕 李家浩：〈九店楚簡「告武夷」研究〉，《著名中年語言學家自選集—李家浩卷》（合肥：安徽教育出版社，2002 年），頁328～333。「據夏說43號、44號簡文是『為兵死者而唱禱的咒語』，那麼夏所說的『死者』，無疑是『兵死者』的同義語。…簡文『某將欲食』，說明『某』并沒有死，『某』不可能是『兵死者』。」「李零的說法顯然是錯誤的…此『某』指死者之魂。《告武夷》的『祝者』與『某』的關係，猶《儀記》的『復者』與『某』的關係，試問『復者』與『某』『可以任意替換』嗎？」

〔註61〕 姜彬主編：《吳越民間信仰民俗》（上海：上海文藝出版社，1992 年），頁72。

重慎，犯觸忌諱之所致也」。〔註62〕因此，把《九店·告武夷》中的「某」視為「病人」，以鬼神祈求「能食」，是可行的。又如《左傳·昭公七年》：「子產：人生始化曰魄，既生魄，陽曰魂，用物精多，則魂魄強，是以有精爽，至於神明，匹夫匹婦強死，其魂魄猶能馮依於人，以為淫厲。」可見楚國人認為的「厲鬼」（強死者）為匹夫匹婦不得壽終者會加害於人，甚至可能將生人的靈魂帶去死者的領土，〔註63〕此種信仰情況，反映於〈告武夷〉中便是「兵死者」帶了「某」的靈魂去他的領地（兵死者所歸之處：武夷山），因此〈告武夷〉中的「某」便需以「璧幣」、「芳糧」等物來對其祭祀，希望武夷能夠讓兵死者鬼魂放過生人，使「某」能歸來「牆（將）欲飲（食）」。〔註64〕

　　《十四種·九店》56 號墓〈告武夷〉釋文可改作：「【皋】！敢告桑綝之子武戇：『尔居遑（復）山之岠，不周之野，帝胃（謂）尔無事，命尔司兵死者。含（今）日某牆（將）欲飲（食），某敢以其妻＿妻女（汝），【璧】尙芳糧以譚，窒（贖）某於武戇之所：君向（饗）受某之璧尙芳糧，凶（使）呆逶（來）歸飲（食）故□。』」簡文翻譯應為：「皋，我請求桑綝之子武夷啊：『你住在復山之下，不周山的野外，上帝說你沒有職管，因此命令你掌管兵死者的魂魄。今天，某人想要進食，他將自己的二位妻子嫁給你，再以合乎自己身份的標準等級祭品：璧幣、芳糧等物祭祀，希望能將受兵死者帶走的某魂魄贖離開武夷山，回到這裡。你就享受某進獻的璧幣和芳糧吧，然後使某的魂魄歸來、飲食如常啊！』」。

第四節　生、亡日

　　《十四種·九店》56 號墓簡 96 釋文為「☑□生會（陰）殤（陽）允，生於丑即，生於寅衰，生於卯夬；貪（亡）於辰即，貪（亡）於巳衰，貪（亡）於午【夬】」。〔註65〕

〔註62〕于成龍：《楚禮新證──楚簡中的紀時、卜筮與祭禱》（北京：北京大學博士學位論文，2004 年），頁 45。

〔註63〕劉源：《商周祭祖禮研究》（臺北：商務印書館，2004 年），頁 249。

〔註64〕袁國華補充說明「現代安太歲廟宇，亦會將『簽』給與祈求平安的信徒，此簽上亦言『某』，此『某』字在禱告時即指需祈求平安人士。」此說為袁國華私下給與筆者的意見（2011 年 12 月 11 日）。

〔註65〕李家浩：《九店楚簡·釋文與考釋》（北京：中華書局，2000 年），頁 55、135～136、139～140。

1、 [殘]

　　《十四種·九店》對於簡文的第一字作未釋字處理。第一個未釋字目前有二說，李守奎依文例補「子」字，〔註66〕李零和黃儒宣則補作「死」字。〔註67〕此字殘筆爲「 」，筆畫位於簡牘中間，李守奎的釋字理由爲：

> 簡文依次敍述子、丑、寅、卯、辰、巳、午，115 號簡後殘缺部分當是按申、酉、戌、亥順序排列的有關內容。就現有簡文內容分析，當是如下三層內容：1、子生陰陽；2、丑、寅、卯分別是『夬』、『即』、『衰』之生；3、辰、巳、午分別是『夬』、『即』、『生』之亡。

依辭例而言，丑、寅、卯、辰、巳、午等地支名，在簡牘文例中皆爲「生（貣）於＋地支名」，此種句法爲簡 96 的固定用法，若補同爲地支名的「子」字，在簡文體例上並不適合。依字形論之，「子」在《九店》簡中作「 」（簡26）、「 」（簡31）等形，「子」字上端應爲「 」，而此字上端爲一小豎筆和橫筆的殘畫「 」，與「子」形不合，故不該補作「子」字。

　　「 」字若爲李零所補的「死」字，則應爲「死」字右邊人旁的殘筆，若考慮到此殘筆在簡牘中的相對位置：「 」，由圖版可見殘筆與「生」字中間豎筆相對（位於簡牘中間），《九店》56 號墓簡 66 即有出現「死生」二字相連的情況，字形作「 」，可見「死」字的「人」形並未與「生」字中間豎畫相對。「死」字在楚簡中可作上下式和左右式，但「死」在《九店》56 號墓中皆爲左右式：

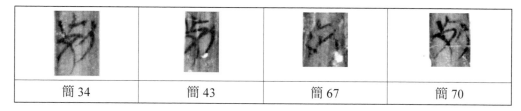

簡 34	簡 43	簡 67	簡 70

由上表可見左右式的「死」字「人」旁皆在右側，並非位於簡牘中間，此種寫法應是《九店》書手的習慣，在 56 號墓簡 96 中較無可能出現特例。故以

〔註66〕李守奎：〈江陵九店 56 號墓竹簡考釋四則〉，《江漢考古》，1997 年第 4 期，頁 67～68。

〔註67〕李零：〈讀九店楚簡〉，《考古學報》，1999 年第 2 期，頁 149。黃儒宣：《九店楚簡研究》（臺北：國立臺灣師範大學國研所碩士論文，2003 年），頁 173～176。

《九店》楚簡的書手習慣而言，應非「死」字。對於此字的釋讀，筆者認為筆畫殘缺過多，不宜妄加猜測，仍以未釋字處理較為恰當。

2、

《十四種‧九店》56 號墓簡 96 隸為「殤」字的圖版作「」，學者皆隸作「觴」讀為「陽」。對於《十四種》的隸定，首先，此字上部有清楚的「止」旁，戰國文字中的「氒」和「止」旁多有訛混，〔註 68〕即使此字右邊簡牘有缺損，未能對此偏旁的判讀造成影響。其次，此字下方部件略為模糊，但與《九店》中的「易」字相仿，圖版可見下半部有向左的四撇筆畫，與簡 31「」和簡 26「」相同，故此字應隸作「觴」。而《十四種‧九店》所隸的「歺」旁，「歺」作為字形偏旁時可有「」（《包山》2.123）、「」（《凡物流形‧乙》簡 17）、「」（《姑成家父》簡 25）等形，雖上半部與此字的「止」旁相似，然而未見「歺」旁有省略下方筆畫的寫法，故此字釋文應改隸為「觴」。

3、

《十四種‧九店》56 號墓簡 96 隸為「兊」字的圖版作「」（以下用「△3」代替），劉樂賢、〔註 69〕李守奎、李零和黃儒宣皆隸作「夬」。此字的隸定，黃儒宣用十二地支與「夬、即、衰」依序搭配的規律來推測，認為陰陽之後為「夬」字。筆者認為，依簡 96 文例「☑□生會（陰）觴（陽），生於丑即，生於寅衰，生於卯夬；賓於辰即，賓於巳衰，賓於午【夬】☑」，可見「夬、即、衰」三字是重復出現的，因此黃儒宣依文例釋「夬」字說法，應是可參的。

依字形論之，李家浩的指出「上部從『㠯』，下部與鄂君啟節『（顥）』、『（見）』等字所從『儿』旁相同。」李文舉鄂君啟節的「夏」、「見」二字為例，認為△3 下部所從人形可以訛為手形，故隸為「兊」。李文所舉之例原形為：

〔註 68〕　張新俊：《上博楚簡文字研究》（長春：吉林大學古籍研究所，2005 年），頁67～68。劉釗：《古文字構形學》（福州：福建人民出版社，2006 年），頁 140。

〔註 69〕　劉樂賢：〈九店楚簡日書研究〉，《華學》第二輯（廣州：中山大學出版社，1996年），頁 61～70。

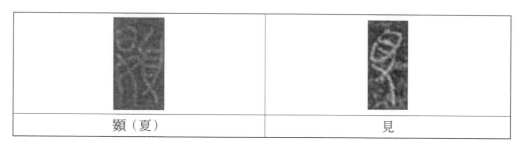

頵（夏）	見

對於「夏」字字形，魏宜輝指出璽印的「夏」字有从寸的寫法：「」（《古璽彙編》3989）、「」（《古璽彙編》2723），此種寫法的「夏」字應是由「」（《集成》668）訛變而來，「」表示手臂的部份訛成「寸」。〔註70〕若此，則「」所从的「寸」旁，亦可能爲「」形所訛變（古文字的手形與寸形義近可互換），而非「儿」形訛爲「手」形。後者的「見」字所从的「」形，此形體筆畫略爲模糊，左下角疑有刮痕，筆者無法斷言「」形爲「手」形或「」形。故「儿」是否可訛爲「手」形，仍待商榷。

此字應隸作「夬」，將《九店》中的「夬」形與△3字相對照

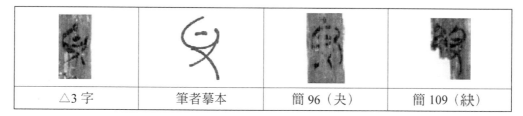

△3 字	筆者摹本	簡 96（夬）	簡 109（缺）

可見下方偏旁皆爲「手」形，且△3字與簡96的「夬」字筆順相同，上方的圈形皆是由上端寫至右邊形成一圓形。「夬」字本義爲射箭時套在手上的扳指，因此楚簡中的「夬」字手形筆畫多會畫入圓圈之中，如：「」（《郭店・語叢一》簡97），但96號簡「」字，圈形之中多出與下方手形不相連接的一曲筆，應是書手的特殊寫法。筆者認爲△3字與109號簡「」字筆法相同，應爲同一字，△3字上方圈形部件中的墨痕應與下方手形相連，爲「夬」字的基本字形。

「夬」字的字義，李零解釋爲「『夬』有離義…它們都是以人的生老病死

〔註70〕魏宜輝：《楚系簡帛文字形訛變分析》（南京：南京大學博士論文，2003 年），頁 77〜78。

比喻歲時的陰陽消長」，筆者認爲，此段簡文辭例作「□生曾（陰）勗（陽）
夬」，「夬」字應爲「決斷」義，表示「陰陽」交際產生的各種情況皆需決斷。

4、

《十四種‧九店》將「貣」讀爲「亡」，此字李零與黃儒宣讀作「旺」。李
零對此字以及斷句的說法爲：

> 下文可補「夬（？）病（？）于未，即（？）病（？）于申，衰（？）
> 病（？）于酉；夬（？）死（？）于戌，即（？）死（？）于亥，
> 衰（？）死（？）于子…」…「生」是初起，「旺」是漸盛，「病」
> （或「死」？）是衰，「死」（或「葬」？）是終結，都是表示消長
> 之義。

李零雖然對簡 96 的殘缺部份做了補充，然而就字音、字義而言，似乎未能解
釋「貣」讀爲「旺」的原因。就字音而言，「亡」爲明紐陽部，「旺」爲匣紐陽
部，韻部相同，聲紐相差較遠，且出土文獻未見「亡」聲與「王」聲確切通
用的字例。白於藍認爲「亡」與「王」二聲可相通，將《上博五‧三德》簡
18 的「□」字作爲「貣」與「旺」二字通假字例。〔註71〕然而「□」字爭議
性較多，原考釋者李零將其讀爲「旺」。〔註72〕禤健聰則認爲此字爲「喪」字
簡體。〔註73〕「亡」聲與「王」聲互通的字例仍有爭議性，對於《上博五‧
三德》此字筆者較贊成禤健聰的釋讀方法，故無法以此例判定「亡」聲可讀
爲「王」聲。就字義而言，與所論字同形的《郭店‧老子甲》簡 36「□」字，
在今本《老子》中即爲「亡」字。綜上所言，雖然李零的「旺」字可解釋簡
文字例，然而「生」亦可直接與「亡」相對應，未必需要補足以下文句，且
在字音以及出土文獻中皆未能證實「亡」聲可通「旺」聲，故此字應讀爲「亡」
較合適。

〔註71〕白於藍：《簡牘帛書通假字字典》（福建：福建人民出版社，2008 年），頁 264。

〔註72〕李零注：《上海博物館藏戰國楚竹書（五）‧三德》（上海：上海古籍出版社，
2005 年），頁 301。

〔註73〕禤健聰：〈上博楚簡（五）零箚（二）〉，武漢大學「簡帛網」2006 年 2 月 26
日（http://www.bsm.org.cn/show_article.php?id=238）：對於《三德》簡文的解
釋爲「簡 18：好昌天從之，好□天從之；好□天從之，好長天從之。…此形舊
多釋爲『芒（亡）』，其實是『喪』字簡體。『昌』與『喪』反義對舉。整理者
原以爲含義相近，故有『貣（旺）』之釋，其實此句之前有『天無不從』語，
也就是說好與壞天皆從之，反義對舉，方合文義」。

　　綜而論之，《十四種・九店》56 號墓簡 96 釋文應改爲「☑□生會（陰）膓（陽）夬，生於丑即，生於寅衰，生於卯夬；賣（亡）於辰即，賣（亡）於巳衰，賣（亡）於午【夬】」。〔註74〕

〔註74〕 此簡文劉樂賢將「即」、「衰」、「夬」等字下讀，可參劉樂賢：〈九店楚簡日書研究〉，《華學》第二輯（廣州：中山大學出版社，1996 年），頁 61～70。筆者不排除此種斷句方法，若依此種斷句，則釋文可改爲：「☑□生會（陰）膓（陽），夬生於丑，即生於寅，衰生於卯，夬賣（亡）於晨（辰）即，賣（亡）於巳衰，賣（亡）於午【夬】」。

第七章　《楚地出土戰國簡冊〔十四種〕·九店621號墓簡冊》考釋

一、![字形]（621 號墓簡 8）

　　《十四種·九店》621 號墓簡 8 釋義爲「賸仝□□之司裳訌□□☐」，最後一個未釋字圖版作「![字形]」，蕭毅認爲是「不」字之殘。〔註 1〕此字右半殘缺，剩餘的筆畫應爲「![字形]」（筆者摹本），與《九店》中的「不」字「![字形]」（簡 15）相似，應可隸爲「不」字。《十四種·九店》621 號墓簡 8 釋文可改爲：「賸仝□□之司裳訌不☐」。

二、![字形]（621 號墓簡 27）

　　《十四種·九店》621 號墓簡 27 釋文爲「☐夫邦逃☐」，其中的「邦」字（以下稱△字），原考釋者在釋文中隸爲「郼」，摹本作「![字形]」，認爲是从邑从![字形]，金文中有一個「![字形]」字，據魏正始石經「殺」字古文作「![字形]」，此字應該从邑从古文「殺」，簡文「![字形]」旁與金文「![字形]」旁形近，大概也是古文「殺」，如此，「郼」應該是一個从古文「殺」得聲的字。〔註 2〕袁國華認爲可能與包山簽牌「棗」字有關。〔註 3〕蕭毅認爲上从束、=，當是「棗」字簡體，从「木」

〔註 1〕　蕭毅：〈九店竹書探研〉，《楚地簡帛思想研究（三）》（武漢：湖北教育出版社，2007 年），頁 558。
〔註 2〕　李家浩：《九店楚簡·釋文與考釋》（北京：中華書局，2000 年），頁 145。
〔註 3〕　此爲袁國華在新出楚簡國際學術研討會上的發言。轉引自蕭毅：〈九店竹書探

則是其繁文，暫隸定爲「棗」、从邑。〔註4〕蘇建洲師疑从「莽」。〔註5〕

　　△字上半部件來源多處，與「李」、「華」、「早」、「棗」與「莽」等字相似，〔註6〕爲一種集團類化現象。〔註7〕所論字左下部件爲「邑」旁，中間部件似爲圈形的部件，右下半部則爲「木」形，字形結構難以分析，且簡文辭例不明，於《十四種・九店》621 號墓簡 27 釋文放置原圖版即可，釋文改爲「☑夫☒逃☑」。

三、（621 號墓簡 34）

　　《十四種・九店》621 號墓簡 34 釋文作「☑事事安☐」，原考釋者作「☑季=（季子）女☐」。〔註8〕

1、

　　《十四種・九店》所釋的「事事」二字圖版作「　」形，「事」字於《九店》621 號墓簡 14 作「　」，而「季子」二字合文作「　」（《上博五・弟子問》簡 1），三字合觀，可見簡 34 此字與簡 14 上半部極爲相似，而與〈弟子問〉簡 1「季子」二字相差甚遠，可見此字應爲「事事」合文。所論字下方略有殘缺，但仍可見下半部有「手」形的二斜筆，中間部份的「曰」形較爲殘缺，但筆者認爲，以簡 14 的「事」字進行比對，此字應爲「事事」的合文無誤。

2、

　　《十四種・九店》釋爲「安」字其原形爲「　」，蕭毅認爲「合文下一字

　　　研〉，《楚地簡帛思想研究（三）》（武漢：湖北教育出版社，2007 年），頁 559。

〔註4〕 蕭毅：〈九店竹書探研〉，《楚地簡帛思想研究（三）》（武漢：湖北教育出版社，2007 年），頁 559。

〔註5〕 蘇建洲師：《《上博楚竹書》文字及相關問題研究》（臺北：萬卷樓圖書股份有限公司，2008 年），頁 15。

〔註6〕 高佑仁：〈《曹沫之陣》「早」字考釋－從楚系「　」形的一種特殊寫法談起〉，《簡帛》第一輯（上海：上海古籍出版社，2006 年），頁 177～185。「棗」與「莽」二字來源相同，參陳劍：〈據郭店簡釋讀西周金文一例〉，《甲骨金文考釋論集》（北京：線裝書局，2007 年），頁 20～38。

〔註7〕 林清源師：《楚國文字構形演變研究》（台中：東海大學中文研究所博士論文，1997 年），頁 162。

〔註8〕 李家浩：《九店楚簡・釋文與考釋》（北京：中華書局，2000 年），頁 145。

『女』形外還有筆畫，當爲「安」字。」〔註 9〕筆者贊成蕭毅的意見，「女」形一般作「![img]」形，右下方只有一曲筆，但此字雖有殘泐，但仍可見右下有二曲筆，與「![img]」（《郭店‧老子丙》簡 3）、「![img]」（《郭店‧成之聞之》簡 39）等「安」字相近，故此字應爲「安」字。

3、![img]

「安」的下一字，原考釋者和蕭毅皆認爲是「訓」字。〔註 10〕此字原形爲「![img]」，可見右旁有二豎畫，其餘筆畫殘缺太多未能辨識，其殘筆與「![img]」（《上博二‧從政甲》簡 16）、「![img]」（《上博一‧性情論》簡 16）右半部件相仿，應可隸爲「叫」，「川」爲昌紐文部字，「順」爲船紐文部字，二字韻部相同，聲紐爲旁轉關係，可通讀，如《郭店‧唐虞之道》簡 6 釋文作「教民大川（順）之道」，「川」字作「![img]」形，即釋爲「順」。

《十四種‧九店》621 號墓簡 34 釋文可改爲「☐事=（事事）安叫（順）」。

〔註 9〕　蕭毅：〈九店竹書探研〉，《楚地簡帛思想研究（三）》（武漢：湖北教育出版社，2007 年），頁 559。

〔註10〕　李家浩：《九店楚簡‧釋文與考釋》（北京：中華書局，2000 年），頁 145。蕭毅：〈九店竹書探研〉，《楚地簡帛思想研究（三）》（武漢：湖北教育出版社，2007 年），頁 559。

第八章 《楚地出土戰國簡冊〔十四種〕‧曾侯乙墓簡冊》考釋

第一節　入　車

一、（簡 12）

　　《十四種‧曾侯乙》簡 12 釋文作「連鑘（囂）東臣所馭政車：漆輪（輪），革鞎☒」釋文中的「」字，原考釋者隸爲「邻」。〔註1〕摹本作「」。〔註2〕趙平安認爲此字應作「郔」。〔註3〕《十四種》疑右旁从「主」。〔註4〕蕭聖中認爲此字从主从邑，用爲地名。〔註5〕

　　就字形而言，不論从「夗」或从「令」（如《包山》2.5「」），形體皆

〔註1〕 裘錫圭、李家浩：《曾侯乙墓（上）‧曾侯乙墓竹簡釋文與考釋》（北京：文物出版社，1989 年），頁 490。

〔註2〕 張光裕、滕壬生、黃錫全主編：《曾侯乙墓竹簡文字編》（臺北：藝文印書館，1997 年），頁 256。

〔註3〕 趙平安：〈戰國文字中的「宛」及其相關問題研究〉，《新出簡帛與古文字古文獻研究》（北京：商務印書館，2009 年），頁 145。

〔註4〕 陳偉等著：《楚地出土戰國簡冊〔十四種〕》（北京：經濟科學出版社，2009 年），頁 352。

〔註5〕 蕭聖中：〈曾侯乙墓竹簡殘泐字三補（六則）〉，武漢大學「簡帛網」2011 年 1 月 3 日（http://www.bsm.org.cn/show_article.php?id=1361）。

從「冂」形。〔註6〕然而所論字依紅外線圖版「」，字體中間爲一豎筆，且橫筆筆順爲由左至右，與「冂」字寫法不同，故所論字非從「夗」或從「令」。《十四種》釋爲從「主」，《包山》2.116 的「主」字與所論字極爲相似：「」，故依形體而言，此字應可隸作「邦」，爲楚國地名。《十四種・曾侯乙》簡 12 釋文改作「邦連鐱（嚻）東臣所馭政車：割輪（輪），革靳☐」

二、（簡 18）

《十四種・曾侯乙》簡 12 釋文作「之繁，朡紳，朓首之霖，鞁轡，鐮貼。■中●嚻令糛所馭少輊：朡輪，齒輔，弼，靳，珘貼，畫栝，斂韌，劃盾，紫篿。紫【魚之】」釋文中的「輊」字原形作「」，與此字相同的字形如下：

簡 42	簡 126	簡 154	簡 155	簡 156	簡 157
簡 158	簡 167	簡 169	簡 197	簡 204	

此種字形原考釋者隸爲「輊」，《說文・車部》：「輊，紡車也。從車坒聲，讀若狂。一曰一輪車。」「輊」用爲車名，當讀爲廣車之「廣」。「輊」從「坒」聲，

〔註6〕 若將此種形體釋爲從「夗」，則與一般楚簡形體的「夗」形不同，趙平安以《上博一・緇衣》簡 6、12 的「」、「」、「」爲依據，認爲從「宛」之字也可作此形。參趙平安：〈戰國文字中的「宛」及其相關問題研究〉，《新出簡帛與古文字古文獻研究》（北京：商務印書館，2009 年），頁 143～154。對於此種「夗」字的變體，馮勝君認爲「夗」字從「」形發展到「」形，「肉」旁已經變成倒「口」形，「」則先變成「人」旁，再由「人」旁進一步演變成「卩」。參馮勝君：《郭店簡與上博簡對比研究》（北京：線裝書局，2008 年），頁 103～104。因此無論從「夗」或從「令」皆需從「卩」形。

「坒」、「廣」古音極近。〔註7〕《十四種》於註解中亦贊同此說。〔註8〕但對此種字形的隸定則作「輊」。就字形而言，此形右上半部从「屮」非从「山」，二種字形相距甚遠，可能爲《十四種》打字錯誤，此字仍應隸爲「輊」，从「坒」聲（群紐陽部）讀爲「廣」（見紐陽部）。

《十四種‧曾侯乙》簡12釋文改作「之䌛，䢁紳，䏶首之雽，靻彎，鐌䡇。■中●䢃令䢂所馭少輊：䢁輪，齒輔，弼，鞎，珚䡇，畫㿻，斂靷，劃盾，紫篦。紫【魚之】」以上所舉諸簡釋文皆需修改。〔註9〕

三、 （簡62）

《十四種‧曾侯乙》簡62釋文爲「黃澮●馭墨慶（卿）事（士）之阰車：㝵㞷，紫緗。鞎，匂銅䡇，縣靷。虎䡇，□□之䡇。」第　個未釋字作「」，原考釋者隸爲「」。〔註10〕摹本作「」，隸爲「䝔」。〔註11〕蕭聖中隸作「」。〔註12〕《十四種》認爲此字右旁似从「虎」。〔註13〕

依字形而言，筆者認爲此字左从「虎」，右从「豸」。「」右邊偏旁的「豸」字較爲清晰可見，與《曾侯乙》中的「豸」字相仿，如「」（「狸」字所从，簡2）、「」（「貂」字所从，簡5）。而「虎」字略爲殘泐，但仍可見「虎」形作「」，與《曾侯乙》的「虎」字相似，如「」（簡62）、「」（䏶字所从，簡1），故此字應可隸作「䝔」。

《十四種‧曾侯乙》簡62釋文改爲「黃澮●馭墨慶（卿）事（士）之阰

〔註7〕　裘錫圭、李家浩：《曾侯乙墓（上）‧曾侯乙墓竹簡釋文與考釋》（北京：文物出版社，1989年），頁513。

〔註8〕　陳偉等著：《楚地出土戰國簡冊〔十四種〕》（北京：經濟科學出版社，2009年），頁353。

〔註9〕　此種寫錯字的情況於《包山》中亦可見，筆者核對簡文後，《包山》2.145需修改。

〔註10〕　裘錫圭、李家浩：《曾侯乙墓（上）‧曾侯乙墓竹簡釋文與考釋》（北京：文物出版社，1989年），頁493。

〔註11〕　張光裕、滕壬生、黃錫全主編：《曾侯乙墓竹簡文字編》（臺北：藝文印書館，1997年），頁285。

〔註12〕　蕭聖中：《曾侯乙墓竹簡釋文補正暨車馬制度研究》（武漢：武漢大學博士論文，2005年），頁34。

〔註13〕　陳偉等著：《楚地出土戰國簡冊〔十四種〕》（北京：經濟科學出版社，2009年），頁357。

車：弇𢂷，紫䋶。鞎，𢎥銅䩓，繇韌。虎韔，貌□之鞎。」

四、⿰、⿰（簡 116）

《十四種・曾侯乙》簡 116 釋文作「一⿰⿰，三矢，劃𥴩（席），紫⿰。」

1、⿰

「⿰」字原考釋者隸爲「囟」。〔註14〕何琳儀對此字的隸定從原考釋者，疑此字讀爲「細」。〔註15〕張光裕、滕壬生、黃錫全釋作「白」。〔註16〕蕭聖中認爲所論字與《六書通》的「卣」（11582）相似，其形爲：「⿰」。〔註17〕宋華強疑爲「云」得聲。〔註18〕

就字形而言，何琳儀將此字摹作「⿰」，所論字「⿰」形中間筆畫雖然一點墨橫，但與「囟」字仍不相同，楚簡「囟」字中間爲庶「十」字形或「X」形，如「⿰」（《九店》56 號墓簡 44），「⿰」（《望山》2.31），然而比對圖版，「⿰」中間筆畫爲橫筆，並非「十」字形或「X」字形。蕭聖中之說，宋華強多有反駁，筆者從之。張光裕等人釋爲「白」，《曾侯乙》的「白」字形體如下：

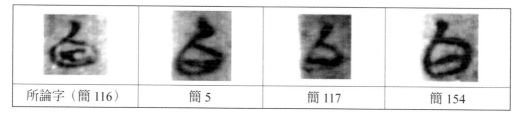

所論字（簡 116）	簡 5	簡 117	簡 154

可見所論字中間所从的部件爲二筆而成，與「白」字的一橫筆有別，故非「白」字。

〔註14〕裘錫圭、李家浩：《曾侯乙墓（上）・曾侯乙墓竹簡釋文與考釋》（北京：文物出版社，1989 年），頁 496。

〔註15〕何琳儀：《戰國古文字典—戰國文字聲系》（北京：中華書局，2007 年），頁 1163。

〔註16〕張光裕、滕壬生、黃錫全主編：《曾侯乙墓竹簡文字編》（臺北：藝文印書館，1997 年），頁 323。

〔註17〕蕭聖中：〈曾侯乙墓竹簡殘泐字三補（六則）〉，武漢大學「簡帛網」2011 年 1 月 3 日（http://www.bsm.org.cn/show_article.php?id=1361）。

〔註18〕宋華強：〈釋曾侯乙墓竹簡的「弩」〉，武漢大學「簡帛網」2011 年 1 月 7 日（http://www.bsm.org.cn/show_article.php?id=1367）。

宋華強疑所論字爲「云」得聲，並舉出《曾侯乙》的「囩」字爲例：

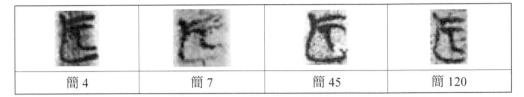

| 簡 4 | 簡 7 | 簡 45 | 簡 120 |

由上表可見，「云」作「▨」形，類似「匸」形，所論字作「▨」，其「乚」形的豎筆較短，可能是受到「厶」形的擠壓，故所論字應从云。然而「厶」與上舉「白」字形體相近，筆者暫隸作「囱」，可能爲「囩」字之異體，「云」可讀爲「圓」，如：《恆先》：「先又（有）囩（圓），安（焉）又（有）枋（方）。」〔註19〕

2、**▨**

「▨」字，原考釋者隸作「𩰚」，應是　種弓名。〔註20〕李零認爲右上半疑从「癸」。〔註21〕蕭聖中認爲此字似从弓、从箙的省形，疑即「箙」字異體。〔註22〕宋華強認爲此字外廓是從橐囊形，从弓，以「橐」字異體爲聲符，內从毛聲，疑當讀爲「弩」。〔註23〕

「▨」左半从「弓」無疑，宋華強補充蕭文从箙省形之說，指所論字从橐形，然而宋文所舉之例與此字部件有別，且《曾侯乙》的橐形形體固定（如：簡62「▨」），無法證明是否爲不同書手所導致。宋文另指出所論字內从毛聲，然而「毛」形作「▨」（《郭店‧老子乙》簡8），與所論字形體有一定的差距性，故此說待商榷。故筆者暫將此字隸作「弜」，爲一種弓名。《曾侯乙》簡文中對弓的顏色和材質皆有描寫，如簡45「紫弓」，簡48 的「革弓」，因此將「▨」

〔註19〕 白於藍：《簡牘帛書通假字字典》（福建：福建人民出版社，2008 年），頁 352。

〔註20〕 裘錫圭、李家浩：《曾侯乙墓（上）‧曾侯乙墓竹簡釋文與考釋》（北京：文物出版社，1989 年），頁 496、520。

〔註21〕 李零：〈讀《楚系簡帛文字編》〉，《出土文獻研究》第五集（北京：科學出版社，1999 年），頁 152。

〔註22〕 蕭聖中：〈曾侯乙墓竹簡殘泐字三補（六則）〉，武漢大學「簡帛網」2011 年 1 月 3 日（http://www.bsm.org.cn/show_article.php?id=1361）。

〔註23〕 宋華強：〈釋曾侯乙墓竹簡的「弩」〉，武漢大學「簡帛網」2011 年 1 月 7 日（http://www.bsm.org.cn/show_article.php?id=1367）。

釋爲「圓（圓）」，表示「■」的形制，應是沒有問題的。

　　《十四種‧曾侯乙》簡 116 釋文改作「一圓（圓）弓，三矢，劃筬（席），
紫越。」

第二節　乘　馬

（簡 142）

　　《十四種‧曾侯乙》簡 142 釋文作「莆之■爲左驂，慶（卿）事（士）
之騮爲左騙（服），蔡齮之騍爲右騙（服），鄅君之騏爲右驂。外新官之駟馬。
大旆。」釋文中的「■」字，原考釋者僅隸作「駒□」。〔註24〕何琳儀摹爲「駘」，
認爲此字從馬，弁聲，爲「騈」的異文。〔註25〕田河認爲此字爲從馬從冑省，
並指出天星觀的「結」字，所從之「占」形與所論字右邊同。〔註26〕

　　何琳儀將右邊偏旁釋爲「弁」，陳斯鵬指出「弁」本爲雙手持弁冠之形，
東周文字省雙手爲單手，但「弁冠」之形作「■」、「■」、「■」，形體一脈
相承，所謂「對稱短筆」實爲「弁」形的一個特徵。〔註27〕「弁」字的形體
特徵於《曾侯乙》出土的編鐘也可見得「■」、「■」，〔註28〕故依字形而
言，所論字右旁非從「弁」。田河認爲此字從「占」，但「占」字皆從「口」
形，〔註29〕而所論字右半部件較似「日」形部件，故此字非從「占」。筆者本

〔註24〕裘錫圭、李家浩：《曾侯乙墓（上）‧曾侯乙墓竹簡釋文與考釋》（北京：文物
　　　　出版社，1989 年），頁 497。

〔註25〕何琳儀：《戰國古文字典—戰國文字聲系》（北京：中華書局，2007 年），頁
　　　　1067。

〔註26〕田河：《出土戰國遣冊所記名物分類匯釋》（長春：吉林大學博士論文，2007
　　　　年），頁 108。

〔註27〕陳斯鵬：〈楚簡「史」、「弁」續辨〉，《古文字研究》第 27 輯（北京：中華書
　　　　局，2008 年），頁 400-406。

〔註28〕李家浩指此二字爲从「音」、从「弁」或爲「敊」，字形引自李家浩：〈釋「弁」〉，
　　　　《古文字研究》第 1 輯（北京：中華書局，1979 年），頁 392。

〔註29〕參滕壬生：《楚系簡帛文字編【增訂本】》（武漢：湖北教育出版社，2008 年），
　　　　頁 326-327。

疑此字爲「騏」，然而《曾侯乙》「騏」字形體固定，「其」形皆爲「」形，與所論字「」形亦不相同，故此字依原考釋者作「馴」爲宜。

　　《十四種‧曾侯乙》簡 142 釋文改作「莆之馴爲左驂，慶（卿）事（士）之騳爲左驌（服），蔡齮之騍爲右驌（服），鄴君之騏爲右驂。外新官之馴馬。大旆。」

第九章 《楚地出土戰國簡冊〔十四種〕·長臺關 1 號墓簡冊》考釋

第一節 竹 書

一、（1-029）

　　《十四種·長臺關》1-029 釋文作「亞（惡），不智（知）其賊（敗）」，釋文中的「亞」字原形為「█」，「不」字原形作「█」，二字殘泐嚴重，原考釋者與商承祚皆未釋出。〔註1〕筆者認為，《十四種》所隸的二字，尚有需要商榷之處。

　　首先為「亞」字，「亞」於甲骨文作「█」（《合集》5679），金文作「█」（《集成》9102），於楚簡中則有以下寫法：

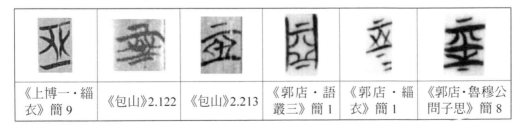

《上博一·緇衣》簡9	《包山》2.122	《包山》2.213	《郭店·語叢三》簡1	《郭店·緇衣》簡1	《郭店·魯穆公問子思》簡8

由上表可見，楚簡中的「亞」字寫法多變，上、下可加二短橫飾筆，而《長

〔註1〕 劉雨：《信陽楚墓·信陽楚簡釋文與考釋》（北京：文物出版社，1986年），頁125。商承祚：《戰國楚竹簡匯編》（濟南：齊魯書社，1995年），頁172。

臺關》「▓」字中間殘泐，但左、右二方皆爲六條直橫畫，「亞」字未見上、下短飾筆與中間筆畫等長之例，故此字應非「亞」，但字形殘泐過多，無法辨識。

　　釋文中「不」字，其形作「▓」，殘泐情況與「▓」字相同。「不」字於甲文中作「𣎴」（《合集》586）、金文作「𣎴」（《集成》2813），象花萼之形。〔註2〕「不」字在長豎筆以及橫畫之上可加短橫畫飾筆，如「𣎳」（《郭店・緇衣》簡34）、「𣎳」（《郭店・五行》簡10），而此字右半殘筆可見四條平直的墨痕，但楚簡「不」字未見飾筆與橫畫同長者，且「𣎳」中間筆畫爲斜筆，而「▓」形皆爲橫畫，故難以釋爲「不」字，仍宜改爲未釋字較妥切。

　　《十四種・長臺關》1-029釋文應改作「□，□智（知）其賊（敗）」。

二、▓（1-036）

　　《十四種・長臺關》1-036釋文作「才（哉）。子▓翾（聞）【於】」，「▓」字原考釋者與商承祚釋爲「是」。〔註3〕李零疑爲「夏」字。〔註4〕筆者認爲此字應爲「是」，「是」字構形本義不明，楚簡中皆爲上從日、下從止，且在「日」形下方多有一橫筆，其形如：「是」（《上博四・曹沫之陣》簡44）、「是」（《上博四・曹沫之陣》簡26）、「是」（《上博二・子羔》簡13）。〔註5〕所論字構

〔註2〕 王國維：《觀堂集林》（北京：中華書局，1961年，三刷），頁283。此說來源由蘇建洲師提供（2011年6月23日）。

〔註3〕 劉雨：《信陽楚墓・信陽楚簡釋文與考釋》（北京：文物出版社，1986年），頁126。商承祚：《戰國楚竹簡匯編》（濟南：齊魯書社，1995年），頁159。

〔註4〕 李零：〈長台關楚簡《申徒狄》研究〉，《揖芬集—張政烺先生九十華誕紀念文集》（北京：社會科學文獻出版社，2002年），頁315。

〔註5〕 《天卜》簡「是」字無一橫筆：「是」，此圖版尚未公布，依《楚系簡帛文字編【增訂本】》所載辭例而言，應爲「是」字無誤，但未見圖版，筆者暫不展開討論。字形參自滕壬生：《楚系簡帛文字編【增訂本】》（武漢：湖北教育出版社，2008年），頁145。另，蘇建洲師指出《上博六・平王問鄭壽》簡7「是」形，原考釋者隸爲「是」，但郭永秉改釋爲「疋」。蘇師原贊同郭永秉的改釋，但依據《上博八・志書乃言》簡1「是楚邦之強梁人」、簡2「此是胃（謂）死辠（罪）」中的「是」字作「是」、「是」，依辭例而言，二字爲「是」字，但二字無「是」常見的橫筆，而是在「止」旁多一短筆，在金文中「是」和「疋」旁有時也難以分辨，可見「是」與「疋」二形是有相混的可能的。參馬承源主編：《上海博物館藏戰國楚竹書（六）》（上海：上海古籍出版社，2007年），頁263。參郭永秉：〈讀《平王問鄭壽》篇小記二則〉，武漢大學「簡帛

形上從日、下從止，中間有一橫筆，雖「止」形左邊有殘泐，但仍可釋爲「是」字。

李零所懷疑的「夏」字，其構形則與此字相異：

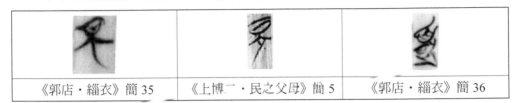

《郭店‧緇衣》簡 35	《上博二‧民之父母》簡 5	《郭店‧緇衣》簡 36

「夏」字構形可從日、從虫，〔註6〕從日、從它，〔註7〕從頁、從日、從止，其構形皆與所論字相異。唯一較爲相似的形體爲上表的第三形，但第三形較所論字多出了「頁」旁，然而依所論字形體而言，已沒再放入「頁」形偏旁的空間，故釋爲「夏」字的可能性較低。

《十四種‧長臺關》1-036 釋文可作「才（哉）。子是翻（聞）【於】」。

三、（1-041、1-089）

《十四種‧長臺關》1-041、1-089 釋文作「□【宜節】身」

1、

此簡釋文中的「宜」字，原形爲「██」，原考釋者釋文爲「龕（宮）」，〔註8〕但「宮」字應從呂聲，所論字未有二個口形部件，故筆者不從。李零釋爲「宜」。〔註9〕此字可見上從宀、下從二肉，較似「宜」字，其形如：「多」

網」2007 年 8 月 30 日（http://www.bsm.org.cn/show_article.php?id=709）。蘇建洲師：〈論《平王問鄭壽》簡 7「民是瞻望」的兩個問題〉，《【簡帛‧經典‧古史】國際論壇》，香港：孫少文伉儷人文中國研究所、香港浸會大學中國語言文學系、中國傳統文化中心，2011 年 11 月 20 日～12 月 2 日。

〔註6〕 此種「夏」字下從「虫」形，魏宜輝認爲是「手臂」的變體。參魏宜輝：《楚系簡帛文字形訛變分析》（南京：南京大學博士論文，2003 年），頁 75～77。

〔註7〕 此種「夏」字下從「它」形，魏宜輝推測此形爲「　」所從的「虫」形進一步訛變的變體。參魏宜輝：《楚系簡帛文字形訛變分析》（南京：南京大學博士論文，2003 年），頁 78～79。

〔註8〕 劉雨：《信陽楚墓‧信陽楚簡釋文與考釋》（北京：文物出版社，1986 年），頁 126。

〔註9〕 李零：〈長台關楚簡《申徒狄》研究〉，《揖芬集—張政烺先生九十華誕紀念文集》（北京：社會科學文獻出版社，2002 年），頁 315。

（《包山》2.223），故應隸作「宜」字。「宜」可訓爲「應當、應該」，如《詩·邶風·谷風》：「黽勉同心，不宜有怒。」《出師表》：「不宜妄自菲薄。」《元史·王利用傳》：「酒宜節飲，財宜節用。」〔註10〕

2、

此簡釋文中的「節」字，其原形作「」，原考釋者隸爲「良」，〔註11〕商承祚將此字釋爲「創」，〔註12〕何琳儀將此字隸爲「皀」。〔註13〕此字左半爲「卩」旁，左上半仍有筆畫，類似字形如同《長臺關》1-08 作「」形，二字應爲同一字，「」左上半部似爲「食」字所從「亼」形的殘筆，故隸定應從商承祚說法。此字應從「卩」聲，可讀爲「節」，訓爲節制。

《十四種·長臺關》1-041、1- 089 釋文中的「宜節」二字，經過拼合，皆可看出字形，不需補字符號，故此簡釋文改爲「□宜創（節）身」，其意爲「…應當節制自身。」

四、　　（1-045）

《十四種·長臺關》1- 045 釋文爲「毋□善」，釋文中的未釋字原形作「」，原考釋者與商承祚隸爲「賭」。〔註14〕李零疑左半部從「見」，同「視」古體。〔註15〕《十四種》則疑右半爲「僉」字。

所論字左半部應爲「見」而非「貝」，李守奎已分辨出「貝」、「見」二形，指出二字在字形上有二個區別特徵，一是「貝」字上部均作平首狀，而「見」字是銳角狀；二是「貝」字下部兩筆不相連，「見」字則下從「人」或變形的「人」旁。〔註16〕所論字左邊偏旁爲銳角狀、下從人形，應隸作「見」字。

〔註10〕漢語大字典編輯委員會編纂：《漢語大字典》（湖北：辭書出版社，1986 年），頁 920。
〔註11〕劉雨：《信陽楚墓·信陽楚簡釋文與考釋》（北京：文物出版社，1986 年），頁 126。
〔註12〕商承祚：《戰國楚竹簡匯編》（濟南：齊魯書社，1995 年），頁 167。
〔註13〕何琳儀：《戰國古文字典—戰國文字聲系》（北京：中華書局，2007 年），頁 619。
〔註14〕劉雨：《信陽楚墓·信陽楚簡釋文與考釋》（北京：文物出版社，1986 年），頁 126。商承祚：《戰國楚竹簡匯編》（濟南：齊魯書社，1995 年），頁 164。
〔註15〕李零：〈長台關楚簡《申徒狄》研究〉，《揖芬集—張政烺先生九十華誕紀念文集》（北京：社會科學文獻出版社，2002 年），頁 316。
〔註16〕李守奎：〈江陵九店 56 號墓竹簡考釋四則〉，《江漢考古》，1997 年第 4 期，頁

李零認爲是「視」字古體，裘錫圭已將「見」、「視」二字清楚的分辨，《郭店・老子丙》簡4「■之不足■」，前者隸爲「視」，可見「視」字从立人旁，後者隸爲「見」，「見」字从跪跽的人形，但「楚簡文字無法以此規律概括論定」。〔註17〕而所論字左旁爲立人形，應爲「視」字，然此形爲一字的偏旁，故隸爲「見」即可。

　　此字右上半部略爲模糊，但字形類似「僉」形，「僉」於楚簡中作「■」（《郭店・性自命出》簡64），此字的「僉」旁所从的人形略爲彎曲，類似「尸」形，但「人」、「尸」二形本有互作情況，如「居」字：《上博二・容成氏》从「尸」作「■」（簡28）形，《郭店・老子甲》从「人」作「■」（簡17）形，故此字應可隸爲「贍」讀爲「儉」，「儉」有「謙卑」義，如《荀子・非十二子》：「儉然恈然」，楊倞注：「儉然，自卑謙貌」，《逸周書・官人》：「其氣寬以柔，其色儉而不諂」等文獻皆作「謙卑義」。

　　《長臺關》1-045釋文可爲「毋贍（儉）善」，其意爲「無謙卑、良善」。

第二節　遣　冊

一、■（2-08）

　　《十四種・長臺關》2-08釋文作「□人之器：一鈔（繅）箬（席），■綿之純。一房梠（几）。四厚奉之砥。二澮（沫）盥（盤）。一浼（浣）盥（盤）。一鉈（匜）。一斂（合）□」。《十四種》認爲「■」與《上博三・周易》簡23「■」相同，對應帛書本的「瞿」、傳世本的「衢」。〔註18〕此字其他學者皆隸爲「羊」。〔註19〕

　　筆者認爲，「■」、「■」二字並不相同，「■」應从羊从牛，而「■」从丘从

68。

〔註17〕裘錫圭：〈甲骨文中的見與視〉，《甲骨文發現一百周年學術研討會論文集》（臺北：文史哲出版社，1998年），頁1～5。「視」、「見」無別的情況，如裘錫圭於文中所舉的《郭店・五行》簡23、29之例。

〔註18〕陳偉等著：《楚地出土戰國簡冊〔十四種〕》（北京：經濟科學出版社，2009年），頁386，注34。

〔註19〕學者隸定可參房振三：《信陽楚簡文字研究》（合肥：安徽大學碩士論文，2003年），頁72。

木，「丘」字甲骨文作「」（《合集》4733），金文作「」（《集成》4559），楚簡爲「」（《上博一・孔子詩論》簡 22），皆以形體二端表示山峰。楚簡中的「羊」字則是以羊的頭部特徵表示，與「丘」字形體不同。「」字下半部从「牛」，下端爲一橫筆，而「木」字下端爲曲筆，二形截然不同。《葛陵》常見此字形，如甲一 7「」、乙四 143「」，可隸爲「羋」。「羋」爲顏色詞，宋華強認爲此字即爲「騂」，並舉出殷墟卜辭中祭祀犧牲也常用「騂」色。〔註20〕高鴻晉引《說文・新附》：「騂，馬赤色也」，認爲此字表示牛、羊之赤色者（白色赤末），故从羊、从牛會意。〔註21〕《長臺關》此簡文義應爲表示赤色的綿。

《十四種・長臺關》釋文可改爲「□人之器：一鈔（繅）筥（席），羋綿之純。一房栺（几）。四厚奉之砡。二澮（沬）盤（盤）。一涗（浣）盤（盤）。一鉈（匜）。一斂（合）□」。

二、、（2-010）

《十四種・長臺關》2-010 釋文作「☑【之】【緊】（緟）。一□□□，又（有）□□，其【璊】（佩）：一少（小）鐶，坙（徑）二【斧】（寸）。一□□□長六斧（寸），泊（薄）組之【緊】（緟）。一青凥□之琟（璧），坙（徑）四斧（寸）□斧（寸），」

1、

釋文中第一個「一」字後的未釋字原形爲「」，原考釋者以及劉國勝皆未隸定。〔註22〕筆者認爲所論字與此簡下文的「少」字（）相同，此處應也爲「少」字。

2、

「長」字前一個未釋字原形作「」，與「夫」字形似，「夫」字下半部於楚簡中多从「大」形（如《包山》2.4「」），然而《長臺關》「夫」字形較

〔註20〕 宋華強：《新蔡葛陵楚簡初探》（武漢：武漢大學出版社，2010 年），頁 396～370。

〔註21〕 周法高等編：《金文詁林》（香港：香港中文大學，1975 年），頁 533。

〔註22〕 劉雨：《信陽楚墓・信陽楚簡釋文與考釋》（北京：文物出版社，1986 年），頁 129。劉國勝：《楚喪葬簡牘集釋》（武漢：武漢大學博士學位論文，2005 年修改），頁 32。

為特殊，作「![字]」（2-06），形體與所論字相似。「![字]」左半部殘泐，應隸為臤。

《十四種‧長臺關》釋文應改為作「☑【之】【墨】（繡）。一少□□，又（有）□□，其【瑞】（佩）：一少（小）鐶，坙（徑）二【斧】（寸）。一□□臤長六斧（寸），泊（薄）組之【墨】（繡）。一青屍□之珷（璧），坙（徑）四斧（寸）□斧（寸），」此簡在說明物品的大小，其文意為：玉佩一小鐶，直徑二寸。一青色的璧玉，直徑四寸。

三、![字]、![字]（2-015）

《十四種‧長臺關》2-015 釋文：「專（博）一斧（寸）【少】斧（寸），厚![字]斧（寸）。一青緅緓（纓）組。一綏常（裳），鍺（赭）膚之純，帛枲（攝）。一丹緅之衿，□裏，【組】枲（攝），繪（錦）緣（緣）。七布帽。一絲褢。一紡![字]與絹，紫裏，組」。

1、![字]

釋文中的「![字]」字，原考釋者與商承祚皆隸為「錢」，[註23] 何琳儀認為右半部件釋為「戈」或「弋」皆有可能，若為「錢」讀「戈」，若為「釴」則讀作「飾」。[註24]《曾侯》簡 77「![字]」（从戈）與此字相似，原考釋者讀為「飾」。[註25]

所論字左半為金旁應可確定，右半部件「戈」或「弋」二旁可形近替換，若為嚴式隸定應作「弋」旁，隸為「釴」。然而此處無論讀為「飾」或「戈」皆不合適，《長臺關》簡文於「寸」字之前皆為「數目字」，如「長六斧（寸）」（2-010）、「坙（徑）四斧（寸）」（2-010），此處辭例為「厚釴斧（寸）」，「厚」與 2-010 簡文的「長」、「坙（徑）」相對，故「釴」也應為數目詞。筆者認為此字可讀為「一」，「弋」為喻紐職部，「一」為影紐質部，喻、影二紐可相通，如《上博一‧性情論》簡 14-15「昏（聞）訶（歌）要⋯」「要」字（影紐宵

〔註23〕劉雨：《信陽楚墓‧信陽楚簡釋文與考釋》（北京：文物出版社，1986 年），頁 129。商承祚：《戰國楚竹簡匯編》（濟南：齊魯書社，1995 年），頁 22。

〔註24〕何琳儀：《戰國古文字典──戰國文字聲系》（北京：中華書局，2007 年），頁 70、846

〔註25〕裘錫圭、李家浩：《曾侯乙墓‧曾侯乙墓竹簡釋文與考釋》（北京：文物出版社，1989 年），頁 494。

部）《郭店》簡作「誄」（喻紐宵部）。〔註26〕又如西安杜陵漢牘《日書》有「利一（以）播種、出糞」，「一」假借爲「以」。又《鹽鐵論・褒賢》：「方此之時，何暇得以笑乎？」王利器《校注》引盧文弨曰：「以當作一」「以」爲喻母之部字，「一」爲影母質部字，又如《武威漢代醫簡》簡 25：「年已過百歲者不可灸刺，氣脈壹絕，灸刺者隨箴（針）灸死矣。」張延昌《武威漢代醫簡注解》以爲「氣脈壹絕」即「氣脈已絕」的文字異寫。「壹」爲影母質部字，「已」爲喻母之部字。〔註27〕韻部職、質常見互通，如《禮記・樂記》「迭相爲經」，《史記・樂書》、《說苑・修文》「迭」作「代」。「迭」爲定母質部字；「代」爲定母職部字。〔註28〕故「釱」可通讀爲「一」，但爲何數目字加入「金」旁，仍待考。〔註29〕

2、![字形]

《十四種》此簡中第二個的原圖版字形「![字形]」，原考釋者釋爲「裙」，〔註30〕多數學者隸爲「帬」，〔註31〕劉信芳隸爲「裠」，劉國勝認爲从巾、鬥聲，讀作「帽」。〔註32〕此字原形作「![字形]」，下方部件可見到中間的豎筆，但左下半部件殘缺，是否爲「巾」形無法確定。此字中間部件爲二條橫筆，學者多將此二橫與「![字形]」部件合釋爲「君」字，楚簡中可見「口」省爲二橫畫，〔註33〕如「興」字：

〔註26〕 王輝：《古文字通假字典》（北京：中華書局，2008 年），頁 171。

〔註27〕 王志平：〈「戴」字釋疑〉，《簡帛》第三輯（上海：上海古籍出版社，2008年），頁 14。此字例由高榮鴻所提供。

〔註28〕 王志平：〈「戴」字釋疑〉，《簡帛》第三輯（上海：上海古籍出版社，2008年），頁 10。另可參蘇建洲師：《《上博楚竹書》文字及相關問題研究》（臺北：萬卷樓圖書股份有限公司，2008 年），頁 160。

〔註29〕 《長臺關》數目字多不加任何部件，如：「![字形]」（2-027），唯 1-039「二」字加入「戈」旁作「![字形]」，但皆未見加入「金」旁者，故此字字形雖可確定，但爲何數目字如此書寫，仍待商榷。

〔註30〕 劉雨：《信陽楚墓・信陽楚簡釋文與考釋》（北京：文物出版社，1986 年），頁129。

〔註31〕 商承祚、滕壬生等。參看商承祚：《戰國楚竹簡匯編》（濟南：齊魯書社，1995年），頁 22。滕壬生：《楚系簡帛文字編【增訂本】》（武漢：湖北教育出版社，2008 年），頁 722。

〔註32〕 劉國勝：《楚喪葬簡牘集釋》（武漢：武漢大學博士學位論文，2005 年修改），頁 50。

〔註33〕 「口」形省作「二筆」者多見，可參禤健聰：《戰國楚簡字詞研究》（廣州：中山大學博士論文，2006 年），頁 31。

（《上博二・從政甲》簡8）

（《上博六・孔子見季桓子》簡17）

「豫」字：

（《包山》2.24）

（《上博八・顏淵問於孔子》簡12）〔註34〕

故此字上半部件應爲「君」字，但下半部件不明，可隸作「ꞵ」。就字義而言，劉國勝讀爲「帽」，然此處簡義爲「一紡君與絹（冠）」，「冠」爲首服之總稱。〔註35〕「冠」字字義應已含蓋「帽」義，故在此處不需將「冠」、「帽」分別表示。此字可依原考釋者讀爲「裙」，「君」爲見紐文部，「裙」爲羣紐文部，聲紐爲旁轉，韻部相同，二者叫相通。《釋名・釋衣服》：「裙，下裳也。」故「一紡君（裙）與絹（冠）」，表示紡製的頭冠與下裳。

　　《十四種・長臺關》2-015釋文可改爲「專（博）一斧（寸）【少】斧（寸），厚釱（一）斧（寸）。一青緗綏（纓）組。一綩常（裳），鰭（赭）膚之純，帛㮚（攝）。一丹綄之衧，□裏，【組】㮚（攝），繪（錦）緣（縫）。七布帽。一絲裏。一紡君（裙）與絹（冠），紫裏，組」。此簡《十四種》綴連於2-010之後，「專（博）一斧（寸）【少】斧（寸），厚釱（一）斧（寸）。」形容2-010的「琂（璧）」之寬度不足一寸。〔註36〕其餘釋文文意爲：厚度一寸。以及其他的陪葬

〔註34〕　原考釋者本釋爲「敗」。參馬承源主編，濮茅左執筆：《上海博物館藏戰國楚竹書（八）・顏淵問於孔子》（上海：上海古籍出版社，2011年5月），頁34。此爲復旦吉大讀書會改釋。對於字形相關解釋，蘇建洲師與高佑仁皆指出所從的二橫就是圖形的省文，楚簡習見，本篇口形當爲圖形訛書，爲一種字形自身的訛變。參復旦吉大讀書會：《上博八・顏淵問於孔子》校讀），「復旦網」2011.7.17。

〔註35〕　錢玄、錢興奇：《三禮辭典》（南京：江蘇古籍出版社，1998年），頁535。

〔註36〕　劉國勝將「專（博）」讀爲「寬」。劉國勝：《楚喪葬簡牘集釋》（武漢：武漢大學博士學位論文，2005年修改），頁49。

物：一個青色的繫冠之纓，一件紫赤色的衣裳，一件丹緅汗衣，七條佩巾，一個裝衣物的絲囊，絲綢做成的下裳、冠各一，皆爲紫色的內裏。〔註37〕

四、、二、△（2-021）

《十四種‧長臺關》2-021 釋文作「鉉。一□□□以繪（錦）。一▇食酒（醬）。一坩（瓶）某（梅）酒（醬）。一篅箕。一幕（帚）。一柲賁▇。一白。一纝（縉）紫之帰（寢）裀（茵），纝（縉）綠之裏。一繪（錦）佐（坐）裀（茵），纝（縉）。

1、

《十四種‧長臺關》於注釋中指出「▇」字應釋爲「耦」，字形與《包山》2.174「▇」、簽牌 59-2「▇」、《上博六‧平王與王子木》簡 1「▇」等字相似。〔註38〕劉國勝釋爲「壺」，讀「壺」。〔註39〕房振三隸作「坩」，認爲是「瓶」的異體字。〔註40〕林清源師原將此字隸作「坩」。〔註41〕而後季旭昇師與林清源師皆將此字釋爲「瓶」。〔註42〕

此字上部與上舉《包山》2.174 形體相似，但應非同一字。林清源師認爲此字與「▇」（《長臺關》2-14）爲一字異體，从土，并聲，隸作「坩」，土旁表示瓶的材質。「▇」字形體模糊，難以判斷上半部件爲「瓜」或「并」，但上方部件中間未有「=」形，《長臺關》的「瓶」字作：

![簡12]	![簡14]	![簡21]
簡 12	簡 14	簡 21

〔註37〕此簡文翻譯參照劉國勝：《楚喪葬簡牘集釋》（武漢：武漢大學博士學位論文，2005 年修改），頁 49～50。

〔註38〕陳偉等著：《楚地出土戰國簡冊〔十四種〕》（北京：經濟科學出版社，2009年），頁 85、注 57，頁 390、注 117。

〔註39〕劉國勝：《楚喪葬簡牘集釋》（武漢：武漢大學博士學位論文，2005 年修改），頁 40。

〔註40〕房振三：《信陽楚簡文字研究》（合肥：安徽大學碩士論文，2003 年），頁 119。

〔註41〕林清源師：《楚國文字構形演變研究》（台中：東海大學博士論文，1997 年），頁 133。

〔註42〕字形雖與《信陽》「瓶」字寫法有異，但可暫釋爲「瓶」。意見來自於「楚系簡帛文字字典編纂計畫」討論會（2009 年）。

由上表可見「瓶」字所從的「并」皆有明顯的二橫筆，而所論字未見，與《包山》2.174「」（从瓜）較爲相近，故應依劉國勝隸作「壜」讀「壺」，「瓜」爲見紐魚部，「壺」爲匣紐魚部，韻部相同，聲紐爲旁紐，例可通讀。

2、

「篽」字前一字形《十四種》隸爲「一」，其原形爲「」，可見上半部有一橫畫，「二」字形多爲等長，〔註43〕然而《長臺關》圖版模糊，筆畫殘泐，應隸作「二」字。

3、

「」字《十四種》未隸定，多數學者皆釋爲「因」字，〔註44〕季旭昇師以及林清源師校讀指出本字外圈左右兩筆爲圓筆，與楚文字「因」字多作曲筆不類，今暫釋爲「因」讀「絪」。〔註45〕「因」字象人在衣中，〔註46〕因此「人」形之外的「衣」形多作曲筆，如：《上博六·凡先》「」（簡 9），但楚簡文字多變，「衣」形仍有圓筆狀，如《上博二·容成氏》「」（簡 19）、《上博一·性情論》「」（簡 11），故未能排除釋爲「因」的可能性。《長臺關》從「因」之字作：「」（裀，簡 19）、「」、「」（裀，簡 21），由以上二形可見《長臺關》的「因」字形體固定，皆與此字差距甚大，故筆者認爲此字非「因」。劉國勝隸作「角」，舉「」爲例。〔註47〕此種形體又見於《包山》：「」（「解」字所从，2.157），可見「」形與「角」字形相近，此字應可隸爲「角」。

《十四種·長臺關》2-021 釋文可改作「鉉。一□□□以絵（錦）。一壜（壺）食牆（醬）。一埡（瓶）某（梅）牆（醬）。二篽箕。一幬（帚）。一柂貴（戴）角。〔註48〕一白。一緤（緒）紫之帰（寢）裀（茵），緤（緒）綠之

〔註43〕 但楚簡中依然可見不等長的「二」字，參筆者論文《九店·告武夷》一節。

〔註44〕 參看房振三：《信陽楚簡文字研究》（合肥：安徽大學碩士論文，2003 年），頁120。

〔註45〕 意見來自於「楚系簡帛文字字典編纂計畫」討論會（2009 年）。

〔註46〕 裘錫圭：《古文字論集》（北京：中華書局，1992 年），頁 50。

〔註47〕 劉國勝：〈信陽遣冊「柂」蠡測〉，武漢大學「簡帛網」2010 年 10 月 22 日（http://www.bsm.org.cn/show_article.php?id=1324）。

〔註48〕 「柂」字學者意見分歧，此形作「」，有釋柜、杔、柚、柭等，各家說法可參看房振三：《信陽楚簡文字研究》（合肥：安徽大學碩士論文，2003 年），頁 120。

裏。一繪（錦）佐（坐）裀（茵），繀（縉）」。簡文意爲：鉉。一□□□以繪（錦）。一壺可食用醬汁，一瓶梅醬。二組清潔用品。一支掃帚。一個有角的鎮墓獸。〔註49〕一個帳幕。〔註50〕一個外表紫色內裏綠色的寢室用絲褥席。一個錦面的坐墊。繀（縉）。〔註51〕

　　筆者認爲此形右半與「尼」字較爲相似，依《十四種》隸定。「賌」字讀法筆者從沈培之説，參看沈培：〈試釋戰國時代从「之」从「首（或从『頁』」之字〉，「復旦網」2007 年 7 月 17 日（http://www.bsm.org.cn/show_article.php?id=630）。

〔註49〕此翻譯筆者從劉國勝：〈信陽遣冊「梐」蠡測〉，武漢大學「簡帛網」2010 年 10 月 22 日（http://www.bsm.org.cn/show_article.php?id=1324）。

〔註50〕劉國勝疑「白」讀爲「袙」，訓爲帳幕，此説可從。參看劉國勝：《楚喪葬簡牘集釋》（武漢：武漢大學博士學位論文，2005 年修改），頁 40。

〔註51〕此翻譯參考劉國勝的字詞考釋。劉國勝：《楚喪葬簡牘集釋》（武漢：武漢大學博士學位論文，2005 年修改），頁 40～41。

第十章 《楚地出土戰國簡冊〔十四種〕‧葛陵1號墓簡冊》考釋

第一節 卜筮祭禱

一、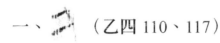（乙四110、117）

　　《十四種‧葛陵》乙四110、117釋文作「☑少达（遲），速從郢坌（來），公子見君王，尚忻（怡）懌，毋見☑」，釋文中的「少」字原形作「☑」，原考釋者、邴尚白與宋華強皆作未釋字。〔註1〕《十四種‧葛陵》應是據辭例增補，但依殘筆見之，不似「少」字形體，《葛陵》的「少」字作「☑」（甲三133）、「☑」（甲三233、190）、「☑」（乙三38）和「☑」（零419）等形，其左上筆畫皆爲由右上至左下的撇筆，下半部的筆畫呈現「乀」形或是由右上往左下的撇筆，雖甲三233、190的「少」字左上撇筆與下方撇筆幾乎等長，但就筆順而言，依然與所論字不同，故《十四種‧葛陵》將此殘筆隸爲「少」字是有疑問的。此字殘缺筆畫過多，待考。

　　此簡的簡文義，宋華強解釋爲：

　　　　「遲速」又見於天星觀卜筮簡命辭「既逗於王，以爲夏夷獸，還返

〔註1〕 賈連敏：《新蔡葛陵楚墓‧新蔡葛陵楚墓出土竹簡釋文》（鄭州：大象出版社，2003年），頁208。邴尚白：《葛陵楚簡研究》（臺北：台灣大學博士論文，2007年），頁48。宋華強：《新蔡葛陵楚簡初探》（武漢：武漢大學出版社，2010年），371。

遲速」。「遲速」是偏義複合詞，義偏於「速」，與「緩急」類似。「遲速從郢來」即「速從郢來」，「遲速還返」即「速還返」。簡文說「遲速從郢來」，又稱坪夜君成爲「公子」，與卜筮簡通常稱「君」者異，似乎這次占卜是坪夜君成在郢都居住時其家人或留守臣屬在平夜舉行的。命辭的意思大概是：希望儘快有好消息從郢都送來，希望坪夜君成順利見到楚王，並在郢都住得愉快。〔註2〕

筆者認爲宋華強的解釋有待商榷，古漢語雖有「遲速」一詞，然而宋華強將「速」解釋爲「盡快」，但古籍中的「速」字並無此義。此處可解釋爲「早晚」義，如《左傳・昭公十三年》：「既聞命矣，敬共以往，遲速唯君」，《左傳・襄公三十年》：「遲速無時」。《上博七・吳命》簡 7：「故用使其三臣，毋敢有遲速之期，敢告度日。」「遲速」，慢和快，猶言早晚。〔註3〕《葛陵》乙四 101、117 簡文大意爲：「（公子的）消息遲早會從郢都傳來，希望公子見到楚王能夠一切順利。」

《十四種・葛陵》乙四 110、117 釋文應改作「☑□達（遲）速從郢夎（來），公子見君王，尚忊（怡）懌，毋見☑」。

二、 ⬚（零 297）

《十四種・葛陵》零 297 釋文作「☑珥元龜、筶（筮）□☑」，釋文中的「龜」字圖版作「⬚」，此字形體與「寅」字相似，〔註4〕「寅」字如：「⬚」（《包山》2.163）、「⬚」（《包山》2.109），可見下方筆畫皆爲「⌒」，「龜」（黽）字下方則爲向右撇筆， 如：「⬚」（《郭店・緇衣》簡 46）。然蘇建洲師指出「⌒」與向右撇筆有訛混現象，〔註5〕如：「衛」字或從「不」（「不」爲「方」的變體），戰國璽印從「不」作「⬚」（《璽印》1339），而後添加斜筆變成「丙」形作「⬚」（《璽印》1335）；〔註6〕「七」形訛成「大」形，亦

〔註2〕 宋華強：《新蔡葛陵楚簡初探》（武漢：武漢大學出版社，2010 年），頁 65。
〔註3〕 季旭昇師：〈也談《容成氏》簡 39 的「德惠而不失」〉，「復旦網」2009 年 1 月 26 日（http://www.guwenzi.com/srcshow.asp?src_id=681）。
〔註4〕 此爲高榮鴻私下給與筆者的意見。
〔註5〕 此爲蘇建洲師給與筆者的審查意見（2011 年 6 月 23 日）。
〔註6〕 魏宜輝：《楚系簡帛文字形訛變分析》（南京：南京大學博士論文，2003 年），頁 53。

是此例。〔註7〕且辭例中確爲「元龜」二字,「龜」爲卜筮工具,〔註8〕楚簡文字皆以「黽」形表示「龜」字。〔註9〕若此,則所論字隸爲「黽」字爲宜,實指「龜」義。依《十四種‧葛陵》甲三 39 的處理方式:「其祱(祟)與黽(龜)」,此字應作「黽(龜)」。〔註10〕故《十四種‧葛陵》零 297 釋文應改作「☑耳元黽(龜)、箮(筮)□☑」。

三、🔲(零439)

　　《十四種‧葛陵》零 439 釋文作「☑之,祝禱於□晟(?)」,釋文中「晟」字加注了「?」表示不確定,原考釋者與邴尚白皆隸爲「晟」。〔註11〕宋華強則作未釋字。〔註12〕此字作「🔲」形,字形較爲模糊不清,但卜半部應非「日」形,《葛陵》簡中的「日」形作「🔲」(甲三 339)、「🔲」(零 318),可見「日」字右上角爲相連的曲筆,但此字下半部件的右上角並非曲筆,字形較似「甘」形如「🔲」(《包山》2.247),因此此字下半部應隸爲「甘」。此字上半部件有「口」形部件,應爲「咸」,並非「🔲」字(成)所從的「🔲」形,故所論字應隸爲「醶」字,因此《十四種‧葛陵》零 439 釋文應改爲「☑之,祝禱於□醶」。

〔註7〕　參蘇建洲師:《《上博楚竹書》文字及相關問題研究》(臺北:萬卷樓圖書股份有限公司,2008 年),頁 23～28。

〔註8〕　于成龍:《楚禮新證——楚簡中的紀時、卜筮與祭禱》(北京:北京大學博士學位論文,2004 年),頁 31。

〔註9〕　此處「龜」、「黽」合稱,因馮勝君認爲在戰國楚文字材料中,「黽」字無論獨體還是偏旁,都是用作「龜」的,似乎還沒有發現確定無疑的用作本字的例子,筆者從之。可參照馮勝君:〈戰國楚文字「黽」字用作「龜」字補議〉,武漢大學「簡帛網」2005 年 10 月 7 日(http://www.bsm.org.cn/show_article.php?id=50)。此說得到學者的贊同,如李家浩:〈楚墓竹簡中的「昆」字及从「昆」之字〉,《中國文字》新廿五期(臺北:藝文印書館,1999 年),頁 141,注釋 6。另,禤健聰以爲此種形體即爲「龜」字,參禤健聰:〈釋楚文字的「龜」和「🔲」〉,《考古與文物》,2010 年第 4 期,頁 102～104。

〔註10〕　此形亦出現於甲三 15、60,零 294、482、乙四 129,乙四 141,零 207,零 245,零 283 和零 241,《十四種‧葛陵》釋文皆需修改。

〔註11〕　賈連敏:《新蔡葛陵楚墓‧新蔡葛陵楚墓出土竹簡釋文》(鄭州:大象出版社,2003 年),頁 222。邴尚白:《葛陵楚簡研究》(臺北:台灣大學博士論文,2007 年),頁 62。

〔註12〕　宋華強:《新蔡葛陵楚簡初探》(武漢:武漢大學出版社,2010 年),頁 374。

四、 　（零 398）

　　《十四種・葛陵》零 398 釋文作「☑曰吉☑」，原考釋者、宋華強與邴尚白皆將此簡補作「【占之】曰：吉」，〔註13〕然而，「吉」字上方的圖版作「　」，圖版字形非常模糊，並非原考釋者等人所釋的「曰」字，殘存筆畫較似「又」形，如「 」（甲三 114、113）、「 」（零 487）。《葛陵》簡中未出現「又（有）吉」一詞，但占卜的結果多有「又（有）咎」（乙四 100、零 532、678）、「又（有）祟」（乙四 100、零 532、678）等語句，筆者認爲雖《葛陵》中未見「有吉」一詞，但「有吉」也可作爲占卜吉凶的結果，故《十四種・葛陵》零 398 釋文可改作「☑又（有）吉☑」。

五、 　（乙二 26）、 　（乙四 10）、 　（零 76）

　　《十四種・葛陵》乙二 26 釋文作「☑□朼果廷☑」，「朼」字原形作「　」，相似字形亦見於《葛陵》乙四 10「　」與零 76「　」。

　　《十四種・葛陵》將乙四 10 的「　」形隸爲「此」字，〔註14〕並且與乙二 26 分開編聯。原考釋者將此乙二 26 與乙四 10 皆隸爲「此」，〔註15〕宋華強則將乙二 26 與乙四 10 此形皆隸爲「朼」，且將二簡編聯一處。〔註16〕乙二 26 與乙四 10 二簡簡文殘缺不全，但辭例相同，「　」、「　」二字應爲同一字形，故將兩支竹簡編聯一處爲宜。

　　《十四種・葛陵》所隸定的「朼」、「此」二字分別作：

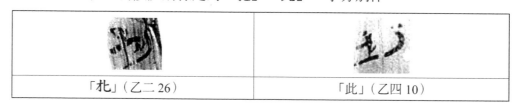

「朼」（乙二 26）	「此」（乙四 10）

〔註13〕賈連敏：《新蔡葛陵楚墓・新蔡葛陵楚墓出土竹簡釋文》（鄭州：大象出版社，2003 年），頁 220。宋華強：《新蔡葛陵楚簡初探》（武漢：武漢大學出版社，2010 年），437。邴尚白：《葛陵楚簡研究》（臺北：台灣大學博士論文，2007 年），頁 60。

〔註14〕《十四種・葛陵》乙四 10 釋文作「此果廷」。

〔註15〕賈連敏：《新蔡葛陵楚墓・新蔡葛陵楚墓出土竹簡釋文》（鄭州：大象出版社，2003 年），頁 203、206。

〔註16〕宋華強：《新蔡葛陵楚簡初探》（武漢：武漢大學出版社，2010 年），頁 464。

右邊部件應爲「匕」形無誤，左邊筆畫皆有殘泐，乙四 10 可以較明顯地看出爲「才」字下半部件形體與《葛陵》的「才」字相仿，「才」字如：「＋」（零90），故《十四種·葛陵》乙四 10 此字應改隸爲「扰」字。乙二 26 左上半部較爲模糊，然而乙二 26 與乙四 10 辭例相同，應也可隸爲「扰」。

此字形另出現於《葛陵》零 76，辭例作「☑⬚至東☑」，原考釋者、宋華強以及《十四種·葛陵》皆隸爲「此」，〔註17〕張新俊、張勝波則將此形置爲「扰」字條下。〔註28〕筆者認爲「此」字所从的「止」形豎筆不該突出下端的曲筆，故此字應非「此」字。楚簡可見的「扰」字作「⬚」（《郭店·忠信之道》簡 2）、「⬚」（《上博一·緇衣》簡 20），皆與零 76 此形體相似，零 76 此字可能左上半部橫筆磨損，故只留「⬚」殘筆，此字應可改隸爲「扰」。

「扰」字可能从「匕」聲，「匕」爲幫紐脂部字，「必」幫紐質部字，聲紐相同，韻部爲對轉關係，質、脂二部通轉例子如《上博二·容成氏》簡 37：「湯乃惎（謀）戒求臤（賢），乃立泗尹以爲差（佐）。泗尹既命，乃執兵欽□…」，「泗尹」則湯之賢臣「伊尹」。〔註19〕此種字形在《郭店》簡的〈唐虞之道〉、〈忠信之道〉以及〈語叢三〉皆有出現，李零、周鳳五、張光裕與袁國華等人皆讀作「必」字，〔註20〕置於《郭店》釋文中皆文從字順，而《葛陵》此字與《郭店》之字相同，應也可讀爲「必」，宋華強舉《論語·子路》「言必信，行必果」作爲讀「必」之例，〔註21〕可以參照。然而「扰」若讀爲「必」，《葛陵》辭例爲「扰果廷」，「必」字字義難以解釋，在此暫不修改釋文。《十四種·葛陵》乙四 10 釋文應改爲「扰果廷」，零 76 釋文應改爲「☑扰至東☑」。

〔註17〕 賈連敏：《新蔡葛陵楚墓·新蔡葛陵楚墓出土竹簡釋文》（鄭州：大象出版社，2003 年），頁 211。宋華強：《新蔡葛陵楚簡初探》（武漢：武漢大學出版社，2010 年），頁 466。

〔註28〕 張新俊、張勝波：《新蔡葛陵楚簡文字編》（成都：巴蜀書社，2008 年），頁111。

〔註19〕 王輝：《古文字通假字典》（北京：中華書局，2008 年），頁 517。

〔註20〕 李零：《郭店楚簡校讀記〔增訂本〕》（北京：中國人民大學出版社，2007 年），頁 125、195。周鳳五：〈郭店楚墓竹簡〈唐虞之道〉新釋〉，《中央研究院歷史語言研究所集刊》第 70 本第 3 分（1999 年），頁 739～759。張光裕主編，袁國華合編：《郭店楚簡研究·第一卷文字編》（臺北：藝文印書館，1999 年），頁 5。袁國華：〈郭店楚墓竹簡從「匕」諸字及相關詞語考釋〉，《中央研究院歷史語言研究所集刊》，第 74 本，第 1 分（2003 年），頁 17～33。此字另有學者作考釋，可參考袁文頁 19 註釋 7。

〔註21〕 宋華強：《新蔡葛陵楚簡初探》（武漢：武漢大學出版社，2010 年），頁 104、105。

六、

　　《十四種‧葛陵》零652釋文作「☒可之篍（？）□☒」，「篍」字原形作「![字]」，原考釋者與邴尚白皆隸爲「篍」，〔註22〕而宋華強於釋文中放置原圖版。此字應从「竹」从「宀」，但下半部件模糊，約可見左下方有「臼」形部件，然而右下部件字跡模糊，無法辨別字形，就可釋出的部見而言，此字應可隸爲「𥫗」字。故《十四種‧葛陵》零652釋文可改作「☒可之𥫗□☒」

七、![image]（乙四134）

　　《十四種‧葛陵》乙四134釋文作「☒□擇之囷（牢）中，晉![字]爲酓相之敬（昭）告大☒」，《十四種‧葛陵》未將「![字]」釋出，原考釋者與邴尚白皆將此字釋爲「縣」。〔註23〕宋華強隸爲「雩」。〔註24〕

　　此字左半部爲「木」形，右上半部似爲「害」形，「害」字寫法多變，〔註25〕其中有一形體作「![字]」（《郭店‧成之聞之》簡30）、「![字]」（《郭店‧六德》簡33），此種寫法的「害」字與所論字右上半部件相似，然而「害」字應从「口」形，而此字右下半部爲「![字]」形，類似《曾侯乙》的「白」字，其形如：

簡5	簡117	簡154

〔註22〕貫連敏：《新蔡葛陵楚墓‧新蔡葛陵楚墓出土竹簡釋文》（鄭州：大象出版社，2003年），頁228。邴尚白：《葛陵楚簡研究》（臺北：台灣大學博士論文，2007年），頁88。

〔註23〕貫連敏：《新蔡葛陵楚墓‧新蔡葛陵楚墓出土竹簡釋文》（鄭州：大象出版社，2003年），頁209。邴尚白：《葛陵楚簡研究》（臺北：台灣大學博士論文，2007年），頁83。

〔註24〕宋華強：《新蔡葛陵楚簡初探》（武漢：武漢大學出版社，2010年），頁442。

〔註25〕「害」字不同寫法，可參孫飛燕：〈「害」字小議〉，武漢大學「簡帛網」2008年4月22日（http://www.bsm.org.cn/show_article.php?id=821）。金俊秀：〈說「害」〉，《第十八屆中國文字學國際學術研討會》（臺北：輔仁大學，2007年），頁287～305。

然而楚簡未見「口」（或「日」，「害」字可从「日」，如《包山》2.256：「」），形可訛爲「白」者，此字或爲「害」省聲。筆者暫將所論字依形隸作，隸定爲「楮」。故《十四種‧葛陵》乙四 134 釋文可改作「☑□擇之囹（牢）中，晉楮爲酓相之敓（昭）告大☑」。

八、（乙四 102）

《十四種‧葛陵》乙四 102 釋文爲「☑之月丁霥（亥）之日，邶輓㠯（以）鄧（衛）韋（箄）爲君爯（卒）戠（歲）之貞。」釋文中的「輓」字原形作「」，原考釋者、邴尚白與宋華強皆隸爲「輓」。〔註26〕

《十四種》隸爲「輓」，但楚簡中「免」字應爲「」（《包山》2.59）、「」（《包山》2.78）形，「免」字形體固定，與此字不同。所論字右下半部似「肉」形，然而上半部與楚簡中常見的「兔」（如：《上博一‧孔子詩論》簡 8「」）字有別，所論字形體特殊，難以確定是否爲「兔」字。簡文此處爲貞人名，亦無法以辭例推測字形爲何，只可確定此字非从「免」形，隸定字形應作「軕」，故將《十四種‧葛陵》乙四 102 釋文改爲「☑之月丁霥（亥）之冂，邶軕㠯（以）鄧（衛）韋（箄）爲君爯（卒）戠（歲）之貞」。

九、（零 77、154）

《十四種‧葛陵》零 77、154 釋文作「☑䝿（亥）之日☑」，《十四種》所放置的圖版，原考釋者與邴尚白隸爲「穌」，〔註27〕宋華強將此字隸爲「鮇」。〔註28〕此字左半部應爲「魚」旁無疑，左旁與甲三 321「魚」（）形相似，但右旁應爲「末」形而非「禾」旁，「禾」旁作「」（「利」之所从，《郭店‧老

〔註26〕賈連敏：《新蔡葛陵楚墓‧新蔡葛陵楚墓出土竹簡釋文》（鄭州：大象出版社，2003 年），頁 208。邴尚白：《葛陵楚簡研究》（臺北：台灣大學博士論文，2007 年），頁 48。宋華強：《新蔡葛陵楚簡初探》（武漢：武漢大學出版社，2010 年），頁 397。

〔註27〕賈連敏：《新蔡葛陵楚墓‧新蔡葛陵楚墓出土竹簡釋文》（鄭州：大象出版社，2003 年），頁 211。邴尚白：《葛陵楚簡研究》（臺北：台灣大學博士論文，2007 年），頁 51。

〔註28〕宋華強：《新蔡葛陵楚簡初探》（武漢：武漢大學出版社，2010 年），頁 398。

子甲》簡 1)、「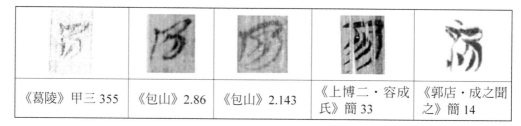」(《上博二·民之父母》簡 13),可見「禾」字的撇筆皆於豎畫的最上端,然而此字「木」形所殘存的墨痕於豎筆中間偏上部位,較似「末」形(《望山》2.13「」),故應可隸爲「鈢」。「鈢」字爲貞人名,「嬡(亥)之日」爲占卜日期,辭例與甲三 342-2「獻(獻)馬之月乙還(亥)之日,盧妣以尣䨣爲☒」相同,皆爲「占卜日期+貞人名」,此簡的斷句應與甲三 342-2 相同,故《十四種·葛陵》零 77、154 釋文應改爲「☒嬡(亥)之日,鈢☒」。〔註29〕

十、(甲三 30)

《十四種·葛陵》甲三 30 釋文作「☒□公城藃(郙)之歲(歲)宣月☒」,其中的「藃」字原字形作「」,此字原考釋者、邴尚白和羅運環皆作「藃」字,〔註30〕宋華強認爲此字从「泉」,所从「」旁與葛陵簡中常見的「尋」旁有異,《葛陵》簡「泉」字作「」(甲三 355),《包山》2.3「漁」字作「」,「」可見所論字與「泉」字類似,只是寫法潦草一些,疑「」是从「邑」、「㮻」聲之字。〔註31〕

此字右旁與《葛陵》簡中的「尋」字的確不似,乙一 26、2「郙」作「」,與此字的筆畫略爲不同,「尋」字右上筆畫爲一橫筆和一豎筆組成(),而所論字右上則爲一曲筆(),因此就筆順而言,不爲「尋」字。楚簡的「泉」字形體作:

《葛陵》甲三 355	《包山》2.86	《包山》2.143	《上博二·容成氏》簡 33	《郭店·成之聞之》簡 14

〔註29〕 邴尚白:《葛陵楚簡研究》(臺北:台灣大學博士論文,2007 年),頁 51。邴尚白將此簡編聯爲「☒嬡(亥)之日,鈢䨣吕(以)尣䨣(靈)爲君辜(卒)歲(歲)之貞:尚母」零 77、154,乙四 118,乙四 103,筆者在此文並不另做編聯。

〔註30〕 賈連敏:《新蔡葛陵楚墓·新蔡葛陵楚墓出土竹簡釋文》(鄭州:大象出版社,2003 年),頁 189。邴尚白:《葛陵楚簡研究》(臺北:台灣大學博士論文,2007年),頁 27。羅運環:〈葛陵楚簡郙郙考〉,《古文字研究》第 27 輯(北京:中華書局,2008 年),頁 498~499。

〔註31〕 宋華強:《新蔡葛陵楚簡初探》(武漢:武漢大學出版社,2010 年),頁 399。

由上表可見，从「泉」之字與「」右旁的筆順極爲相似，尤其〈成之聞之〉與所論字偏旁幾近一致，故所論字應隸爲「鄿」字，因此《十四種‧葛陵》甲三 30 釋文應改爲「☑□公城鄿之戠（歲）亯月☑」。

十一、、（零 16）

　　《十四種‧葛陵》零 16 釋文「☑余鐪紷□☑」，其中「紷」原形爲「」形，原考釋者隸爲「紷」。〔註 32〕筆者不贊成《十四種‧葛陵》的「紷」字的隸定，左旁爲「糸」字應無誤，右旁部件有三橫筆與一豎筆，應非「冂」字，然而殘缺筆畫過多，難以妄加猜測字形，故此字應改隸爲「紷」。

　　釋文中的的未釋字原形作「」形，左側與「」字左旁所从相似，應爲「糸」字的殘筆，右下部件爲「甘」形，然而右上部件殘泐不清，故僅能隸定爲「絹」。因此筆者將《十四種‧葛陵》零 16 釋文應改爲「☑余鐪紷絹☑」。

十二、（零 352）

　　《十四種‧葛陵》零 352 釋文「☑於成☑」。「」字，原考釋者釋爲「祝（裸）」。〔註 33〕徐在國以《上博一‧緇衣》簡 15、楚燕客銅量銘、《包山》2.266 中的「爵」字爲證，認爲所論字當釋爲「爵」。〔註 34〕宋華強認爲《葛陵》簡此形見於《上博三‧周易》51 號簡，今木《周易》與之對應的字是「斗」，「斗蘒」其義待考。〔註 35〕

　　「」字（下文以△字代之）形體又見於乙四 137、甲三 360「☑斗句逾三豻（貚），禱三冢。未內☑」，釋文中的「斗」字形體作「」。宋華強反駁徐在國說法，合理可從，轉引如下：

　　　　徐文所引三字原形如下：（《上博（一）‧緇衣》簡 15），（楚

〔註 32〕　賈連敏：《新蔡葛陵楚墓‧新蔡葛陵楚墓出土竹簡釋文》（鄭州：大象出版社，2003 年），頁 210。

〔註 33〕　賈連敏：《新蔡葛陵楚墓‧新蔡葛陵楚墓出土竹簡釋文》（鄭州：大象出版社，2003 年），頁 219。

〔註 34〕　徐在國：〈新蔡葛陵楚簡札記〉，《新出楚簡文字考》（合肥：安徽大學出版社，2007 年），頁 253。

〔註 35〕　宋華強：《新蔡葛陵楚簡初探》（武漢：武漢大學出版社，2010 年），頁 462。

燕客銅量，《集成》16 · 10373）、（包山 266），「斗」形內所從均與△字不同。《上博 · 緇衣》與楚燕客銅量「斗」形內從「少」，《包山》簡則從「毛」，而△字從「主」。〔註36〕

因此徐在國所舉的例證，皆無法證明△字可釋爲「爵」的證據。

宋華強舉《上博三 · 周易》簡 51「」爲例，核對今本《周易》與《上博》對應之字爲「斗」，因此由《上博三 · 周易》可確知，斗勺內從主字應可釋爲「斗」，故《十四種 · 葛陵》零 352 釋文應改爲「☐於成斗☐」。

十三、（甲三 15、60）

《十四種 · 葛陵》甲三 15、60 釋文爲「☐隹（唯）㴬（顫）栗志（恐）瞿（懼），甬（用）受緣（緒）元龜、晉（巫）簀（筮）曰」，釋文中的「㴬」字寫作「」，原考釋者隸爲「㴬」。〔註37〕何琳儀認爲左從「水」，右從「象」，這類省「爪」的「爲」，在西周金文中即已出現，「爲」與「危」聲系相通，簡文「爲栗」可讀「危栗」。〔註38〕李天虹則認爲右旁是「象」字變體，「㴬」是「蕩」的古字，疑「㴬」當讀作「顫」或「戰」，「㴬」與「顫」、「戰」聲母相近，韻部相隔亦不遠（引者按：通轉）。〔註39〕徐在國舉《玉篇》爲例，認爲「㴬，今作蕩」，「蕩」有震動義，《史記 · 龜策列傳》「以破族滅門者，不可勝數，百僚蕩恐。」「蕩」與「恐」連用，與簡文「蕩」與「慄」、「恐」、「懼」連用同。〔註40〕宋華強認爲「㴬」當釋爲「爲」，讀爲「危」。〔註41〕

依圖版見之，「」字（以下稱△字）下半部與常見的「象」形不似，楚簡的「象」字下半部件多變，如：

〔註36〕宋華強：《新蔡葛陵楚簡初探》（武漢：武漢大學出版社，2010 年），頁 462。

〔註37〕賈連敏：《新蔡葛陵楚墓 · 新蔡葛陵楚墓出土竹簡釋文》（鄭州：大象出版社，2003 年），頁 189。

〔註38〕何琳儀：〈新蔡楚簡選釋〉，《新出楚簡文字考》（合肥：安徽大學出版社，2007 年），頁 219～220。

〔註39〕李天虹：〈新蔡楚簡補釋四則〉，「簡帛研究網」2003 年 12 月 17 日（http://www.jianbo.org/admin3/html/litianhong02.htm）。

〔註40〕徐在國：〈新蔡葛陵楚簡箚記〉，「簡帛研究網」2003 年 12 月 7 日（http://www.jianbo.org/admin3/list.asp?id=1062）。

〔註41〕宋華強：《新蔡葛陵楚簡初探》（武漢：武漢大學出版社，2010 年），頁 366、441。

	〔註42〕			
《包山》2.24	《上博五‧鬼神之明》簡6	《上博六‧天子建州甲》簡2	《上博六‧天子建州甲》簡2	《上博六‧天子建州乙》簡2

由上表可見，楚簡「象」字形體並不固定，然而△字右上所從部件爲楚簡常見的「象頭」，△字右下半部件與「象」下半相仿，若所論字的「勹」右邊筆畫拉直，則與「介」形相似，故所論字从象。楚簡中表示動物的字形，其下半部件並不固定，如楚簡「馬」字作「🐴」（《包山》2.248）形，《曾侯》中皆作「🐴」（簡141）形；楚簡「鹿」字作「🦌」（曹沫之陣簡41），但亦可作「🦌」（《葛陵》甲三80），可見《葛陵》的「鹿」字下半部件與所論字相似，此種表示動物身體的特殊字形，可能是書手習慣所導致的。

就讀法而言，「象」字可釋「象」（《上博五‧鬼神之明》簡6，「象皮獸鼠」）和「爲」（《上博六‧天子建州甲》簡2，「爲邦君」），因此何琳儀和李天虹將「漡」讀爲「潙」和「湯」（戰），皆有可能。但古籍常見「戰栗」一詞，如《論語‧八佾》：「使民戰慄」、《公羊傳》：「栗猶戰慄，謹敬貌」，而古書中未有「危栗」文例可作旁證，故筆者較贊成李天虹的說法。

此句簡文的斷句問題，《十四種‧葛陵》甲三15、60釋文爲「☑隹（唯）漡（顫）栗忎（恐）瞿（懼），甬（用）受緣（繇）元龜、晉（巫）箬（筮）曰」，《十四種‧葛陵》於「元龜」之後加入「頓號」。《十四種‧葛陵》若將「晉箬」一詞讀爲「巫筮」，「巫筮」爲貞人，而「元龜」爲卜筮工具，二者非相同性質的事物，中間不應以「頓號」爲標點。

宋華強將此句斷讀爲「甬（用）受緣（繇）元黿（龜）、晉箬（筮），曰」，認爲此處「元龜」和「巫筮」是並列結構，都是「小臣成」所用的「受緣」之物，「巫筮」應和「元龜」一樣，是名詞性結構，「箬」當是指蓍草或其他筮具，「巫」可讀爲「靈」，簡文中的「晉」爲「靈」古文「䨥」的異體，與古文「巫」爲同形字關係。〔註43〕就辭例而言，《葛陵》零207釋文作「☑弸元龜、

〔註42〕 此字的「象頭」與一般楚簡字形並不相同，蘇建洲師認爲應與齒夫鼎的「🦌」字（爲）字相似。參蘇建洲師：〈讀《上博（六）‧天子建州》筆記〉，武漢大學「簡帛網」2007年7月22日（http://www.bsm.org.cn/show_article.php?id=652）。

〔註43〕 宋華強：《新蔡葛陵楚簡初探》（武漢：武漢大學出版社，2010年），頁285～

箸（筮）、義（犧）牲、珪璧唯□☑」、零 283 釋文作「☑龜、箸（筮）、義（犧）☑」由此二簡可知，「筮」與「元龜」同義，應是占卜用的道具，釋文中並沒有「晉（巫）」字，可見「晉（巫）箸（筮）」與「箸（筮）」不同義。且此簡末字爲「曰」，《葛陵》辭例皆爲：「某某曰」，如「占曰」（乙四 100、零 532、678）、「占之曰」（乙四 84）、「其繇（繇）曰」（甲三 31），若「晉箸」爲蓍草名，則「曰」字便無「主語」，故筆者認爲「晉箸」應爲貞人。因此「元龜」與「晉（巫）箸（筮）」二詞中間應以「句號」作爲區隔符號，表示「晉（巫）箸（筮）曰」爲另一個新句子的開端。

　　《十四種・葛陵》甲三 15、60 釋文爲「☑隹（唯）濠（顥）栗忎（恐）瞿（懼），甬（用）受繇（繇）元黽（龜）。〔註 44〕晉（巫）箸（筮）曰」此句意思爲「在人們顥慄恐懼時，便會使用元龜占卜繇詞。巫筮說」。

十四、（甲三 159-3）

　　《十四種・葛陵》甲三 159-3 釋文作「☑夏夈之月乙☑」，圖版中「乙」字之下尚有筆畫，據殘筆「」似爲「卯」字。《葛陵》簡中「卯」字有二種寫法：「」（甲三 114、113）與「」（乙四 98），而所論字所剩餘的殘筆與乙四 98 的「卯」字寫法相似，宋華強將零 108 拼合於此簡後，〔註 45〕零 108首字形體爲「」，若將「」與「」二形相拼合爲「」，可見「」字與乙四 98 的「卯」字十分相近。因此，就簡牘拼合而言，甲三 159-3 後應可連接零 108，故《十四種・葛陵》簡甲三 159-3、零 108 釋文可改爲「☑夏夈之月乙卯之日，彭」。

十五、（零 109、105）

　　《十四種・葛陵》零 109、105 釋文作「☑之，丙唇（辰）之日，台悬（以）君☑」，然而比對圖版，《十四種・葛陵》所釋的「台」、「悬（以）」字唯有一

286、441。

〔註 44〕 改「龜」爲「黽」，詳前文，此不再贅述。

〔註 45〕 宋華強原在博士論文將此二篇合併，請參考宋華強：《新蔡楚簡的初步研究》（北京：北京大學博士論文，2007 年），頁 250。但於《新蔡葛陵楚簡初探》一書中則將此二簡分開編聯，請參考宋華強：《新蔡葛陵楚簡初探》（武漢：武漢大學出版社，2010 年），頁 403。

個字形作「」，原考釋者與宋華強皆作「台（以）」。〔註46〕

「㠯（以）」字下從心，楚簡「心」字如「㥯」（「悃」字所從，《包山》2.47）。「台」字下從「口」形，作「台」（《郭店‧緇衣》簡21）形，但「口」形的橫筆筆畫可橫跨過「ㄩ」形，如「㿽」（《葛陵》零241）字，故難以確定所論字從心或從口。

《葛陵》中與所論字相似形體如下：

甲一 24	甲三 11、24	乙四 126	零 308	零 308

《十四種》將以上諸形釋為「台（以）」。筆者無法據字形判斷該隸為何字，故筆者暫從《十四種》之說，以合此書體例。因此，《十四種‧葛陵》零109、105釋文需刪去「㠯」字，改作「☑之，內脣（辰）之日，台（以）君☑」。

十六、 （乙三7）

《十四種‧葛陵》乙三7釋文作「☑彔（？）瀂諸生以長箑為君貞，既☑」，其中的「彔」字圖版為「」（以下稱△字），原考釋者與邴尚白皆隸為「彔」。〔註47〕宋華強隸為「欒」讀「麓」。〔註48〕宋華強隸定「欒」字於甲三405、甲三150皆有出現，其字形分別「」、「」。筆者認為，△字可確定上半部有殘筆，其殘筆右半部件與甲三405和甲三150所從的「林」字相仿，故此字可隸為「欒」。「欒」字於甲三405和甲三150中皆作地名，於此簡為「貞人名」，表示「欒瀂諸生」以貞具「長箑」幫君貞卜。《十四種‧葛陵》乙三7釋文應改為「☑欒瀂諸生以長箑為君貞，既☑」。

〔註46〕貫連敏：《新蔡葛陵楚墓‧新蔡葛陵楚墓出土竹簡釋文》（鄭州：大象出版社，2003年），頁212。宋華強：《新蔡葛陵楚簡初探》（武漢：武漢大學出版社，2010年），頁408。

〔註47〕貫連敏：《新蔡葛陵楚墓‧新蔡葛陵楚墓出土竹簡釋文》（鄭州：大象出版社，2003年），頁204。邴尚白：《葛陵楚簡研究》（臺北：台灣大學博士論文，2007年），頁43。

〔註48〕宋華強：《新蔡葛陵楚簡初探》（武漢：武漢大學出版社，2010年），頁383。

十七、 〈圖〉、〈圖〉（甲一 21）

《十四種・葛陵》甲一 21 釋文爲「爲君貞，忻（祈）福於卲（昭）王、獻（獻）惠王、柬大王☒」，釋文「爲」字之前尚有「圖」形，首字殘泐過多，應以不釋字處理。第二字原考釋者即隸爲「篁」字。〔註49〕「柬」字於《上博四・柬大王泊旱》公佈後，〔註50〕應可確定讀爲「簡」。故《十四種・葛陵》甲一 21 釋文可改爲「☒□篁爲君貞，忻（祈）福於卲（昭）王、獻（獻）惠王、柬（簡）大王☒」。

十八、〈圖〉（甲三 208）

《十四種・葛陵》甲三 208 釋文爲「郹（應）愴寅習之以大央，占之：【吉】，速又（有）問，無祟（祟）☒」，釋文所作的「愴寅」二字，於圖版中只見「圖」一形，原考釋者、宋華強皆釋爲「寅」，〔註51〕此字形體模糊，就殘泐筆畫「宀」形與「手」形而言，「愴」、「寅」二字皆有可能，然而筆者認此字下方似有「八」形，較似「圖」（甲二簡 22、23、24）字下半部件，故應隸爲「寅」字爲宜。

甲一 3 有貞人名「應愴」，與應寅皆是以「大央」爲卜筮工具，于成龍認爲貞人是傳承性很強的職業，同一姓氏的貞人使用卜筮工具的類別大多也具有共性。〔註52〕故應愴與應寅可能爲父子關係，故皆拿相同的卜筮工具（大央）爲貴族占卜。〔註53〕

《十四種・葛陵》甲三 208 釋文應刪去「愴」字，改爲「郹（應）寅習之以大央，占之：【吉】，速又（有）問，無祟（祟）☒」。

〔註49〕賈連敏：《新蔡葛陵楚墓・新蔡葛陵楚墓出土竹簡釋文》（鄭州：大象出版社，2003 年），頁頁 187。
〔註50〕濮茅左：《上海博物館藏戰國楚竹書（四）・柬大王泊旱釋文》（上海：上海古籍出版社，2004 年），頁 195。
〔註51〕賈連敏：《新蔡葛陵楚墓・新蔡葛陵楚墓出土竹簡釋文》（鄭州：大象出版社，2003 年），頁 195。宋華強：《新蔡葛陵楚簡初探》（武漢：武漢大學出版社，2010 年），頁 386。
〔註52〕于成龍：《楚禮新證——楚簡中的紀時、卜筮與祭禱》（北京：北京大學博士學位論文，2004 年），頁 33～34。
〔註53〕《葛陵》甲二 22、23、24 釋文中，應寅用小央爲占卜工具。然而一位貞人同不同的占卜工具於《葛陵》中多見，如「彭定」於甲三 157 占卜工具爲「晉籬」，於甲一 25 中則使用「小尨鼄」。

十九、（甲三198、199-2）

　　《十四種‧葛陵》甲三198、199-2釋文爲「☐念，且疥不出，以又（有）痘，尚速出，毋爲憂。嘉占之曰：互（恆）貞吉，少」，釋文中的「憂」字原形爲「」，字形可見「手」形與「心」形部件。《葛陵》中讀爲「憂」字有「」（零472）、「」（甲三10）等形，皆从「尤」形，然而所論字與《葛陵》常見的「尤」旁有異，較似「又」形。然而蘇建洲師指出楚簡中「友」、「厷」與「尤」三字字形有糾葛現象。〔註54〕褶健聰認爲《葛陵》中零472與甲三10等字，皆爲一字異寫，在簡文中讀爲「尤」，「尤」、「又」可作聲符換用。〔註55〕筆者贊成蘇師與褶健聰的說法，《葛陵》「憂」字皆以「尤」爲聲符，「尤」、「又」同爲匣紐之部，故此字改爲同音的「又」字爲聲符，仍讀爲「憂」，此字嚴式隸定應爲「忍」。《十四種‧葛陵》甲三198、199-2釋文應改爲「☐念，且疥不出，以又（有）痘，尚速出，毋爲忍（憂）。嘉占之曰：互（恆）貞吉，少」。

二十、（甲三212、199-3）

　　《十四種‧葛陵》甲三212、199-3釋文爲「☐疽（瘥）。以其古（故）敓（說）之。遯（逐）盬（監）冟之敓，饓（？）祭卲（昭）王大牢，脛（棧）鐘樂之。鄭☐」，其中的「饓」原形爲「」。

　　釋文中的「饓」字原形作「」字，應隸从食从奉，此字金文常見，如姚鼎「」，右上半部从「」形演化爲「瓜」形多見。〔註56〕此字右半殘泐，中間疑爲圈形部件，但與楚簡的圈形部件筆順不同：〔註57〕

《包山》2.36（疋字所从）	《郭店‧魯穆公問子思》簡3（公字所从）	《郭店‧六德》簡30（參字所从）

〔註54〕蘇建洲師：《《上博楚竹書》文字及相關問題研究》（臺北：萬卷樓圖書股份有限公司，2008年），頁194～198。

〔註55〕褶健聰：〈楚簡釋讀瑣記（五則）〉，《古文字研究》第27輯（北京：中華書局，2008年），頁372。

〔註56〕可參看陳劍所舉之例。陳劍：〈據郭店簡釋讀西周金文一例〉，《甲骨金文考釋論集》（北京：線裝書局，2007年），頁20～38。

〔註57〕「圈形部件」指「圈形」中未有筆畫的字形部件。

由此表可見圈形部件的起筆多爲左上，然而「🖼」字中間部件的左上角並非起筆貌，故此形應非圈形。筆者認爲此形應是「萅」字中間橫筆，經由書手書寫而略爲下彎，此種情況常見如「速」字作「🖼」（《包山》2.219），亦可寫作「🖼」（《包山》2.137）。

　　就讀法而言，董珊將《葛陵》甲三 212、199-3 此字讀爲「禱」。〔註58〕林清源師指出此字或可讀爲「祓」。〔註59〕孟蓬生對於「萅」讀爲「禱」字有異議：

> 🖼禱固然都在幽部，但聲紐有喉舌之異，持此說者似乎沒有找到二字相通的直接證據。〔註60〕

孟蓬生的質疑待商榷。喉舌二紐本可相通，王志平對於此種現象有深入探討，其例如西安杜陵漢牘《日書》有「利一（以）播種、出糞」，「一」假借爲「以」。又《鹽鐵論・褒賢》：「方此之時，何暇得以笑乎？」王利器《校注》引盧文弨曰：「以當作一」「以」爲喻母之部字，「一」爲影母質部字。又如《武威漢代醫簡》簡 25：「年已過百歲者不可灸刺，氣脈壹絕，灸刺者隨箴（針）灸死矣。」張延昌《武威漢代醫簡注解》以爲「氣脈壹絕」即「氣脈已絕」的文字異寫。「壹」爲影母質部字，「已」爲喻母之部字。〔註61〕其次，筆者聲韻皆以《古韻通曉》爲據，「萅」、「禱」二字並非皆在幽部，「萅」爲曉紐物部，「禱」爲端紐幽部，曉紐與端紐爲鄰近可通，物部與幽部較遠。史傑鵬指出幽、物二部可相通，其例如《郭店・老子甲》簡 24：

> 竹簡本：天道員員（云云），各復其根。
>
> 河上公、王弼本：夫物芸芸，各歸其根。
>
> 傅奕、范應元本：凡物𧼒𧼒，各歸其根。
>
> 馬王堆帛書甲本：天物雲雲，各復歸於其〔根〕。
>
> 馬王堆帛書乙本：天物祮祮，各復歸於其根。

〔註58〕此意見爲董珊與宋華強的通信内容，參宋華強：〈《君人者何必安哉》「州徒之樂」試解〉，武漢大學「簡帛網」2009 年 6 月 16 日（http://www.bsm.org.cn/show_article.php?id=1088）。

〔註59〕此說爲林清源師與筆者私下討論（2011 年 1 月 24 日）。

〔註60〕孟蓬生：〈釋「萅」〉，《古文字研究》第 25 輯（北京：中華書局，2004 年），頁 267～272。

〔註61〕王志平：〈「戴」字釋疑〉，《簡帛》第三輯（上海：上海古籍出版社，2008年），頁 13～14。此字例由高榮鴻所提供。

可見簡本從「首」得聲的「道」字於其餘各版本皆作「物」，「首」是書母幽部字，「物」是明母物部字。〔註62〕因此「𦥑」仍可讀爲「禱」。林清源師指出所論字讀爲「祓」。〔註63〕「祓」爲幫紐月部，月部與物部爲旁轉，曉紐與幫紐亦可通。如：古「饙」、「餴」通用，《說文》：「餴，饙或从奔。」〔註64〕「祓」與「禱」意相近，「祓」爲古代除災求福的祭祀，如《左傳・襄公二十九年》：「祓殯而襚，則布帛也。」杜預注：「先使巫祓除殯之凶而行襚禮。」「禱」字亦有此意，如《周官・春官・小祝》：「小祝：掌小祭祀，將事侯『禳』之祝禱，以祈福祥，順豐年，逆時雨，寧風旱，彌災兵，遠罪疾。」〔註65〕故筆者二說並存。

　　就斷句而言，筆者認爲「禱」與「祭」應爲二件事，不可連讀。宋華強將「禱」、「祭」二字連讀，〔註66〕但「禱祭」一詞於先秦古籍中未見，宋文舉《淮南子・時則》：「天子祈來年於天宗，大禱祭於公社」爲例，「大禱祭」應非一個特有祭名，其斷句應爲「大禱，祭於公社」，「禱」爲求福，「公社」指后土之祭。〔註67〕陳偉指出，祭祀爲常規之祭，禱祠係非常之事，乃是兩個相關而又彼此有別的概念。《周禮・春官・喪祝》：「掌勝國邑之社稷之祝號，以祭祀禱祠焉。」賈《疏》云：「祭祀，謂春秋正祭。禱祠，謂國有故。祈請求福曰禱，得福報賽曰祠。」又《周禮・天官・女祝》：「女祝掌王后之內祭祀，凡內禱祠之事。」鄭玄《注》：「內祭祀，六宮之中灶、門、戶。禱，疾病求瘳也。祠，報福。」賈《疏》云：「禱祠又是非常之祭，故知唯有求瘳、報福之事也。」〔註68〕于成龍亦指出「禱」與「祭」二者在目的、時間、祝

〔註62〕史傑鵬：〈由郭店《老子》的幾條簡文談幽、物相通現象暨相關問題〉，武漢大學「簡帛網」2010年4月19日（http://www.bsm.org.cn/show_article.php?id=1245）。另，李家浩亦有專文討論幽部與文部、微部的關係，可參李家浩：〈楚簡所記楚人祖先「㛣（鬻）熊」與「穴熊」爲一人說——兼說上古音幽部與微、文二部音轉〉，《文史》，2010年第3輯，頁5～44。

〔註63〕此說爲林清源師與筆者私下討論（2011年1月24日）。

〔註64〕張儒、劉毓慶：《漢字通用聲素研究》（太原：山西古籍出版社，2002年），頁922。

〔註65〕「禱」字作除災、祈福義，可參蘇建洲師：〈《上博楚竹書（一）・緇衣》簡1「服」字再議〉，《《上博楚竹書》文字及相關問題研究》（臺北：萬卷樓圖書股份有限公司，2008年），頁13～14。

〔註66〕宋華強：《新蔡葛陵楚簡初探》（武漢：武漢大學出版社，2010年），頁390～391。

〔註67〕陳麗桂：《新編淮南子》上冊（臺北：國立編譯館，2002年），頁400～401。

〔註68〕陳偉：〈楚人禱祠記錄中的人鬼系統以及相關問題〉，《新出楚簡研讀》（武漢：

辭與祭品四項中皆有差別,於簡文中可混言。〔註 69〕故「禱祭」並非指一個名詞,應是分別指祈禱與祭祀,應用頓號區隔,故斷句應爲「饎（禱／祴）、祭卲（昭）王大牢」。

簡文「盬（鹽）腤」爲「貞人名」。而「遝（逐）」字義分歧,彭浩將此字解釋爲「沿用」,簡文義爲「沿用以前貞問中的貞人之祝,祝禱同一祖先和神靈,祈求福佑」。〔註70〕沈培認爲「沿用」並不合適,提出了反駁意見,改作「移去」、「移除」解,「遝（逐）某人之敓」表示不同的貞人所得到的結果不同,由於被貞者的病未瘳,因此由不同貞人再一次進行貞卜,但要先對前一位貞人所得到的祟進行移除,才能進行貞人本身的除祟儀式。〔註71〕宋華強認爲沈培之說可信,且「逐其邪祟」與古書「除邪祟」、「驅逐其邪祟」義近。〔註72〕就訓解而言,前一位貞人所占得之祟應已進行攻解、除祟,但再進行祭禱便表示病人未痊癒,而現任貞人是否可將上任貞人占得的祟移除,仍待商榷。故筆者認爲若病人未康復,此位貞人沿用前位貞人所占得的祟,再進行一次攻解、祭禱,應較爲合適。

《十四種・葛陵》甲三 212、199-3 釋文應改爲「☑疽（瘽）。以其古（故）敓（說）之。遝（逐）盬（鹽）腤之敓（說）,饎（禱／祴）、祭卲（昭）王大牢,脡（棧）鐘樂之。鄭☑」。簡文意爲:「…生了惡瘡,由於這個原因而進行攻解。沿用盬（鹽）腤的攻解,再用大牢禮向昭王祈福和祭祀,且在祭典中奏鐘鼓樂。鄭…」。

二十一、、□ （乙一 21、33）

《十四種・葛陵》乙一 21、33 釋文爲「☑王、吝（文）君。趣禱於獻（獻）惠王、吝（文）君各一備（佩）玉。辛未之日禱之☑」,觀看原簡圖版,可知

武漢大學出版社,2010 年）,頁 103～132。

〔註69〕 于成龍:《楚禮新證——楚簡中的紀時、卜筮與祭禱》（北京：北京大學博士學位論文,2004 年）,頁 67～68。

〔註70〕 彭浩:《包山楚墓・包山二號楚墓卜筮和祭禱竹簡的初步研究》（北京：文物出版社,1991 年）,頁 559。陳偉從之。參見陳偉:《包山楚簡初探》（武漢：武漢大學出版社,1996 年）,頁 156。

〔註71〕 沈培:〈從戰國簡看古人占卜的「蔽志」—兼論「移祟」說〉,《古文字與古代史》第一輯（臺北：中央研究院歷史語言研究所,2007 年）,頁 391～434。

〔註72〕 宋華強:《新蔡葛陵楚簡初探》（武漢：武漢大學出版社,2010 年）,頁 419。

《十四種》釋文「於」字後短少了「󠀠」二字，原考釋者隸爲「卲（昭）王」。〔註73〕故《十四種‧葛陵》乙一21、33 的釋文應更改爲「☐王、圅（文）君。趣禱於卲（昭）王、獻（獻）惠王、圅（文）君各一備（佩）玉。辛未之日禱之☐」。

二十二、（甲三134、108）

《十四種‧葛陵》甲三134、108 釋文爲「☐甲戌興乙亥禱楚先與五山，庚午之夕內齋☐」，就字形而言，「興」字（以下稱△字）原考釋者與邴尚白、于成龍釋爲「關」。〔註74〕何有祖釋爲「興」，舉《上博六‧天子建州乙》「興」爲例，認爲「甲戌興乙亥禱之」與「庚申之昏以起辛酉之日禱之」的「興」、「起」應是同義詞，皆可引申爲「開始」，簡文「甲戌興」當強調從甲戌這一天開始。〔註75〕宋華強贊成何有祖釋「興」，並補充《上博四‧曹沫之陣》簡 37「興」字例，主張「興」讀爲「鄉」，「甲戌鄉（嚮）乙亥」與甲三 119「甲戌之昏以極乙亥之日」所指時間段相同。〔註76〕袁金平認爲「門」內所從爲「共」旁，上博簡《曹沫之陣》簡8「共（恭）儉」之「共」作「共」，可以與之對勘，「關」是一個表示時間訖止的詞，如甲骨卜辭的「甲子鄉乙丑」。〔註77〕陳偉認爲「興」字指「病癒」，簡文可能是說，如果坪夜君的病情好轉，就會在次日舉行禱祭。〔註78〕晏昌貴從原考釋者釋爲「辟」，並舉《禮記‧郊特牲》：「祭有祈焉，有報焉，有由辟焉。」《禮記集解》引方愨曰：「慮彼之有來也，故有辟以去之…於辟又言『由』者，以非之常禮，或有所以而用之故也」，可見「辟」、「禱」、「齋」

〔註73〕賈連敏：《新蔡葛陵楚墓‧新蔡葛陵楚墓出土竹簡釋文》（鄭州：大象出版社，2003 年），頁 202。

〔註74〕賈連敏：《新蔡葛陵楚墓‧新蔡葛陵楚墓出土竹簡釋文》（鄭州：大象出版社，2003 年），頁 192。邴尚白：《葛陵楚簡研究》（臺北：台灣大學博士論文，2007年），頁 31。于成龍：《楚禮新證——楚簡中的紀時、卜筮與祭禱》（北京：北京大學博士學位論文，2004年），頁 70。

〔註75〕何有祖：〈楚簡散箚六則〉，武漢大學「簡帛網」，2007 年 7 月 21 日。

〔註76〕宋華強：《新蔡葛陵楚簡初探》（武漢：武漢大學出版社，2010 年），頁 424。

〔註77〕袁金平：《新蔡葛陵楚簡字詞研究》（合肥：安徽大學博士論文，2007 年），頁16～17。

〔註78〕陳偉：〈也說葛陵楚簡中的「以起」〉，武漢大學「簡帛網」，2009 年 5 月 29日。

是三種不同的方術行爲。〔註79〕

依字形而言，△字應非從「門」旁，《葛陵》的「門」字作「」（甲三213）、「」（乙一28）、「」（零442），可見「門」字左右二旁爲直筆，中間類似爪形，與此字有別，故此字不可釋爲「闢」與「闡」。何有祖與宋華強等人皆釋爲「興」，△字上半部的「爪」形爲相同方向，「興」字所從的「𦥑」形表意明顯，於楚簡中未見二手形方向相同字例。但△字仍與「興」字相似，如：

《葛陵》甲三 134、108	《上博六·天子建州乙》簡6	《上博四·曹沫之陣》簡37	《郭店·語叢四》簡16	《包山》2.159

可見△字與楚簡中「興」字下半部相同，上半部應是自體類化而成相同方向的手形。〔註80〕故△形可釋爲「興」。

宋華強對陳偉訓「興」作「病癒」多有反駁，〔註81〕筆者從之。且「興」字有「起身」、「興起」之意，但未以「興」一字作「病癒」之例，故不從此說。何有祖釋「興」爲「開始」，認爲簡文「當強調從甲戌這一天開始」，然而《葛陵》中常見天干、地支名，如乙四82「☑君、墬（地）宔（主）、霝（靈）君子。己未之日弍禱卲（昭）☑」、乙四144「☑之㦪（歲）九月甲申之日，攻差以君命取㥰霝（靈）☑」，可見簡文中所出現的日期名皆已表示由「此日」始，因此依《葛陵》體例而言不需在此簡釋文多加入「興」字，強調「甲戌這一天開始」。

〔註79〕 晏昌貴：《巫鬼與淫祀—楚簡所見方術宗教考》（武漢：武漢大學出版社，2010年），頁238。

〔註80〕 林清源師將「自體類化」定義爲：「一字之內，兩個位置相鄰或相對的部件，其中一個的構形，常會受另一個的影響，形逐漸變得相似或相同。」其例如「翡」字於《望山》2.13簡中作「」亦可作「」。參林清源師：《楚國文字構形演變研究》（台中：東海大學中文研究所博士論文，1997年），頁157～158。

〔註81〕 宋華強：《新蔡葛陵楚簡初探》（武漢：武漢大學出版社，2010年），頁431。宋華強對陳偉說法的反駁：1、「以敆」和「以起」所在辭例完全相同，其語意應該是一致的，不當有兩種不同的理解。2、既然都是某日病癒，次日方才祭禱，而簡文或言「某日之昏」，或言「某日之夕」，預言病癒之時具體某日的昏、夕，似乎不合情理，亦無此必要。

　　就目前的說法而言，宋華強之說較爲適當。由某日至某日的語法可於《望山》中見到，如 1.137「☑祭喪，甲戌、己巳內齋。☑」〔註82〕簡文「甲戌」與「己巳」未有連詞相連，但應是指由甲戌日至己巳日進行齋戒，與此簡文用法可能相同。

　　但筆者在此提出另一種說法，「興」可釋爲「釁」，指殺牲以祭，「釁」爲曉紐文部，「興」爲曉紐蒸部字，二字同聲紐，韻部爲通轉關係，例可通假，如古「窮」、「竆」通用。《老子》：｜大滿若盅，其用不窮」「窮」字（見紐蒸部）馬王堆漢墓帛書《老子》甲本作「竆」（見紐文部）。〔註83〕《禮記‧文王世子》：「始立學者，既興器用幣，然後釋菜。」鄭玄注：「興當爲釁，字之誤也。」〔註84〕故「釁」、「興」二字可相通。簡文「甲戌興（釁）」指於甲戌時舉行釁禮祭祀，於古籍中常見釁禮，如《周禮‧春官‧雞人》：「凡祭祀，面禳、釁，共其雞牲。」

　　《十四種‧葛陵》甲三 134、108 釋文爲或可改爲「☑甲戌興（釁），乙亥禱楚先與九山，庚午之夕內齋☑」意爲甲戌這日舉行釁禮，乙亥日祭禱楚先和五山。庚午之日進行齋戒。

二十三、🗚、🗚（甲三 195）

　　《十四種‧葛陵》甲三 195 釋文爲「☑趄禱五山、祠裥（？）☑」，釋文中的「祠」字原形爲「🗚」。〔註85〕宋華強隸爲「裥」。〔註86〕「🗚」字可見右邊所從部件豎筆通過上端的橫筆，與「可」字不類，「可」字作「🗚」（《郭店‧忠信之道》簡 1）、「🗚」（《上博二‧容成氏》簡 24），皆未見豎筆穿過上方橫筆，故此形隸爲「可」並不恰當。此字應從「于」，隸定爲「裥」。

　　「裥」字原形爲「🗚」，原考釋者與皆邴尚白隸爲「袾」。〔註87〕宋華強

〔註82〕此辭例由高榮鴻所提供。

〔註83〕張儒、劉毓慶：《漢字通用聲素研究》（太原：山西古籍出版社，2002 年），頁 88～89。

〔註84〕漢語大字典編輯委員會編纂：《漢語大字典》（湖北：辭書出版社，1986 年），頁 254。

〔註85〕《十四種》從原考釋者隸定。參看賈連敏：《新蔡葛陵楚墓‧新蔡葛陵楚墓出土竹簡釋文》（鄭州：大象出版社，2003 年），頁 194。

〔註86〕宋華強：《新蔡葛陵楚簡初探》（武漢：武漢大學出版社，2010 年），頁 424。

〔註87〕賈連敏：《新蔡葛陵楚墓‧新蔡葛陵楚墓出土竹簡釋文》（鄭州：大象出版社，

隸作「祒」，當是「裳」的異體，認爲用法可能與望山簡「裳」字相同。〔註88〕此字右半非「关」字，楚簡中的「关」字中間部件爲二橫筆，如「🔲」（《包山》二·210）、「🔲」（甲三235-1）、「🔲」（甲三26）等形，與此字所從的「冂」形部件並不相同，故不從此說。而《十四種》所隸的「尙」字部件，就殘存筆畫而言，較有可能，然而「冂」形部件中間殘留空間狹小，似難以容納「口」形部件，故是否能隸爲「尙」字仍有疑問，故此字應隸爲「祒」較恰當。

綜而論之，《十四種·葛陵》甲三195釋文應改爲「☑趣禱五山、祈祒☑」。

二十四、🔲（甲三192、199-1）

《十四種·葛陵》甲三192、199-1釋文爲「盬（鹽）牁習之以黏䭴，占之；吉，不賡（續）☑」，釋文中的「黏」字原形爲「🔲」，原考釋者與宋華強皆隸爲「黏」，〔註89〕《葛陵》的「黏」字形體爲「🔲」（甲三215），可見左半部件與此字不同。此字左半雖略有殘缺，但應爲「電」字殘筆，與「🔲」（甲三115）相仿，故此字應隸爲「黏」字爲宜。

宋華強認爲此字從「古」得聲，疑當讀爲「赮」，「赮」字爲赤色，「黏（黏）䭴」是一種赤色的烏龜。〔註90〕此處爲卜筮簡，「黏䭴」爲「盬（鹽）牁」占卜用的烏龜，與甲三115「☑盬（鹽）牁以黏䭴爲坪夜君」可對照參看。故《十四種》釋文應改爲「盬（鹽）牁習之以黏䭴，占之；吉，不賡（續）☑」，表示盬（鹽）牁第四次以黏䭴爲某人占卜，〔註91〕結果爲「吉」，故不再繼續占卜了。

二十五、🔲（零129）

《十四種·葛陵》零129「☑尙購之☑」，釋文中的「尙」字原形爲「🔲」，

2003年），頁194。邴尙白：《葛陵楚簡研究》（臺北：台灣大學博士論文，2007年），頁34。

〔註88〕宋華強：《新蔡葛陵楚簡初探》（武漢：武漢大學出版社，2010年），頁424。

〔註89〕賈連敏：《新蔡葛陵楚墓·新蔡葛陵楚墓出土竹簡釋文》（鄭州：大象出版社，2003年），頁194。宋華強：《新蔡葛陵楚簡初探》（武漢：武漢大學出版社，2010年），頁388。

〔註90〕宋華強：《新蔡葛陵楚簡初探》（武漢：武漢大學出版社，2010年），頁381。

〔註91〕「習」字解釋參考陳偉主編：《楚地出土戰國簡冊〔十四種〕》（北京：經濟科學出版社，2009年），頁112，註94。

原考釋者隸為「高」。〔註92〕《葛陵》楚簡中的「尚」字作「」（甲三127）、「」（甲三229）、「」（乙四136），可見「尚」字於「冂」形部件之上為短橫畫，然而此字為「V」形，形體較似「高」字，「高」字形體如「」（《郭店‧老子甲》簡16），故此字應隸為「高」。「高」字前有筆畫「」，但殘泐過多，無法辨識。《十四種‧葛陵》零129可改為「☑□高購之☑」。

二十八、（零213、212）

　　《十四種‧葛陵》零213、212釋文為「☑周墨習之以☑」，釋文中原圖版字形，原考釋者隸為「寘」。〔註93〕張勝波隸為「賓」。〔註94〕袁金平改隸為「賓」或可讀為「珍」。〔註95〕宋華強依據袁金平的隸定，改讀為「繽」，將「繽」訓為「黑」，「繽電」相當於古書中的「黑靈」。〔註96〕高佑仁提出《上博七‧鄭子家喪》甲、乙本簡4中的「顛」字為「」與「」，可與此字對照參看。〔註97〕

　　就隸定而言，袁金平與高佑仁所舉的《周易》、《鄭子家喪》字例，字形偏旁與所論字相近，且辭例明確。《周易》簡24、25為「頤」卦，辭例作「六二：曰遉（顛）頤」、「六四：遉（顛）頤」，《鄭子家喪》辭例為「遉（顛）覆天下之禮」，證明此字可隸為「遉」讀為「顛」。袁金平指出《周易》字形與此形不相同之處為《周易》從「天」形，而此字從「火」形，而其演變的情況為

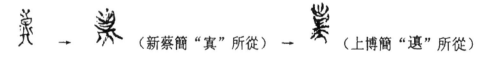

（新蔡簡"寘"所從）→（上博簡"遉"所從）

〔註92〕賈連敏：《新蔡葛陵楚墓‧新蔡葛陵楚墓出土竹簡釋文》（鄭州：大象出版社，2003年），頁213。

〔註93〕賈連敏：《新蔡葛陵楚墓‧新蔡葛陵楚墓出土竹簡釋文》（鄭州：大象出版社，2003年），頁215。

〔註94〕張新俊、張勝波：《新蔡葛陵楚墓竹簡文字編》（成都：巴蜀書局，2008年），頁91。

〔註95〕袁金平：《新蔡葛陵楚簡字詞研究》（合肥：安徽大學博士論文，2007年），頁21～23。

〔註96〕宋華強：《新蔡葛陵楚簡初探》（武漢：武漢大學出版社，2010年），頁411。

〔註97〕高佑仁的意見來自於「楚系簡帛文字字典編纂計畫」討論會。相關字形可參考蘇建洲師：《《上博楚竹書》文字及相關問題研究》（臺北：萬卷樓圖書股份有限公司，2008年），頁156～172。

此說可從。

就讀法而言，筆者認爲可依宋華強讀爲「續」，《葛陵》中烏龜顏色眾多，如甲三 33「尨䶂」、乙四 63、147「駁䶂」、零 370「白䶂」，故此處專指卜筮用的黑色烏龜是可行的。

《十四種·葛陵》零 213、212 釋文可改爲「☑周墨習之以眞（續）䶂☑」，意爲周墨第四次用續䶂進行占卜。

二十七、 （甲三 12）

《十四種·葛陵》甲三 12 釋文爲「☑占之曰：吉，義（宜）少（小）疟，以☑」。原考釋者作「☑〔占之〕曰：吉，義（宜）少（小）瘦（瘥），吕（以）☑」。〔註98〕宋華強釋文作「☑【恆】貞吉，義（宜）少瘦（瘥），以☑」。〔註99〕《十四種》釋文中的「占之曰」原形作「」，未見「占之」二字。此處宋華強隸爲「貞」字。筆者認爲此形「貞」與「曰」字皆有可能，然而依《葛陵》文例「吉」字的前文皆爲「占之曰」，如甲三 73、零 61，零 322，故此處爲「曰」字的可能性較大。

於原圖版中未能見到「占之」二字，《十四種》應是據辭例補出，故釋文應從原考釋者加註「【 】」符號。「疟」字原形作「」，可見左下有「手」形，依嚴式隸定應作「瘦」字，故甲三 12 釋文應改爲「☑【占之】曰：吉，義（宜）少（小）瘦（疟），以☑」。

二十八、 （零 189）、 （零 484）、 （零 300）

《十四種·葛陵》零 189 釋文爲「☑思坪夜君城（成）瘳速疽（瘥）☑」，釋文中的原字形圖版，原考釋者隸爲「窒」。〔註100〕學者皆以《上博三·周易》「」爲例，《上博三·周易》此字與今天的「簪」字對應，故學者依此簡釋文「」應讀爲「速」爲思考方向。〔註101〕再與「簪」字作聲韻連結，劉

〔註98〕 賈連敏：《新蔡葛陵楚墓·新蔡葛陵楚墓出土竹簡釋文》（鄭州：大象出版社，2003 年），頁 189。

〔註99〕 宋華強：《新蔡葛陵楚簡初探》（武漢：武漢大學出版社，2010 年），頁 389。

〔註100〕 賈連敏：《新蔡葛陵楚墓·新蔡葛陵楚墓出土竹簡釋文》（鄭州：大象出版社，2003 年），頁 214。

〔註101〕 宋華強：〈新蔡簡與「速」義近之字及楚簡中相關諸字新考〉，武漢大學「簡

樂賢則將此字讀爲「疌」或「速」。〔註 102〕魏宜輝則認爲此字以「甬」得聲，讀爲「驟」。〔註 103〕史傑鵬認爲此字與《周易》簡中和今本的「簪」相對，可讀爲「憯」。〔註 104〕

　　宋華強對於魏宜輝的說法，以形、音、義三方面反駁，可從，筆者在此不贅引。對於此字的字形，陳劍做了一系列的考證，並指出前說之誤。〔註 105〕陳劍認爲《葛陵》此字與「」（盂卣，05399）爲同一字，金文此種形體可隸爲「寰」，依據玉琮之形認爲此字便是「琮」的象形初文，是對玉琮的俯視之形的勾勒，或者說是對玉琮橫截面形狀的勾勒，而後再經由字形演變成《葛陵》的此種字形，讀爲「憯」。〔註 106〕袁金平對於陳劍的說法表示懷疑，認爲「即以『』爲代表的七例字形，無一例外下部是從『止』作，表示『』諸字所從『止』與『』一樣是不可分割的一部分，應該不是可有可無的形符。如果『』與『』爲一字，那麼經過漫長的歷史發展階段而構形仍然十分穩定的字，若僅僅專汢於其所從『』符而不及其所從『止』，是不是似乎有所不妥？」。〔註 107〕

　　就字形而言，《葛陵》此字經由學者考證，已知與《郭店‧緇衣》簡 16「」、《上博三‧周易》簡 14「」、《上博五‧鬼神之明‧融師有成氏》簡 8「」、《上博一‧緇衣》簡 9「」等字形相似。蘇建洲師針對袁金平的懷疑

帛網」2006 年 7 月 31 日（http://www.bsm.org.cn/show_article.php?id=389）。

〔註 102〕魏宜輝：〈再論郭店簡、上博簡〈緇衣〉用爲「從」之字〉，《出土文獻語言研究》第一輯（廣州：廣東高等教育出版社，2006 年），頁 67～72。

〔註 103〕劉樂賢：〈讀楚簡箚記二則〉，「簡帛研究網」2004 年 5 月 26 日（http://www.jianbo.org/admin3/list.asp?id=1207）。

〔註 104〕史傑鵬：《先秦兩漢閉口韻詞的同源關係研究》（北京：北京師範大學博士論文，2004 年），頁 47。

〔註 105〕學者皆將《上博一‧緇衣》「」（簡 9）與《上博三‧周易》與此字合論，於《上博三》未出版之前，有將此種字形作「適」、「邊」或從「巫」、從「帝」之說。學者說法可參陳劍的整理。陳劍：〈釋「琮」及相關諸字〉，《甲骨金文考釋論集》（北京：線裝書局，2007 年），頁 273～278。陳劍亦指出以上諸說，其楚簡形體豎筆與無豎筆互見，然而所論字所出現的次數不算少，但字形「其中間兩橫筆之間都沒有豎筆」，因此釋爲「帝」、「彔」和「甬」之說是有疑問的。

〔註 106〕陳劍：〈釋「琮」及相關諸字〉，《甲骨金文考釋論集》（北京：線裝書局，2007 年），頁 273～316。馮勝君贊同，參見馮勝君：《郭店簡與上博簡對比研究》（北京：線裝書局，2007 年），頁 129～133。

〔註 107〕袁金平：《新蔡葛陵楚簡字詞研究》（合肥：安徽大學博士論文，2007 年），頁 87～90。

進行反駁「甲骨文、金文本有『』字，『』則是从止，聲，其他還有从宀，聲、从宀、貝，』者不一而足。戰國文字繼『』字形，脈絡很是清楚。」〔註108〕因此將此字隸爲「臺」應無疑問。就字義而言，由於《周易》簡 14 與今本周易所對照者即爲豫卦的九四爻中的「簪」字，故學者皆將《葛陵》此字與「簪」聲相連，再依據《葛陵》簡出現的「速瘳速瘥」（甲三 22、59）的辭例，認爲此字義應爲「速」相當，此論述應是可確定的。故此字可隸爲「臺」，讀爲陳劍與宋華強所言的「憯」，「憯」字有「急速」義，如《墨子·明鬼下》：「凡殺不辜者，其得不詳。鬼神之誅，若此之憯遫也。」孫詒讓閒詁：「憯、速，義同」。〔註109〕

此字形的釋文應可改隸爲「臺」，讀爲「憯」，故《十四種·葛陵》零 189 釋文爲「☑思坪夜君城（成）臺（憯）瘳速疷（瘥）☑」，簡文意爲使坪夜君成的惡瘡快速痊癒。

二十九、（零 338、零 24）

《十四種·葛陵》零 338、24 釋文爲「其社褮（稷），芒社命蠿☑」，釋文中「蠿」字原形爲「」，宋華強將此字釋爲「發」。〔註110〕「發」字原義爲象徵弓弦被撥後不斷顫動之形，加「攴」旁，大概是爲了使撥動弓弦之意表示得更明白些。〔註111〕楚簡中的「發」字有保留「弓」形作「」（《包山》2.141），或字形類化爲四個「止」形作「」（《包山》2.225），再由「」形省「手」形作「」（簡 268），此種字形的「發」字與所論字相當，故《葛陵》此字應可釋爲「發」。

宋華強將此字讀爲「祓」，是一種去除災惡疾患的祭禱活動，於簡文中表示爲坪夜君成之病在社稷舉行祓除之祭。〔註112〕此說雖有可能，但《葛陵》中未有將「發」讀爲「祓」之例，且此簡後文殘缺，故筆者不將「發」字作釋讀。《十四種·葛陵》零 338、零 24 釋文可改爲「其社褮（稷），芒社命發☑」。

〔註108〕此說爲蘇建洲師於 2010 年 10 月 11 日回筆者信件。
〔註109〕漢語大字典編輯委員會編纂：《漢語大字典》（湖北：辭書出版社，1986 年），頁 2353～2354。
〔註110〕宋華強：《新蔡葛陵楚簡初探》（武漢：武漢大學出版社，2010 年），頁 441。
〔註111〕裘錫圭：《古文字論集》（北京：中華書局，1992 年），頁 78。
〔註112〕宋華強：《新蔡葛陵楚簡初探》（武漢：武漢大學出版社，2010 年），頁 275～276。

三十、 （零 629）

　　《十四種‧葛陵》零 629 釋文爲「☑王傑☑」，「傑」字原圖形作「」，宋華強隸定作「備」讀爲「珮」。〔註 113〕「傑」字右上部件常與「乍」字相混，右下部件爲「木」形，如「」（《上博七‧君人者何必安哉甲》簡 8）、「」（《上博二‧容成氏》簡 40），皆與此字不似。所論字與《葛陵》中「備」字右上部件較相似，如「」（乙三 44、45）、「」（甲三 81、182-1）。此字右下部件有殘缺，似爲「」形殘筆，故此字可隸爲「備」。《十四種‧葛陵》零 629 釋文應改爲「☑王備☑」。

三十一、 （零 174）

　　《十四種‧葛陵》零 174 釋文作「☑各哉（特）牛，食（？）☑」，釋文中的「食」字原形作「」，原考釋者釋爲「酉（酒）〔食〕」。〔註 114〕宋華強疑爲「饋」字之殘，如三 200 也有「特牛，饋」之辭例。〔註 115〕

　　原考釋者隸作「酉」再補「食」字，然而「」形與「酉」形不似。此字形依殘存筆畫見之，應爲「食」旁，「食」旁如「」（《包山》2.227），與此字殘筆相似。殘筆位於簡牘左半部，右半部仍有空缺，應非獨體字，但難以確定是否爲「饋」字，故應隸爲「飠☐」，《十四種‧葛陵》零 174 釋文改爲「☑各哉（特）牛，飠☐☑」。

三十二、 （零 561）

　　《十四種‧葛陵》零 561 釋文爲「☑之禱☑」，釋文中的「禱」字原形作「」，原考釋者隸作「禱」。〔註 116〕宋華強隸爲「神」。〔註 117〕「禱」、「神」二字於《葛陵》中皆可見：

〔註 113〕宋華強：《新蔡葛陵楚簡初探》（武漢：武漢大學出版社，2010 年），頁 417。
〔註 114〕賈連敏：《新蔡葛陵楚墓‧新蔡葛陵楚墓出土竹簡釋文》（鄭州：大象出版社，2003 年），頁 214。
〔註 115〕宋華強：《新蔡葛陵楚簡初探》（武漢：武漢大學出版社，2010 年），頁 433。
〔註 116〕賈連敏：《新蔡葛陵楚墓‧新蔡葛陵楚墓出土竹簡釋文》（鄭州：大象出版社，2003 年），頁 225。
〔註 117〕宋華強：《新蔡葛陵楚簡初探》（武漢：武漢大學出版社，2010 年），頁 430。

神			
	（甲二 40）		
禱			
	（甲三 200）	（乙四 140）	（乙四 139）

由上表可見，《葛陵》中「禱」字形體多變，然而「口」形部件開口皆規律地朝向左、右，而「神」字「口」形部件開口則向上，「」字形雖有殘泐，但可見上端的「口」形部件開口向上，故筆者認爲此字應隸爲「神」而非「禱」字。《十四種‧葛陵》零 561 釋文改爲「☒之神☒」。

第二節　簿　書

一、（甲三 292）、（甲三 211）、（甲三 90）、（甲三 254）

　　《十四種‧葛陵》甲三 292 釋文作：「☒鄁（衛）軕☒、馭吳（昃）受九臣，又。晉☒」，釋文中的「」形於甲三 211、甲三 90 與甲三 254 皆有出現，《十四種》皆置原圖版。此種字形黃錫全認爲與《包山》「」（2.116）、「」（2.146）、《九店》「」（五六號墓簡 7）、鄅客銅量與古璽等字形爲同一字。此說得到學界的認同。〔註 118〕就讀法而言，李學勤、何琳儀、蘇建洲師與董

〔註 118〕黃錫全：〈試說楚國黃金貨幣稱量單位「半鎰」〉，《江漢考古》，2000 年第 1 期，頁 56～62。李學勤：〈釋楚度量衡中的「半」〉，《中國錢幣論文集》第四輯（北京：中國金融出版社，2002 年），頁 63～64。蘇建洲師：〈楚簡「刞」字及相關諸字考釋〉，《中國文字》新卅七期（臺北：藝文印書館，2009 年），頁 91～106。董珊：〈楚簡簿記與楚國量制研究〉，「復旦網」2010 年 6 月 6 日（http://www.gwz.fudan.edu.cn/SrcShow.asp?Src_ID=1175）。李學勤認爲「劋」字，可分解爲「月（肉）」、「辛」（董珊認爲當是『辛』字之誤書），這個字是以「刞」爲聲，而「刞」是「辨」的簡省。董珊補充說明從肉從刀的「刞」字，應是名詞「胖」或動詞「判」的表意字。換言之，「胖」、「判」都是個爲表示「分半」意的後起形聲字，這兩個字都是從「刞」字分化出來的。今見用作量器名稱的「半」，最初都應該是「半+中心詞」，後來省略中心詞，「半」就能充當這一量制單位習慣上的名稱，再後來就有一些「半」被用作量器名

珊皆將此字讀爲「牟」。禤健聰更進一步將之視爲「赤」的一半。〔註 119〕

此字應與《九店》等字合論，晏昌貴認爲此字形和《九店》「■」（五六號墓簡 7）等字形爲同一計量單位，此字又見於長沙楚銅量，銘文云：「燕客臧嘉問王於戚郢之歲，享月乙酉之日，羅莫嚻臧系、連嚻屈上以命攻尹穆丙、攻差竟之、集尹陳夏、少集尹龔賜、少攻差亭癸鑄廿金剒，以臨秴斗」，實容水 2300cc。〔註 120〕金文中的「剒」字其形爲「■」，〔註 121〕與《九店》爲同一字形，即表示 2300 毫升的量器。而《葛陵》此字與《九店》「■」的字形演變，蘇建洲師認爲：

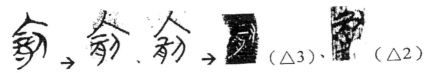

（引者按：△3 爲「銅環權」《集成 10378》，△2 爲《包山》2.146 字形）「刖」字可能爲△2、△3 省簡其左上的「∣=」筆畫而來。〔註 122〕故《十四種‧葛陵》此字可隸爲「刖」，與「剒」之異體，表示 2300 毫升的量器，甲三 292 釋文改作：「☑鄟（衛）軋、馭㿾（昃）受九匜，又刖。晉☑」，甲三 211、甲三 90、甲三 254 與《包山》2.116 與 146 釋文皆需修改之。

二、■（甲三 324）

《十四種‧葛陵》甲三 324 釋文爲「屈九之述（遂）衂（刎）於毛生籢，二狦（貚）☑」。「籢」字原形爲「■」，原考釋者隸爲「橐」。〔註 123〕徐在國認爲此字從倒矢，「矢」在皮囊中，應釋爲「籢」，毛生、籢各爲一地。〔註 124〕此

稱了。

〔註 119〕禤健聰：〈楚簡所見量制單位輯證〉，《中原文物》，2008 年第 2 期，頁 97。

〔註 120〕晏昌貴：〈新蔡葛陵楚簡「上逾取橐」略說〉，《楚地簡帛思想研究（三）》（武漢：湖北教育出版社，2007 年），頁 574。

〔註 121〕字形取自丘光明：《中國歷代度量衡考》（北京：科學出版社，1992 年），頁 151。

〔註 122〕蘇文註：此點蒙陳劍先生提醒。參蘇建洲師：〈楚簡「刖」字及相關諸字考釋〉，《中國文字》新卅七期（臺北：藝文印書館，2009 年），頁 91～106。

〔註 123〕賈連敏：《新蔡葛陵楚墓‧新蔡葛陵楚墓出土竹簡釋文》（鄭州：大象出版社，2003 年），頁 198。

〔註 124〕徐在國：〈新蔡葛陵楚簡札記〉，《新出楚簡文字考》（合肥：安徽大學出版社，2007 年），頁 264。宋華強、邴尚白皆從此說，參見宋華強：《新蔡葛陵楚簡初探》（武漢：武漢大學出版社，2010 年），頁 447。邴尚白：《葛陵楚簡研究》

字蘇建洲師有詳細考證，蘇師認爲楚文字的「箙」字沒有例外皆從「甫」旁，根據字形演變規律，以「韔」字「→」的演變情況，推論「函」字構形爲「→」，故此字應爲「函」，簡文中「邔生函」是地名，具體地點待考。〔註125〕依蘇師考釋，所論字非「箙」字，應作「函」，但「邔生函」究竟爲一處地名或兩處，目前尙無證據可作判斷，故此簡的斷句暫依《十四種》。《十四種・葛陵》甲三 324 釋文可改爲「屈九之述（遂）剌（刿）於邔生函，二豻（豽）☑」。

三、（甲三 315）

《十四種・葛陵》甲三 315 釋文爲「黃宜日之述（遂）剌（刿）於新邑、龍知☑」，釋文「龍」字原形爲「」，原考釋者即隷爲「龍」，〔註126〕宋華強隷爲「䶙」，讀爲「礱」。〔註127〕就隷定而言，「」字右半部爲「石」形，如：「」（《包山》2.80），左半部與「龍」字左旁相像，「龍」在偏旁中可省作「音」形，如王子午鼎、王孫誥鐘的「龏」字，其形分別爲「」、「」。〔註128〕故此字應爲「龍」省聲，加入「石」旁，應隷作「䶙」，就辭例而言，此字與「新邑」對舉，也爲地名。《十四種・葛陵》甲三 315 釋文改作「黃宜日之述（遂）剌（刿）於新邑、䶙（礱）知☑」。

四、（甲三 314）

《十四種・葛陵》甲三 314 釋文爲「憙（憙）之述（遂）剌（刿）於下竂、下姑留二豻（豽），禱☑」，釋文中「」字整理者釋「玄」。〔註129〕宋華強隷「玄」，讀「弦」。〔註130〕

（臺北：台灣大學博士論文，2007 年），頁 71。

〔註125〕蘇建洲師：〈《葛陵楚簡》考釋兩篇〉，《2010 經典簡帛學術研討會論文集》（台南：嘉南藥理科技大學，2010 年），頁？。（論文集尚未正式出版）

〔註126〕賈連敏：《新蔡葛陵楚墓・新蔡葛陵楚墓出土竹簡釋文》（鄭州：大象出版社，2003 年），頁 198。

〔註127〕宋華強：《新蔡葛陵楚簡初探》（武漢：武漢大學出版社，2010 年），頁 447。

〔註128〕李守奎編：《楚文字編》（上海：華東師範大學，2003 年），頁 158。

〔註129〕賈連敏：《新蔡葛陵楚墓・新蔡葛陵楚墓出土竹簡釋文》（鄭州：大象出版社，2003 年），頁 198。

〔註130〕宋華強：《新蔡葛陵楚簡初探》（武漢：武漢大學出版社，2010 年），頁 446。

宋華強認爲楚文字中的「玄」字多作「![玄]」，「![玄]」字較接近小篆。但「玄」於楚簡即有此種寫法，如「![玄]」(《曾侯》簡 122)，辭例作「屯玄組之縢。」故此字可隸爲「玄」。「玄」爲人名，是否讀爲「弦」，無法證明，故此處不做通讀。《十四種‧葛陵》甲三 314 釋文爲「玄憙(憙)之述(遂)刖(刎)於下篅、下姑留二狤(猴)，襦☑」。

五、![字]、![字] (甲三 285)

《十四種‧葛陵》甲三 285 釋文爲「☑里二狤、三豕。其國(域)![字]三社，上☑」。「豕」字原形爲「![字]」，右半部件有「主」形。白於藍將《包山》所出現的此種形體(如:《包山》2.202「![字]」)改隸爲「狂」，讀爲「豕」，表示去勢的公豬。〔註131〕禤健聰讀爲「豬」，泛指一般的豬。〔註132〕林清源師認爲此形疑从「者」，楚簡「者」字多變，林師指此字與「![字]」(《包山》2.227)柏仿，若此，則所論字即爲「豬」字。〔註133〕

白於藍將《包山》簡文出現的「肥狂」讀「肥豕」，「狂豕」讀「椓豕」，「豕」指去勢之豕，而「椓」指去陰之刑。筆者認爲此說過於迂迴，若簡文可用同一字表達「去勢之豬」，不應先將已有此義的「豕」字改讀，再加入「豕」字說明去勢的動物爲「豬」，故不從此說。若將所論字右半視爲「者」形，如「![字]」(《包山》2.227)，但所論字右上方部件與「者」字形體有異，此說仍待商榷。禤健聰舉文獻認爲「豬」、「豬豕」於先秦中已使用，且讀音相近，將「狂」讀爲「豬」應可信從。故《十四種‧葛陵》釋文辭例皆需修改。〔註134〕

釋文中的「![字]」字，原考釋者隸爲「惡」，〔註135〕宋華強釋爲「愐」。〔註

〔註131〕白於藍:〈包山楚簡考釋(三則)〉，《吉林大學古籍整理研究所建所十五周年紀念文集》(長春:吉林大學出版社，1998 年)，頁 68～73。

〔註132〕禤健聰:〈楚文字新讀二則〉，《江漢考古》，2006 年總 101 期，頁 83～84。

〔註133〕此說爲林清源師與筆者私下討論(2011 年 1 月 24 日)。

〔註134〕《十四種》的中《包山》與《望山》釋文亦將此形體隸作「豕」，其形如「![字]」(《望山》1.110)，此形見於《望山》1.110、1.116、1.117、1.119，《包山》2.202、203、211、225、227 與 243，釋文皆需將「豕」改隸作「狂」。

〔註135〕賈連敏:《新蔡葛陵楚墓‧新蔡葛陵楚墓出土竹簡釋文》(鄭州:大象出版社，2003 年)，頁 197。

〔註136〕宋華強:《新蔡葛陵楚簡初探》(武漢:武漢大學出版社，2010 年)，頁 547。

136〕此字下方可見「心」旁,「爰」字本義爲「象二人相引之形」,〔註137〕此字左上仍可見「爪」形,與「象」(《包山》2.110)相似,應可隸爲「㥅」字。故《十四種‧葛陵》甲三285釋文爲「☑里二豠、三狂(豬)。其國(域)㥅三社,上☑」。

六、(零425)

《十四種‧葛陵》零425釋文爲「☑逨(來)☑」,「逨」字原形爲「逨」,原考者隸作「逨(來)」。〔註138〕宋華強釋爲「老」。〔註139〕蘇建洲師認爲是「建」。〔註140〕楚簡中「老」字上半部件多接近「毛」形,唯《昔者君老》簡1作「送」形,與此字較爲相似,然而「逨」字中間部件爲「X」形,「老」字皆未作此形,故此字非「老」字。《十四種》所隸的「逨」字,「來」字上半部件皆从「來」形,然而此字上半部件與「來」相差甚遠,故筆者不從。

「建」字上半部件爲「手」形,形體演變可能與「聿」字相當:

聿:「聿」(《包山》2.226)→也可作「聿」(《包山》2.232)

建:「建」(《上博五‧競內建之》簡1)→「逨」(《葛陵》零425)

故所論字應爲「建」。另,「建」字的後文有筆畫「筆」,應增補不識字符號「□」。故,《十四種‧葛陵》零425釋文應改爲「☑建□☑」。

〔註137〕李孝定:《甲骨文字集釋》(臺北:中央研究院歷史語言研究所,1970年),頁1439。

〔註138〕賈連敏:《新蔡葛陵楚墓‧新蔡葛陵楚墓出土竹簡釋文》(鄭州:大象出版社,2003年),頁221。

〔註139〕宋華強:《新蔡葛陵楚簡初探》(武漢:武漢大學出版社,2010年),頁467。

〔註140〕蘇建洲師於「楚系簡帛文字字典編纂計畫」討論會上發表之意見(2010年6月19日)。

第十一章　《楚地出土戰國簡冊〔十四種〕》之《曹家崗》5 號墓、《五里牌》406 號墓、《仰天湖》25 號墓簡冊考釋

第一節　《曹家崗》5 號墓

一、（簡 1）

　　《十四種・曹家崗》5 號墓簡 1 釋文作「霥（葬）盨（器）：四鼎。一□。」釋文中的未釋字原形作「」，原考釋者隸作「棲」。〔註 1〕劉國勝疑爲「樬」，讀作「案」。〔註 2〕何有祖認爲此字右从「卑」，隸作「椑」，疑讀作「椑」。〔註 3〕

　　就字形而言，此字右上半較爲模糊，楚簡「妾」字作「」（《包山》2.187）所論字「」形上方無「妾」字所从的「」形，亦不从「日」形，下方亦非「卑」字所从的手形（如《郭店・老子甲》簡 20「」），故不從以上三

〔註 1〕　黃岡市博物館、黃州區博物館：〈湖北黃岡兩座中型楚墓〉，《考古學報》，2000 年第 2 期，頁 269。

〔註 2〕　劉國勝：《楚喪葬簡牘集釋》（武漢：武漢大學博士學位論文，2005 年修改），頁 145。

〔註 3〕　何有祖：〈曹家崗楚竹書補釋二則〉，武漢大學「簡帛網」2006 年 2 月 16 日（http://www.bsm.org.cn/show_article.php?id=192）。

說。筆者認爲此形應爲「多」形，楚簡「多」形作「」（《包山》2.278 反），與此形相似。所論字左旁从木、从辵並無疑問，故可隸作「楼」，爲「桋」之異體，辵旁爲無義偏旁。〔註4〕《爾雅·釋木》:「唐棣，桋。」此簡後文字形難辨，「桋」可能指某種器物的材質。

《十四種·曹家崗》5 號墓簡 1 釋文改作「戇（葬）盞（器）:四鼎。一桋。」

二、（簡2）

《十四種·曹家崗》5 號墓簡 2 釋文作「二樽□。……一□鄰（蔡）□。」釋文中的第一個未釋字原形爲「」。原考釋者隸作「鍬」。〔註5〕劉國勝、何有祖皆隸作「鐪」。〔註6〕《十四種》疑隸作「鐪」。〔註7〕

就字形而言，原考釋者將此字視爲从金、从伕、从公，「伕」、「公」二形與所論字右旁相差甚遠，故不從。所論字右旁與「虎」形相仿，何有祖舉《郭店·老子甲》簡 5 的「」字爲例，認爲所論字應从「虎」旁，然而此形並無「虎」字下所从的「」形，故不應隸爲「虎」，應爲「庀」。楚簡「肉」字作「」（《包山》2.255），此字右下方「」形較似「肉」形而非「口」形。从庀聲之字可通讀爲「瓠」或「鑢」，故此字可依形隸爲「鐪」。就讀法而言，劉國勝讀爲「瓠」，指銅壺。何有祖則將讀爲「鑢」。就聲韻而言，二說皆有可能，但劉國勝指出此墓出土「B 型」銅壺 2 件，讀爲「瓠」可與出土器皿相對照，故筆者暫從劉說。

《十四種·曹家崗》5 號墓簡 2 釋文改作「二樽鐪（瓠）。……一□鄰（蔡）□。」

〔註4〕 參劉釗:《古文字構形學》（福州:福建人民出版社，2006 年），頁 340。

〔註5〕 黃岡市博物館、黃州區博物館:〈湖北黃岡兩座中型楚墓〉，《考古學報》，2000 年第 2 期，頁 269。

〔註6〕 劉國勝:《楚喪葬簡牘集釋》（武漢:武漢大學博士學位論文，2005 年修改），頁 145。何有祖:〈曹家崗楚竹書補釋二則〉，武漢大學「簡帛網」2006 年 2 月 16 日（http://www.bsm.org.cn/show_article.php?id=192）。

〔註7〕 陳偉等著:《楚地出土戰國簡冊〔十四種〕》（北京:經濟科學出版社，2009 年），頁 339，註 4。

第二節 《五里牌》406號墓

一、（簡9）

《十四種・五里牌》406號墓簡9釋文作「弩弓二，皆又（有）□……又（有）☑」釋文中的「弩弓」二字爲商承祚所釋出，其摹本作「」。〔註8〕原簡圖版作「」，可見上半部字形殘缺，難以確定是否爲商承祚所摹的字形，且依摹本字形也未見「弓」形（楚簡「弓」形如《包山》2.260「」）。商承祚應是以考古報告「北邊箱偏西放置有一弩二弓。」爲依據，故將此形隸作「弩弓」的合文。若爲「弩弓」合文，「弩」與「弓」爲不同之物，〔註9〕出土報告「弩弓」總數應爲「三」，而此簡文總數爲「二」，數量不合，故「」應以「□」處理爲宜。《十四種・五里牌》406號墓簡9釋文改作「□二，皆又（有）□……又（有）☑」

二、（簡16下）

《十四種・五里牌》406號墓簡16下釋文作「☑□。□三箪。☑」釋文中的第二個未釋字原形作「」。商承祚隸爲「肝」。〔註10〕劉國勝隸爲「胖」。〔註11〕就形體而言，楚簡「手」形多作「」（「捭」字所從，《包山》2.96），形體與所論字不同。與所論字左旁應從肉，楚簡「肉」字作「」（《包山》2.255），所論字似爲「肉」字殘筆。所論字右旁與楚簡「牛」形相像，「牛」字如「」（《包山》2.240）、「」（《望山》2.45），故此字可隸爲「胖」，其義待考。《十四種・五里牌》406號墓簡16下釋文改作「☑□。胖三箪。☑」

〔註8〕 商承祚：《戰國楚竹簡匯編》（濟南：齊魯書社，1995年），頁124、129。

〔註9〕 「弩」爲以機械力量射箭的弓。「弓」則爲用堅韌的木條彎成弧形，兩端繫弦，張弦發射之物。參漢語大字典編輯委員會編纂：《漢語大字典》（湖北：辭書出版社，1986年），頁994、987。

〔註10〕 商承祚：《戰國楚竹簡匯編》（濟南：齊魯書社，1995年），頁124、129。

〔註11〕 劉國勝：《楚喪葬簡牘集釋》（武漢：武漢大學博士學位論文，2005年修改），頁149。

第三節　《仰天湖》25 號墓

一、、、（簡 9）

《十四種・仰天湖》25 號墓簡 9 釋文作「☒墿韋之□，縿【縫】（縫）。已。」釋文中的未釋字原形作「」，原考釋者隸作「糹□」。〔註 12〕劉國勝則隸作「納」。〔註 13〕原圖版於釋文的「之」字與「縿」字中間有二字：「」、「」，筆者未能見到原簡實物，不知此二字是否能拼合爲一字。原考釋者應是以「」形隸作「糹□」。劉國勝依《長臺關》2-028「紫韋之納」爲例，隸作「納」。依辭例而言劉說是有可能的，但「納」字作「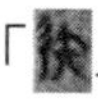」，與「」形體略爲不同，「內」字中間的橫筆爲直筆，而「」下方筆畫爲曲筆，故此字無法確定爲「納」。由於筆者未能確定「」、「」是否可拼合，故將前者作「□」，後者隸作「糹□」。

釋文中的「【縫】」字原形作「」，此形與簡 16「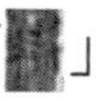」相仿，不需加「【】」，可直接隸作「縫」。《十四種・仰天湖》25 號墓簡 9 釋文改作「☒墿韋之□，糹□縿縫（縫）。已。」

二、、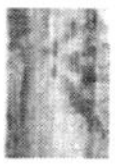（簡 10）

《十四種・仰天湖》25 號墓簡 10 釋文作「☒□繯絰□□☒」釋文中的第一個不識字，原形作「」，原考釋者隸爲「之」。〔註 14〕劉國勝則作「【之】」的處理。〔註 15〕筆者認爲此形雖略爲模糊，但隱約可見「之」之殘筆，與「」（《郭店・老子甲》簡 3）左半部形體相仿，故應可隸爲「之」字。

釋文中的「繯」字原形爲「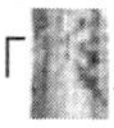」，原考釋者與劉國勝皆隸作「綡」。〔註 16〕商承祚隸爲「繯」。〔註 17〕「睘」字必从「目」形，〔註 18〕故商承祚摹本作「」。

〔註 12〕湖南省博物館等編著：《長沙楚墓》（北京：文物出版社，2000 年），頁 422。

〔註 13〕劉國勝：《楚喪葬簡牘集釋》（武漢：武漢大學博士學位論文，2005 年修改），頁 131。

〔註 14〕湖南省博物館等編著：《長沙楚墓》（北京：文物出版社，2000 年），頁 422。

〔註 15〕劉國勝：《楚喪葬簡牘集釋》（武漢：武漢大學博士學位論文，2005 年修改），頁 129。

〔註 16〕湖南省博物館等編著：《長沙楚墓》（北京：文物出版社，2000 年），頁 422。劉國勝：《楚喪葬簡牘集釋》（武漢：武漢大學博士學位論文，2005 年修改），頁 129。

〔註 17〕商承祚：《戰國楚竹簡匯編》（濟南：齊魯書社，1995 年），頁 73。

然而觀看此字原圖版「」，右上方已無容納「目」形的空間，且《仰天湖》
25 號墓簡 17 即有從「睘」形之字「」（鐶字所從）亦與所論字不同，故商
承祚摹本應有誤。此字右旁與「哀」字相同，如「」（《包山》2.145），故
應隸作「繏」為宜。《十四種・仰天湖》25 號墓簡 10 釋文改作「☒之繏緄□
□☒」

三、、、（簡 22）

　　《十四種・仰天湖》25 號墓簡 22 釋文作「一□□，又（有）縞緷（裏），
繪（錦）純，又（有）□□笥笒。☒」釋文中第一個未釋字原形為「」。第
二個未釋字原形為「」。「笥」字的前一個未釋字原形作「」。

　　「」字，原考釋者隸作「芋」。〔註19〕劉國勝作「羋」。〔註20〕商承祚
隸為「茻」。〔註21〕就字形而言，此字上從「艸」無疑，下半部則各有異說，
劉國勝依形隸定，暫且不論。楚簡「才」字作「」（《郭店・窮達以時》簡
14）、「」（《包山》2.08），可見「才」字上方為一豎筆，而所論字「艸」形
下方為二筆，作「」形，故此形非「才」。此字下半與「屮」字較為相似，
字形如「」（逆字所從，《包山》2.71）。筆者認為，此形小與「干」形相似，
「十」形如「」（《上博二・容成氏》簡 46）、「」（豻字所從，《包山》2.271），
故此字或可隸為「芉」。

　　「」字，原考釋者隸作「芴」，劉國勝疑為「蒴」。商承祚作「茐」。
〔註22〕此字上半亦從「艸」形，然而下半部件模糊不清，似可見右旁為「刀」
形殘筆，無法確定三位學者何者釋文為確，故筆者暫隸為「茐」。

　　「」字，原考釋者作「鐈」，商承祚隸「鋑」。筆者認為，此字形左半

〔註18〕　可參滕壬生：《楚系簡帛文字編【增訂本】》（武漢：湖北教育出版社，2008
　　　　　年），頁 50，【環】字條。李守奎：《楚文字編》（上海：華東師範大學出版社，
　　　　　2003 年），頁 26～27，【環】字條。
〔註19〕　湖南省博物館等編著：《長沙楚墓》（北京：文物出版社，2000 年），頁 423～
　　　　　424。
〔註20〕　湖南省博物館等編著：《長沙楚墓》（北京：文物出版社，2000 年），頁 422。
　　　　　劉國勝：《楚喪葬簡牘集釋》（武漢：武漢大學博士學位論文，2005 年修改），
　　　　　頁 129。
〔註21〕　商承祚：《戰國楚竹簡匯編》（濟南：齊魯書社，1995 年），頁 67。
〔註22〕　此則釋文出處與「芋」字相同，不再贅引。

爲「金」旁，但右旁模糊不清，似爲「甬」字，如「」（《郭店・老子甲》簡 37）、「」（《郭店・緇衣》簡 26），或可隸爲「銿」。

《十四種・仰天湖》25 號墓簡 22 釋文改作「一芊茚，又（有）縞緷（裏），繪（錦）純，又（有）□銿笥笭。☑」

四、、（簡 34）

《十四種・仰天湖》25 號墓簡 34 釋文作「一齒䰡（梳），又（有）□□，又（有）芊糮（囊）」釋文中的「䰡」字原形爲「」。原考釋者即作「䰡」，讀爲「梳」。〔註 23〕劉國勝將此形分爲二字，釋爲「疕（疏）篦（篦）」。〔註 24〕史樹青亦隸爲二字，作「疕」、「齒」。〔註 25〕

此簡釋文「一齒䰡（梳），又（有）□」，原形作「」，可見此簡簡文

中的各字間距不遠，但「」上半部與下半部的間隔和「」二字相同，故「」應分釋爲二字。「」隸作「疕」應無問題。「」字，劉國勝認爲是「篦」字初文。「篦」爲一種齒比梳子密的梳頭用具，楚簡「篦」字作「」（《長臺關》2-013）、〔註 26〕「」（「緄」字所从，《曾侯乙》簡 6），《曾侯乙》中「緄」字常見，其形體固定，與「」字截然不同，戰國文字是否存有表示文字本義的表意寫法，仍待商榷。若退一步說，將此字釋爲某字的初文，

〔註 23〕 湖南省博物館等編著：《長沙楚墓》（北京：文物出版社，2000 年），頁 425。

〔註 24〕 湖南省博物館等編著：《長沙楚墓》（北京：文物出版社，2000 年），頁 422。
劉國勝：《楚喪葬簡牘集釋》（武漢：武漢大學博士學位論文，2005 年修改），頁 129。

〔註 25〕 史樹青：《長沙仰天湖出土楚簡研究》（上海：群聯出版社，1955 年），頁 24。

〔註 26〕 參商承祚：《戰國楚竹簡匯編》（濟南：齊魯書社，1995 年），頁 23～24。

但「𡰥」已可讀爲「梳」，代表出土的「木梳」，似不必再以「」表示劉
國勝所說的「該墓出土 1 件『木梳』實即木箆。」了。且，若將「木箆」視
爲出土的「木梳」，「梳」與「蓖」爲不同之物，則前文的「𡰥（梳）」反而成
爲多餘之物了。史樹青認爲所論字爲「齒」的古文，「齒」字甲骨文作「」
（《合集》94 反），後加入「止」聲而作「」（《郭店・唐虞之道》簡 5）形，
文字演變過程省略聲符較爲罕見，但仍有其例，〔註 27〕故筆者認爲此字即是
省略聲符的「齒」字，即可隸爲「齒」。史樹青將此字視爲「量詞」，辭例如
《仰天湖》簡 13「鑲（棗）箕一十二箕」，即以同一字表名詞與量詞。

釋文中第二個「又（有）」字之前有一字形「」，《十四種・仰天湖》
25 號墓簡 34 釋文遺漏此字。「」形與「」相仿，原考釋者隸爲「齒」，
史樹青即作「齒」字，經由筆者上述考釋，此字應可隸爲「齒」。

《十四種・仰天湖》25 號墓簡 34 釋文改作「一齒𡰥（梳）齒，又（有）
□□齒，又（有）芏糭（囊）」〔註 28〕

〔註 27〕 林清源師：《楚國文字構形演變研究》（台中：東海大學中文研究所博士論文，
1997 年），頁 42～44。參筆者論文《十四種・郭店》、《十四種・九店》二篇。
〔註 28〕 筆者斷句依史樹青之說，參史樹青：《長沙仰天湖出土楚簡研究》（上海：群
聯出版社，1955 年），頁 24。

第十二章　結　論

　　本篇論文爲《楚地出土戰國簡冊〔十四種〕》的考釋，筆者於前言中將《十四種》體例未備之處做了一小部份的整理，以求《十四種》一書的體例更爲一致，使學者在查詢時能更方便。

　　論文的二至十一章分別考釋了《十四種》釋文，對於筆者所考釋的部份，多處引用各家學者說法，試圖將各家說法做一比較，以求得較爲適當的釋文。另有筆者經由核對原簡、考釋文字亦或是以聲韻通假，而求得與各家學者不同的新結論，筆者摘錄如下：

　　一、《十四種·包山》2 號墓簡 129 釋文作「甘臣之散（歲），左司馬迪以王命命互（亙）思舍枼（葉）王之寅（爨）一青義（犧）之賓足金六勻（鈉）。」

　　釋文中的「」字，此字爲「黃」無疑，但劉釗釋爲「黃」，但所舉的《匯編》二例，形體模糊，較難以作爲例證。「黃」字的構形爲人仰面向天，腹部膨大，金文則從口，似有仰天呼嘆之意。楚簡「黃」字作「」（《包山》2.21）或「」（《上博三·周易》簡 37），上半部可從「口」形或是橫筆加長訛爲「」形，另有「黃」字上半部橫筆略爲下移，導至接近下方偏旁的情況，如「」（《上博一·孔子詩論》，簡 9）、「」（《上博七·武王踐阼》，簡 1），此二形與所論字相似，故所論字爲「黃」字無疑。

　　《十四種·包山》2 號墓簡 129 釋文改作「甘臣之散（歲），左司馬迪以王命命互（亙）思舍枼（葉）黃王之寅（爨）一青義（犧）之賓足金六勻（鈉）。」

　　二、《十四種·郭店》緇衣簡 33-34 釋文作「《寺（詩）》員（云）：『穆穆

文王，於計（緝）逗（熙）敬圡（止）。』子曰：言從行之，則行不可匿。」

　　釋文中的「計」字原形作「」，此字左半从「聑」無疑，右半所从疑爲陳偉武所言的「入」字，「入」字於甲、金文作「」（《合集》22274）、「」（《集成》4333 頌段），楚簡文字則加入飾筆作「」（《曾侯》簡 208）。「入」字飾筆本可去除，與則「」形相似，故筆者認爲此字右旁應爲「入」形。但陳偉武所言的「雙聲符字，聑、入古音近」，「聑」爲清紐緝部；「入」爲日紐緝部，韻部相同但聲紐有距離。此字應隸爲「馭」，从「聑」發聲，可讀爲今本的「緝」字。

　　《十四種・郭店》緇衣簡 33-34 釋文改作「《寺（詩）》員（云）：『穆穆文王，於計（緝）逗（熙）敬圡（止）。』子曰：言從行之，則行不可匿。」簡文意爲《詩》言：美好的文王，光明正大又舉止謹愼。孔子說：做了什麼事便會說什麼話，因此行爲是無法隱匿的。」

　　三、《十四種・郭店》成之聞之簡 7 釋文作「上句（苟）身備（服）之，則民必有甚安（焉）者。君褦（冕）而立於复（阼），一宮之人不勠（勝）」。

　　釋文中的「」字，此字下半部周鳳五認爲是「巽」字省形，「巽」字金文作「」（「選」字所从，《集成》2831，九年衛鼎），楚簡作「」（《上博一・孔子詩論》簡 9）、「」（《上博三・仲弓》簡 23）、「」（《曾侯》簡 129）、「」（「譔」字所从，《仰天湖》簡 7）。可見「」與楚簡「巽」字相仿，由「」、「」、「」和「」四字可知「巽」字不需加飾筆「一」，故筆者認爲此字即爲「巽」而非省形。

　　就辭例而言，「君褦（冕）而立於复（阼）」形容「君」於阼階時的樣貌，裘錫圭按語解釋文義爲：

> 袀冕，意即袀服而冕，在此當指祭服（袀爲上衣下裳同色之服）。《禮記・祭統》謂將祭之時，君與夫人皆齋，「然後會於太廟，君純冕立於阼」。「袀」、「純」義通。…疑《禮記》「純冕」與「袀冕」同義。

合理可從。將「」讀爲「袀」則此字必从「匀」非「今」，故此字可隸爲「」，讀爲「袀」，與「純」義通。《玉篇・衣部》：「袀，純也。」《淮南子・齊俗》：「尸祝袀玄，大夫端冕。」高誘注：「袀，純服。」《漢書・王莽傳下》：「時，莽紺袀服，帶璽韍。」顏師古注：「袀，純也。純爲紺服也。」

　　《十四種・郭店》成之聞之簡 7 釋文作「上句（苟）身備（服）之，則

民必有甚安（焉）者。君鑫（袀）襐（冕）而立於复（阼），一宮之人不勅（勝）」。簡文意爲「在上位者若身體力行實施善道，則人民必定會喜好的更深。國君穿著祭服立於阼階之上，宮中的所有人皆不勝…」

四、《十四種・郭店》尊德義簡 34 釋文作「則民悝，正則民不叟（吝），龏（恭）則民不悁（怨）。」

「」字原考釋者未隸。筆者認爲此字即爲「咎」，而非省形。「咎」形如卜：

《上博二・容成氏》簡 29	《葛陵》甲三 2	《葛陵》乙四 50

劉信芳疑爲「咎」字省形，李孝定指出契文中「」字，此字即是「各」，「咎」所從的「口」形，只是抽象符號，可以省去不用，此字从人、从夂，或从各，即是許書的「咎」字。筆者認爲此字即上承自契文「」，即爲「咎」字而非省形。

《十四種・郭店》尊德義簡 34 釋文改作「咎則民悝，正則民不叟（吝），龏（恭）則民不悁（怨）。」簡文意爲「復。上位者責怪人民，則易使人民仇恨，上位者端正則人民便不會貪吝，上位者行事恭敬則人民便不會產生怨恨。」

五、《十四種・郭店》性自命出簡 7 釋文作「蜀（獨）行，猷（猶）口不可蜀（獨）言也。牛生而低，鳶（雁）生而戟（伸），其眚（性）□□□」。

「」依釋文讀爲「雁」是可信的，但楚簡「鳶」字應爲「」（《葛陵》甲三 203），然而此字下方非「鳥」形，亦與「鳥」形不近，應爲「干」形，楚簡「干」字作「」（《包山》2.269）、「」（《望山》2.13），形體皆與此字下半相同，故此字下半應从「干」。對於所論字下方演變爲「干」形，蘇建洲師認爲是「變形音化訛爲干」，其例爲：

> 「鳥」旁下部寫法如「」（「雄」字，《郭店・語叢四》簡 26）、「」（「雌」字，《郭店・語叢四》簡 26 號）、「」（「雞」字，《包山》簡 257），下部寫法與「干」形近似，可能由此類字形訛變，此字下部可能依舊是「鳥」。

「干」爲見紐元部字，「彥」爲疑紐元部字，二字同爲元部字，而聲紐爲旁紐，

故所論字有可能爲變形音化，但獨體字訛爲二字字形較爲罕見。而林聖峯所舉之例，亦可見「鳥」形與「干」形只差一橫筆，古文字的演變，橫筆數量並不會影響字形的釋讀。若就「䳒」（清紐支部）形而言，「雌」聲與「彥」聲難以相通，故所論字仍視爲訛變爲宜。但就隸定而言，筆者仍暫隸作「䳒」，以表示此形下半與「鳥」形的不同。

《十四種‧郭店》性自命出簡 7 釋文改作「蜀（獨）行，猷（猶）口不可蜀（獨）言也。牛生而伥（根），䧹（雁）生而戜（陣），其旹（性）□□□」。簡文意爲「獨行，就如同人的言論不可專斷。牛天生便會利用其犄角牴觸、攻擊，雁天生飛行時便會排列爲陳列式，皆源於其本性…」

六、《十四種‧郭店》語叢一簡 13 釋文作「又（有）勿（物）又（有）容，又（有）宊又（有）名。」

釋文的「宊」形，筆者認爲所論字下半部爲動物形體的訛變，〈語叢一〉爲齊系抄本，齊系的「犬」字可作「犬（犬）」形（陳純釜「猶」所从，《集成》10371），「犬」字與所論字下方極爲相似。出土竹簡的「犬」字，齊系抄本與楚系不同，齊系作：「犬」（㺇字所从，〈語叢一〉簡 63）、「犬」（狀字所从，〈唐虞之道〉簡 3）、「犬」（嗅字所从，〈語叢一〉簡 47）、「犬」（嗅字所从，〈語叢一〉簡 51）等形，而楚系抄本的「犬」字作：「犬」（《包山》2.6），可見不同國別「犬」字形體不同，故筆者認爲此字下部爲具有齊系文字特色的「犬」。所論字上半爲楚簡常見的「家」（如《包山》2.197「家」）字，故「宊」應即「家」字，可隸爲「宊」，《正字通‧宀部》：「宊，俗家字。《六書統》：『家或作宊。犬，篆與豕義同。』」清朱駿聲《說文通訓定聲‧豫部》：「家，古文有从宀下犬者，見郭氏《汗簡》。」从宀从犬的「家」字在《包山》和傳抄古文中亦可見：「家」（《包山》2.145）和「家」，「家」多从「豕」形，「豕」與「犬」爲義近互換，如「狀」字可从犬作「狀」（《集成》3976），亦可从豕作「狀」（《集成》2836）。故所論字可隸爲「宊」，「宊」即是「家」字異體。

《十四種‧郭店》語叢一簡 12-13「又（有）天又（有）命，又（有）迚（地）又（有）悭（形）。又（有）勿（物）又（有）容，又（有）宊（家）又（有）名。」其意爲「有天才有生命，有了地生命才能有形體。有形體才

有容貌。有了安居之處便可開始命名。」

七、《十四種・郭店》語叢二簡 19 釋文作「迟（急）生於慾（欲），[字圖]生於迟（急）。」

「察」字形體多變，筆者於本論文〈前言〉中已列出，不再贅引。所論字右半與「[字圖]」（〈語叢一〉簡 68）最爲相似，筆者認爲所論字爲此形的減省。故依筆者論文〈前言〉一節的考釋，疑爲从「丵」或从「帶」，但釋文仍應置原圖版爲宜。筆者認爲可讀作「竊」。《十四種・郭店》語叢二簡 19 釋文改作「迟（急）生於慾（欲），[字圖]（竊）生於迟（急）。」

八、《十四種・郭店》語叢四簡 12 釋文作「[字圖]（早）與臤（賢）人，是胃（謂）[字圖]行。臤（賢）人不才（在）戾（側）」

釋文中的「[字圖]」字，就字形而言，應依冀小軍和陳偉之說，此字从「甫」，《郭店・太一生水》的「補」字，其形爲「[字圖]」（簡 1）、「[字圖]」（簡 1）、「[字圖]」（簡 2），可見「[字圖]」（簡 1）與「[字圖]」構形相仿，應爲同一字形，故可隸爲「蒲」。就釋讀而言，筆者以爲「蒲」可讀爲「明」，「明」爲明紐陽部，與「甫」聲可相通。「明」可訓爲「明智」，與下文的「臤（賢）不才（在）戾（側），是胃（謂）迷惑」相對。

《十四種・郭店》語叢四簡 12-13 釋文改作「[字圖]（早）與臤（賢）人，是胃（謂）蒲（明）行。臤（賢）人不才（在）戾（側），是胃（謂）迷惑。」簡文意爲「早與賢人親近，是明智的行爲。若賢人不在自己身邊，則爲迷惑。」

九、《十四種・望山》2 號墓簡 11 釋文作「[字圖]八十。紫盍（蓋），軥、杠皆敲（雕）。又（有）[字圖]，鉐（赭）膚之純。[字圖]中，璞婁，紫☐」

釋文中的「[字圖]」字，學者多將此字視爲與《望山》2 號墓簡 2 的「[字圖]」字相同，故隸作「枕」或「杣」。筆者認爲此二字不同，所論字右半疑从口、从勹。此字與同簡「軥」右半所从相仿，其形爲「[字圖]」，此字隸爲「軥」學者皆無異議。《上博四・柬大王泊旱》亦有相似字形：「[字圖]」（簡 14），對於此字考釋學者各有異，原考釋者隸作「句」。季旭昇師釋爲从口、勹聲，疑爲「呴」字異體。褟健聰釋爲从勹，口聲，讀爲「哭」。季師指出楚簡「句」字皆爲「句」字均作「[字圖]」（如《郭店・語叢一》簡 28），从口、丩聲，與「[字圖]」字構形不同，故此形應从勹，从口。而「[字圖]」右半與「[字圖]」相仿，應爲同一字，應隸

作「枸」（非从「句」）。就讀法而言，此字可从「口」得聲，讀爲「句」，「口」爲溪紐侯部，「句」爲群紐侯部，音近相通。「枸」可訓爲「彎曲」，如《荀子‧性惡》：「故枸木必將待檃栝烝矯然後直。」楊倞註：「枸，讀爲鉤，曲也。」簡文「又（有）杦（收），鰟（赭）膚之純。枸中，蹼婁，紫」應指車軫是純赤色，但中間彎曲。因此「鰟（赭）膚之純。枸中」二句應改以逗號作區隔，而「枸中，蹼婁」則改以句號作區隔。

《十四種‧望山》2 號墓簡 11 釋文改作「🔲八十。紫盍（蓋），軥、杠皆殿（雕）。又（有）杦（收），鰟（赭）膚之純，枸中。蹼婁，紫☑」簡文意指「🔲（車輨或車輪）八十個。紫色的車蓋，軥心木以及車蓋柄皆有雕刻。有純赤色的車軫，但中間彎曲。車軫下扣住車軸的伏兔是紫色的」。

十、《十四種‧九店》56 號墓的簡 12 釋文作「☑🔲三桵☑」釋文中的「三」字，其形爲「🔲」，可見上筆與下二筆有段距離，與《九店》簡中的「三」字「🔲」（簡 1）、「🔲」（簡 19）三個橫筆等距的寫法不同，因此不該釋爲「三」。筆者認爲，此字「🔲」二橫中間有一斜筆，似爲「工」旁，但《九店》辭例「桵」字之前皆爲數目字，如「嘗三桵」（簡 1）、「嘗四桵」（簡 2），故此處應非「工」旁，然而此斜筆明確，非「二」、「三」字，應作不釋字，故《十四種‧九店》56 號墓的簡 12 釋文應改爲「☑🔲🔲桵☑」。

十一、《十四種‧九店》56 號墓〈告武夷〉釋文作：「【皋】！敢告🔲繬之子武彊：『尔居遼（復）山之岊，不周之野，帝胃（謂）尔無事，命尔司兵死者。含（今）日某牲（將）欲飤（食），某敢以其妻🔲妻女（汝），43【聖】尚芳糧以誧牟（犢）某於武彊之所：君向（饗）受某之聖尚芳糧，囟（使）某逨（來）歸飤（食）故🔲。』」44

釋文中的「繬」字前一個未釋字，字形作「🔲」，從李零之說，即爲「桑」字。簡 43 簡文末句爲：「某敢以其妻🔲妻女（汝）」，其中的未釋字圖版作「🔲」，從陳松長之說，爲「二」字。簡 44 釋文中的「誧」字，「誧」可讀爲「量」，筆者認爲應訓爲「標準」，《禮記‧曲禮中》有「量幣」一詞，指長度固定，總是一丈八尺故稱，又叫「制幣」。此處的「誧」應也是表示一種祭祀物品的標準，出土文獻中可見對於神鬼的祭品有其規定，於傳世文獻中也可見其記載，如《禮記‧祭法》：「王爲群姓立七祀曰泰厲。…諸侯爲國立五祀曰公厲。…大夫立三祀曰族厲」，孔穎達疏曰：「曰泰厲者，謂古帝王無後

也。此鬼無所依歸好爲民作禍，故祀之也。」「曰公厲者，謂古諸侯無後者。諸侯稱公，其鬼爲厲，故曰公厲」「曰族厲者，謂古大夫無後者也。族，眾也。大夫眾多，其鬼爲厲，故言族厲」可見，周代天子、諸侯、大夫的政治等級不同，對厲鬼的祭祀也適應當時的等級制度。如對厲鬼的祭祀因祭者的官位而有等級區分，由上文可知「某」爲平民，因此在簡文中以「謹」字強調「平民」祭品的「標準」。「某」依李家浩等人之說，指「病人」。

　　《十四種·九店》56 號墓〈告武夷〉條例釋文可改作：┃【皋】！敢告桑繢之子武䧅：『尔居遝（復）山之叱，不周之野，帝胃（謂）尔無事，命尔司兵死者。含（今）日某牸（將）欲歙（食），某敢以其妻二妻女（汝），【璧】帀芳糧以謹，韋（贖）某於武䧅之所：君向（饗）受某之璧帀芳糧，囟（使）某遬（來）歸歙（食）故□。』簡文翻譯應爲：「皋，我請求桑繢之子武夷啊：『你住在復山之下，不周山的野外，上帝說你沒有職管，因此命令你掌管兵死者的魂魄。今天，某人想要進食，他將自己的二位妻子嫁給你，再以合乎自己身份的祭品標準等級：璧幣、芳糧等物祭祀，希望能將受兵死者帶走的某魂魄贖離開武夷山，回到這裡。你就享受某進獻的璧幣和芳糧吧，然後使某的魂魄歸來、飲食如常啊！』」。

　　十二、《十四種·九店》56 號墓簡 96 釋文爲「☑□生會（陰）殤（陽）允，生於丑即，生於寅衰，生於卯夬；貴（亡）於辰即，貴（亡）於巳衰，貴（亡）於午【夬】。

　　《十四種·九店》56 號墓簡 96 隸爲「允」字的圖版作「」（以下用「△3」代替），劉樂賢、李守奎、李零和黃儒宣皆隸作「夬」。此字的隸定，黃儒宣用十二地支與「夬、即、衰」依序搭配的規律來推測，認爲陰陽之後爲「夬」字。筆者認爲，依簡 96 文例「☑□生會（陰）殤（陽），生於丑即，生於寅衰，生於卯夬；貴於辰即，貴於巳衰，貴於午【夬】☑」，可見「夬、即、衰」三字是重復出現的，因此黃儒宣依文例釋「夬」字說法，應是可參的。

　　依字形論之，李家浩的指出「上部從『目』，下部與鄂君啓節「（顕）」、「（見）」等字所從『儿』旁相同。」筆者認爲「夏」字與「見」字非「儿」形訛爲「人」形之例。

　　此字應隸作「夬」，將《九店》中的「夬」形與△3 字相對照

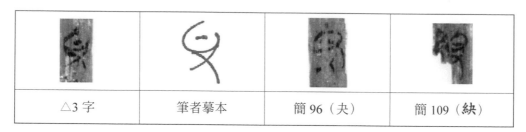

△3 字	筆者摹本	簡 96（夬）	簡 109（絑）

可見下方偏旁皆爲「手」形，且△3 字與簡 96 的「夬」字筆順相同，上方的圈形皆是由上端寫至右邊形成一圓形。「夬」字本義爲射箭時套在手上的扳指，因此楚簡中的「夬」字手形筆畫多會畫入圓圈之中，如：「𩁹」（《郭店・語叢一》簡 97），但 96 號簡「𩁹」字，圈形之中多出與下方手形不相連接的一曲筆，應是書手的特殊寫法。筆者認爲△3 字與 109 號簡「𩁹」字筆法相同，應爲同一字，△3 字上方圈形部件中的墨痕應與下方手形相連，爲「夬」字的基本字形。

「夬」字的字義，李零解釋爲「『夬』有離義…它們都是以人的生老病死比喻歲時的陰陽消長」，筆者認爲，此段簡文辭例作「□生會（陰）𦜣（陽）夬」，「夬」字應爲「決斷」義，表示「陰陽」交際產生的各種情況皆需決斷。

《十四種・九店》56 號墓簡 96 釋文應改爲「☒□生會（陰）𦜣（陽）夬，生於丑即，生於寅衰，生於卯夬；貴（亡）於辰即，貴（亡）於巳衰，貴（亡）於午【夬】」。

十三、《十四種・曾侯乙》簡 116 釋文作「一𣄰楚，三矢，劃𥯤（席），紫趐。」

釋文中的「𣄰」字應依宋華強之說，從「云」得聲。《曾侯乙》的「囩」字之例爲：

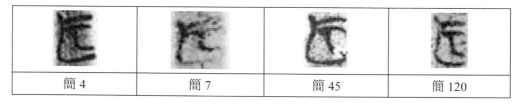

簡 4	簡 7	簡 45	簡 120

由上表可見，「云」作「𡿨」形，類似「匸」形，所論字作「𣄰」，其「匸」形的豎筆較短，可能是受到「厶」形的擠壓，故所論字應從云。然而「厶」與上舉「白」字形體相近，筆者暫隸作「囪」，可能爲「囩」字之異體，「云」可讀爲「圓」，如：《恆先》：「先又（有）園（圓），安（焉）又（有）枋（方）。」

　　釋文中的「」左半從「弓」無疑，但右邊偏旁難以隸定，筆者暫將此字隸作「弖」，爲一種弓名。《曾侯乙》簡文中對弓的顏色和材質皆有描寫，如簡45「紫弓」，簡48的「革弓」，因此將「」釋爲「囷（圓）」，表示「」的形制，應是沒有問題的。

　　《十四種・曾侯乙》簡116釋文改作「一囷（圓）弖，三矢，劃篏（席），紫。」

　　十四、《十四種・長臺關》1-045釋文爲「毋□善」。

　　釋文中的未釋字原形作「」，筆者認爲此字左半部應爲「見」而非「貝」，李守奎認爲「貝」、「見」二字在字形上有二個區別特徵，一是貝字上部均作平首狀，而「見」字是銳角狀；二是「貝」字下部兩筆不相連，「見」字則下從「人」或變形的「人」旁。所論字左下部件從「人」旁，應隸作「見」字。

　　此字右上半部略爲模糊，但字形類似「僉」形，「僉」於楚簡中作「」（《郭店・性自命出》簡64），此字的「僉」旁所從的人形略爲彎曲，類似「尸」形，但「人」、「尸」二形本有互作情況，如「居」字：《上博二・容成氏》從「尸」作「」（簡28）形，《郭店・老子甲》從「人」作「」（簡17）形，故此字應可隸爲「䚔」讀爲「儉」，「儉」有「謙卑」義，如《荀子・非十二子》：「儉然恀然」，楊倞注：「儉然，自卑謙貌」，《逸周書・官人》：「其氣寬以柔，其色儉而不諂」等文獻皆作「謙卑義」。

　　《十四種・長臺關》1-045釋文改爲「毋䚔（儉）善」，其義爲「無謙卑、良善」。

　　十五、《十四種・長臺關》2-015釋文：「專（博）一斧（寸）【少】斧（寸），厚斧（寸）。一青緅綏（緌）組。一綟常（裳），鍺（赭）膚之純，帛枲（攝）。一丹緅之衽，□裏，【組】枲（攝），絵（錦）緣（緱）。七布帽。一絲裏。一紡與絹，紫裏，組」。

　　釋文中的「」字，筆者認爲此字可讀爲「一」，「弋」爲喻紐職部，「一」爲影紐質部。喻、影二紐可相通，如《上博一・性情論》簡14-15「昏（聞）訶（歌）要⋯」「要」字（影紐宵部）《郭店》簡作「誅」（喻紐宵部）。又如西安杜陵漢牘《日書》有「利一（以）播種、出糞」，「一」假借爲「以」。又《鹽鐵論・褒賢》：「方此之時，何暇得以笑乎？」王利器《校注》引盧文弨曰：「以當作一」「以」爲喻母之部字，「一」爲影母質部字。又如《武威漢代醫簡》

簡25：「年已過百歲者不可灸刺，氣脈壹絕，灸刺者隨箴（針）灸死矣。」張延昌《武威漢代醫簡注解》以為「氣脈壹絕」即「氣脈已絕」的文字異寫。「壹」為影母質部字，「已」為喻母之部字。韻部職、質常見互通，如《禮記・樂記》「迭相為經」，《史記・樂書》、《說苑・修文》「迭」作「代」。「迭」為定母質部字；「代」為定母職部字。故「釴」可通讀為「一」，但為何數目字加入「金」旁，仍待考。

《十四種》此簡中第二個的原圖版字形「君」，故此字上半部件應為「君」字，可隸作「君」。就讀法而言，可讀為「裙」，「君」為見紐文部，「裙」為羣紐文部，聲紐為旁轉，韻部相同，二者可相通。《釋名・釋衣服》：「裙，下裳也」。故「一紡君（裙）與絹（冠）」，表示紡製的頭冠與下裳。

《十四種・長臺關》2-015 釋文可改為「專（博）一斧（寸）【少】斧（寸），厚釴（一）斧（寸）。一青緅綬（纓）組。一紟常（裳），𥎦（赭）膚之純，帛栗（攝）。一丹紤之衿，□裏，【組】栗（攝），繪（錦）緣（緆）。七布帽。一絲裹。一紡君（裙）與絹（冠），紫裏，組」。此簡《十四種》綴連於 2-010 之後，「專（博）一斧（寸）【少】斧（寸），厚釴（一）斧（寸）。」形容 2-010 的「琷（璧）」之寬度不足一寸，厚度一寸。以及其他的陪葬物：一個青色的繫冠之纓，一件紫赤色的衣裳，一件丹紤汗衣，七條佩巾，一個裝衣物的絲囊，絲綢做成的下裳、冠各一，皆為紫色的內裏。

十六、《十四種・葛陵》乙四 110、117 釋文作「☒少達（遲），速從郢棷（來），公子見君王，尚𢙏（怡）懌，毋見☒」

釋文中的「少」字原形作「☒」，應依原考釋者、邴尚白與宋華強之說，釋為未釋字。釋文中的「速」字，筆者認為應訓為「早晚」義，如《左傳・昭公十三年》：「既聞命矣，敬共以往，遲速唯君」，《左傳・襄公三十年》：「遲速無時」。《上博七・吳命》簡 7：「故用使其三臣，毋敢有遲速之期，敢告度日。」「遲速」，慢和快，猶言早晚。故筆者認為《葛陵》乙四 101、117 簡文大意為：「（公子的）消息遲早會從郢都傳來，希望公子見到楚王能夠一切順利。」

《十四種・葛陵》乙四 110、117 釋文應改作「☒□達（遲）速從郢棷（來），公子見君王，尚𢙏（怡）懌，毋見☒」。

十七、《十四種・葛陵》零 398 釋文作「☒曰吉☒」，原考釋者、宋華強與

邴尚白皆將此簡補作「【占之】曰：吉」。然而，「吉」字上方有一圖版作「⿰」，圖版字形非常模糊，並非原考釋者等人所釋的「曰」字，殘存筆畫較似「又」形，如「⿰」（甲三 114、113）、「⿰」（零 487）。《葛陵》簡中未出現「又（有）吉」一詞，但對於占卜的結果多有「又（有）咎」（乙四 100、零 532、678）、「又（有）祟」（乙四 100、零 532、678）等語句，筆者認爲雖《葛陵》中未見「有吉」一詞，但「有吉」也可作爲占卜吉凶的結果，故《十四種‧葛陵》零 398 釋文可改作「☑又（有）吉☑」。

十八、《十四種‧葛陵》零 77、154 釋文作「☑嬛（亥）之日⿰☑」，《十四種‧葛陵》所放置的圖版，筆者認爲此字左半部應爲「魚」旁無疑，與甲三 321「魚」（⿰）形相似，但右旁應爲「末」形而非「禾」旁，「禾」旁作「⿰」（「利」之所從，《郭店‧老子甲》簡 1）、「⿰」（《上博二‧民之父母》簡 13），可見「禾」字的撇筆皆於豎畫的最上端，然而此字「木」形所殘存的墨痕於豎筆中間偏上部位，較似「末」形（《望山》2.13「⿰」），故應可隸爲「鮇」。「鮇」字爲貞人名，「嬛（亥）之日」爲占卜日期，辭例與甲三 342-2「獻（獻）馬之月乙還（亥）之日，盧⿰以尨鼍爲☑」相同，皆爲「占卜日期＋貞人名」，筆者認爲此簡的斷句應與甲三 342-2 相同，故《十四種‧葛陵》零 77、154 釋文應改爲「☑嬛（亥）之日，鮇☑」。

十九、《十四種‧葛陵》甲三 134、108 釋文爲「☑甲戌⿰乙亥禱楚先與五山‧庚午之夕內齋☑」

釋文中的「⿰」字，可從何有祖等人之說，釋爲「興」。就訓解而言，筆者在此提出另一種說法「興」可釋爲「釁」，指殺牲以祭，「釁」爲曉紐文部，「興」爲曉紐蒸部字，二字同聲紐，韻部爲通轉關係，例可通假，如古「窮」、「竆」通用。《老子》：「大滿若盅，其用不窮」「窮」字（見紐蒸部）馬王堆漢墓帛書《老子》甲本作「竆」（見紐文部）。《禮記‧文王世子》：「始立學者，既興器用幣，然後釋菜。」鄭玄注：「興當爲釁，字之誤也。」故「釁」、「興」二字可相通。簡文「甲戌興（釁）」指於甲戌時舉行釁禮祭祀，於古籍中常見釁禮，如《周禮‧春官‧雞人》：「凡祭祀，面禳、釁，共其雞牲。」

《十四種‧葛陵》甲三 134、108 釋文爲或可改爲「☑甲戌興（釁），乙亥禱楚先與五山，庚午之夕內齋☑」意爲甲戌這日舉行釁禮，乙亥日祭禱楚先和五山。庚午之日進行齋戒。

二十、《十四種・葛陵》零 425 釋文爲「☑遆（來）☑」，「遆」字原形爲「」，蘇建洲師曾提出此字爲「建」字的意見，楚簡「建」字上半部件爲「手」形，形體演變可能與「 」字相當：

「」（《包山》2.226）→也可作「」（《包山》2.232）

「」（《上博五・競内建之》簡 1）→「」（《葛陵》零 425）

故此字應爲「建」。另，此字的後文有筆畫「」，應增補不識字符號「□」。故，《十四種・葛陵》零 425 釋文應改爲「☑建□☑」。

二十一、《十四種・曹家崗》5 號墓簡 1 釋文作「斃（葬）盞（器）：四鼎。一□。」

釋文中的未釋字原形作「」，就字形而言，此字右上半較爲模糊，筆者認爲此形應爲「多」形，楚簡「多」形作「」（《包山》2.278 反），與此形相似。所論字左旁从木、从辵並無疑問，故所論字可隸作「橠」，爲「栘」之異體，辵旁爲無義偏旁。《爾雅・釋木》：「唐棣，栘。」此簡後文字形難辨，「栘」可能指某種器物的材質。

《十四種・曹家崗》5 號墓簡 1 釋文改作「斃（葬）盞（器）：四鼎。一栘。」

二十二、《十四種・仰天湖》25 號墓簡 22 釋文作「一□□，又（有）縞緹（裏），絵（錦）純，又（有）□□笥笭。☑」釋文中第一個未釋字原形爲「」。第二個未釋字原形爲「」。「笥」字的前一個未釋字原形作「」。

釋文中的「」字，就字形而言，此字上从「艸」無疑，下半部件，筆者認爲與「干」形相似，「干」形如「」（《上博二・容成氏》簡 46）、「」（豻字所从，《包山》2.271），故此字或可隸爲「芉」。

「」字，由於字形左下部件模糊不清，筆者暫隸爲「茆」。「」字，筆者認爲，此字形左半爲「金」旁，但右旁模糊不清，似爲「甬」字，如「」（《郭店・老子甲》簡 37）、「」（《郭店・緇衣》簡 26），或可隸爲「銿」。

《十四種・仰天湖》25 號墓簡 22 釋文改作「一芉茆，又（有）縞緹（裏），絵（錦）純，又（有）□銿笥笭。☑」

附　錄

《包山》2 號墓

簡號	《十四種》釋文	修改後釋文	頁碼
20	夏柰之月乙丑之日，鄙司敗李洭受㕦（幾）。	夏柰之月乙丑之日，鄙司敗李聆受㕦（幾）。	19-20
47	九月甲晨（辰）之日，顥司敗李𠭥受㕦（幾）。	九月甲晨（辰）之日，顥司敗李聆受㕦（幾）。	19-20
57	以其爲其赶（兄）蔡瘝斷，不法。	以其爲其赶（兄）蔡瘝斷，不瀼（法）。	4
85	䔾（荊）尿之月辛巳之日，鍾缶公德訟宋𥶶…以其受鍾缶人而逃。	䔾（荊）尿之月辛巳之日，䤚缶公德訟宋𥶶…以其受䤚缶人而逃。	157-158
86	䔾（荊）尿之月戊戌之日，䣜昜（陽）君之萊陸邑人紫訟兼陵君之陳泉邑人𢝬墒。	䔾（荊）尿之月戊戌之日，䣜昜（陽）君之萊阮邑人紫訟兼陵君之陳泉邑人𢝬墒。	157-158
91	九月戊申之日，偖大戲六令周霖之人周雁訟付舉之關人周謠、周敓，胃（謂）葬於其土。瑤、敓與雁成，唯周貘之妻甈（葬）焉。	九月戊申之日，偖大戲六令周霖之人周雁（應）訟付舉之關人周謠、周敓，胃（謂）葬於其土。瑤、敓與雁（應）成，唯周貘之妻甈（葬）焉。	21-23
116	耶陵攻尹產、主尹蘽爲耶陵貣（貸）越異之金三益（鎰）𠮠（鎰）。	耶陵攻尹產、主尹蘽爲耶陵貣（貸）越異之金三益（鎰）胐（鎰）。	232-233
121-122	享月丁巳之日，下蔡山昜（陽）裏人邧㑥言於昜（陽）成公𦤉罜、	享月丁巳之日，下蔡山昜（陽）裏人邧㑥言於昜（陽）成公𦤉罜、	20-24

—257—

	大鈙尹屈[img]、郏昜（陽）莫囂臧獻（？）、舍（餘）羋。儔言胃（謂）：小人不信[img]（竊）馬。小人信[img]下蔡關裏人雇女返、東邧裏人揚賈、菓裏人競不割（害）[img]殺舍（餘）羃於競不割之官，而相[img]棄之於大路。競不割（害）不至（致）兵焉。孖敓（執）場賈，里公郏[img]、士尹紬縝返孖，言胃（謂）：場賈既走於前，孖弗及。孖敓敓（執）雇女返。	大鈙尹屈達、郏昜（陽）莫囂臧獻（？）、舍（餘）羋。儔言胃（謂）：小人不信[img]（竊）馬。小人信[img]下蔡關裏人雁（應）女返、東邧裏人揚賈、菓裏人競不割（害）僉殺舍（餘）罴於競不割之官，而相[img]棄之於大路。競不割（害）不至（致）兵焉。孖敓（執）場賈，里公郏眚（性）、士尹紬縝返孖。，言胃（謂）：場賈既走於前，孖弗及。孖敓（執）雁（應）女返。	
123	雇女返、場賈、競不割（害）皆既盟。	雁（應）女返、場賈、競不割（害）皆既盟。	21-23
129	甘臣之歲（歲），左司馬迪以王命命互（鈯）思舍菓（葉）[img]王之鼳（爨）一青義（犧）之賨足金六匀（鈉）。	甘臣之歲（歲），左司馬迪以王命命互（鈯）思舍菓（葉）黃王之鼳（爨）一青義（犧）之賨足金六匀（鈉）。	24-25
145	越客左尹軡、郞（魏）客龖梟、鄱客望困美之宔宮叙雁，肉彔且法之，無以歸（歸）之。	越客左尹軡、郞（魏）客龖梟、鄱客望困美之宔宮叙雁，肉彔且瀂（法）之，無以歸（歸）之。	186-187
146	豩玫苛飲利之金一益[img]益。	豩玫苛飲利之金一益刪益。	232-233
152	右司馬適命左令戮定（正）之，言胃（謂）戍有後。	左司馬適命左令戮定（正）之，言胃（謂）戍有後。	25
155	□南陵公郏[img]：敬陵之行僕宮於鄣。	□南陵公郏脁：敬陵之行僕宮於鄣。	25-26
164	荇君之加公宋[img]，婁適。	荇君之加公宋末，婁適。	28
165	甲申，喜君之人奠（鄭）雁。	甲申，喜君之人奠（鄭）雁（應）。	21-23
170	鼳（爨）月己亥，鄙人黃戌，葉人郘（宛）趣。	鼳（爨）月己亥，鄙人黃戌，葉人郘（宛）[img]。	27-28
170	己丑，喜陀人宋丹，[img]郯絑牆襄。	己丑，喜陀人宋丹，[img]郯人絑牆襄。	30
172	甲午，淀昜（陽）人陳團，時悁（威）王之坆人臧[img]。	甲午，淀昜（陽）人陳團，時悁（威）王之坆人臧[img]。	63-68
179	己未，邚昜（陽）辻周皷，聖夫人之鄯邑人[img]。	己未，邚昜（陽）辻周皷，聖夫人之鄯邑人[img]。	63-68
182	壬晨（辰），郑株之仿周邅[img]。	壬晨（辰），郑株之仿周邅。	89-93

183	乙巳，鄭昜（陽）陳楚，新埜（野）人少姜￼，邵寅。	乙巳，鄭昜（陽）陳楚，新埜（野）人少姜旬，邵寅。	29-30
184	戊寅，邵前，鼏雁。	戊寅，邵前，鼏雁（應）。	21-23
191	王西州里公命詖，應族州里公黃固。	王西州里公命詖，雁（應）族州里公黃固。	21-23
202	祿新（親）母，肥冢，酉（酒）飤（食）。	祿新（親）母，肥狂（豬），酉（酒）飤（食）。	235-236
203	肥冢，酉（酒）飤（食）。	肥狂（豬），酉（酒）飤（食）。	235-236
210-211	賽禱東陵連囂，冢豕，酉（酒）飤（食）。	賽禱東陵連囂，狂（豬）豕，酉（酒）飤（食）。	235-236
218	罾（許）吉以保冢（家）爲左尹邵㐱貞，以其下心而疾，少氣。	罾（許）吉以保冢（家）爲左尹邵㐱貞，以其下心而疾，少懸（氣）。	6
220	苛光以長側爲左尹邵㐱貞，以其下心而疾，少氣。	苛光以長側爲左尹邵㐱貞，以其下心而疾，少懸（氣）。	6
221	郲朕以少寶爲左尹邵㐱貞・既又（有）病，病心疾，少氣。	郲朕以少寶爲左尹邵㐱貞：既又（有）病，病心疾，少懸（氣）。	6
223	以形筲爲左尹邵㐱貞：既又（有）病，病心疾，少氣。	以形筲爲左尹邵㐱貞：既又（有）病，病心疾，少懸（氣）。	6
225	肥冢，蒿祭之。	肥狂（豬），蒿祭之。	235-236
227	各冢豕，酉（酒）飤（食），蒿之。	各狂（豬）豕，酉（酒）飤（食），蒿之。	235-236
231	思攻祝歸繡（佩）￼冠帶於南方。	思攻祝歸繡（佩）取（珮）、冠帶於南方。	30-31
243	與禱東陵連囂冢豕，酉（酒）飤（食），蒿之。	與禱東陵連囂狂（豬）豕，酉（酒）飤（食），蒿之。	235-236
265	二枳錢（盞）。	二枳錢（盞）。一盤。	9
266	一盤。一鉈（匜）。一鈶鑊（甑）。	一鉈（匜）。一鈶鑊（甑）。	9
267	大司馬愳（悼）戬（滑）救郙之歳（歲）肙月丁亥之日。	大司馬悼滑救郙之歳（歲）肙月丁亥之日。	5
268	鮤（豹）繩（橛）。緹縪。紛勘（橐）。鮤（豹）長（韔）。	豹繩（橛）。緹縪。紛勘（橐）。豹長（韔）。	5-6
277	苛郙受：一箮（笲），鮤（豹）殞（韋）之盾。	苛郙受：一箮（笲），豹殞（韋）之盾。	5-6

《郭店·老子》

簡號	《十四種》釋文	修改後釋文	頁碼
	甲		
1	厽（絕）智弃弋（辨），民利百伓（倍）。厽（絕）攷（巧）弃利，規（盜）惻（賊）亡又（有）。厽（絕）慮（偽）弃慮，民复（復）季子	厽（絕）智弃弋（辨），民利百伓（倍）。厽（絕）攷（巧）弃利，規（盜）惻（賊）亡又（有）。厽（絕）慮（為）弃慮（慮），民复（復）季子	33-37
10	竺（孰）能庀以注（動）者，牆（將）舍（徐）生。保此衍（道）者不谷（欲）蠕（尚）呈（盈）。	竺（孰）能此（宓）以注（動）者，牆（將）舍（徐）生。保此衍（道）者不谷（欲）蠕（尚）呈（盈）。	37-39
13	慮（化）而雒（欲）复（作），牆（將）貞（鎮）之以無名之戲（樸）。	慮（化）而雒（欲）复（作），牆（將）貞（鎮）之以無名之戲（樸）。夫	9
14	夫亦牆（將）智（知）足，智（知）以束（靜），萬勿（物）牆（將）自定。	亦牆（將）智（知）足，智（知）以束（靜），萬勿（物）牆（將）自定。	9
22-23	人法坒（地），坒（地）法天，天法道，道法自狀（然）。	人濫（法）坒（地），坒（地）濫（法）天，天濫（法）道，道濫（法）自狀（然）。	4
31	人多智（知），天〈而〉戉（奇）勿（物）慈（滋）记（起），法勿（物）慈（滋）章（彰）。	人多智（知），天〈而〉戉（奇）勿（物）慈（滋）记（起），濫（法）勿（物）慈（滋）章（彰）。	4
34	未智（知）朼（牝）戊（牡）之合弓（腹）荃（怒），精之至也。終日啻（呼）而不慐（憂），和之至也。和曰景，智（知）和曰明。	未智（知）朼（牝）戊（牡）之合鷹（腹）荃（怒），精之至也。終日啻（號）而不慐（憂），和之至也。和曰景〈常（常）〉，智（知）和曰明。	39-43
	乙		
5	人之所禖（畏），亦不可以不禖（畏）。人態（寵）辱若纓（驚），貴大患若身。可（何）為態（寵）辱？	人之所禖（畏），亦不可以不禖（畏）。人態（寵）辱若纓（驚），貴大患若身。可（何）為態（寵）辱？	43-44
6	得之若纓（驚），遊（失）之若纓（驚），是胃（謂）態（寵）辱辱（若纓（驚）。	得之若纓（驚），遊（失）之若纓（驚），是胃（謂）態（寵）辱辱（若纓（驚）。	43-44
8	為天下，若可以厄（托）天下矣。惡（愛）以身為天下，若可（何）以法（去）天下矣。	為天下，若可以厄（托）天下矣。惡（愛）以身為天下，若可以法(寄／寓）天下矣。	44-46

12	大方亡禺（隅），大器曼（慢）城（成），大音只聖（聲），天象亡荙（形），道▨。	大方亡禺（隅），大器曼（慢）城（成），大音繻（希）聖（聲），天象亡荙（形），道▨	46-47
13	閟（閉）其門，賽（塞）其□□（兌），終身不孞。啓其逆（兌），賽（塞）其事，終身不迷。	閟（閉）其門，賽（塞）其逆（兌），終身不孞（緮／侮）。啓其逆（兌），賽（塞）其事，終身不椉（救）。	47-50
丙			
1	大（太）上下智（知）又（有）之，其即（次）新（親）譽之，其既〈即（次）〉悬（畏）之，其即（次）秀（侮）之。	大（太）上下智（知）又（有）之，其即（次）新（親）譽之，其既〈即（次）〉悬（畏）之，其即（次）秀（侮）之。	50-51
6	君子居則貴左，甬（用）兵則貴右。古（故）曰兵□□□□	君子居則貴左，甬（用）兵則貴右。古（故）曰兵者□□□□	51

《郭店・緇衣》

簡號	《十四種》釋文	修改後釋文	頁碼
1	夫子曰：好媺（美）女（如）好兹（緇）衣，亞（惡）亞（惡）女（如）亞（惡）遖（巷）白（伯）。則民臧〈咸〉放（力）而荙（刑）不屯（頓）。	夫子曰：好媺（美）女（如）好兹（緇）衣，亞（惡）亞（惡）女（如）亞（惡）遖（巷）白（伯）。則民臧〈咸〉放（飭）而荙（刑）不屯（陳）。	51-55
6	智（知）則君倀（長）裻（勞），古（故）君民者章好以視（示）嚴惥（欲），懂（謹）亞（惡）以𣀷淫〈淫〉，則民不賦（惑）。	智（知）則君倀（長）裻（勞），古（故）君民者章好以視（示）嚴惥（欲），懂（謹）亞（惡）以𣀷（御）民淫〈淫〉，則民不賦（惑）。	55-57
12	「《寺（詩）》員（云）：『又（有）𢎉悥（德）行，四方思（順）之。』」	「《寺（詩）》員（云）：『又（有）匊（梏）悥（德）行，四方思（順）之。』」	57-59
14-15	上好此勿（物）也，下必又（有）甚安（焉）者矣。古（故）上之好亞（惡），不可不慎也。民之𤔔也。	上好此勿（物）也，下必又（有）甚安（焉）者矣。古（故）上之好亞（惡），不可不慎也。民之櫢（表）也。	59-60
16	員（云）：『虩（赫）虩（赫）帀（師）尹，民具尒贍（瞻）。』子曰：『倀（長）民者衣備（服）不改，𣀷頌（容）又（有）裳（常），則民悥（德）』	員（云）：『虩（赫）虩（赫）帀（師）尹，民具尒贍（瞻）。』子曰：『倀（長）民者衣備（服）不改，牽（從）頌（容）又（有）裳（常），則民悥（德）』	60
27	隹（惟）乍（作）五瘧（虐）之荙（刑）曰灋。	隹（惟）乍（作）五瘧（虐）之荙（刑）曰灋（法）。	4

33-34	《寺（詩）》員（云）：『穆穆文王，於緝（緝）逗（熙）敬岧（止）。』子曰：言從行之，則行不可匿。	《寺（詩）》員（云）：『穆穆文王，於緝（緝）逗（熙）敬岧（止）。』子曰：言從行之，則行不可匿。	61-62
39-40	《君迪（陳）》員（云）：「出內（入）自尔帀（師），於庶言同。」	《君迪（陳）》員（云）：「出內（入）自尔帀（師），于庶言同。」	7
40、40背	子曰：句（苟）又（有）車，必見其軟。句（苟）又（有）衣，必見其帗（敝）；人句（苟）又（有）言，必聞其聖（聲）。句（苟）又（有）行，必見其城（成）。	子曰：句（苟）又（有）車，必見其敬（轍）。句（苟）又（有）衣，必見其帗（敝）；人句（苟）又（有）言，必聞其聖（聲）。句（苟）又（有）行，必見其城（成）。	62
42-43	古（故）君子之也又（有）向（鄉），其亞（惡）也又（有）方。	古（故）君子之也又（有）向（鄉），其亞（惡）又（有）方。	8

《郭店・窮達以時》

簡號	《十四種》釋文	修改後釋文	頁碼
7	白（百）里迢（轉）遣（鬻）五羊，為故（伯）獸（牧）牛，斁（釋）板桎而為賈卿，塭（遇）秦穆。	白（百）里迢（轉）遣（鬻）五羊，為故（伯）獸（牧）牛，斁（釋）板（鞭）桎（箠）為軍（軍）卿，塭（遇）秦穆。	63-68

《郭店・五行》

簡號	《十四種》釋文	修改後釋文	頁碼
12-13	清則獄（察），獄（察）則安，安則半，半則兌（悅），兌（悅）則臺（戚），臺（戚）則新（親），新（親）則恶（愛），恶（愛）則玉色，玉色則型（形），型（形）則悬（仁）。	清則獄（察），獄（察）則安，安則恩（溫），恩（溫）則兌（悅），兌（悅）則臺（戚），臺（戚）則新（親），新（親）則恶（愛），恶（愛）則玉色，玉色則型（形），型（形）則悬（仁）。	69-70
17-18	君子誈（慎）其。	君子誈（慎）其【蜀（獨）也】。	7
32	顏色公（容）佼（貌）半弁（變）也。	顏色公（容）佼（貌）恩弁（變）也。	69-70
32-33	中心兌（悅），番戀（遷）於兄弟。	中心兌（悅），番（播）戀（遷）於兄弟。	75-77
33	臺（戚）而信之，新（親）。新（親）而篙（篤）之，恶（愛）也。恶（愛）父，其次恶（愛）人，悬（仁）也。	臺（戚）而信之，新（親）。新（親）而篙（篤）之，恶（愛）也。恶（愛）父，其稽（繼）恶（愛）人，悬（仁）也。	70-72

36	以其外心與人交，遠也。遠而䚊（莊）之，敬也。敬而不（懈），嚴也。	以其外心與人交，遠也。遠而䚊（莊）之，敬也。敬而不解（懈），嚴也。	73
39	又（有）大辠（罪）而弗大戜（誅）也，不行也。又（有）少（小）辠（罪）而弗亦（赦）也，不帶於道也。	又（有）大辠（罪）而弗大戜（誅）也，不【行】也。又（有）少（小）辠（罪）而弗亦（赦）也，不帶於道也。	7-8
48	幾而智（知）之，天也。『上帝女（汝），毋貳爾心』，此之胃（謂）也。大堙（施）者（諸）其人，天也。	幾而智（知）之，天也。『卜帝䚓（臨）女（汝），毋貳爾心』，此之胃（謂）也。大堙（施）者（諸）其人，天也。	73-75

《郭店・唐虞之道》

簡號	《十四種》釋文	修改後釋文	頁碼
1	湯（唐）吳（虞）之道，廛（禪）而不僖（傳）。堯舜之土，利天下而弗利也。廛（禪）而不僖（傳）。	湯（唐）吳（虞）之道，（禪）而不僖（傳）。堯舜之土，利大下而弗利也。（禪）而不僖（傳）。	75-77
2-3	利天下而弗利也，忑（仁）之至也。古昔臤（賢）忑（仁）聖者女（如）此。身竆（窮）不均，叟（没）而弗利。	利大卜而弗利也，忑（仁）之至也。古昔臤（賢）忑（仁）聖者女（如）此。身竆（窮）不（慍／貪），叟（殁）而弗利。	77-79
7	親古（故）孝，尊臤（賢）古（故）廛（禪）。孝之殺，忢（愛）天下之民；廛（禪）之，世亡忞（隱）直（德）。孝，忞（仁）之免（冕）也。	親卜（故）孝，尊臤（賢）古（故）（禪）。孝之殺，忢（愛）天下之民；（禪）之流，世亡忞（隱）直（德）。孝，忞（仁）之免（冕）也。	79-82
8	廛（禪）也，義之至也。	（禪）也，義之至也。	75-77
13	廛（禪）而不僖（傳），義互（恆）□□匀（治）也。	（禪）而不僖（傳），義互（恆）□□匀（治）也。	75-77
16-17	佢草茅之中而不憂，智（知）命也。	佢草茅之中而不愿（憂），智（知）命也。	5
17	升爲天子而不喬（驕），不㳊也。逑虖（乎）大人之興，散（美）也。	升爲天子而不（驕），不流也。逑虖（乎）大人之興，散（美）也。	79-82
20	廛（禪）也者，上直（德）受（授）臤（賢）之胃（謂）也。	（禪）也者，上直（德）受（授）臤（賢）之胃（謂）也。	75-77

21	不鏖（禪）而能蟣（化）民者，自生民未之又（有）也。	不■（禪）而能蟣（化）民者，自生民未之又（有）也。	75-77
22	能以天下鏖（禪）歖（矣）。	能以天下■（禪）歖（矣）。	75-77
24-25	堯鏖（禪）天下而受（授）之，南面而王而〈天〉下而甚君。古堯之鏖（禪）虖（乎）舜也，女（如）此也。	堯■（禪）天下而受（授）之，南面而王而〈天〉下而甚君。古堯之■（禪）虖（乎）舜也，女（如）此也。	75-77
26-27	鏖（禪）天下而受（授）叞（賢），退而羖（養）其生。	■（禪）天下而受（授）叞（賢），退而羖（養）其生。	75-77

《郭店・忠信之道》

簡號	《十四種》釋文	修改後釋文	頁碼
1	不譌（訛）不■，忠之至也。不甚（欺）弗智，信之至也。忠厎（積）則可罨（親）也，信厎（積）則可信也。	不譌（訛）不宙（詔），忠之至也。不甚（欺）弗智，信之至也。忠厎（積）則可罨（親）也，信厎（積）則可信也。	82-86
3	信人不伓（背），君子女（如）此。古（故）不皇埌生，不伓（背）死也。大舊（久）而不俞（渝），忠之至也。匐而者■，信之至也。	信人不伓（背），君子女（如）此。古（故）不皇（誆／枉）生，不伓（背）死也。大舊（久）而不俞（渝），忠之至也。匐（遙）而者（主）尙（常），信之至也。	86-89
5	而可■者，天也。■天墜（地）也者，忠信之胃（謂）此，口叀（惠）而實弗从（從），君子弗言爾。	而可埌（約）者，天也。们（配）天墜（地）也者，忠信之胃（謂）此，口叀（惠）而實弗从（從），君子弗言爾。	89-93

《郭店・成之聞之》

簡號	《十四種》釋文	修改後釋文	頁碼
1	聞之曰：古之甬（用）民者，求之於昌（己）爲互（極）。行不信則命不從。	聞之曰：古之甬（用）民者，求之於昌（己）爲互（恆）。行不信則命不從。	90-100
7	上句（苟）身備（服）之，則民必有甚安（焉）者。君■褪（冕）而立於坄（阼）。	上句（苟）身備（服）之，則民必有甚安（焉）者。君靈（袀）褪（冕）而立於坄（阼）。	93-94
15-16	是以民可敬道（導）也，而不可弇也；可馭（御）也，而不可掔（牽）也。古（故）君子不貴穊（庶）勿（物）。	是以民可敬道（導）也，而不可弇也；可馭（御）也，而不可掔（牽）也。古（故）君子不貴穊（庶）勿（物）。	95

19	可不訢（慎）啻（乎）？古（故）君子所復之不多，所求之不█，█（竊）反者（諸）█（己）而可以智（知）人。	可不訢（慎）啻（乎）？古（故）君子所復之不多，所求之不遠（陵），█（察）反者（諸）█（己）而可以智（知）人。	95-98
24-25	民箐（孰）弗信？是以上之互（亟）█（務）才（在）信於眾。	民箐（孰）弗信？是以上之互（恆）█（務）才（在）信於眾。	99-100
34	君子箃（簟）席之上，叞（讓）而爰（援）學（幼）；朝廷之立（位），叞（讓）而尻（處）戔（賤），所尾（宅）不█怢（矣）。	君子箃（簟）席之上，叞（讓）而受學（幼）；朝廷之立（位），叞（讓）而尻（處）戔（賤），所尾（宅）不遠（陵）怢（矣）。	98-99
37	唯君子道可近求而可遠█也。昔者君子有言曰『聖人天悳（德）』。	唯君子道可近求而可遠措（措）也。昔者君子有言曰『聖人天悳（德）』。	101-102
39	型（刑）茲亡懇（赦），害（蓋）此言也，言不█大棠（常）者，文王之型（刑）莫䨲（重）安（焉）。	型（刑）茲亡懇（赦），害（蓋）此言也，言不霏（奉）大棠（常）者，乂王之型（刑）莫䨲（重）安（焉）。	103-106

《郭店・尊德義》

簡號	《十四種》釋文	修改後釋文	頁碼
1	酓（尊）悳（德）義，明啻（乎）民侖（倫），可以爲君。█怘繈（戾），改悬勑（勝），爲人上者之炗（務）也。	酓（尊）悳（德）義，明啻（乎）民侖（倫），可以爲君。淮（推）怘繈（戾），改悬勑（勝），爲人上者之炗（務）也。	107-109
13	教以豊（禮），則民果以䢀（輕）。教以樂，則民█悳（德）清牖（將）。	教以豊（禮），則民果以䢀（勁）。教以樂，則民█悳（德）清牖（莊）。	115-117
19	不教其人，正（政）弗行矣。古（故）█是勿（物）也而又（有）深安（焉）者，可學也而不可矣（疑）也。	不教其人，正（政）弗行矣。古（故）多（終）是勿（物）也而又（有）深安（焉）者，可學也而不可矣（疑）也。	110-111
24	「█袈（勞）之𦣞也。爲邦而不以豊（禮），猷（猶）㹥之亡（無）█也。	蒀（劬）袈（勞）之𦣞也。爲邦而不以豊（禮），猷（猶）㹥（御）之亡（無）迹（策）也。	111-115
34	█則民悭，正則民不叟（吝），羴（恭）則民不怕（怨）。	咎則民悭，正則民不叟（吝），羴（恭）則民不怕（怨）。	109-110

《郭店・性自命出》

簡號	《十四種》釋文	修改後釋文	頁碼
7	蜀（獨）行，猷（猶）口不可蜀（獨）言也。牛生而倀，鳶（雁）生而戰（伸），其眚（性）□□□	蜀（獨）行，猷（猶）口不可蜀（獨）言也。牛生而倀（根），鳶（雁）生而戰（陣），其眚（性）□□□	118-119
21-22	拜，所以□□□，其数（文）也。帠（幣）帛，所以爲信与譄（徵）也，其訇（詞）宜道也。	拜，所以□□□，其数（數）数（文）也。帠（幣）帛，所以爲信與譄（徵）也，其訇（詞）宜道也。	119-121
31-32	凡憂思而句（後）悲，凡樂思而句（後）忻。	凡慝（憂）思而句（後）悲，凡樂思而句（後）忻。	5
34	慁（慍）斯憂，憂斯慼。	慁（慍）斯慝（憂），慝（憂）斯慼。	5
35	慼斯戁（歎），戁（歎）斯葬，葬斯通（踊）。通〔踊〕，慁（慍）之終也。	慼斯戁（歎），戁（歎）斯宋（辟），宋（辟）斯通（踊）。通（踊），慁（慍）之終也。	121-123
38	「【不】𨒫（過）十竝（舉），其心必才（在）安（焉），𥛵（察）其見者，青（情）安遶（失）才（哉）？𣤶宜（義）之方也。	【不】𨒫（過）十竝（舉），其心必才（在）安（焉），𥛵（察）其見者，青（情）安遶（失）才（哉）？訦（恕），宜（義）之方也。	123-124
62	凡憂患之事谷（欲）妊（任），樂事谷（欲）後。身谷（欲）靑（靜）而毋蝕，慮谷（欲）因（淵）而毋愳（僞）。	凡慝（憂）患之事谷（欲）妊（任），樂事谷（欲）後。身谷（欲）靑（靜）而毋歆（滯），慮谷（欲）因（淵）而毋愳（僞）。	124-126
63	行卻（欲）惡（勇）而必至，富（貌）谷（欲）而毋巣（拔），谷（欲）柔齊而泊，憙（嘉）谷（欲）智而亡末。	行卻（欲）惡（勇）而必至，富（貌）谷（欲）而毋巣（伐），谷（欲）柔齊而泊，憙（嘉）谷（欲）智而亡末。	125
64	樂谷（欲）睪而又（有）𣁽，憂谷（欲）僉（斂）而毋惛，惹（怒）谷（欲）涅（盈）而毋暴，進谷（欲）孫（遜）而毋攷（巧）。	樂谷（欲）睪而又（有）𣁽（持），慝（憂）谷（欲）僉（斂）而毋惛，惹（怒）谷（欲）涅（盈）而毋暴，進谷（欲）孫（遜）而毋攷（巧）。	126-127

《郭店・六德》

簡號	《十四種》釋文	修改後釋文	頁碼
2-3	乍（作）豊（禮）樂，折（制）型（刑）灋，教此民尔史（使）之又（有）向也。	乍（作）豊（禮）樂，折（制）型（刑）灋（法），教此民尔史（使）之又（有）向也。	4

3-4	新（親）父子，和大臣，帰（寢）四叟（鄰）之◾（帝？）啻，非悬（仁）宜（義）者莫之能也。	新（親）父子，和大臣，帰（寢）四叟（鄰）之央（殃）啻（虐／禍），非悬（仁）宜（義）者莫之能也。	129-130
10	夫六立（位）也，以貢（任）此【六職】也。六戠（職）既分，以◾六悳（德）。	夫六立（位）也，以貢（任）此【六職】也。六戠（職）既分，以裕六悳（德）。	127-128
16	古（故）曰：句（苟）凄（濟）夫人之善◾，慫（勞）其肔（股）忨（肱）之力弗敢單（憚）也。	古（故）曰：句（苟）凄（濟）夫人之善也，慫（勞）其肔（股）忨（肱）之力弗敢單（憚）也。	131-132
13-14	大材埶（設）者（諸）大官，少（小）材埶（設）者（諸）少（小）官。	大材埶（設）者（諸）大官，少（小）材埶（設）者（諸）少（小）官。	7
23-24	六者客（各）行其戠（職），而岙訡亡繇（由）迮（作）也。蘿（觀）者（諸）時（詩）、箸（日）則亦才（在）壹（矣）。	六者客（各）行其戠（職），而岙（訕）訡（誇）亡繇（由）迮（作）也。蘿（觀）者（諸）時（詩）、箸（書）則亦才（在）壹（矣）。	132-134
25-26	新（親）此多也，蜜（密）此多【也】，顠（美）此多也。	新（親）此多也，審（密）此多【也】，顠（美）此多也。	6
29-30	爲宗族祈（瑟）彊（朋）友，不爲彊（朋）友祈（瑟）宗族。人又（有）六悳（德），厽（三）新（親）不創（斷）。	爲宗族祈（殺／失）彊（朋）友，不爲彊（朋）友祈（殺／失）宗族。人又（有）六悳（德），厽（三）新（親）不創（斷）。	135-136
36	行其戠（職），而岙訡繇（由）亡〈迮（作）〉也。君子言信言尔。	行其戠（職），而岙（訕）訡（誇）繇（由）亡〈迮（作）〉也。君子言信言尔。	132-134
40-41	是古（故）先王之教民也，不史（使）此民也憂其身。	是古（故）先王之教民也，不史（使）此民也惪（憂）其身。	5
42-43	可以虭（斷）岙。生民斯必又（有）夫婦、父子、君臣。君子明虐（乎）此六者，肰（然）句（後）可以虭（斷）岙。衍（道）不可◾也，能獸（守）弌（一）曲安（焉）。	可以虭（斷）岙（訕）。生民斯必又（有）夫婦、父子、君臣。君子明虐（乎）此六者，肰（然）句（後）可以虭（斷）岙（訕）。衍（道）不可◾也，能獸（守）弌（一）曲安（焉）。	132-134

《郭店・語叢一》

簡號	《十四種》釋文	修改後釋文	頁碼
13	又（有）勿（物）又（有）容，又（有）◾又（有）名。	又（有）勿（物）又（有）容，又（有）宊（家）又（有）名。	137-139
75	◾（者？）途◾不逮從一衍（道）。	◾（者？）途鞭不逮從一衍（道）。	139-141
96	悬（仁）悊（義）爲之◾。	悬（仁）悊（義）爲之橪。	141-143

《郭店・語叢二》

簡號	《十四種》釋文	修改後釋文	頁碼
7	慍（慍）生於憂。	慍（慍）生於慐（憂）。	5
19	迅（急）生於慾（欲），生於迅（急）。	迅（急）生於慾（欲），（竊）生於迅（急）。	143
30-31	憂生於慍（慍），慕（哀）生於憂。	慐（憂）生於慍（慍），慕（哀）生於慐（憂）。	5

《郭店・語叢三》

簡號	《十四種》釋文	修改後釋文	頁碼
3	以異於父，君臣不相才（戴）也。	以異於父，君臣不相才（讓）也。	143-144
13	習也，員（損）	習也，員（損）。自視（示）其所能，員（損）。	9
14	自視（示）其所不族（足），嗌（益）。遊自視（示）其所能，員（損）。	自視（示）其所不族（足），嗌（益）。遊	9
42	或瀙（由）其闢，或瀙（由）其	或瀙（由）其闢，或瀙（由）其不	9
43	不夆，或瀙（由）其可。	夆，或瀙（由）其可。	9
58	又（有）眚（性）又（有）生，虖（呼）生。又（有）	又（有）眚（性）又（有）生，虖（呼）生。又（有）遺（孽）	144-145

《郭店・語叢四》

簡號	《十四種》釋文	修改後釋文	頁碼
10	車之莖宥，不見江沽（湖）之水。佖（匹）婦禺（愚）夫。	車歠（轍）之莖宥，不見江沽（湖）之水。佖（匹）婦禺（愚）夫。	62
12	（早）與貯（賢）人，是胃（謂）行。貯（賢）人不才（在）貞（側），是胃（謂）迷惑。	蒲（早）與貯（賢）人，是胃（謂）蒲（明）行。貯（賢）人不才（在）貞（側），是胃（謂）迷惑。	145-147
26	彖（家）事乃又（有）賃（度），三賦（雄）一魤（雌），三錡一蓳。	彖（家）事乃又（有）賃（度），三賦（雄）一魤（雌），三錡（瓻）一蓳。	157-158

《望山》

簡號	《十四種》釋文	修改後釋文	頁碼
1.7	郢豹（豹）以相彖（家）☑	郢豹以相彖（家）☑	5-6

1.13	【郎】豹（豹）以窠（寶）豪（家）為悼固貞。	【郎】豹以窠（寶）豪（家）為悼固貞。	5-6
1.17	☑豹（豹）以保（寶）室為悼固貞。	☑豹以保（寶）室為悼固貞。24	5-6
1.24	又（有）敓（祟），以其古（故）祝之。	又（有）敓（祟），以其古（故）祝之。	6-7
1.29	☑悼固貞：出內（入）寺（侍）王，自習（荊）【夷】☑	☑悼固貞：出內（入）寺（侍）王，自習（荊）【夷】☑	5
1.49	☑恆貞吉，又（有）見祝（祟），以其古（故）敓（說）之☑	☑恆貞吉，又（有）見祝（祟），以其古（故）敓（說）之☑	6-7
1.50	又（有）見祝（祟），宜禱□☑	又（有）見祝（祟），宜禱□☑	6-7
1.54	☑吉，不死，又（有）祝（祟），以其古（故）敓（說）之。逃禱犬，賵（佩）玉一環。疾（后）土、司命，各一少（小）環。大水，賵（佩）玉一環。豹（豹）。	☑吉，不死，又（有）祝（祟），以其古（故）敓（說）之。逃禱犬，賵（佩）玉一環。疾（后）土、司命，各一少（小）環。大水，賵（佩）玉一環。豹（豹）。	6-7
1.61	☑無大咎，疾尿（遲）疟（瘥），又（有）祝（祟）。	☑無大咎，疾尿（遲）疟（瘥），又（有）祝（祟）。	6-7
1.63	畀豹之祝。	畀豹之祝。	6-7
1.81	又（有）祝（祟），以其古（故）敓（說）之。	又（有）祝（祟），以其古（故）敓（說）之。	6-7
1.88	☑痏以黃靈智之，同視。	☑痏以黃靈智之，同視。	6-7
1.96	☑□占之曰：吉。山川☑	☑卜（死）。占之曰：吉。山川☑	149-150
1.109	聖逗王、悼王，各備（佩）玉一環。東邭公，備（佩）玉一環。賽禱宮地宇（主），一豠。觀□☑	聖逗王、悼王，各備（佩）玉一環。東邭公，備（佩）玉一環。賽禱宮地宇（主），一豠。觀□☑	150
1.110	豕豕，酉（酒）飤（食）。	狂（豬）豕，酉（酒）飤（食）。	235-236
1.116	☑藏陵君，肥豕。	☑藏陵君，肥狂（豬）。	235-236
1.117	王之北子，各豕豕，酉（酒）飤（食）。	王之北子，各狂（豬）豕，酉（酒）飤（食）。	235-236
1.119	罷禱王孫皋，豕豕。	罷禱王孫皋，狂（豬）豕。	235-236
1.120	☑先老禋（童）、【祝】☑	☑【先】老禋（童）、【祝】☑	151
1.152	☑□疟（瘥）。	☑正疟（瘥）。	151
2.02	女轉（乘）一轉（乘）：龍. 齒. 翟輪。	女轉（乘）一轉（乘）：龍枓（收）。齒爰（轅）。	153-155
2.06	臬（衡）厄（軛），骨佼，釛（漆）敯（雕）革（勒），緄紳（靷），啄絲總，貔（狸）莫之豪，紫韋之. ，皆紃。紫黃之組。	臬（衡）厄（軛），骨佼，釛（漆）敯（雕）革（勒），緄紳（靷），啄絲總，貔（狸）莫之豪，紫韋之□，皆紃。紫黃之組。	18

2.11	八十。紫盍（蓋），軥、杠皆骰（雕）。又（有） ，鰭（赭）膚之純。 中，暥婁，紫☐	八十。紫盍（蓋），軥、杠皆骰（雕），枓（收），鰭（赭）膚之純，枸中。暥婁，紫☐	155-156
2.15	一 ，一 ，☐綏，紡屋，剴（絕）里，柱易馬，禺純，虎☐	一杬，一 ，☐綏，紡屋，剴（絕）里，柱易馬，禺純，虎☐	157-158
2.20	☐之笘（席），繪（錦）純。其 ☐	☐之笘（席），繪（錦）純。其迊☐	158-159
2.45	一牛櫺，一豕櫺，一羊櫺，一酞（尊）櫺，一大房，四皇俎，四皇豆，二旗，二科，一骰（雕）桱（桯），一房機（幾），二居杲，一有，號二十。	一牛櫺，一豕櫺，一羊櫺，一酞（尊）櫺，一大房，四皇俎，四皇豆，二旍（斿），二科，一骰（雕）桱（桯），一房机（几），二居杲，一有，號二十。	10
2.47	☐四金匕。二金勺。一☐。骰（雕）杯二十會（合）。一大羽翣。一大竹翣。一少（小）篓。一少（小）骰（雕）羽翣。四膚，皆虙（文）富。一機（幾）。一丹綖之因（茵），綠裏。一靁光之尻。二朆（瑟），皆秋（萩）衣。	☐四金匕。二金勺。一☐。骰（雕）杯二十會（合）。一大羽翣。一大竹翣。一少（小）篓。一少（小）骰（雕）羽翣。四膚，皆虙（文）富。一机（几）。一丹綖之因（茵），綠裏。一靁光之尻。二朆（瑟），皆秋（萩）衣。	10
2.60	☐縞裏，五凶之純，組綏。一 ☐	☐【縞】裏，五凶之純，組綏。一宋☐☐	159

《九店》

簡號	《十四種》釋文	修改後釋文	頁碼
56.01	☐【嘼一秳又五來，敔穪之】三檐（擔）。嘼二秳，敔穪之四檐（擔）。嘼二秳又五來，敔穪之五檐（擔）。嘼三秝，敔穪之六檐（擔）。嘼三☐	☐【嘼一秳又五枭，敔穪之】三檐（擔）。嘼二秳，敔穪之四檐（擔）。嘼二秳又五枭，敔穪之五檐（擔）。嘼三秝，敔穪之六檐（擔）。嘼三☐	161-162
56.03	嘼五秝又五來，敔穪之十檐（擔）一檐（擔）。	嘼五秝又五枭，敔穪之十檐（擔）一檐（擔）。	161-162
56.04	☐禾☐☐。方七，黍一，嘼五秝又六來，嘼四【檐（擔）。方审，笘一，嘼十】檐（擔）又三檐（擔）三赤二篃。方、产（鴈）首一，嘼二十檐（擔）。方☐	☐禾☐☐。方七，黍一，嘼五秝又六枭，嘼四【檐（擔）。方审，笘一，嘼十】檐（擔）又三檐（擔）三赤二篃。方、文（鴈）首一，嘼二十檐（擔）。方☐	164-165
56.05	☐三赤二篃。方三，产（鴈）首一，嘼☐☐檐（擔）☐☐☐	☐三赤二篃。方三，文（鴈）首一，嘼☐☐檐（擔）☐☐☐	164-165
56.07	☐嘼四十檐（擔）六檐（擔），梅三靭一篃☐	☐嘼四十檐（擔）六檐（擔），粧三靭一篃☐	165-166

56.08	☑□□□糒三酙一篅。方一☑	☑□□□粺三酙一篅。方一☑	165-166
56.09	☑□又四來。方四，檃一□☑	☑□又四朿。方四，檃一□☑	161-162
56.12	☑□三穄☑	☑□□穄☑	166
56.35	子、丑、寅、卯、辰、巳、午、未、申、栖（酉）、戌、亥，是胃（謂）羹日，利於酓（飲）飤（食）。	子、丑、寅、卯、辰、巳、午、未、申、栖（酉）、戌、亥，是胃（謂）光日，利於酓（飲）飤（食）。	167-169
56.43-44	「【皋】！敢告□綸之子武彊：『尔居遝（復）山之阺，不周之野，帝胃（謂）尔無事，命尔司兵死者。含（今）日某牀（將）欲飤（食），某敢以其妻□妻女（汝），【𡚱】肺芳糧以薀辜（犢）某於武彊之所：君向（饗）受某之𡚱肺芳糧，囟（使）某迷（來）歸飤（食）故□。』	【皋】！敢告桑綸之子武彊：『尔居遝（復）山之阺，不周之野，帝胃（謂）尔無事，命尔司兵死者。含（今）日某牀（將）欲飤（食），某敢以其妻二妻女（汝），【𡚱】肺芳糧以薀，辜（犢）某於武彊之所：君向（饗）受某之𡚱肺芳糧，囟（使）某迷（來）歸飤（食）故□。』	169-175
56.96	☑□生會（陰）殤（陽）允，生於丑即，生於寅衰，生於卯夬；貪（亡）於辰即，貪（亡）於巳衺，貪（亡）於午【夬】	「☑□生會（陰）膓（陽）夬，生於丑即，生於寅衰，生於卯夬；貪（亡）於辰即，貪（亡）於巳衰，貪（亡）於午【夬】	175-180
56.116	☑□□□□□□為日。		9
56.117		☑□□□□□□為日。	9
56.121	☑□言□☑		9
56.122	☑□□於□☑	☑□言□☑	9
56.123		☑□□於□☑	9
56.137	☑薀□☑		9
56.138		☑薀□☑	9
621.08	購字□□之司袋訊□□☑	購字□□之司袋訊□不☑	181
621.27	☑夫邦逃☑	☑夫𡥉逃☑	181-182
621.34	☑事事安□	☑事＝（事事）安𠜱（順）	182-183

《曾侯乙》

簡號	《十四種》釋文	修改後釋文	頁碼
12	🖾連鑣（鑣）東臣所馭政車：瘳輪（輪），革鞁☑	邘連鑣（鑣）東臣所馭政車：瘳輪（輪），革鞁☑	182-186
18	之繁，朧紳，朓首之霥，鞁轡鐼䐡。■中●罶令蠓所馭少輊：朧輪、齒輴，弼，鞅，珂䐡，畫㤟，歛靭，劃𣍘，紫箙。紫【魚之】	之繁，朧紳，朓首之霥，鞁轡鐼䐡。■中●罶令蠓所馭少輊（廣）：朧輪、齒輴，弼，鞅，珂䐡，畫𤕟，歛靭，劃𣍘，紫箙。紫【魚之】	186-187

25	虓韔，屯狐晶。二襴紫〔之〕☑	虓，屯狐晶。二襴紫【之】☑	8
42	車□紝吉●馭鄗君之一乘輊：黃金之斤。	車□紝吉●馭鄗君之一乘輊：黃金之斤。	186-187
62	黃遼●馭掔慶（卿）事（士）之阩車：弇屜，紫綳。韔，匌銅賠，繇韌。虎韔，□□之嬰。	黃遼●馭掔慶（卿）事（士）之阩車：弇屜，紫綳。韔，匌銅賠，繇韌。虎韔，虩□之嬰。	187-188
116	一[illegible][illegible]，三矢，劃箬（席），紫鞡。	一囩（圓）弝，三矢，劃箬（席），紫鞡。	188-190
126	中●嘼令𩊺馭少輊：一楚甲，吳組之滕。	中●嘼令𩊺馭少輊：一楚甲，吳組之滕。	186-187
142	莆之[illegible]爲左驂，慶（卿）事（士）之騮爲左驌（服），蔡齮之騍爲右驌（服），鄭君之騏爲右驂。外新官之駟馬。大旆。	莆之馬□爲左驂，慶（卿）事（士）之騮爲左驌（服），蔡齮之騍爲右驌（服），鄭君之騏爲右驂。外新官之駟馬。大旆。	190-191
154	行輊。	行輊。	186-187
155	行輊。	行輊。	186-187
156	行輊。	行輊。	186-187
157	行輊。	行輊。	186-187
158	行輊。	行輊。	186-187
167	乘輊。	乘輊。	186-187
169	少輊。	少輊。	186-187
197	鄗君之輊車，一黃駐左驌，一騽駐爲右驌。	鄗君之輊車，一黃駐左驌，一騽駐爲右驌。	186-187
204	■凡䡅車：輊車。	■凡䡅車：輊車。	186-187

《長臺關》1 號墓

簡號	《十四種》釋文	修改後釋文	頁碼
1-029	亞（惡），不智（知）其戝（敗）	□，□智（知）其戝（敗）	193-194
1-036	才（哉）。子[illegible]餌（聞）【於】	才（哉）。子是餌（聞）【於】	194-195
1- 041、1-089	□【宜節】身	□宜卽（節）身	195-196
1-045	毋□善	毋驗（儉）善	196-197
2- 08	□人之器：一鈔（縹）箬（席），羊綿之純。一房柗（几）。四厚奉之硜。二滄（沫）盤（盤）。一渋（浣）盤（盤）。一鉈（匜）。一飲（合）□	「□人之器：一鈔（縹）箬（席），羊綿之純。一房柗（几）。四厚奉之硜。二滄（沫）盤（盤）。一渋（浣）盤（盤）。一鉈（匜）。一飲（合）□	197-198

2-010	☐【之】【塱】（繝）。一☐☐☐，又（有）☐☐，其【璹】（佩）：一少（小）鐶，坙（徑）二【斧】（寸）。一☐☐☐長六斧（寸），泊（薄）組之【塱】（繝）。一青尻☐之琂（璧），坙（徑）四斧（寸）☐斧（寸），	☐【之】【塱】（繝）。一少☐☐，又（有）☐☐，其【璹】（佩）：一少（小）鐶，坙（徑）二【斧】（寸）。一☐☐☐夬長六斧（寸），泊（薄）組之【塱】（繝）。一青尻☐之琂（璧），坙（徑）四斧（寸）☐斧（寸），	198-199
2-015	專（博）一斧（寸）【少】斧（寸），厚鈌斧（寸）。一青緅綏（纓）組。一綅常（裳），餚（赭）膚之純，帛枈（攝）。一丹紌之衧，☐裹，【組】枈（攝），絵（錦）緣（縫）。七布帽。一絲裹。一紡君與絹，紫裹，組	專（博）一斧（寸）【少】斧（寸），厚鈌（一）斧（寸）。一青緅綏（纓）組。一綅常（裳），餚（赭）膚之純，帛枈（攝）。一丹紌之衧，☐裹，【組】枈（攝），絵（錦）緣（縫）。七布帽。一絲裹。一紡君（裙）與絹（冠），紫裹，組	199-202
2-021	鉉。一☐☐☐以絵（錦）。一食酓（醬）。一坪（瓶）某（梅）酓（醬）。一箹箕。一羃（帚）。一杋貴☐。一白。一纑（綌）紫之帘（帟）衭（茵），纑（綌）綠之裏。一絵（錦）伴（坐）衭（茵），纑（綌）	鉉。一☐☐☐以絵（錦）。一壐（壺）食酓（醬）。一坪（瓶）某（梅）牲（醬）。二箹箕。　羃（帚）一杋貴（戴）角。一白。一纑（綌）紫之帘（帟）衭（茵），纑（綌）綠之裏。一絵（錦）伴（坐）衭（茵），纑（綌）	202-204
2-028	☐☐。一受（文）【竹簽（笣）】。一】雨䩥（鞍）【綟】（履），紫韋之納，紛純，紛昬。	☐☐。一受（文）【竹簽（笣）】。一兩䩥（鞍）【綟】（履），紫韋之納，紛純，紛昬。	63-68

《葛陵》1號墓

簡號	《十四種》釋文	修改後釋文	頁碼
零 16	☐余鷺紉☐☐	☐余鷺紉☐絽☐	213
零 35	冒猶一豕。	冒猶一狂（豬）。	235-236
零 56	☐豕。☐	☐狂（豬）。☐	235-236
零 73	☐爲君貞☐	☐爲君【貞】☐	8
零 76	☐☐至東☐	☐朼至東☐	208-209
零 77、154	☐嫛（亥）之日☐☐	☐嫛（亥）之日，穌☐	211-212
零 109、105	☐之，丙昬（辰）之日，台息（以）君☐	☐之，丙昬（辰）之日，台（以）君☐	216-217
零 129	☐尙購之☐	☐☐高購之☐	226
零 174	☐各戠（特）牛，食（？）☐	☐各戠（特）牛，鈢☐	231
零 189	☐思坪夜君城（成）☐瘥速疽（瘥）☐	☐思坪夜君城（成）窒（憎）瘥速疽（瘥）☐	228-230

零 207	☒弨元龜、箸（筮）、義（犧）牲、珪璧唯☐☒	☒弨元黽（龜）、箸（筮）、義（犧）牲、珪璧唯☐☒	206-207
零 213、212	☒周墨習之以🔲龗☒	☒周墨習之以實（續）🔲☒	227
零 218	☒禱二豕。硅☒	☒禱二狂（豬）。硅☒	235-236
零 241	☒未與黽，同敓（祟）☒	☒未與黽（龜），同敓（祟）☒	206-207
零 245	☒君猷龜☒	☒君猷黽（龜）☒	206-207
零 283	☒龜、箸（筮）、義（犧）☒	☒黽（龜）、箸（筮）、義（犧）☒	206-207
零 273	☒禱一豕☒	☒禱一狂（豬）☒	235-236
零 294、482、乙四 129	黽尹【丹】☒	黽（龜）尹【丹】☒	206-207
零 297	☒珥元龜、箸（筮）☐☒	☒珥元黽（龜）、箸（筮）☐☒	206-207
零 310	禱四豕☒	禱四狂（豬）☒	235-236
零 316	☒禱一豕☒	☒禱一狂（豬）☒	235-236
零 317	蔓丘一豕	蔓丘一狂（豬）	235-236
零 338、零 24	其社襗（稷），芒社命蠱☒	其社襗（稷），芒社命發☒	230
零 339-1	☒豕。硅	☒狂（豬）。硅	235-236
零 349	禱一豕☒	禱一狂（豬）☒	235-236
零 352	☒於成🔲蒙☒	☒於成斗蒙☒	231
零 362	☒丘一豕，鄎（刉）☒	☒丘一狂（豬），鄎（刉）☒	235-236
零 398	☒日吉☒	☒又（有）吉☒	208
零 401	☒又（有）間心（？）	☒又（有）閖（間）心（？）	5
零 425	☒逨（來）☒	☒建☐☒	236
零 439	☒之，祝禱於☐晟（？）	☒之，祝禱於☐晳	207
零 510	☒豕。硅☒	☒狂（豬）。硅☒	235-236
零 528	☒☐一豕☒	☒☐一狂（豬）☒	235-236
零 561	☒之禱☒	☒之神☒	231-232
零 628	☒豕☒	☒狂（豬）☒	235-236
零 629	☒王傑☒	☒王備☒	231
零 652	☒可之簇（？）☐☒	☒可之簻☐☒	210
零 655	☒二豕☒	☒二狂（豬）☒	235-236
零 719	☒一豕☒	☒一狂（豬）☒	235-236
甲一 21	爲君貞，忻（祈）福於邵（昭）王、獻（獻）惠王、柬大王☒	☒☐箸爲君貞，忻（祈）福於邵（昭）王、獻（獻）惠王、柬（簡）大王☒	218

甲三 12	⧄占之曰：吉，義（宜）少（小）痄，以⧄	⧄【占之】曰：吉，義（宜）少（小）瘦（痄），以⧄	228
甲三 15、60	⧄隹（唯）滲（顫）栗忑（恐）瞿（懼），甬（用）受繇（繇）元龜、晉（巫）簪（筮）曰	⧄隹（唯）滲（顫）栗忑（恐）瞿（懼），甬（用）受繇（繇）元黽（龜）。晉（巫）簪（筮）曰	214-216
甲三 30	⧄□公城蔀（鄗）之戠（歲）亯月⧄	⧄□公城鄝之戠（歲）亯月⧄	212-213
甲三 78	⧄冡。⧄	⧄狌（豬）。⧄	235-236
甲三 82	⧄冡。⧄	⧄狌（豬）。⧄	235-236
甲三 85	⧄冡⧄	⧄狌（豬）⧄	235-236
甲三 90	⧄八十匿又三匿，又一[illegible]，約，鳶（雁）首⧄	⧄八十匿又三匿，又一刖，約，鳶（雁）首⧄	232-233
甲三 134、108	⧄甲戌[illegible]乙亥禱楚先與五山，庚午之夕內齋⧄	⧄甲戌興（釁），乙亥禱楚先與五山，庚午之夕內齋⧄	223-225
甲三 159-3、零 108	⧄夏栾之月乙⧄卯之日，彭	⧄夏栾之月乙卯之日，彭	216
甲三 179	中春竽我之里一冡⧄	中春竽我之里一狌（豬）。	235-236
甲三 180	禱一冡⧄	禱一狌（豬）⧄	235-236
甲三 192、199-1	盬（鹽）脂習之以[illegible]，占之：吉，不[illegible]（續）⧄	盬（鹽）脂習之以[illegible]，占之；吉，不[illegible]（續）⧄	226
甲三 195	⧄趣禱五山、祠禍（？）⧄	⧄趣禱五山、衦礻⧄	225-226
甲三 198、199-2	⧄念，且瘠不出，以又（有）痦，尚速出，毋爲憂。嘉占之曰：亙（恆）貞吉，少	⧄念，且瘠不出，以又（有）痦，尚速出，毋爲忢（憂）。嘉占之曰：亙（恆）貞吉，少	219
甲三 212、199-3	⧄疽（瘥）。以其古（故）敓（說）之。遯（迻）盬（鹽）脂之敓，饁（？）祭卲（昭）王大牢，脡（棧）鐘樂之。鄭⧄	⧄疽（瘥）。以其古（故）敓（說）之。遯（迻）盬（鹽）脂之敓（說），饁（禱／祓）、祭卲（昭）王大牢，脡（棧）鐘樂之。鄭⧄	219-222
甲三 208	「鄘（應）愴寅習之以大央，占之：【吉】，速又（有）問，無崇（祱）⧄	鄘（應）寅習之以大央，占之：【吉】，速又（有）問，無崇（祱）⧄	218
甲三 211	⧄受二匿，又二赤，又[illegible]，又約。	⧄受二匿，又二赤，又刖，又約。	232-233
甲三 232、95	⧄牆（將）速又（有）間，無咎無敓⧄	⧄牆（將）速又（有）閒（間），無咎無敓⧄	5
甲三 235-2	⧄占之：義（宜）速又（有）間，無咎無敓⧄	⧄占之：義（宜）速又（有）閒（間），無咎無敓⧄	5

甲三 249	禱一豙☐	禱一狴（豬）☐	235-236
甲三 251	四豙	四狴（豬）	235-236
甲三 254	☐……三赤，又🔲……☐	☐……三赤，又刖……☐	232-233
甲三 278	☐虘，䛑二豯（豭），禱二豙☐	☐虘，䛑二豯（豭），禱二狴（豬）☐	235-236
甲三 281	禱一豙☐	禱一狴（豬）☐	235-236
甲三 285	☐里二獵、三豙。其國（域）🔲三社，上☐	☐里二獵、三狴（豬）。其國（域）慐三社，上☐	235-236
甲三 292	☐鄾（衛）軒、馭吳（昃）受九臣，又🔲。晉☐	☐鄾（衛）軒、馭吳（昃）受九臣，又刖。晉☐	232-233
甲三 309	璨與一豙。	璨與一狴（豬）。	235-236
甲三 312	二豯（豭），禱一豙☐	二豯（豭），禱一狴（豬）☐	235-236
甲三 313	䛑（刉）於𤾩一豯（豭），禱一豙☐	䛑（刉）於𤾩一豯（豭），禱一狴（豬）☐	235-236
甲三 314	🔲憙（憙）之述（遂）䛑（刉）於下窣、下姑留二豯（豭），禱☐	玄憙（憙）之述（遂）䛑（刉）於下窣、下姑留二豯（豭），禱☐	234-235
甲三 315	黃宜日之述（遂）䛑（刉）於新邑、龍鄓☐	黃宜日之述（遂）䛑（刉）於新邑、𦎧（䃺）鄓☐	234
甲三 317	浮四社四豙	浮四社四狴（豬）	235-236
甲三 320	禱三豙。☐	禱三狴（豬）。☐	235-236
甲三 321	舟室一豙	舟室一狴（豬）	235-236
甲三 323	龗一豙。	龗一狴（豬）。	235-236
甲三 324	屈九之述（遂）䛑（刉）於毛生籏，二豯（豭）☐	屈九之述（遂）䛑（刉）於毛生圅，二豯（豭）☐	233-234
甲三 326-2	禱一豙☐	禱一狴（豬）☐	235-236
甲三 327-1	一豯（豭），禱一豙☐	一豯（豭），禱一狴（豬）☐	235-236
甲三 327-2	禱二豙☐	禱二狴（豬）☐	235-236
甲三 328	禱一豙☐	禱一狴（豬）☐	235-236
甲三 331	禱一豙☐	禱一狴（豬）☐	235-236
甲三 332	☐䛑（刉）安一豯（豭），禱一豙☐	☐䛑（刉）安一豯（豭），禱一狴（豬）☐	235-236
甲三 333	某一豙，䛑（刉）一☐	某一狴（豬），䛑（刉）一☐	235-236
甲三 334	闈（關）鄓三社三豙☐	闈（關）鄓三社三狴（豬）☐	235-236
甲三 338	塦一豙。	塦一狴（豬）。	235-236

甲三 340	☑禱一豕。	☑禱一豠（豬）。	235-236
甲三 346-1	禱一豕☑	禱一豠（豬）☑	235-236
甲三 346-2、384	禱二豕☑	禱二豠（豬）☑	235-236
甲三 351	角二社二豕☑	角二社二豠（豬）☑	235-236
甲三 352	☑豕。□☑	☑豠（豬）。□☑	235-236
甲三 355	莆迫一豕，剮（刉）於栗溪一豭（豵），禱一豕☑	莆迫一豠（豬），剮（刉）於栗溪一豭（豵），禱一豠（豬）☑	235-236
甲三 361、344-2、乙三 62	一豕。剮（刉）於郚戲組二豭，禱二豕。硅☑	一豠（豬）。剮（刉）於郚戲組二豭，禱二豠（豬）。硅☑	235-236
甲三 364	禱二豕☑	禱二豠（豬）☑	235-236
甲三 366	☑空一豕	☑空一豠（豬）	235-236
甲三 367	某丘一豕。	某丘一豠（豬）。	235-236
甲三 371	☑禱一豕☑	☑禱一豠（豬）☑	235-236
甲三 372	☑三社禱三豕	☑三社禱三豠（豬）	235-236
甲三 374、385	蕾生一豕	蕾牛一豠（豬）	235-236
甲三 375	見一豕。	見　豠（豬）。	235-236
甲三 378	茅丘一豕。	茅丘一豠（豬）。	235-236
甲三 382	☑豕，剮（刉）於☑	☑豠（豬），剮（刉）於☑	235-236
甲三 285	☑里二豭、三豕。	☑里二豭、三豠（豬）。	235-236
甲三 386	鄄一豕，剮（刉）☑	鄄一豠（豬），剮（刉）☑	235-236
甲三 387	☑寺二社二豕，剮（刉）於高寺一豭（豵），禱一豕☑	☑寺二社二豠（豬），剮（刉）於高寺一豭（豵），禱一豠（豬）☑	235-236
甲三 390	剮（刉）【於】經寺豭（豵），禱一豕☑	剮（刉）【於】經寺豭（豵），禱一豠（豬）☑	235-236
甲三 395	利牌一豕。	利牌一豠（豬）。	235-236
甲三 397	夫它一豕	夫它一豠（豬）	235-236
甲三 399	☑豕。☑	☑豠（豬）。☑	235-236
甲三 407	☑一豕☑	☑一豠（豬）☑	235-236
甲三 411、415	☑豕，剮（刉）於上蕾一豭（豵），禱☑	☑豠（豬），剮（刉）於上蕾一豭（豵），禱☑	235-236
甲三 417	☑豕。☑	☑豠（豬）。☑	235-236

乙一 21、33	☒王、吂（文）君。趄禱於獻（獻）惠王、吂（文）君各一備（佩）玉。辛未之日禱之☒	☒王、吂（文）君。趄禱於邵（昭）王、獻（獻）惠王、吂（文）君各一備（佩）玉。辛未之日禱之☒	222-223
乙二 15	☒一豕。☒	☒一狂（豬）。☒	235-236
乙三 7	☒彔（？）湝諸生以長箅為君貞，既☒	☒縶湝諸生以長箅為君貞，既☒	217
乙三 52	禱二豕☒	禱二狂（豬）☒	235-236
乙三 55	☒禱一豕☒	☒禱一狂（豬）☒	235-236
乙三 57	☒禱一豕☒	☒禱一狂（豬）☒	235-236
乙三 64	☒禱一豕☒	☒禱一狂（豬）☒	235-236
乙四 10	此果廷	杌果廷	208-209
乙四 92	☒堵父一豕。	☒堵父一狂（豬）。	235-236
乙四 102	☒之月丁睘（亥）之日，郱輓目（以）鄷（衛）韋（箅）為君宆（卒）散（歲）之貞。	☒之月丁睘（亥）之日，郱陳☒目（以）鄷（衛）韋（箅）為君宆（卒）散（歲）之貞	211
乙四 110、117	☒少达（遲），速從郢柒（來），公子見君王，尚忹（怡）懌，毋見☒	☒☒达（遲）速從郢柒（來），公子見君王，尚忹（怡）懌，毋見☒	205-206
乙四 134	☒☒擇之囝（牢）中，晉楘為畬相之敨（昭）告大☒	☒☒擇之囝（牢）中，晉楘為畬相之敨（昭）告大☒	210-211
乙四 135	☒豕。硅☒	☒狂（豬）。硅☒	235-236
乙四 137、甲三 360	禱三豕。	禱三狂（豬）。	235-236
乙四 138	社二豕☒	社二狂（豬）☒	235-236
乙四 141	☒東陵，黽尹丹以承國為☒	☒東陵，黽（龜）尹丹以承國為☒	206-207
乙四 142	☒豕。硅☒	☒狂（豬）。硅☒	235-236
乙四 153	☒豕☒	☒狂（豬）☒	235-236

《曹家崗》5 號墓

簡號	《十四種》釋文	修改後釋文	頁碼
1	鼥（葬）盨（器）：四鼎。一☐。	鼥（葬）盨（器）：四鼎。一移。	237-238
2	二樿☐。……一☐鄰（蔡）☐。	二樿鏥（瓠）。……一☐鄰（蔡）☐。	238

《五里牌》406 號墓

簡號	《十四種》釋文	修改後釋文	頁碼
9	弩弓二，皆又（有）□……又（有）☑	□二，皆又（有）□……又（有）☑	239
16 下	☑□。□三箄。☑	☑□。胖三箄。☑	239

《仰天湖》25 號墓

簡號	《十四種》釋文	修改後釋文	頁碼
9	☑擇韋之□，緆【縛】（縫）。　已。	☑擇韋之□，紅緆縛（縫）。　已。	240
10	☑□繯緅□□☑	☑之繗緅□□☑	240-241
22	一□□，又（有）縞緷（裏），繪（錦）純，又（有）□□笥笭。☑	一芋茊，又（有）縞緷（裏），繪（錦）純，又（有）□鋪笥笭。☑	241-242
34	一齒圖（梳），又（有）□□，又（有）芏糠（囊）	一齒庀（梳）齒，又（有）□□齒，又（有）芏糠（囊）	242-243
35	又（有）叓（文）竺（竹）拃（柄），骨交□於中。	又（有）叓（文）竺（竹）拃（柄），骨交□于巾。	7

參考書目

一、傳世古籍

1. 〔漢〕司馬遷：《史記》，北京：中華書局，1995 年。
2. 〔漢〕王逸章句，〔宋〕洪興祖補注：《楚辭補注》，臺北：藝文印書館，2000 年。
3. 〔魏〕張揖：《廣雅》，臺北：廣文出版社，1991 年，王念孫疏證。
4. 〔魏〕何晏：《論語集解》，臺北：藝文印書館，1966 年，皇侃義疏。
5. 〔南朝宋〕顧野王：《玉篇》，北京：中華書局，1987 年。
6. 〔宋〕陳彭年重修：《廣韻》，臺北：藝文印書館，1970 年。
7. 〔宋〕朱熹：《孟子集註》，臺北：藝文印書館，1969 年。
8. 〔宋〕朱熹著，朱傑人、嚴佐之、劉永翔主編：《朱子全書》，上海：上海古籍出版社；合肥：安徽教育出版社，2002 年。
9. 〔清〕王引之：《經義述聞》，南京：江蘇古籍出版社，2000 年。
10. 〔清〕朱彬：《禮記訓纂》，臺灣：中華書局，1968 年。
11. 〔清〕朱駿聲：《說文通訓定聲》，臺北：藝文印書館，1974 年。
12. 〔清〕阮元刻：《十三經注疏》，臺北：藝文印書館，1989 年。
13. 〔清〕段玉裁注：《說文解字注》，臺北：洪葉文化事業公司，1993 年。
14. 〔清〕郝懿行：《爾雅義疏》，上海：上海古籍出版社，1984 年。
15. 〔清〕孫詒讓：《周禮正義》，上海：上海古籍出版社，1996 年。
16. 〔清〕孫希旦：《禮記集解》，上海：上海古籍出版社，1996 年。

二、近人著作

二畫

丁原植

　　2000 年　　《郭店楚簡儒家佚籍四種釋析》，臺北：古籍出版社。

　　1998 年　　《郭店竹簡老子釋析與研究》，臺北：萬卷樓圖書有限公司。

于成龍

　　2004 年　　《楚禮新證──楚簡中的紀時、卜筮與祭禱》，北京：北京大學
　　　　　　　　博士學位論文。

三　畫

于省吾主編

　　1999 年　　《甲骨文字詁林》，北京：中華書局，重印。

于茀

　　2001 年　　〈郭店楚簡《緇衣》引詩補釋〉，《北方論叢》第 5 期，頁 46〜
　　　　　　　　48。

工藤元男

　　2008 年　　〈從九店楚簡《告武夷》篇看《日書》之成立〉，《簡帛》第 3
　　　　　　　　輯，北京：紫禁城出版社，頁 51〜52。

四　畫

王國維

　　1961 年　　《觀堂集林》，北京：中華書局，三刷。

王輝

　　2008 年　　《古文字通假字典》，北京：中華書局。

　　2000 年　　〈郭店楚簡零釋三則〉，《中國文字》新廿六期（臺北：藝文印
　　　　　　　　書館，頁 155〜160。

王志平

　　2008 年　　〈「戴」字釋疑〉，《簡帛》第三輯，上海：上海古籍出版社，頁
　　　　　　　　10〜14。

尹振環

　　2001 年　　《楚簡老子辨析──楚簡與帛書《老子》的比較研究》，北京：
　　　　　　　　中華書局。

中國社會科學院考古研究所編

　　1989 年　　《曾侯乙墓》，北京：文物出版社。

中國社會科學院考古研究所編

　　1984 年　　《殷周金文集成》，北京：中華書局。

孔仲溫

　　2000 年　　〈郭店楚簡緇衣字詞補釋〉，《古文字研究》第 22 輯，北京：中華書局，頁 243～250。

方稚松

　　2009 年　　〈甲骨文字考釋四則〉，「復旦網」2009 年 5 月 1 日，http://www.gwz.fudan.edu.cn/srcshow.asp?src_id=778。

五　畫

白於藍

　　2008 年　　《簡牘帛書通假字字典》，福州：福建人民出版社。

　　2008 年　　〈《簡牘帛書通假字字典》部分按語的補充說明〉，《新果集：慶祝林澐先生七十華誕論文集》，北京：科學出版社，頁 632～642。

　　2006 年　　〈讀郭店簡瑣記（三篇）〉，《古文字研究》第 26 輯，北京：中華書局，頁 308～309。

　　2002 年　　〈《上海博物館藏戰國楚竹書（一）》釋注商榷〉，《華南師範大學學報》（社會科學版）第 5 期，頁 103。

　　2001 年　　〈郭店楚墓竹簡考釋（四篇）〉，《簡帛研究二○○一》，桂林：廣西師範大學出版社，頁 192～198。

　　2001 年　　〈郭店楚簡補釋〉，《江漢考古》第 2 期，頁 58。

　　2000 年　　〈郭店楚簡拾遺〉，《華南師範大學學報》（社會科學版）第 3 期，頁 88～91。

　　2000 年　　〈郭店楚簡《老子》「盂」、「賽」、「坒」校釋〉，《古籍整理研究學刊》第 2 期，頁 58～61。

　　1999 年　　〈《包山楚簡文字編》校訂〉，《中國文字》新廿五期（臺北：藝文印書館，頁 181～201。

　　1999 年　　〈《郭店楚墓竹簡》〉，《吉林大學社會科學學報》第 2 期，頁 90～92。

　　1998 年　　〈包山楚簡考釋（三則）〉，《吉林大學古籍整理研究所建所十五周年紀念文集》，長春：吉林大學出版社，頁 68～74。

　　1996 年　　〈包山楚簡零拾〉，《簡帛研究》第二輯，北京：法律出版社，

頁 35～47。

朱傑人、嚴佐之、劉永翔主編

2002 年　　《朱子全書・朱子語類》，上海：上海古籍出版社；合肥：安徽教育出版社。

朱漢民、陳松長主編

2010 年　　《嶽麓書院藏秦簡・壹》，上海：上海辭書出版社。

丘光明

1992 年　　《中國歷代度量衡考》，北京：科學出版社。

史樹青

1955 年　　《長沙仰天湖出土楚簡研究》，上海：群聯出版社。

史傑鵬

2010 年　　〈由郭店《老子》的幾條簡文談幽、物相通現象暨相關問題〉，武漢大學「簡帛網」2010 年 4 月 19 日，http://www.bsm.org.cn/show_article.php?id=1245。

2009 年　　〈釋郭店老子簡的「勃」字〉，武漢大學「簡帛網」2009 年 5 月 14 日，http://www.bsm.org.cn/show_article.php?id=1052。

田河

2007 年　　《出土戰國遣冊所記名物分類匯釋》，長春：吉林大學博士論文。

古敬恒

2010 年　　〈望山楚簡文字考釋三則〉，《中國文字研究》第二輯，南寧：廣西教育出版社，頁 172。

2001 年　　〈楚簡遣策車類字詞考釋〉，《徐州師範大學學報》（哲學社會科學版）第 27 卷第 2 期，頁 45～48。

七　畫

宋華強

2011 年　　〈清華簡《金縢》校讀〉，武漢大學「簡帛網」2011 年 1 月 8 日，http://www.bsm.org.cn/show_article.php?id=1370#_ednref29。

2011 年　　〈釋曾侯乙墓竹簡的「弩」〉，武漢大學「簡帛網」1 月 7 日，http://www.bsm.org.cn/show_article.php?id=1367。

2010 年　　《新蔡葛陵楚簡初探》，武漢：武漢大學出版社。

2009 年　　〈《君人者何必安哉》「州徒之樂」試解〉，武漢大學「簡帛網」2009 年 6 月 16 日，

http://www.bsm.org.cn/show_article.php?id=1088。

2006 年　〈楚簡中從「黽」從「甘」之字新考〉，武漢大學「簡帛網」2006
年 12 月 30 日，
http://www.bsm.org.cn/show_article.php?id=494。

2006 年　〈新蔡簡與「速」義近之字及楚簡中相關諸字新考〉，武漢大學
「簡帛網」2006 年 7 月 31 日，
http://www.bsm.org.cn/show_article.php?id=389。

何琳儀

2007 年　《戰國古文字典——戰國文字聲系》，北京：中華書局，三刷。

2007 年　〈第二批滬簡選釋〉，《新出楚簡文字考》，合肥：安徽大學出版
社，頁 155～168。

2007 年　〈新蔡楚簡選釋〉，《新出楚簡文字考》，合肥：安徽大學出版社，
頁 208～232。

2003 年　《戰國文字通論（訂補）》，南京：江蘇教育出版社。

1993 年　〈包山竹簡選釋〉，《江漢考古》第 4 期，頁 62。

何有祖

2007 年　〈楚簡散札六則〉，武漢大學「簡帛網」2007 年 7 月 21 日，
http://www.bsm.org.cn/show_article.php?id=646。

2007 年　〈讀《上博六》札記〉，武漢大學「簡帛網」2007 年 7 月 9 日，
http://www.bsm.org.cn/show_article.php?id=596。

2006 年　〈曾家崗楚竹書補釋二則〉，武漢大學「簡帛網」2006 年 2 月
16 日，http://www.bsm.org.cn/show_article.php?id=192。

李學勤

2002 年　〈釋楚度量衡中的「半」〉，《中國錢幣論文集》第四輯，北京：
中國金融出版社，頁 63～64。

2001 年　〈郭店竹簡選釋〉，《簡帛研究二○○一》，桂林：廣西師範大學
出版社，頁 159～167。

2000 年　〈試說郭店簡《成之聞之》兩章〉，《煙台大學學報》（哲學社會
科學版）第 13 卷第 4 期，頁 459～460。

1999 年　李學勤：〈論上海博物館的一支〈緇衣〉簡〉，《齊魯學刊》第
2 期，頁 28～29。

李零

2011 年　〈古文字筆記：禺與竊〉，《《清華大學藏戰國竹簡（壹）》國際學
術研討會會議論文集》，北京：清華大學出土文獻研究與保護

中心，2011 年 6 月，頁 175～177。

2007 年　《郭店楚簡校讀記〔增訂本〕》，北京：中國人民大學出版社。

2002 年　〈長台關楚簡《申徒狄》研究〉，《揖芬集——張政烺先生九十華誕紀念文集》，北京：社會科學文獻出版社，頁 315～316。

1999 年　〈讀《楚系簡帛文字編》〉，《出土文獻研究》第 5 輯，頁 141～142。

1999 年　〈讀九店楚簡〉，《考古學報》第 2 期，頁 141～149。

1997 年　〈古文字雜識（二則）〉，《第三屆國際中國古文字學研討會論文集》，香港：香港中文大學，頁 759。

李守奎、曲冰、孫偉龍編

2007 年　《上海博物館藏戰國楚竹書（一～五）》，北京：作家出版社。

李守奎

2010　　〈包山楚簡 120～123 號簡補釋〉，《出土文獻與傳世典籍的詮釋——紀念譚樸森先生逝世兩週年國際學術研討會論文集》，上海：上海古籍出版社。

2009 年　〈包山楚簡 120——123 號簡補釋〉，「復旦網」2009 年 8 月 1 日，http://www.gwz.fudan.edu.cn/SrcShow.asp?Src_ID=861。

2008 年　〈楚文字考釋獻疑〉，《古文字學論稿》，合肥：安徽大學出版社，頁 344～353。

2003 年　《楚文字編》，上海：華東師範大學出版社。

2000 年　〈出土簡策中的「軒」和「圓軒」考〉，《古文字研究》第 22 輯，北京：中華書局，頁 195～199。

1997 年　〈江陵九店 56 號墓竹簡考釋四則〉，《江漢考古》第 4 期，頁 67～69。

李天虹

2007 年　〈釋《唐虞之道》中的「均」〉，《楚地簡帛思想研究（三）》，武漢：湖北教育出版社，頁 478～480。

2003 年　〈新蔡楚簡補釋四則〉，「簡帛研究網」2003 年 12 月 17 日，http://www.jianbo.org/admin3/html/litianhong02.htm。

2002 年　《郭店竹簡《性自命出》研究》，武漢：湖北教育出版社。

2000 年　〈郭店楚簡文字雜識〉，《郭店楚簡國際學術研討會論文集》，武漢：湖北人民出版社，頁 94～99。

李家浩

2010 年　〈楚簡所記楚人祖先「**姎**（鬻）熊」與「穴熊」爲一人說——

兼説上古音幽部與微、文二部音轉〉,《文史》第 3 輯,頁 5～44。

2003 年　〈九店楚簡「告武夷」研究〉,《第一屆簡帛學術研討會論文集》,臺北:中國文化大學,頁 324～325。

2002 年　《著名中年語言學家自選集——李家浩卷》,合肥:安徽教育出版社。

1999 年　〈楚墓竹簡中的「昆」字及从「昆」之字〉,《中國文字》新廿五期,臺北:藝文印書館,頁 141。

1995 年　〈包山楚簡中的旌旆及其他〉,《第二屆國際中國古文字學研討會論文集(續編)》,香港:香港中文大學中國語言及文學系,頁 375～392。

1986 年　〈關於郢陵君銅器銘文的幾點意見〉,《江漢考古》第 4 期,頁58。

1979 年　〈釋「弁」〉,《古文字研究》第 1 輯,北京:中華書局,頁 392。

李家浩、楊澤生

2009 年　〈談上博竹書《鬼神之明》中的「送盂公」〉,《簡帛》第四輯,上海:上海古籍出版社,頁 177～185。

李孝定編

1970 年　《甲骨文字集釋》,臺北:中央研究院歷史語言研究所。

李銳

2011 年　〈《武王踐阼》研讀〉,《簡帛研究》2011 年 3 月 9 日,http://www.jianbo.org/admin3/2008/lirui005.htm。

2009 年　〈郭店楚墓竹簡續釋〉,《中國文字》新卅四期,臺北:藝文出版社。

2003 年　〈郭店楚墓竹簡補釋〉,《華學》第六輯,北京:紫禁城出版社,頁 86～93。

余培林

2004 年　《新譯老子讀本》,臺北:三民書局。

宋華強

2007 年　《新蔡楚簡的初步研究》,北京:北京大學博士論文。

沈培

2007 年　〈從戰國簡看古人占卜的「蔽志」——兼論「移祟」說〉,《古代字與古代史》第一輯,臺北:中央研究院歷史語言研究所,頁 391～434。

2007 年　〈試釋戰國時代从「之」从「首（或从『頁』）」之字〉，「復旦網」2007 年 7 月 17 日，http://www.bsm.org.cn/show_article.php?id=630。

吳良寶

2006 年　〈平肩空首布（卬）字考〉，《中國錢幣》第 2 期，頁 9～10。

吳筱文

2010 年　〈《郭店·五行》簡 46「泉」字考釋〉，「復旦網」2010 年 7 月 23 日，http://www.gwz.fudan.edu.cn/SrcShow.asp?Src_ID=1225。

八　畫

林清源師

2011 年　〈上博（七）《鄭子家喪》文本問題檢討〉，《第三屆古文字與古代史國際學術研討會論文集（會議用）》，台北：中央研究院歷史語言研究所，頁 279～298。

2010 年　〈「敬」、「敂」考辨——釋「𢼸」及其相關諸字〉，《漢學研究》第 28 卷第 1 期，頁 1～34。

2002 年　〈釋「參」〉，《古文字研究》第 24 輯，北京：中華書局，頁 286～290。

1997 年　《楚國文字構形演變研究》，台中：東海大學中文研究所博士論文。

1992 年　〈從「造」字看春秋戰國文字異形現象〉，《第三屆國際中國古文字學研討會論文集》，台北：輔仁大學出版社，頁 287。

林澐

2004 年　〈究竟是「翦伐」還是「撲伐」〉，《古文字研究》第 25 輯，北京：中華書局，頁 115～118。

林素清

2004 年　〈郭店·上博〈緇衣〉簡之比較——兼論戰國文字的國別問題〉，《新出土文獻與古代文明研究》，上海：上海大學出版社，頁 83～96。

2000 年　〈郭店竹簡《語叢四》箋釋〉，《郭店楚簡國際學術研討會論文集》，武漢：湖北人民出版社，頁 389～397。

林志鵬

2007 年　〈釋戰國楚簡中的「曷」字——兼論《緇衣》「民有格心」句異文〉，武漢大學「簡帛網」2007 年 1 月 30 日，http://www.bsm.org.cn/show_article.php?id=513。

季旭昇師

2009 年 〈從戰國文字中的「坐」字談詩經中「之」字誤爲「止」字的現象〉，「復旦網」2009 年 3 月 21 日，
http://www.gwz.fudan.edu.cn/SrcShow.asp?Src_ID=731。

2009 年 〈也談《容成氏》簡 39 的「德惠而不失」〉，「復旦網」2009 年 1 月 26 日，http://www.guwenzi.com/srcshow.asp?src_id=681。

2008 年 《說文新證》，下冊，臺北：藝文印書館。

2006 年 〈說「豐」、「要」〉，《古文字研究》第 26 輯，北京：中華書局，頁 485～487。

2005 年 〈《上博四‧柬大王泊旱》三題〉，「簡帛研究網」2005 年 2 月 12 日，http://www.jianbo.org/admin3/2005/jixusheng001.htm。

2002 年 《說文新證》，上冊，臺北：藝文印書館。

1998 年 〈讀郭店楚簡札記：「卞」、「絕爲棄作」、「民復季子」〉，《中國文字》新廿四期，臺北：藝文印書館，頁 129～134。

宗福邦、陳世鐃、蕭海波主編

2003 年 《故訓匯纂》，北京：商務印書館。

河南省文物考古研究所

2003 年 《新蔡葛陵楚墓》，鄭州：大象出版社。

周法高等編

1975 年 《金文詁林》，香港：香港中文大學。

邴尚白

2007 年 《葛陵楚簡研究》，臺北：台灣大學博士論文。

房振三

2003 年 《信陽楚簡文字研究》，合肥：安徽大學碩士論文。

孟蓬生

2011 年 〈《楚居》所見楚王「宵囂」之名音釋〉，《復旦網》2011 年 5 月 21 日，http://www.gwz.fudan.edu.cn/SrcShow.asp?Src_ID=1503。

2010 年 〈「出言又（有）丨，利（黎）民所丨（从言）」音釋——談魚通轉例說之四〉，武漢大學「簡帛網」2010 年 9 月 10 日，http://www.bsm.org.cn/show_article.php?id=1296。

2010 年 〈郭店楚簡《緇衣》中與「表」字相當的字〉，《古文字研究》第 28 輯，北京：中華書局，頁 419～425。

2007 年 〈「瞻」字異構補釋〉，武漢大學「簡帛網」2007 年 8 月 6 日，

　　　　　　http://www.bsm.org.cn/show_article.php?id=687。

2004 年　〈釋「來」〉,《古文字研究》第 25 輯,北京:中華書局,頁 267
　　　　　~272。

2002 年　〈上博簡〈緇衣〉三解〉,《上博館藏戰國楚竹書研究》,上海:
　　　　　上海古籍出版社,頁 443。

周波

2008 年　〈「侮」字歸部及其相關問題考論〉,「復旦網」2008 年 12 月 23
　　　　　日,http://www.gwz.fudan.edu.cn/SrcShow.asp?Src_ID=572。

周鳳五

2002 年　〈上博《性情論》小箋〉,《齊魯學刊》第 4 期,頁 13~16。

2001 年　〈九店楚簡〈告武夷〉重探〉,《中央研究院歷史語言研究所集
　　　　　刊》第 72 本第 4 分,頁 941~959。

1999 年　〈郭店楚簡識字札記〉,《張以仁先生七秩壽慶論文集》,臺北:
　　　　　學生書局,頁 351~359。

1999 年　〈郭店楚墓竹簡《唐虞之道》新釋〉,《中央研究院歷史語言研
　　　　　究所集刊》,臺北:中央研究院,頁 741~747。

1999 年　〈讀郭店竹簡《成之聞之》札記〉,《古文字與古文獻》試刊號,
　　　　　臺北:楚文化研究會,頁 42~49。

1998 年　〈郭店楚簡《忠信之道》考釋〉,《中國文字》新廿四期,臺北:
　　　　　藝文印書館,頁 121~128。

東山鐸

2008 年　〈《忠信之道》「愚」字補釋〉,「復旦網」2008 年 3 月 7 日,
　　　　　http://www.gwz.fudan.edu.cn/SrcShow.asp?Src_ID=368。

九　畫

范常喜

2009 年　〈九店簡《告武夷》補議〉,武漢大學「簡帛網」2009 年 9 月
　　　　　26 日,http://www.bsm.org.cn/show_article.php?id=1147。

2006 年　〈簡帛《周易‧夬卦》「喪」字補說〉,《周易研究》第 4 期,頁
　　　　　39~42。

2006 年　〈《郭店楚墓竹簡》中兩個省聲字小考〉,武漢大學「簡帛網」
　　　　　2006 年 8 月 1 日,
　　　　　http://www.bsm.org.cn/show_article.php?id=390。

胡楚生師

2001 年　《老莊研究》，臺北：學生書局，二刷。

胡平生

2009 年　〈楚簡研究的新成果——讀《楚地出土戰國簡冊〔十四種〕》〉，武漢大學「簡帛網」2009 年 12 月 12 日，http://www.bsm.org.cn/show_article.php?id=1192。

故宮博物院編

1994 年　《古璽匯編》，北京：文物出版社，二刷。

姜彬主編

1992 年　《吳越民間信仰民俗》，上海：上海文藝出版社。

十畫

晏昌貴

2010 年　《巫鬼與淫祀——楚簡所見方術宗教考》，武漢：武漢大學出版社。

2007 年　〈新蔡葛陵楚簡「上迵取禀」略說〉，《楚地簡帛思想研究（二）》，武漢：湖北教育出版社，頁 564～579。

馬承源主編

2008 年　《上海博物館藏戰國楚竹書（七）》，上海：上海古籍出版社。

2007 年　《上海博物館藏戰國楚竹書（六）》，上海：上海古籍出版社。

2005 年　《上海博物館藏戰國楚竹書（五）》，上海：上海古籍出版社。

2004 年　《上海博物館藏戰國楚竹書（四）》，上海：上海古籍出版社。

2002 年　《上海博物館藏戰國楚竹書（二）》，上海：上海古籍出版社。

徐在國

2007 年　〈郭店簡考釋二則〉，《新出楚簡文字考》，合肥：安徽大學出版社，頁 72～75。

2007 年　〈新蔡葛陵楚簡札記〉，《新出楚簡文字考》，合肥：安徽大學出版社，頁 247～253。

2006 年　《傳抄古文字編》，北京：線裝書局。

2005 年　〈說「聑」及其相關字〉，「簡帛研究網」2005 年 3 月 1 日，http://www.jianbo.org/admin3/2005/xuzaiguo001.htm。

2003 年　〈新蔡葛陵楚簡箚記〉，「簡帛研究網」2003 年 12 月 7 日，http://www.jianbo.org/admin3/list.asp?id=1062。

2003 年　〈上博竹書（二）文字雜考〉，《學術界》第 1 期，頁 98～103。

2001 年　　〈郭店楚簡文字三考〉，《簡帛研究二○○一》，桂林：廣西師範大學出版社，頁 177～185。

徐中舒編

1998 年　　《甲骨文字典》，成都：四川辭書出版社。

徐寶貴

2007 年　　〈以「它」「也」爲偏旁文字的分化〉，《文史》第 3 輯，頁 227～256。

涂宗流、劉祖信

2001 年　　《郭店楚簡先秦儒家佚書校釋》，臺北：萬卷樓圖書有限公司。

荊門市博物館編

1998 年　　《郭店楚墓竹簡》，北京：文物出版社。

高亨

1997 年　　《古字通假會典》，濟南：齊魯書社。

高佑仁

2010 年　　〈《莊王既成》「航」字構形考察——兼談戰國文字「蔡」、「尨」、「兀」的字形差異〉，武漢大學「簡帛網」2010 年 7 月 12 日，http://www.bsm.org.cn/show_article.php?id=1273。

2009 年　　〈郭店〈成之聞之〉簡補釋四則〉，《第二十屆中國文字學國際學術研討會論文集》，高雄：國立中山大學中文系、中國文字學會，頁 127～148。

2006 年　　〈《曹沫之陣》「早」字考釋——從楚系「屮」形的一種特殊寫法談起〉，《簡帛》第一輯，上海：上海古籍出版社，頁 177～185。

2006 年　　〈談《競建內之》兩處與「害」有關的字〉，武漢大學「簡帛網」2006 年 6 月 13 日，http://www.bsm.org.cn/show_article.php?id=362。

高明

1998 年　　〈讀《郭店》老子〉，《中國文物報》，1998 年 10 月 28 日三版。

高智

1996 年　　〈《包山楚簡》考釋十四則〉，《于省吾教授誕辰百年紀念文集》，長春：吉林大學出版社，頁 183～185。

孫偉龍

2009 年　　《《上海博物館藏戰國楚竹書》文字羨符研究》，長春：吉林大

學博士論文。

孫飛燕

2008 年 〈「害」字小議〉,武漢大學「簡帛網」2008 年 4 月 22 日,
http://www.bsm.org.cn/show_article.php?id=821。

2007 年 〈讀《尊德義》箚記一則〉,武漢大學「簡帛網」2007 年 11 月
27 日,http://www.bsm.org.cn/show_article.php?id=753。

袁金平

2007 年 《新蔡葛陵楚簡字詞研究》,合肥:安徽大學博士論文。

袁國華

2003 年 〈望山楚墓卜筮祭禱簡文字考釋四則〉,《中央研究院歷史語言
研究所集刊》第七十四本,第二分,頁 307～324。

2003 年 〈郭店楚墓竹簡從「匕」諸字及相關詞語考釋〉,《中央研究院
歷史語言研究所集刊》,第 74 本,第 1 分,頁 17～33。

2002 年 〈《望山楚簡》考釋三則〉,《古文字研究》第 24 輯,北京:中
華書局,頁 371～372。

1999 年 〈郭店竹簡「邲」(邵)、「其」、「卡」(下) 諸字考釋〉,《中國文
字》新廿五期,臺北:藝文印書館,頁 162～164。

1998 年 〈郭店楚簡文字考釋十一則〉,《中國文字》新廿四期,臺北:
藝文出版社,頁 143～145。

1993 年 〈「包山楚簡」文字考釋〉,《第二屆國際中國古文字學研討會論
文集》,香港:香港中文大學中國語言及文學系,頁 425～444。

孫開泰

2001 年 〈《郭店楚墓竹簡・五行》篇校釋〉,《簡帛研究二○○一》,桂林:
廣西師範大學出版社,頁 137～148。

唐有波

2000 年 〈大市量淺議〉,《古文字研究》第 22 輯,北京:中華書局,頁
129～132。

晁福林

2002 年 〈九店楚墓補釋──小議戰國時期楚國田畝制度〉,《中原文物》
第 5 期,頁 51～54。

夏德安

1998 年 〈戰國時代兵死者的禱辭〉,《簡帛研究譯叢》第二輯,頁 30～
42。

十一畫

陳偉

2010 年　《新出楚簡研讀》，武漢：武漢大學出版社。

2009 年　《楚地出土戰國簡冊〔十四種〕》，北京：經濟科學出版社。

2009 年　〈也說葛陵楚簡中的「以起」〉，武漢大學「簡帛網」2009 年 5 月 29 日，http://www.bsm.org.cn/show_article.php?id=1049。

2006 年　〈上博五《三德》初讀〉，武漢大學「簡帛網」2006 年 2 月 19 日，http://www.bsm.org.cn/show_article.php?id=201。

2002 年　《郭店竹書別釋》，武漢：湖北教育出版社。

1999 年　〈郭店楚簡《六德》諸篇零釋〉，《武漢大學學報》（哲學社會科學版）第 5 期，頁 29～33。

1998 年　〈九店楚日書校讀及其相關問題〉，《人文論叢》，湖北：武漢大學出版社，頁 155。

1997 年　〈新發表楚簡資料所見的紀時制度〉，《第三屆國際中國古文文字學研討會論文集》，香港：香港中文大學，頁 606。

1996 年　《包山楚簡初探》，武漢：武漢大學出版社。

1994 年　〈包山楚司法簡 131-139 號考析〉，《江漢考古》第 4 期，頁 66～71。

陳偉武

2000 年　〈郭店楚簡識小錄〉，《華學》第四輯，北京：紫禁城出版社，頁 76～78。

陳劍

2010 年　〈試說戰國文字中寫法特殊的「允」和从「允」諸字〉，《出土文獻與古文字研究（第三輯）》，上海：復旦大學出版社，頁 152～182。

2008 年　〈釋《忠信之道》的「配」字〉，「復旦網」2008 年 2 月 20 日，http://www.gwz.fudan.edu.cn/SrcShow.asp?Src_ID=343。

2007 年　《甲骨金文考釋論集》，北京：線裝書局。

2007 年　〈郭店簡《尊德義》和《成之聞之》的簡背數字與其簡序關係的考察〉，《簡帛》第二輯，上海：上海古籍出版社，頁 209～226。

2007 年　〈讀《上博（六）》短札五則〉，武漢大學「簡帛網」2007 年 7 月 20 日，http://www.bsm.org.cn/show_article.php?id=643。

2006 年　〈上博竹書《周易》異文選釋（六則）〉，《文史》第 4 輯，頁 6

～11。

2006 年　〈也談《競建內之》簡 7 的所謂「害」字〉，武漢大學「簡帛網」
　　　　　2006 年 6 月 16 日，
　　　　　http://www.bsm.org.cn/show_article.php?id=365。

2005 年　〈釋上博竹書《昭王毀室》的「幸」字〉，武漢大學「簡帛網」
　　　　　2005 年 12 月 16 日，
　　　　　http://www.bsm.org.cn/show_article.php?id=134。

2003 年　〈郭店簡補釋三篇〉，《古墓新知——紀念郭店楚簡出土十周年
　　　　　論文專輯》，香港：香港國際炎黃文化出版社，頁 114～131。

陳復華、何九盈

1987 年　《古韻通曉》，北京：中國社會科學出版社。

陳靖欣

2005 年　《郭店楚簡·教《成之聞之》文字研究》，臺北：臺灣師範大學
　　　　　在職進修碩士論文。

陳斯鵬

2010 年　〈楚系簡帛中的「由」〉，《中山大學學報》（社會科學版）第 6
　　　　　期，頁 60～61。

2008 年　〈楚簡中的一字形表多詞現象〉，《出土文獻與古文字研究》第
　　　　　二輯，上海：復旦大學出版社，頁 195～239。

2008 年　〈楚簡「史」、「弁」續辨〉，《古文字研究》第 27 輯，北京：中
　　　　　華書局，頁 400～406。

2002 年　〈郭店楚簡解讀四則〉，《古文字研究》第 24 輯，北京：中華書
　　　　　局，頁 409～412。

2000 年　〈郭店楚墓竹簡考釋補正〉，《華學》第四輯，北京：紫禁城出
　　　　　版社，頁 78～81。

1999 年　〈讀郭店楚墓竹簡札記（10 則）〉，《中山大學學報論叢》第 6 期，
　　　　　頁 144～148。

陳秉新

2003 年　〈上海博物館藏戰國楚竹書（一）補釋〉，《東南文化》第 9 期，
　　　　　頁 80。

陳昭容

2003 年　《秦系文字研究：從漢字史的角度考察》，臺北：中研院史語所。

1997 年　〈釋古文字中的「𡘇」及从「𡘇」諸字〉，《中國文字》新廿二期，
　　　　　臺北：藝文印書館，頁 121～150。

陳松長

　　1997 年　　〈九店楚簡釋讀札記〉,《第三屆國際中國古文字學研討會論文
　　　　　　　　集》,香港:香港中文大學,頁 545～554。

清華大學出土文獻研究與保護中心編,李學勤主編

　　2010 年　　《清華大學藏戰國竹簡（壹）》,上海:中西書局。

許學仁

　　2002 年　　〈戰國楚簡文字研究的幾個問題——試讀戰國楚簡〈語叢四〉
　　　　　　　　所錄〈莊子〉語暨漢墓出土〈莊子〉殘簡瑣記〉,《古文字研究》
　　　　　　　　第 23 輯,北京:中華書局,頁 121～137。

許文獻

　　2001 年　　〈郭店楚簡「𤡔」字形構新釋〉,《中國文字》新廿七輯,臺北:
　　　　　　　　藝文印書館,頁 171～175。

許抗生

　　1999 年　　〈初讀郭店竹簡《老子》〉,《中國哲學》第二十輯,沈陽:遼寧
　　　　　　　　教育出版社,頁 102。

張新俊、張勝波

　　2008 年　　《新蔡葛陵楚墓竹簡文字編》,成都:巴蜀書局。

張新俊

　　2009 年　　〈「人以君王為所以囂」別釋〉,「復旦網」2009 年 1 月 8 日,
　　　　　　　　http://www.guwenzi.com/SrcShow.asp?Src_ID=640。

　　2005 年　　《上博楚簡文字研究》,長春:吉林大學博士論文。

張儒、劉毓慶

　　2002 年　　《漢字通用素研究》,太原:山西古籍出版社。

張光裕主編,袁國華合編

　　1999 年　　《郭店楚簡研究・第一卷文字編》,臺北:藝文印書館。

張光裕、袁國華

　　1993 年　　〈讀包山楚簡劄迻〉,《中國文字》新十七期,臺北:藝文印書
　　　　　　　　館,頁 301～306。

張光裕、滕壬生、黃錫全主編

　　1997 年　　《曾侯乙墓竹簡文字編》,臺北:藝文印書館。

張鶴泉

　　1993 年　　《周代祭祀研究》,臺北:文津出版社。

張富海

2002 年　《郭店楚簡《緇衣》篇研究》，北京：北京大學碩士論文。

張桂光

2004 年　《古文字論集》，北京：中華書局。

2001 年　〈《郭店楚墓竹簡》釋注續商榷〉，《簡帛研究二○○一》，桂林：廣西師範大學出版社，頁 186～191。

崔仁義

1998 年　《荊門郭店楚簡《老子》研究》，北京：科學出版社。

商承祚

1995 年　《戰國楚竹簡匯編》，濟南：齊魯書社。

郭沫若

1982 年　《郭沫若全集》，北京：科學出版社。

郭靜云

2008 年　〈甲骨、金、簡文「开」字的通考〉，《古文字研究》第 27 輯，北京：中華書局，頁 135～140。

郭永秉

2010 年　〈談古文字中的「要」字和从「要」之字〉，《古文字研究》第 28 輯，北京：中華書局，頁 108～115。

2008 年　〈由《凡物流形》「鷹」字寫法推測與郭店《老子》甲組與「股」相當之字應爲「鷹」字變體〉，「復旦網」2008 年 12 月 31 日，http://www.gwz.fudan.edu.cn/SrcShow.asp?Src_ID=583。

2007 年　〈讀《平王問鄭壽》篇小記二則〉，武漢大學「簡帛網」2007 年 8 月 30 日，http://www.bsm.org.cn/show_article.php?id=709。

郭沂

1998 年　〈郭店楚簡《天降大常》（《成之聞之》）篇疏證〉，《孔子研究》第 3 期，頁 61～68。

黃德寬、徐在國

2007 年　〈郭店楚簡文字考釋〉，《新出楚簡文字考》，合肥：安徽大學出版社，頁 1～16。

2007 年　〈郭店楚簡文字續考〉，《新出楚簡文字考》，合肥：安徽大學出版社，頁 17～24。

1998 年　〈郭店楚簡文字考釋〉，《吉林大學古籍整理研究所建所十五周年紀念文集》，長春：吉林大學出版社，頁 98～111。

黃德寬

2004 年　〈戰國楚竹書（二）釋文補正〉，《上博館藏戰國楚竹書研究續編》，上海：上海書店出版社，頁 440。

1997 年　〈說「也」〉，《第三屆國際中國古文字學研討會論文》，香港：香港中文大學，頁 823～832。

黃錫全

2004 年　〈讀《上博楚竹書》（三）箚記六則〉，「簡帛研究網」2004 年 4 月 29 日，http://www.jianbo.org/admin3/html/huangxiquan01.htm。

2001 年　〈楚簡「𧧼」字簡釋〉，《簡帛研究二〇〇一》，桂林：廣西師範大學出版社，頁 6～13。

2000 年　〈試說楚國黃金貨幣稱量單位「半鎰」〉，《江漢考古》第 1 期，頁 56～62。

黃儒宣

2003 年　《九店楚簡研究》，臺北：國立臺灣師範大學國研所碩士論文。

黃岡市博物館、黃州區博物館

2000 年　〈湖北黃岡兩座中型楚墓〉，《考古學報》第 2 期，頁 269。

麥耘

2001 年　〈「電」字上古音歸部說〉，《華學》第五輯，廣州：中山大學出版社，頁 168～173。

梁春勝

2008 年　〈《戰國古文字典》引近代漢字資料辨析〉，「復旦網」2008 年 9 月 19 日，http://www.gwz.fudan.edu.cn/SrcShow.asp?Src_ID=510。

梁立勇

2003 年　〈郭店簡二三字試釋〉，「簡帛研究網」2003 年 1 月 17 日，http://www.jianbo.org/wssf/2003/liangliyong01.htm。

十二畫

馮勝君

2010 年　〈試說東周文字中部分「嬰」及從「嬰」之字的聲符——兼釋甲骨文中的「瘦」和「頸」〉，《出土文獻與傳世典籍的詮釋——紀念譚樸森先生逝世兩週年國際學術研討會論文集》，上海：上海古籍出版社。

2008 年　《郭店簡與上博簡對比研究》，北京：線裝書局。

2006 年　〈談談郭店簡《五行》篇中的非楚文字因素〉,《簡帛》第一輯,
　　　　上海:上海古籍出版社,頁 45〜52。

2005 年　〈戰國楚文字「黽」字用作「龜」字補議〉,武漢大學「簡帛網」
　　　　2005 年 11 月 7 日,
　　　　http://www.bsm.org.cn/show_article.php?id=50。

2005 年　〈戰國楚文字「黽」字用作「龜」字補議〉,武漢大學「簡帛網」
　　　　2005 年 10 月 7 日,
　　　　http://www.bsm.org.cn/show_article.php?id=50。

2000 年　〈讀《郭店楚墓竹簡》札記(四則)〉,《古文字研究》第 22 輯,
　　　　北京:中華書局,頁 210〜213。

彭浩

2001 年　《郭店楚簡《老子》校讀》,武漢:湖北人民出版社。

湖北省文物考古研究所,北京大學中文系編

2000 年　《九店楚簡》,北京:中華書局。

湖北省文物考古研究所、北京大學中文系編

1995 年　《望山楚簡》,北京:中華書局。

湖南省博物館等編著

2000 年　《長沙楚墓》,北京:文物出版社。

湖北省荊沙鐵路考古隊編

1991 年　《包山楚墓》,北京:文物出版社。

程鵬萬

2006 年　《簡牘帛書格式研究》,長春:吉林大學古籍研究所。

程燕

2009 年　〈上博七《武王踐阼》考釋二則〉,「復旦網」2009 年 1 月 3 日,
　　　　http://www.gwz.fudan.edu.cn/SrcShow.asp?Src_ID=607。

湯餘惠、吳良寶

2001 年　〈郭店楚簡文字拾釋(四篇)〉,《簡帛研究二〇〇一》,桂林:廣
　　　　西師範大學出版社,頁 199〜202。

復旦大學出土文獻與古文字研究中心研究生讀書會

2008 年　〈《上博七‧君人者何必安哉》校讀〉,「復旦網」2008 年 12 月
　　　　31 日,http://www.gwz.fudan.edu.cn/SrcShow.asp?Src_ID=580。

十三畫

裘錫圭

2009 年　〈是「恆先」還是「極先」？〉，「復旦網」2009 年 6 月 2 日，
　　　　　http://www.gwz.fudan.edu.cn/SrcShow.asp?Src_ID=806。

2008 年　〈釋古文字中的有些「悤」字和从「悤」、从「兇」之字〉，《出
　　　　　土文獻與古文字研究》第二輯，上海：復旦大學出版社，頁 1
　　　　　～12。

2008 年　〈籃銘補釋〉，《安徽大學學報》（哲學社會科學版），第 32 卷第
　　　　　4 期。

2007 年　《文字學概要》，臺北：萬卷樓圖書股份有限公司，再版。

2007 年　〈釋《子羔》篇「𣐈」字並論商得金德之說〉，《簡帛》第二輯，
　　　　　上海：上海古籍出版社，頁 63～70。

2006 年　〈關於《老子》的「絕仁棄義」和「絕聖」〉，《出土文獻與古文
　　　　　字研究》第一輯，上海：復旦大學出版社，頁 1～15。

2004 年　《中國出土古文獻十講》，上海：復旦大學出版社。

2004 年　〈談談上博簡和郭店簡中的錯別字〉，《新出土文獻與古代文明
　　　　　研究》，上海：上海大學出版社，頁 77～80。

2001 年　〈古音學與古文字學的密切關係〉，《海峽兩岸漢語史研討會論
　　　　　文》，北京：中國社會科學院。

2000 年　〈糾正我在郭店〈老子〉簡釋讀中的一個錯誤—關於「絕偽棄
　　　　　詐」〉，《郭店楚簡國際學術研討會》，武漢：湖北人民出版社，
　　　　　頁 25～30。

1998 年　〈甲骨文中的見與視〉，《甲骨文發現一百周年學術研討會論文
　　　　　集》，臺北：文史哲出版社，頁 1～6。

1992 年　《古文字論集》，北京：中華書局。

董蓮池

2004 年　〈釋戰國楚系文字中从🔤的幾組字〉，《古文字研究》第 25 輯，
　　　　　北京：中華書局，頁 286～289。

2000 年　〈釋楚簡中的「辯」字〉，《古文字研究》第 22 輯，北京：中華
　　　　　書局，頁 200～204。

董珊

2010 年　〈楚簡簿記與楚國量制研究〉，「復旦網」2010 年 6 月 6 日，
　　　　　http://www.gwz.fudan.edu.cn/SrcShow.asp?Src_ID=1175。

2007 年　〈讀《上博六》雜記（續四）〉，武漢大學「簡帛網」2007 年 7
　　　　　月 21 日，http://www.bsm.org.cn/show_article.php?id=649。

鄔濬智

　　2004 年　《《上海博物館藏戰國楚竹書（一）・緇衣》研究》，臺北：台灣
　　　　　　　師範大學碩士論文。

虞萬里

　　2003 年　〈上博簡、郭店簡《緇衣》與傳本合校補證（中）〉，《史林》第
　　　　　　　3 期，頁 68～79。

葉曉峰

　　2008 年　〈關於楚簡中的「｜」字〉，「復旦網」2008 年 5 月 27 日，
　　　　　　　http://www.gwz.fudan.edu.cn/SrcShow.asp?Src_ID=446。

漢語大字典編輯委員會編纂

　　1986 年　《漢語大字典》，湖北：辭書出版社。

十四畫

趙平安

　　2009 年　〈談「瑟」的一個變體〉，「復旦網」2009 年 1 月 12 日，
　　　　　　　http://www.gwz.fudan.edu.cn/SrcShow.asp?Src_ID=648。

　　2009 年　《新出簡帛與古文字古文獻研究》，北京：商務印書館。

　　2001 年　〈釋郭店簡《成之聞之》中的「邁」字〉，《簡帛研究二○○一》，
　　　　　　　桂林：廣西師範大學出版社，頁 174～176。

趙建偉

　　1999 年　〈郭店竹簡〈老子〉校釋〉，《道家文化研究》第十七輯，頁 260
　　　　　　　～296。

　　1999 年　〈郭店竹簡《忠信之道》、《性自命出》校釋〉，《中國哲學史》
　　　　　　　第 2 期，頁 34～39。

廖名春

　　2009 年　〈郭店簡「訇」、上博簡「訇」字新釋〉，「復旦網」2009 年 8 月
　　　　　　　7 日，http://www.gwz.fudan.edu.cn/srcshow.asp?src_id=865。

　　2001 年　〈楚簡老子校釋（九）〉，《簡帛研究二○○一》，桂林：廣西師範
　　　　　　　大學出版社，頁 75～92。

　　2001 年　〈郭店楚簡《成之聞之》篇校釋札記〉，《古籍整理研究學刊》
　　　　　　　第 5 期，頁 1～7。

睡虎地秦墓竹簡整理小組編

　　1990 年　《睡虎地秦墓竹簡・日書甲種釋文注釋》，北京：文物出版社。

廣瀨薰雄

2008 年　〈郭店楚簡《尊德義》和《成之聞之》的簡背數字補論〉，武漢
　　　　大學「簡帛網」2008 年 2 月 19 日，
　　　　http://www.bsm.org.cn/show_article.php?id=793。

2006 年　〈新蔡楚簡所謂「賵書」簡試析——兼論楚國量制〉，《簡帛》
　　　　第 1 輯，上海：上海古籍出版社，頁 211～222。

十五畫

滕壬生

2008 年　《楚系簡帛文字編（增訂本）》，武漢：湖北教育出版社。

劉釗

2008 年　《古文字構形學》，福州：福建人民出版社。

2007 年　〈《上博五‧君子爲禮》釋字一則〉，武漢大學「簡帛網」2007
　　　　年 7 月 23 日，http://www.bsm.org.cn/show_article.php?id=654。

2004 年　《古文字考釋叢稿》，長沙：岳麓書社。

2004 年　《出土簡帛文字叢考》，臺北：台灣古籍出版有限公司。

2003 年　《郭店楚簡校釋》，福州：福建人民出版社。

2002 年　〈讀郭店楚簡字詞札記（四）〉，《古籍整理研究學刊》第 5 期，
　　　　頁 4～6。

2000 年　〈讀郭店楚簡字詞札記〉，《郭店楚簡國際學術研討會論文集》，
　　　　武漢：湖北人民出版社，頁 75～93。

劉源

2004 年　《商周祭祖禮研究》，臺北：商務印書館。

劉信芳

2006 年　〈信陽楚簡 2-04 號所記車馬器研究〉，《古文字研究》第 26 輯，
　　　　北京：中華書局，頁 293～296。

2001 年　〈郭店簡《語叢》文字試解（七則）〉，《簡帛研究二〇〇一》，桂
　　　　林：廣西師範大學出版社，頁 203～204。

2000 年　《簡帛五行解詁》，臺北：藝文印書館。

2000 年　〈郭店簡〈緇衣〉解詁〉，《郭店楚簡國際學術研討會論文集》，
　　　　武漢：湖北人民出版社，頁 165～181。

2000 年　〈郭店竹簡文字考釋拾遺〉，《江漢考古》第 1 期，頁 43～46。

2000 年　〈郭店簡文字例解三則〉，《中央研究院歷史語言研究所集刊》
　　　　第七十一本，第四分，頁 933～944。

1999 年 《荊門郭店竹簡老子解詁》，臺北：藝文印書館。

1998 年 〈望山楚簡校讀記〉，《簡帛研究》第三輯，南寧：廣西教育出版社，頁 35～38。

1998 年 〈从厷之字匯釋〉，《容庚先生百誕辰紀念文集》，廣東：廣東人民出版社，頁 607～618。

1997 年 〈九店楚簡日書與秦簡日書比較研究〉，《第三屆國際中國古文字學研討會論文集》，香港：香港中文大學，頁 524。

1997 年 〈楚簡器物釋名上篇〉，《中國文字》新廿二期，臺北：藝文印書館，頁 168。

劉國勝

2010 年 〈信陽遣冊「杞」蠡測〉，武漢大學「簡帛網」2010 年 10 月 22 日，http://www.bsm.org.cn/show_article.php?id=1324。

2005 年 《楚喪葬簡牘集釋》，武漢：武漢大學博士學位論文，修改版。

1997 年 〈曾侯乙墓 E61 號漆箱書文字研究——附「瑟」考〉，《第三屆國際古文字學研討會論文集》，香港：香港中文大學，頁 699～705。

劉樂賢

2004 年 〈讀楚簡劄記二則〉，「簡帛研究網」2004 年 5 月 26 日，http://www.jianbo.org/admin3/list.asp?id=1207。

2000 年 〈郭店楚簡《六德》初探〉，《郭店楚簡國際學術研討會論文集》，武漢：湖北人民出版社，頁 384～388。

1996 年 〈九店楚簡日書研究〉，《華學》第二輯，廣州：中山大學出版社，頁 61～70。

劉洪濤

2009 年 〈上博竹書《武王踐阼》所謂「卣」字應釋爲「户」〉，武漢大學「簡帛網」2009 年 3 月 14 日，http://www.bsm.org.cn/show_article.php?id=1003。

2009 年 〈郭店《窮達以時》所載百里奚事跡考〉，武漢大學「簡帛網」2009 年 2 月 28 日，http://www.bsm.org.cn/show_article.php?id=996。

2008 年 〈上古音「也」字歸部簡論〉，「復旦網」2008 年 12 月 18 日，http://www.gwz.fudan.edu.cn/SrcShow.asp?Src_ID=570。

2007 年 〈讀上博竹書《天子建州》劄記〉，武漢大學「簡帛網」2007 年 7 月 12，http://www.bsm.org.cn/show_article.php?id=612。

禤健聰

2010 年　〈釋楚文字的「龜」和「𪔲」〉，《考古與文物》第 4 期，頁 102-104。

2008 年　〈楚簡所見量制單位輯證〉，《中原文物》第 2 期，頁 96-98。

2008 年　〈楚簡釋讀瑣記（五則）〉，《古文字研究》第 27 輯，北京：中華書局，頁 370-375。

2006 年　《戰國楚簡字詞研究》，廣州：中山大學博士論文。

2006 年　〈楚簡文字補釋五則〉，《古文字研究》第 26 輯，北京：中華書局，頁 363-366。

2006 年　〈楚文字新讀二則〉，《江漢考古》總 101 期，頁 83-84。

2006 年　〈上博楚簡（五）零箚（二）〉，武漢大學「簡帛網」2006 年 2 月 26 日，http://www.bsm.org.cn/show_article.php?id=238。

蔣瑞

2000 年　〈說郭店簡本《老子》「大器曼成」〉，《中國哲學史》第 1 期，頁 31～34。

鄧少平

2009 年　〈《性自命出》與《性情論》「其辭，儀道也」試解〉，「復旦網」2009 年 12 月 21 日，
http://www.gwz.fudan.edu.cn/SrcShow.asp?Src_ID=1022。

十六畫

錢玄、錢興奇

1998 年　《三禮辭典》，南京：新華書店，二刷。

冀小軍

2003 年　〈郭店楚簡《語叢四》12-14 號簡考釋〉，《簡帛研究》2003 年 6 月 24 日，http://www.jianbo.org/Wssf/2003/jixiaojun01.htm。

十七畫

蕭聖中

2011 年　〈曾侯乙墓竹簡殘泐字三補（六則）〉，武漢大學「簡帛網」1 月 3 日，http://www.bsm.org.cn/show_article.php?id=1361。

2005 年　《曾侯乙墓竹簡釋文補正暨車馬制度研究》，武漢：武漢大學博士論文。

蕭毅

2007 年　〈九店竹書探研〉，《楚地簡帛思想研究（三）》，武漢：湖北教育出版社，頁 557～563。

十八畫

聶中慶

2004 年　《郭店楚簡《老子》研究》，北京：中華書局。

魏啓鵬

2000 年　《簡帛五行箋釋》，臺北：萬卷樓圖書有限公司。

魏宜輝

2006 年　〈再論郭店簡、上博簡〈緇衣〉用爲「從」之字〉，《出土文獻
語言研究》第一輯，廣州：廣東高等教育出版社，頁 67～72。

2003 年　《楚系簡帛文字形訛變分析》，南京：南京大學博士論文。

魏宜輝、周言

2000 年　〈讀《郭店楚墓竹簡》札記〉，《古文字研究》第 22 輯，北京：
中華書局，頁 232～236。

顏世鉉

2001 年　〈郭店楚簡〈六德〉箋釋〉，《中央研究院歷史語言研究所集刊》
第七十二本第二分，頁 443～501。

2000 年　〈郭店楚簡散論（一）〉，《郭店楚簡國際學術研討會論文集》，
武漢：湖北人民出版社，頁 100～107。

1999 年　〈郭店楚簡淺釋〉，《張以仁先生七秩壽慶論文集》，臺北：學生
書局，頁 395。

十九畫

羅運環

2008 年　〈葛陵楚簡鄩郢考〉，《古文字研究》第 27 輯，北京：中華書局，
頁 498～500。

龐樸

1999 年　〈古墓新知──漫談郭店楚簡〉，《中國哲學》第二十輯，沈陽：
遼寧教育出版社，頁 11。

1999 年　〈撫心曰辟〉，《中國哲學》第二十輯，沈陽：遼寧教育出版社，
頁 365。

二十畫

蘇建洲師

2011 年　〈《清華簡》考釋四則〉，「復旦網」2011 年 1 月 9 日，
http://www.gwz.fudan.edu.cn/SrcShow.asp?Src_ID=1368。

2010 年　〈《郭店・語叢二》簡 3「襄」字考〉，「復旦網」2010 年 03 月
　　　　　07 日，http://www.gwz.fudan.edu.cn/SrcShow.asp?Src_ID=1100。

2010 年　〈《葛陵楚簡》考釋兩篇〉，《2010 經典簡帛學術研討會論文集》，
　　　　　台南：嘉南藥理科技大學。

2009 年　〈也說《君人者何必安哉》「人以君王爲所以囂」〉，「復旦網」
　　　　　2009 年 1 月 10 日，
　　　　　http://www.guwenzi.com/SrcShow.asp?Src_ID=643。

2009 年　〈《武王踐祚》簡 4「息」字說〉，「復旦網」2009 年 1 月 5 日，
　　　　　http://www.gwz.fudan.edu.cn/SrcShow.asp?Src_ID=623。

2009 年　〈楚簡「刖」字及相關諸字考釋〉，《中國文字》新卅七期，臺
　　　　　北：藝文印書館，頁 91～106。

2008 年　《《上博楚竹書》文字及相關問題研究》，臺北：萬卷樓圖書股
　　　　　份有限公司。

2008 年　〈釋《語叢》、《天子建州》幾個從「乇」形的字──兼說《說
　　　　　文》古文「垂」〉，武漢大學「簡帛網」2008 年 11 月 18 日，
　　　　　http://www.bsm.org.cn/show_article.php?id=898。

2008 年　〈楚簡文字考釋四則〉，武漢大學「簡帛網」2008 年 10 月 11 日，
　　　　　http://www.bsm.org.cn/show_article.php?id=883。

2008 年　〈《郭店竹書》釋讀二則〉，武漢大學「簡帛網」2008 年 3 月 13
　　　　　日，http://www.bsm.org.cn/show_article.php?id=801。

2007 年　〈讀《上博（六）・天子建州》筆記〉，武漢大學「簡帛網」2007
　　　　　年 7 月 22 日，http://www.bsm.org.cn/show_article.php?id=652。

2007 年　〈《郭店・老子乙》「驚」字考釋〉，武漢大學「簡帛網」2007 年
　　　　　1 月 6 日，http://www.bsm.org.cn/show_article.php?id=499。

2006 年　〈《上博（五）・姑成家父》簡 3「褻」字考釋〉，武漢大學「簡
　　　　　帛網」2006 年 3 月 30 日，
　　　　　http://www.bsm.org.cn/show_article.php?id=305。

2003 年　〈《郭店》、《上博（二）》考釋五則〉，《中國文字》新廿九期，
　　　　　臺北：藝文印書館，頁 221～225。

嚴明

2011 年　〈說清華簡《保訓》所見「抵」字──兼校《尚書》及西周金
　　　　　文摹本中幾個可能的訛字〉，武漢大學「簡帛網」2011 年 1 月
　　　　　24 日，http://www.bsm.org.cn/show_article.php?id=1394。

二十一畫

顧史考

2010 年　　〈郭店楚簡《尊德義》篇簡序調整三則〉,「復旦網」2010 年 12
　　　　　　月 15 日,
　　　　　　http://www.gwz.fudan.edu.cn/SrcShow.asp?Src_ID=1328。
2006 年　　《郭店楚簡先秦儒書宏微觀》,臺北:臺灣學生書局。